역사를 쓰다

이이화

자서전

역사를 쓰다

한겨레출판

| 머리글 |

진솔함과 자기 과시의 차이

　내가 살아온 나의 얘기를 쓸 적에는 진솔하면서 과장 없이 담아내고 싶었다. 내가 살아오면서 겪은 그대로를 '리얼'하게 드러내려고 했다는 뜻이다. 내가 평소에 역사 인물이 될 만한 인사의 자서전이나 저명인사들이 쓴 살아온 얘기를 읽으면서 자기가 한 일은 모두 정당한 것처럼 서술하거나, 아니면 어떤 사건을 두고는 자기 중심의 서술로 일관한다고 느꼈기 때문이었다. 거의 가식과 과장과 허위로 포장되어 있다고 생각했다.
　또 내가 살아온 시대가 너무나 험악했고 격동의 세월이어서 현장을 통해 내 삶과 사회를 연결하는 사회사적 접근을 시도해보려고도 했다. 내가 겪은 대로 사회의 밑바닥을 그려내고 싶었던 것이다. 또 저 혼자만 잘살아보겠다거나 잘난 척하는 사람들의 얘기만이 아니라 소외된 사람들이나 더불어 나누는 훈훈한 정담도 고루 담아보려고 생각했다. 미시적(微視的) 접근을 시도해보려는 것이다.
　그런데 내 얘기를 쓰면서 이게 쉽게 되지 않음을 새삼 깨달았다. 세상을 자기 눈으로 바라보게 되는 건 그렇다 치더라도 냉철한 이성이나 지나친 객관성이 오히려 한 개인의 개성을 흐리는 경우도 있는 것 같았다. 삶의 경험은 누구나 겪는 것이지만 의미 있는 경험이라면 다른 이들에게 삶의 지혜를 줄 수도 있을 것이다. 하지만 같은 이야기를 두고도 각자 다르게 읽고 평가할 수 있을 것이다.

《한겨레》에 이 글을 연재하는 동안, 이야기를 엮어가면서 흐릿한 기억이나 자료의 한계 탓에 정확치 못하거나 확인할 수 없는 부분들도 많았다. 그러다 보니 오류와 실수도 잦았는데, 그때마다 일일이 지적해준 분들 덕분에 오류를 줄일 수 있었다.

또 옳고 그름을 따지는 것과는 전혀 상관이 없는 항의도 여러 차례 받았다. 그래서 친지가 아니면 전화를 거의 받지 않았다. 글 쓰는 데 도움보다 방해가 된다고 여겼기 때문이다. 담당자였던 김경애 기자의 고충이 컸다. 앞뒤로 이것저것 챙겨야지, 규격에 맞게 분량도 조절해야지, 사진 자료 같은 것도 꾸려야지, 편할 시간이 없었을 것이다. 이를테면 내가 고아원 시절 수험문제집인 『지능고사』 한 권을 달달 왼 적이 있었는데 이 사진을 찾아내 게재했다든지, 박정희 최고회의의장이 정읍 황토현에 세운 동학기념탑 제막식에 참석한 사진을 발굴해 실어준 것은 글 내용과 연결되어 하나의 의미를 던지는 사료였다.

또 나는 역사를 공부하면서 자료 모으는 습관이 붙었는데 가령 내가 어릴 적에 배운 한문책도 모두 보관하고 있다. 그 책에는 내가 군데군데 낙서를 한 것도 있고 낙장(落張)을 붓으로 써서 보태놓은 것도 있다. 이것도 내 개인사로서는 하나의 작은 사료가 됨을 실감했다. 그러나 중요한 대목이나 사건에서 꼭 필요한 자료나 사진이 없어서 그 한계를 드러내기도 했다.

이 책에는 《한겨레》에 연재했던 내용에 4분의 1쯤 보충했는데 대체로 네 가지 주제로 구성했다.

먼저 어린 시절의 얘기로 태생과 관련된 사실, 아버지와 가정환경, 가출을 해서 고아원을 전전하면서 고학한 내력, 고등학교에 들어가서 문학에 심취해 벌인 활동, 대학에 들어갔다가 중퇴한 얘기들이다. 이 사실들은 한 개인사만이 아니라 시대 상황이 반영되었다고 볼 수 있을 것이다.

나는 태생부터 정상적이지 않았고 신체조건도 좋지 않았다. 왼손잡이에다 유난스레 병에 시달렸고, 마을 동무들과 어울리지 않고 산속에서 지내는 등 여느 청소년들이 경험하지 못한 일들을 겪었다. 또 적어도 내 나이 또래는 이른바 신구(新舊)의 학(學)이 상충되어 방황한 청소년들이 많았다. 다시 말해 전통 방법으로 한문만 배우는 경우도 많았던 것이다. 나는 두 가지 경우를 다 체험한 셈이다.

그런 과정에서 일제시기와 해방공간과 한국전쟁과 4·19 혁명의 시기를 거치면서 격동의 현장을 밑바닥에서 몸소 겪고 본 것이다. 나와 어울린 고아들이나 고학생들의 처지만이 아니라 시대 상황을 자연스레 체득했다고 볼 수 있겠다.

다음에는 청년의 나이에 접어들어 생활고에 시달려 방황했다. 이집 저집 친지와 친구를 찾아다니면서 밥을 얻어먹고 잠을 잤다. 더욱이 5·16 쿠데타 이후 병역기피자가 되어 취직도 못하고 몸을 피해 다녔다. 더욱이 외로운 어머니를 모시고 생활전선에 뛰어들어 온갖 일을 겪었다. 이 시기, 빈대약을 뿌리는 일부터 내 직업은 수십 가지가 되었다.

나는 행상을 하면서 전후(戰後) 복잡한 사정을 몸으로 겪어 알았고 서울 거리와 골목을 누비면서 밑바닥 인생을 목격했다. 판자집이 늘어선 빈민촌과 몸을 파는 직업여성에게 물건을 팔면서 희망도 없이 내몰리다시피한 그들의 막장 인생을 가까이에서 접할 수 있었다. 나의 이런 경험은 사회사의 체험적 자료들이었다.

　다음에는 청년시절 문학도의 꿈을 접고 독학으로 역사학자의 길로 가면서 겪은 얘기들을 담아냈다. 많은 명사들을 만나 가르침도 받으면서 본받기도 했고 그들의 허위(虛僞)의식을 보고 실망도 했다. 또 유신체제가 전개될 시기에는 동료들과 함께 좌절을 맛보면서 역사에 대한 회의를 갖기도 했다.

　하지만 장년이 되어 나름대로 역사학도로서 공부를 게을리 하지 않았고 글을 발표하면서도 어느 사관에 충실할지, 어느 계층에 중심을 둘지를 고민하기도 했다. 그래서 우리 역사에서 가장 주요한 주제가 되는 민족사와 민중사의 연구와 표현에 충실하려 힘을 쏟았다. 이런 과정에서 역사를 쉽고 재미있게 풀어보려 했다. 그래서 우리 역사를 읽는 독자를 얻었고 '역사 대중화'에 공헌했다는 평가도 받았다.

　마지막으로 우리 역사에 나타나는 소재를 가지고 역사운동을 벌였다. 이는 곧 민족운동·민주운동·인권운동과 맞물려 있었다. 우리 학계는 하나의 사료를 찾으면 공개하지 않고 혼자 독점하는 버릇이 있으며, 그렇게 연구실에 앉아 고답적인 논문만 양산하며 귀족의 풍모를 드러내느라 정작 대중과는 유리되었다. 이를 '학문적 엄숙주의'라고 불러도 좋은 것이다.

　모든 역사는 자신들이 사는 현대와 맞물려 있다. 예를 들면 한국전쟁은 일제의 식민지 경영에서 시작되어 강대국의 분할점령과 남북분단에 원인이 있었던 것이다. 이 과정에서 우리에게는 민족과 민중 그리고 인권문제가 얽혀 있다. 그런데 어찌 된 일인지 이런 근현대사 연구를 기피하는 현상이 빚어지고 있다. 이렇거나 저렇거나 우리는 모순된 역사에서 분노하고 반성하는 바탕에서 진실을 찾아가야 할 것이다.

나는 근현대사를 공동 연구하는 역사문제연구소에 동참했고 이어 반봉건 반외세를 외친 동학농민전쟁(혁명)의 바른 인식을 제고(提高)시키는 사업을 벌였다. 또한 한국전쟁민간인학살 진상규명에 참여했고 친일파 청산운동을 줄기차게 벌이는 민족문제연구소의 친일파인명사전 편찬과 국치 100년에 즈음해 그 진실규명에도 나섰다. 과거사 청산운동은 한국인권사의 새로운 전기를 마련하게 될 것이라는 판단이 들었다.

또 오랜 동안 국교가 단절되어 있던 중국의 역사현장을 발굴하겠다는 의지로 여러 차례 중국을 답사했다. 이는 오늘날 중국에서 벌이는 동북공정과 일본에서 일어나는 근현대사 왜곡과 맞물려 있었다. 이를 현실문제에 근거한 역사운동이라고 불러도 틀리지 않을 것이다.

이런 얘기들을 쓰면서 가식이 없어 너무 솔직하다는 평도 들었고 역사의 진실을 접근하는 데 신상 얘기가 많아 초점이 흐려졌다는 꾸지람도 받았다. 그러나 나는 역사의 현장에서 증언자가 되기를 열망했지만 역량이 미치지 못했을 뿐이다. 늙은 나이에 새삼 떠올린 것은 남의 자서전을 읽고 비평하는 것과 내 자신이 쓰고서 내부 검열을 하는 데는 차이가 있다는 것이다. 한 가지 덧붙일 말은 혹여 누군가를 꾸짖는 얘기를 썼다 해도 그건 결코 개인의 인격을 모독하려거나 감정에 치우쳐서가 아니라 시대에 따른 내 생각이 달랐기 때문이었을 것이다. 시대 상황은 인간관계를 갈라놓는 경우도 많은 것 같다.

아무튼 과락은 면한 것 같지만 합격점은 못되는 것 같다. 아직도 못다 한 얘기들, 부실한 얘기들, 부정확한 얘기들이 섞여 있을 것이다. 독자들의 반응과 평가를 기다려본다.

끝으로 연재 글을 알뜰하게 살펴준 김경애 기자와 책을 내는 데 성원을 아끼지 않고 편집을 꼼꼼하게 해준 이기섭 대표, 박상준 편집자에게 고마운 뜻을 전한다.

2011년 6월
통일로 가는 길, 임진강 가 헤이리에서 지은이 쓴다.

차례

머리글 진솔함과 자기 과시의 차이 · 5

1장 **아버지에게 한문을 배우다**
    가출   17
    아버지 야산 이달 선생   27
    역사 공부의 밑천이 된 한문을 배우다   34

2장 **고학의 길**
    소설을 읽으며 꿈꾼 새로운 세상   55
    고아원 생활   60
    유일한 학력증서, 광주고 졸업장   75
    짧은 대학생활   88
    고단했던 밥벌이   99

3장 **편집자에서 한국사 집필가로**
    번듯한 학사과정, 동아일보사 임시직 시절   111
    학계에 데뷔하다   126

4장　대중 속으로 들어간 역사학

일반 독자들이 읽을 역사 글을 쓰다　　　　　　　　　139
서울대 규장각 시절　　　　　　　　　　　　　　　146
10·26과 서울의 봄　　　　　　　　　　　　　　　153
아치울에 정착하다　　　　　　　　　　　　　　　161
대중들과 함께 호흡한 역사기행·역사강좌　　　　　176

5장　역사문제연구소와 《역사비평》

신군부 독재에 맞선 '역사문제연구소' 발족　　　　191
《역사비평》을 창간하다　　　　　　　　　　　　　210
6월 항쟁 이후의 변화들　　　　　　　　　　　　　217

6장　한국사의 흔적을 찾아서, 미개척지 중국 답사

한국사의 미개척지, 수교 전인 중국 답사　　　　　235
박완서·송우혜 선생과 함께한 두 번째 중국 답사　253
'조선의용군'의 흔적을 찾아나선 중국 서쪽 답사　　262
실록 사건과 세 번째 중국 답사　　　　　　　　　275

7장 동학 농민군의 역사를 재조명하다
  동학농민전쟁 백주년 기념사업 추진 '선봉장' 맡아 285
  동학군을 재조명한 실질적 주역, 향토사학자들 295
  동학농민혁명 100돌 사업의 성과 305
  동학농민혁명기념재단의 출범 322

8장 민족, 민중을 중심에 둔 첫 '한국사 이야기'
  평생의 소원, 한국통사 집필 333
  고대사와 고려사를 각 4권으로 출간하다 345
  집필의 피로를 덜어준 문밖 나들이 355
  10년 결실, 22권의 한국통사 완간 370

9장 고구려사 보전과 과거사 청산
  고구려사 지키기와 동북공정 389
  남북학자들이 함께한 고려사 학술토론 401
  과거사 청산의 중심, 민간인 학살 문제 410
  과거사 정리법 통과와 한계 420

10장　역사의 현장에서
　　통합민주당 공천 심사에 참여하다　　　　　　　　　　439
　　촛불의 현장에서　　　　　　　　　　　　　　　　　451
　　시베리아 횡단열차에 몸을 싣다　　　　　　　　　　456
　　압록강·두만강 국경지대 탐방　　　　　　　　　　465
　　친일 문제와 국치 100년　　　　　　　　　　　　　474

에필로그　남기고 싶은 가족 이야기　492

- 연보　496
- 논문 및 저서　502
- 인명 찾아보기　510

1장
아버지에게 한문을 배우다

가출

나의 아버지는 자식들은 물론 집안 조카들에게까지 철저하게 한문만 가르치고 학교에 보내주지 않았다. 세상 사람들에게 '야산(也山) 선생'으로 이름이 높았는데 고집쟁이 '선비'였다. 나는 1936년(호적은 1937년) 8월 대구에서 태어났는데, 일제 때는 학교에 가면 일본 놈이 된다고 했고, 해방 뒤에는 학교에 가면 서양 놈이 된다는 의식 때문에 이를테면 신식 교육을 시키지 않았던 것이다. 나이가 들어 또래 친구들이 중학생이 된 모습을 볼 때면 부럽기 짝이 없었다. 사춘기에 접어들자 왜 한문만 배워야 하는지 머릿속이 날로 어지러웠다. 나는 결국 가출을 결심했다.

열다섯 살, 한국전쟁이 한창일 무렵인 1951년 초겨울 충남 부여군 은산면 옥가실에 살 때였다. 어머니에게만 은밀하게 집을 나가 학교를 다니겠다고 말했다. 어머니는 마침 온전치 못한 의붓형(이석주)을 고향 성주로 보내야 하는데 목돈을 혼자 들려 보낼 수 없으니 함께 가라고 이르고 나서, 작은외삼촌이 넉넉하게 잘사니 외가에 가서 학교에 갈 도움을 받아보라고 일러주었다.

"불초자식은 떠나갑니다"

추위가 몸속을 파고드는 어느 날, 아무도 보는 사람이 없는 틈을 타서 나는 읽던 책과 써놓은 글씨 등을 싸들고 나와 동네 앞 언덕에 서서 아버지가 계신 곳을 향해 하직 인사를 했다. "늘 강녕하게 사십시오. 불초자식은 떠나갑니다. 꼭 성공해서 돌아오겠습니다"라는 정도의 속말을 하면서 눈물을 흘렸던 것 같다.

무슨 까닭인지 형과 나는 김천역에서 내렸다. 아마 김천에서 기차를 내린 뒤 버스를 타고 성주로 가야 했기 때문일 것으로 짐작된다. 어머니가 일러준 대로 김천 시내에 사는 아버지 친구인 김병권 아저씨 집에 숙소를 잡았다. 순진하게도 돈을 넣은 가방을 시렁에 올려놓고 거리에 나섰다가 파출소 보초에게 불심검문을 받았다. 나는 풀려났으나 증명서도 제대로 없고 말도 횡설수설하는 형은 잡혀 구금되었다.

나는 어쩔 줄 몰라서 김병권 아저씨네로 돌아왔다. 시렁에 얹어놓은 가방에서 돈을 세어보니 내 또래의 그 집 아들이 3분의 1쯤 꺼내가고 없었다. 또 며칠 있으니 집안 아저씨뻘 되는 이가 와서, 아버지가 돈가방을 다시 가져오라고 보냈다면서 가방째 들고 가버렸다. 거짓말이었다. 돈을 모조리 잃어버렸으니 눈 뜨고 코 베인 꼴이었다.

나는 혼자서 외가로 달려갔다. 경북 성주군 용암면 죽전동 하무기에 살고 있던 작은외삼촌 두 분은 나를 무척 반겼고 동네 친척들에게 자랑스레 소개했다. 어른 대접을 받는 기분이었다. 더욱이 마을의 서당 훈장은 평소에 나의 아버지 '야산 선생'을 알고 있어서 나를 유난스레 귀여워했다. 훈장과 때로는 시로 화답하면서 대화를 나누었다.

이렇게 하루하루 지내다가 나는 아무래도 아버지에게 가출 동기를 밝혀

해방 이후 1947년쯤 나의 선친 야산 이달(왼쪽 둘째) 선생이 전북 이리 송학동 후배 이상춘(신랑 신부 사이) 씨의 집에서 이씨의 외동딸과 주역 제자인 정동한 씨의 결혼식 주례를 선 뒤 찍은 기념사진. 야산과 이씨는 형평운동을 같이 하며 독립자금을 모아 전달한 선후배 사이였다. 부친 야산 이달 선생의 유일한 사진이다.

야겠다고 판단했다. 그래서 주자의 권학시(勸學詩) 첫 구절인 '사내가 뜻을 세워 고향을 나와 배워 이루지 못하면 죽어서도 돌아가지 않으리'를 인용해 가출 동기를 밝혔다. 뒷날 들으니 이 편지를 받아본 아버지는 퍽 안심했다고 한다.

그러던 어느 날 외할아버지 옆에서 잠을 자다가 새벽녘에 오줌을 누려고 바깥으로 나왔는데, 어두운 외양간에서 괴한들이 불쑥 나타나 내 뒤통수에 권총을 들이대고 끌고 나왔다. 그러고는 누구냐고 묻기에 벌벌 떨면서 외가에 놀러 왔다고 말했다. 괴한들은 "박동섭이 네 외삼촌이냐"고 물었다. "그 사람이 누군지 모릅니다"라고 대꾸했더니 이번엔 "네 큰외삼촌 말이야"라고 소리를 지르는 것이었다. 나는 "큰외삼촌 말이오? 죽었다고 제사 지냈는데요"라고 말했다. 그들은 외할아버지를 깨우고 외삼촌 두 분을 불러서 "박동섭과 밀통을 하지 않느냐?"고 위협을 해댔다.

그 괴한들은 성주경찰서 형사들이었다. 나의 큰외삼촌 박동섭은 일본에 유학을 가서 《아사히신문》 오사카지국장을 지내며 사회주의 운동가로 활동했고, 해방 뒤 귀국해서는 고향과 이리 일대에서 남로당 활동을 했으며 인공 치하에서는 성주군 용암면 인민위원회 면당위원장을 지냈다. 9·28 수복이 이루어진 뒤 큰외삼촌은 이리 누나 집(나의 집)으로 도망쳐 와서 고무신 수선을 하기도 하고 부여로 이사 와서는 장터에서 얼음물 장사를 하면서 숨어 지냈다. 외가 식구와 나는 큰외삼촌이 죽어 제사를 지낸다고 입을 맞추어 두었던 것이다.

두 분 외삼촌은 형사 3명을 데리고 마을 입구 언덕에 있는 주막으로 데리고 가서 닭을 잡아 질펀하게 술대접을 했다. 그리고 장날에는 종종 소에 장작을 실어 그들 집으로 보내주었다. 두 분은 큰외삼촌이 도망친 뒤 성주경찰서로 잡혀가서 무지막지한 고문을 받았고 쌀 따위의 뇌물을 바친 뒤에야 풀려났다. 그런 뒤에도 형사들은 불시에 찾아와서 두 분 외삼촌을 괴롭혔다. 나는 이런 일을 목격하고 새로운 세상을 보는 느낌이었다.

반년이 넘게 외가에서 보냈으나 두 분 외삼촌은 나를 학교에 보낼 생각이 전혀 없는 것 같았다. 여름에는 소꼴을 먹이는 일을 도우며 빈둥거리면서 지냈다. 가출할 때는 상상도 하지 못했던 목동이 되었으니 심경이 혼란스러웠다. 나는 꼴을 뜯어먹는 소를 바라보면서 이 생각 저 생각을 해본 끝에 외갓집을 떠나기로 결심했다. 외숙모는 이모부가 학자이니 이모 집으로 가보라고 일렀다. 여름을 지내고 고령군 성산면 낙동강변에 있는 새터의 이모 집으로 갔다.

이모부(전병조)는 한시를 지을 줄 아는 선비였고 인품이 훌륭한 분이었다. 그래서 나는 이분과 때때로 시로 화답하곤 했다. 이모부는 나를 자식처럼 아끼면서 밥을 먹여주었다. 이모부의 동생이, 사촌 처가가 되는 대구 남일동의 부잣집을 소개해줬다. 양식으로 지은 으리으리한 사저였는데 하도 넓어서 작은 군부대가 정원에 천막을 치고 주둔하고 있었다. 그러니 이 집을 드나들 때는 보초병의 허락을 받아야 했다. 이 집 부호의 아들 김홍식 형은 내가 『주역』을 좔좔 왼다고 해서 나를 무척 아껴주었다. 또 김홍식 형의 사촌 되는 김 아무개는 나보다 5년쯤 선배로 대구공고에 다녔는데(전두환 전 대통령과 동기생) 나를 동생처럼 대해주면서 대구 시내를 안내해주었다. 그 집에 자주 드나들면서 나는 이발소 같은 곳에 취업을 해서 학교에 다닐 궁리를 했다.

새터에서 대구로 매일 출근하다시피 했는데 인도가 있는 낙동강 철교는 성산면 사무소 언저리에 자리하고 있어서 걸어가려면 한참을 돌아가야 했다. 그래서 이모부의 부탁으로 새터마을 위쪽의 나룻터에서 공짜로 나룻배를 타고 옥포로 건너다녔다. 어느 날 옥포경찰지서에서 보초를 서는 순경이 나를 불러 지서 안으로 데리고 가더니 내 책보를 뒤졌다. 그때는 이른바 '소년 간첩'이라 부르는 나이 어린 연락책들이 활동하던 때였다. 나를 의심해 책보를 뒤져보니 모두 한문책이었다. 지서장인 강 아무개가 나와서 책을 훑어보더니 신문을 펼쳐놓고 나를 시험해보기 시작했다. 묻는 글자마다 모두 대답하자 그 지서장은 내 사정을 듣고는 "이 아이가 대구에 갈 때 차를 태워줘라"고 일렀다. 두어 시간 만에 간첩혐의자에서 모범소년으로 탈바꿈한 셈이다. 순경들은 내가 대구에 갈 때마다 트럭을 세워 나를 태워주었다. 트럭이 대구 시내 외곽인 내당동에 닿으면 나는 걸어서 남일동 등 대구 시내를 돌아다녔다. 하지만 이발소 종업원 자리도 구할 수 없었다.

학교에 다니기 위해 고아원으로

이렇게 외가와 이모부 집을 돌면서 1년 가까운 세월을 보냈다. 이종사촌 동생인 전성배도 중학교에 다니지 않았으니 나를 중학교에 보내주리라는 기대는 과분한 바람이었다. 반년쯤 밥을 얻어먹고 있으니 그 댁 할아버지가 나를 슬쩍 불러 "내 작은아들도 집을 나가 있는데 너에게 공밥을 먹일 수 있겠냐?"며 놀고 먹는 나를 나무랐다. 그리하여 화원에 있는 신혼인 외오촌댁을 드나들면서 단칸방에서 함께 잠을 자기도 하고 눈칫밥을 얻어먹기도 했다. 그러는 동안 부산의 고아원에 들어가면 학교를 다닐 수 있다는 말을 들었다. 그동안 보살펴주신 이모와 이모부에게 아무런 말도 남기지 않고 혼자 '꼭 성공해서 은혜를 갚겠습니다'는 말을 목으로 삼키면서 떠났다. 대구에서 무임승차를 하고 무작정 부산으로 달려갔다. 늦봄이었다.

피란 수도 부산은 그야말로 길 가다가 어깨가 부딪칠 정도로 사람들로 북적거렸다. 촌뜨기인 나로서는 얼떨떨해서 정신이 나갈 지경이었다. 물어물어 영도다리를 건너는데 보이는 것마다 신기한 것투성이였다. 아주머니들이 영도 바닷가에 좌판을 벌이고 먹을거리를 팔았다. 촌아이로서는 처음 보는 음식도 많았다. 그중 하나는 고래고기였다. 고래고기를 도마 위에 수북하게 썰어놓고 팔았다. 또 하나는 죽도 아닌 누런 색깔의 이상한 음식이었다. 피란 수도 부산에서 만들어진 '꿀꿀이죽'이었다. 미군부대에서 먹다 버린 찌꺼기를 모아 재탕한 것이다. 먹다 남은 쇠고기와 빵, 잼 따위를 섞어놓았는데, 어떤 것에서는 담배꽁초와 휴지가 섞여 나오기도 했다. 그래도 굶주리는 피란민에게는 군침이 도는 영양 공급원이었다. 나는 몇 끼를 굶었는지도 모를 만큼 허기졌지만 그저 좌판 앞에서 침만 삼킬 수밖에 없었다.

그렇게 허기진 배를 움켜쥐고 영도 신선동 산비탈에 있는 서울애린원을 찾아갔다. 하지만 막상 바닷바람에 펄럭이는 고아원 천막을 보자 도저히 용기가 나지 않아 책 보따리를 끼고서 오후 내내 고아원 언저리를 맴돌았다. 그렇게 한참을 서성이고 있는데 고아원 교사가 나를 불렀다. 대충 둘러댔더니 받아주겠노라며 나를 데리고 들어갔다. 그렇게 고아원 생활이 시작되었다. 부모가 멀쩡하게 살아 있는데 말이다. 이때부터 나는 필요할 때마다 임기응변처럼 거짓말로 둘러대는 버릇이 생겼다. 적어도 삼십대 이전까지 그런 버릇을 고칠 줄 몰랐다.

대구 빈민촌의 '팔삭둥이'

이 대목에서 내가 태어난 내력을 밝히자면 이렇다. 1936년 8월 나는 대구 비산동에서 태어났다. 어릴 때 떠나와 기억엔 없지만, 당시 이 마을은 대구 외곽에 있는 빈민촌이었다. 마을 가운데는 늪지대로 웅덩이가 있었고 그 언저리에는 채소밭 따위가 널려 있었다. 빈민촌이어서 번듯한 기와집이나 일본 사람들이 사는 양식 건물은 없었고, 오두막과 비슷한 초가들이 몰려 있었다.

훗날 역사를 공부하면서 조사해보니, 이곳에 사는 주민들은 도시의 일용노동자·지게꾼·식당종업원·행상 들이었다. 직업이 다양했는데 바로 식민지 조선의 도시에서 빈민을 이루는 저소득층이었다. 더욱이 이 동네는 달성공원 옆에 자리 잡고 있어서 대조를 이루었다. 달성공원은 널찍한 터에 온갖 놀이시설이 갖춰져 있어 일본 사람이나 부자 아이들이 자주 놀러 오는 유원지였다. 그러니 비산동 주민들은 달성공원에 놀러 가더라도 차림새부터 달라 위축되기 마련이었다. 아버지가 몇 가지 사업을 벌이면서 대구로 이사를 왔고 비산동에 허름한 초가를 세내 빈민촌의 주민이 되었던 것이다.

나는 8개월 만에 태어났다. 이를테면 팔삭둥이다. 태아 때부터 영양 공급이 제대로 되지 않았고 게다가 미숙아로 세상 빛을 보았으니 정상적인 영아가 아니었다. 가슴과 팔다리는 배배 꼬여 있었다. 미리 말해두지만 태생만 비정상이 아니라 왼손잡이에다 성장해서도 160센티미터가 채 못 되는 키에 학교도 정규과정을 거치지 않았고 생각도 삐딱하다는 소리를 자주 들었다.

태어날 때 나를 받았다는 둘째 형수는 그때 얘기만 나오면 "작고 삐삐 말랐었지요"라고는 했다. 동네 사람들이 아기를 보러 와서는 "그놈 눈 하나는 똘망똘망하네"라고들 했단다. 흔히 하는 귀엽다든지 잘생겼다든지 같은 덕담 대신에 눈만은 총명하다고 말한 것이다. 어머니는 이런 이야기를 내게 들려주면서 "팔삭둥이라고 말하지 말라"는 당부를 잊지 않았다. 놀림감이 된다는 것이다.

내가 약골일 수밖에 없었던 이유는 어머니가 임신을 해서도 밥을 자주 굶었던 탓이다. 아버지는 생활비를 거의 주지 않았고 아버지를 따라다니는 제자들이 가끔 몇 푼씩 주었단다. 그래서 어머니는 비산동 언저리의 채소밭에서 잔일을 거들어주고 시래기도 얻어왔고 무·배추로 나물죽을 끓여 먹으며 겨우 허기를 면했던 것이다.

더욱이 당시 일제는 만주사변을 일으킨 뒤 국민동원령을 내려 우리 민족을 압박했고 개척이민이라는 이름으로 농민을 만주 땅으로 이주시켰으며, 중일전쟁을 준비하면서 준전시체제로 돌입해 물자를 동원하는 바람에 생활물자가 더욱 귀했다. 이런 시절이었으니 젖이 넉넉지 않았지만 우유는 말할 것도 없고 쌀을 구해 미음을 먹일 수도 없었다.

아버지는 다섯째인 내 이름을 『주역』 팔괘에 따라 글자를 고르고 돌림자를 붙여 짓느라 '이이화(李離和)'라 했다. 이름에 '떠날 리(이)' 자를 붙인 사람은 지금까지도 찾아볼 수 없었고, 더욱이 남자 이름이 '이화'인 경우도 찾아볼 수 없었으며, 같은 발음의 성과 이름자를 연달아 놓은 것도 드문 일이었다. 나는 이런 이름 때문에 어릴 때는 놀림감이 되었고, 커서는 '평화를 이간질시킨다'는 뜻이라며 비아냥을 받기도 했다. 주역의 의미로는 '이'가 '빛날 리' 또는 '불'을 상징한다는 것을 아는 사람이 적었던 것이다.

어머니는 허약한 체질에 영양실조로 곧 죽을 것 같았던 나를 정성껏 보살펴 결국 살려냈다. 당신의 평생 소원인 사내자식을 살려서 길러낸 것이다. 세상에 존재하는 어느 진귀한 보배와도 맞바꾸지 않겠다는 사랑으로 돌본 것이다. 여느 자식과는 다른 당신만의 특별한 이유가 있었다.

어머니는 예전 여인네들이 으레 그랬던 것처럼 어린 나이에 시집을 가서 아들 셋을 낳고 잘살았으나 이십대에 남편과 사별해 홀로 되었다. 그런데 아들들이 지능이 모자라고 부실해서 한숨을 안고 살았다. 그때 마침 성주에서 광산을 경영하던 아버지가 훗날 나의 외가가 될 집에서 홀로 하숙을 하고 있었다.

외가 식구들은 '과부 딸'을 혼자 살고 있는 이 남자와 재혼시키기로 합의를 했다. 우리 어머니는 늘, 첩이 되는 것도 마다하지 않고 똑똑한 아들 하나 낳으려고 재가를 했다고 말했다. 이때부터 어머니는 여느 여인네들이 겪지 못한 고생을 해야 했다. 아버지는 평생 동안 거의 생활비를 준 적이 없기 때문이었다. 오히려 어머니가 번 돈을 가져다가 다른 일에 쓰기만 했다. 그렇다고 아버지가 '건달'이었다는 얘기는 아니다.

아버지 야산 이달 선생

나의 아버지 야산 이달(也山 李達)은 경상도 땅 김천 구성면 상원리의 원터에서 태어났다. 연안 이씨 집안의 가난한 향반의 아들이었다. 옛 지명으로 지례 상좌원(오늘날 김천시 구성면 상원리와 하원리) 일대에는 임진왜란 직후부터 연안 이씨들이 터전을 잡고 살아왔다. 특히 이들 정양공파는 이호민(李好閔)·이후백(李後白) 등 대제학을 두 명이나 배출했다 해서 명망이 높은 문중이었다.

하지만 조선 후기에 들어서는 여느 향반과 마찬가지로 벼슬을 거의 하지 못하고 '명문 연안 이씨 집안'이라는 위세를 가지고 토호처럼 행세했다. 경기도 일대에 널려 사는 월사공파(月沙公派·李廷龜)들이 조선 중기 이후 많은 벼슬을 누린 탓에, 이를테면 광산 김씨와 함께 2대 명문가로 꼽혔다. 그 후광을 입어 명문가로 행세한 것이다. 또 한편으로는 만석꾼도 있고 천석꾼도 있어서 이들이 사는 마을에는 번듯한 기와집이 즐비했다. 문벌과 재력, 곧 향촌에서 위세를 부릴 수 있는 조건을 갖추었던 것이다.

그리하여 지례현감이 부임할 때는 이 마을 앞을 지나가게 되어 있는데, 관아에 들기 전에 마을 어른을 먼저 뵙고 가는 것이 관례였다. 만일 이를 어기거나 반감을 사게 되면 향촌 질서를 잡을 수 없을 뿐만 아니라 쫓겨나기 일쑤였다. 이런 향반이기에 1894년 동학농민혁명 당시에는 농민군을 피해 피란을 다녔으나 아주 못된 토호는 아니어서인지 큰 피해는 입지 않았다. 하지만 향반으로서 이곳 농민군을 이끈 어모면에 사는 편씨들에 대한 반감은 매우 컸다.

평생 『주역』을 놓지 않은 아버지

아버지는 이들 이씨 문중에서 작은 종손으로 태어났다. 그 시절 종손은 문중에서 특별한 대우를 받았다. 하지만 나의 할아버지는 찢어지게 가난했다. 게다가 선비 반열에도 들지 못하는 평범한 사람이었다. 아버지는 집안이 가난했으나 작은 종손이라는 혜택을 받아 동네에 차린 문중 서당에 다녔는데, 신동으로 일컬어질 정도로 총명하여 문중의 촉망을 받았다 한다. 그런데 십대에 할아버지가 돌아가시고 이십대 초반에는 할머니마저 돌아가셨다. 조실부모한 것이나 다름없었다.

그래서 작은할아버지가 두 집 살림을 꾸리게 되었다. 작은할아버지는 양반 체면이고 뭐고 가릴 것 없이 장사를 하기도 하면서 영리한 종손 조카를 공부시켰다. 십대까지 문중 서당에서 공부한 아버지는 이십대에는 삼도봉을 비롯해 금강산·지리산 등 전국을 떠돌면서 공부를 했다. 예전 유랑 지식인의 흉내를 냈다고 할까.

유랑에서 돌아와서는 이웃 동네에서 서당 훈장을 했으며 평생 『주역』을 놓지 않았다. 이름도 호적의 순영을 달(達)로 고쳤고, 자호는 '다른 사람들을 좋은 곳으로 보내고 나서 막차를 탄다'는 뜻을 따서 야산(也山)이라 했다. 여기의 '산'은 『주역』 풀이로 동방, 곧 우리나라를 뜻한다.

『주역』을 읽다가 미쳤다는 소문 때문인지 아버지에게는 많은 일화가 따라붙었다. 산속에 살면서 3·1 만세운동이 일어난 줄 몰랐던 아버지는 어느 날 산에서 내려와서야 이 사실을 알고 김천경찰서 앞에서 미친 듯이 혼자 만세를 불렀다 한다. 말할 나위도 없이 경찰서로 끌려갔지만 『주역』 읽다가 미쳤다'는 소문 덕분에 풀려났다.

그 뒤 '요시찰 인물'로 찍혀서 가끔 기마경찰이 와서 동정을 살폈다. 말을 탄 경찰이 신작로에 보이면 아버지는 방문을 열고 빗자루로 방을 쓸었다. 경찰이 다가와 갑자기 왜 방을 쓰느냐고 물으면 "왜놈 냄새가 진동해서……"라고 대꾸했다. 그러면 그 경찰은 허허 웃고 돌아갔다. 일제는 신작로를 닦을 때 호구마다 일정한 구역을 정해 할당했다. 아버지에게도 한 구역이 정해졌지만 길은 닦지 않고 책을 펴놓고 읽었다. 감독하러 나온 군수가 와서 왜 길은 닦지 않고 책만 읽느냐고 나무라자, "천명을 성품이라 이르고 성품 거느림을 도(길)라 이르며 길 닦는 것을 가르침이라 이르거늘 이보다 더 큰 길을 누가 닦소?"라 답했다. 바로 『중용』의 첫 구절을 읽은 것이다. 군수는 허허 웃고는 구장(區長)을 불러 앞으로 이 선비에게는 부역을 시키지 말라고 당부했다 한다.

어느 때인가, 아버지는 제자 몇 명과 대전 역전을 지나고 있었다. 마침 낮 12시가 되어 오포(午砲)가 울렸다. 길 가던 사람들은 모두 멈추어 서서 눈을 감고 일본 천황의 안녕과 국가의 무궁함을 비는 묵도를 하고 있었다. 하지만 아버지 일행은 걷던 길을 그대로 걸어갔다. 역전 파출소의 순사가 일행을 불러 세워 힐난하자 당신은 대뜸 순사의 뺨을 후려치면서 "너는 황국신민으로서 묵도는 하지 않고 눈 뜨고 길 가는 사람들만 살펴보고 있었느냐?"고 호통을 쳤다. 그 순사는 그저 멍하니 일행을 바라볼 뿐이었다. 이렇게 일제에 저항하는 행동을 했으나 후천개벽 사상을 기조로 한 『주역』을 통해 제

1장 · 아버지에게 한문을 배우다 29

자를 기르는 일에 열중했지, 적극적으로 독립 투쟁에 나서지는 않았다.

또 하나 빼놓을 수 없는 얘기가 있다. 아버지는 결코 양반 자랑을 하지 않았다. 내가 직접 본 일화를 소개하자면 이렇다. 어느 날 갓을 쓰고 두루마기를 입은 손님들이 찾아와서 아버지와 대화를 나누었다. 당신만이 박박 깎은 맨머리였다. 손님들이 양반 자랑을 늘어놓자 대뜸 "당신 할미가 종과 붙었는지 어떻게 알겠느냐"고 소리를 질렀다. 그러자 그 손님들은 "야산 큰 학자인 줄 알았더니 저 모양이네"라고 말하고 휑하니 나가버렸다.

큰돈을 벌어 공동노동·공동분배의 집단농장을 실험하다

아버지는 삼십대 후반에 들어 하던 공부를 접고 사업에 뛰어들었다. 그 동기에 대해 내가 직접 물어본 적은 없지만 전해 듣기로는 '돈을 벌어 세상을 구제하려는 결심' 또는 '조선의 독립을 위한 방편'이라고 말했다. 그 뒤 성주, 문경 등지에서 광산의 광주가 되기도 했는데 이때 내 어머니를 만났던 것이다.

또 아버지는 대구로 나와 기미(期米·미두)를 해서 재미를 많이 보았다. 기미는 쌀값 시세를 미리 맞혀 이익을 보는 것으로 오늘날의 증권 선물거래와 비슷하다. 이때부터 아버지는 호인 '야산 선생'으로 널리 통했다. 야산은 『주역』을 통달해 기미를 잘한다는 소문이 나서 많은 사람들이 몰려들었다. 이들이 훗날 아버지의 제자가 되었다.

그 시절 친구와 기미장을 나와 거리를 걷던 아버지가 거지를 볼 때마다 10원씩, 100원쯤을 나누어주기도 했단다. 쌀 한 가마니 값이 20원 정도 하던 시절이었다. 이때 제자로는 평생을 따라다닌 엄주천(嚴柱天), 이상춘(李尙春) 등이 있었다. 엄주천 선생은 대종교를 창시한 나철의 시봉으로 나철이 구월산에서 자결할 때 옆에서 모시고 있었고 그 뒤 대종교 활동을 하다가 야산 선생을 만났다. 이상춘은 김천 출신으로 부호의 작은아들이었는데 야산 선생과 뜻이 맞아 우리집이 이리로 이사를 올 때 따라 이사를 오기도 했다.

아버지는 기미로 번 돈을 두 곳에 쓴 것으로 보인다. 하나는 진주에서 일어난 형평운동(衡平運動)의 자금으로 보냈고, 어떤 인연인지 모르지만 이상춘을 시켜 만주까지 독립운동 자금으로 보냈다고 한다. 독립운동 자금은 어느 단체에 보냈는지 알 수 없으나, 형평운동은 백정들의 평등 또는 권익운동이었는데, 국내에서 탄압을 받자 본부를 만주로 옮겨 활동했다. 당시 형평운동의 지도자인 장지필 등과 어떤 친분이 있었는지는 알려진 바가 없다.

그런가 하면 1929년에는 기미에서 번 돈 중 29만 원을 들고 당신의 동생 등 20여 호를 데리고 철원군으로 들어가 고대 정전법(井田法)을 모방한 집단농장을 세우고는 공동노동·공동분배 방식으로 경영하기도 했다. 하지만 농장은 5년 만에 망하고 말았다. 사람들이 생산된 물자를 훔쳐가기도 하고 게으름을 피우며 일을 하지 않았기 때문이다. 식량을 중앙의 창고에 보관하고 식구 숫자에 따라 일정 분량을 날마다 가져가게 했는데, 물동이 따위를 이용해 많이 퍼갔다고 하며 호박이나 참외도 자라기 전에 따갔다고 한다. 결국 공동체의 삶터는 깨지고 말았다. 아버지 스스로는 하나의 실험이었다고 말했다. 내 조카인 응국이 최근에 제적등본을 확인한 바에 따르면 집단농장을 경영했던 곳은 철권군 어운면 양지리 일대였고 면장은 황홍렬이었다 한다.

후천개벽 사상으로 세상을 바꾸려 하셨으나

　1942년 무렵 아버지는 무슨 까닭인지 전북 이리읍(익산시) 고현정(묵동)이라는 곳으로 이사를 했다. 우리 식구와 홀로 된 작은아버지네 등 열댓 명이 오두막집의 방 두 칸에서 살았다. 큰형수 말로는, 어느 날 시아버지가 이사를 가자고 해서 좋은 집에 한 재산 장만해놓은 줄 알고 따라왔더니 오두막집 사립문 앞에 도착해 "이 집이 네가 살 집이다" 하시더란다. 그 말을 듣고 눈물이 왈칵 쏟아졌다고 한다.

　아버지는 고향을 떠날 때 작은 밭뙈기를 비롯해 모든 토지를 친척들에게 나누어준 뒤 평생 당신의 이름으로 재산을 소유하지 않았으며, 『주역』의 후천개벽 사상으로 세상을 바꾸려 하는 등 '도인의 신비성'을 갖춘 분이었다. 그래서 이주역 또는 의인(義人)으로 불렸다. 남의 재산을 거덜 냈다는 비난도 받았다. 그러니 일제 때는 자신의 명의로 한 푼도 세금을 낸 적이 없으며 비누·치약 따위 현대 문명의 이기를 철저히 거부하면서 일생을 살았다. 독자들은 앞으로도 이런 아버지 얘기를 자주 듣게 될 것이다.

　다 쓰러져가는 오두막집의 생활은 고단하기 짝이 없었다. 식구들이 누울 공간이 좁아 앉아서 밤을 새워야 했고 형님들이 생업으로 '리어카'(손수레)에 과일을 싣고 이리역 앞에서 팔았지만 끼니를 제대로 이을 수가 없었다. 일제 말기 관청에서 배급하는, 기름을 짜고 남은 깻묵과 퍼석퍼석한 안남미 따위로 연명을 했다.

　급기야 어머니는 생활고를 견딜 수가 없어서 나와 내 동생을 데리고 방을 얻어 딴살림을 차렸다. 어머니는 이런저런 물건을 이고 다니면서 도붓장사(행상)를 했다. 그 시절 한국 어머니들이 다 그렇듯, 어머니는 원체 부지런했던 덕분에 그나마 두 자식을 겨우겨우 먹여 살렸다.

그러나 태어날 때부터 허약했던 나는 병치레가 유난히 많았고 늘 종기와 학질에 시달렸으며 자주 미자발(미주알)이 빠졌다. 요샛말로는 탈장이라고 들 한다. 이웃 사람들은 그런 나를 볼 때면 '낯빛이 노리장한(노란) 게 영 사람 노릇 못할 것'이라고 걱정을 했다. 지금도 몸 몇 군데 상흔을 별처럼 달고 있다. 게다가 나는 왼손잡이였는지 밥을 먹을 때나 글씨를 쓸 때 왼손을 써서 늘 혼이 났다. 어른들이 오른손을 쓰라고 소리를 질러대서 끊임없이 연습을 해야 했다.

아버지는 집 안에 있기보다 늘 출타를 해서 어딘가를 다녀오는 일이 잦았다. 찾아오는 손님들도 많았는데 어린 눈에도 뭔가 일을 꾸미는 사람들처럼 보였다.

역사 공부의 밑천이 된 한문을 배우다

이리로 이사하던 여섯 살 무렵부터 나는 천자문을 배우기 시작했다. 동갑인 사촌누나와 조카딸 두 명 등 넷이 함께 글을 배웠는데, 나만 늘 조는 바람에 거의 글자를 익히지 못했다. 언젠가 아버지는 졸기만 하는 나를 바라보면서 한숨을 푹 쉬셨는데 그 모습만은 지금도 생생하게 기억하고 있다. 아마 그래도 아들이라고 기대를 걸었는데 딸들보다 부실하다고 여겨져 실망을 하신 것 같았다.

이 무렵 내 일생에서 중요한 사건이 일어났다. 동네의 일고여덟 살 또래들이 소학교에 들어간 것이다. 바로 옆집 동무인 이충희와 이광열도 학교에 들어가 '이치 니 산'(하나 둘 셋)을 외우고 '덴노헤이카 반자이'(천황폐하 만세) 같은 말을 떠들고 다녔으나 나는 도통 무슨 말인지 알아듣지 못했다. 동무들이 교복을 입고 자랑스레 돌아다니며 일본말로 떠드는 모습을 볼 때면 부럽기 짝이 없었다. 이런 생각은 내가 가출할 때까지 머릿속에서 떠나지 않았고 열등감에 젖게 했다. 아버지는 나만이 아니라 형제나 조카를 가리지 않고 학교에 보내주지 않았다. 학교에 가면 '일본 놈'이 된다면서.

이리에서 맞이한 해방

나는 해방될 무렵까지 동네 아이들과 어울려 들판과 뒷동산을 돌아다니면서 공놀이·씨름 따위를 하며 신나게 놀았다. 논바닥에서 메뚜기도 잡아 구워 먹고, 남의 밭에서 몰래 보리도 털어 구워 먹고 참외도 서리하면서. 아버지는 글을 가르칠 적에는 엄격했으나 평소에 놀지 못하게 막지는 않았다.

어머니를 따라 이리 시장에 나들이도 가끔 했다. 그러던 어느 날인가 어머니가 사준 '아이스케키'(막대 아이스크림)를 빨면서 일본인 집 앞을 지나고 있는데 2층에서 내려다보던 내 또래의 일본인 아이가 달려 내려오더니 내 멱살을 잡고 욕을 해댔다. 나는 겨우 뿌리치고 어머니의 뒤를 따라갔다. 지금 생각해도 억울하기 짝이 없는 봉변이었다. 잘못이라고는 부러워 쳐다본 것밖에 없는데 멱살까지 잡히고 욕까지 얻어먹었으니 말이다. 이게 식민지 아이들이 예사로 겪는 일이었다.

그 무렵 마을 골목에서는 아이들 사이에 '이승만이 흰옷을 입으라고 라디오에서 연설을 했다', '김일성은 일본 육사를 나왔지만 사진 한 장 안 찍었다', '우리 독립군들이 곧 쳐들어온다' 등등 가닥 없는 얘기들이 돌아다녔다. B-29 전폭기가 높은 하늘에서 꼬리에 구름을 달고 날아가는 모습을 보면서 우리나라가 곧 해방될 것이라는 막연한 생각을 하기도 했다.

내 형님 두 분은 이리역 앞에서 사과 장사를 하고 형수들은 몸뻬를 입고 모내기를 해주며 열심히 살았다. 특히 해방이 된 뒤에는 사과 장사가 잘돼 형편이 많이 나아진 덕분에 동네에서 중간 이상 가는 집을 마련하고 논도 몇 마지기 부칠 수 있었다. 또 어머니는 밀주를 빚어 짚더미에 묻어두고 밀대(밀정의 남도 사투리)의 눈을 피해가면서 동네 사람들에게 팔아 생계를 이었다. 밀대들이 들이닥치면 나는 사정도 모르면서 벌벌 떨었다.

마침내 1945년 해방이 되었다. 그 무렵 나는 두 가지 장면을 목격하게 되었는데, 아직도 생생하게 기억할 만큼 어린 내게는 매우 인상적이었다. 하나는, 동네 청년들이 모여 이리역 지하굴의 바깥 동네인 송학동의 일본인 농장을 습격하자고 모의하는 장면을 우연히 목격한 것이다. 그 일본인들이 무슨 나쁜 짓을 했는지는 잘 모르겠지만, 다행히 일본인들이 낌새를 채고 먼저 도주해서 별 탈 없이 넘어갔다.

또 하나는, 이리역 광장에서 본 일본군들의 모습이다. 일본군 수백 명이 역 앞 광장에 짐을 풀어놓은 채 초라한 행색으로 드러누워서 열차를 기다리고 있었다. 어린애의 눈으로 보아도 그들은 힘이 빠져 있었고 두려움에 떨고 있다는 느낌을 받았다. 나는 저들은 어디로 가나, 왜 저렇게 누워 있나 따위가 궁금했다. 형님들은 그런 내게 '그놈들을 보지도 말고 가깝게 가지도 말라'는 엄한 주의를 내렸다.

이 무렵 우리집에는 큰 환란이 밀어닥쳤다. 아버지만 빼고 모든 식구가 장질부사(장티푸스)에 전염된 것이다. 사촌형과 조카는 끝내 죽고 말았다. 허약 체질인 나는 거의 죽었다가 살아났다고 해야 옳을 것이다. 그런데 병이 나아갈 무렵 나는 누워서 천장을 쳐다보며 한글을 읽었다. 마침 한글로 된 신문지를 천장에 발랐던 것이다. 그 한 대목에 '이종철 새틈맞이 무대'라 씌어 있었는데 그 뜻을 전혀 알아먹을 수 없었다. 그 뒤에도 늘 이 구절을 외고 있었는데 한참 뒤 학교에 다니면서 교우지 교정을 보다가 '새틈'은 '새봄'의 오식이며, 이종철은 코미디언이란 사실을 알아냈다. 나는 열 살이 넘어서면서 잔병치레도 줄고 한자와 한자책에 달린 음과 토를 보며 한글을 스스로 깨쳤다. 그래서 주변 사람들로부터 총명하다는 칭찬을 들었던 기억이 난다.

좌우익·친일파가 함께 『주역』을 배우다

우리 식구가 전북 이리 고현정에서 해방을 맞던 즈음 아버지는 자주 출타를 했다가 가끔 집에 들렀다. 해방된 뒤 어느 날 아버지는 큰댁 식구들에게 이사를 가라고 일렀다. 그래서 어머니는 큰댁의 집과 논을 싼값에 인수해 동생과 성주에서 데려온 의붓형과 함께 고현정에서 그대로 살기로 했다. 하지만 나는 큰댁을 따라 충남 논산군 벌곡면 수락리로 들어갔다. 1945년 10월 무렵이었다. 본댁인 큰어머니와 수락리에서 처음으로 함께 살았는데, 나를 작은댁 아들이라는 생각이 들지 않게 돌보아주었다. 아무도 몰래 계란을 꺼내와 먹여주는 등 인자함을 보였다.

수락리는 30여 호가 옹기종기 모여 사는 그야말로 첩첩산중의 외진 마을이었다. 아버지는 제자인 강화 선생의 식구들도 대구에서 이곳으로 옮겨 오게 했다. 두 집 살림을 합해 집 세 채를 마련하고 한 채에는 서당을 차렸다. 네 것 내 것이 없는 생활방식이었다. '강 참봉'이라 부르는 강화 선생의 부친이 한문에 밝아 우리 어린애들을 가르쳤다.

강화 선생의 동생 되는 강세원이라는 분이, 온 식구가 만든 가짜 궐련을 논산과 대전 등지에 팔아서 생활비를 마련했다. 그분은 씀씀이가 커서 담배판 돈을 그대로 가져다주지 않았다. 그 일마저 할 수 없게 되자 우리 식구들은 돌밭을 일구어 감자를 심었다. 쌀은 말할 것도 없고 보리도 없어서 이 하지감자를 몇 달이고 밥 대신 먹었다. 빨간 하지감자의 독이 너무 아려서, 나중에는 아무리 배가 고파도 감자만 보면 먹을 엄두가 나지 않았다. 나는 지금도 된장찌개에 들어 있는 감자를 가려내고 거의 먹지 않는다.

아버지는 수락리에서 4킬로미터쯤 떨어진 마천대 아래 중턱에 있는 빈 절인 석천암에 거처를 정했다. 석천암은 절벽 아래 작은 분지에 산신당 한

1945년 10월 충남 논산 수락리로 이사한 뒤 아버지 야산 선생이 정착해 제자들을 가르치던 석천암을 마천대 위에서 내려다본 전경. 내가 3년간 글을 배우기도 했던 석천암은 한국전쟁 때 인민군 유격대 토벌 과정에서 불태워졌으나 1970년대 다시 재건됐다.

채와 살림집 한 채가 덩그러니 자리 잡고 있었고, 절벽에서 흘러내리는 물을 나무로 만든 홈으로 연결해 물을 받아 썼다. 지금도 그 아름다운 정경이 가끔 꿈에 나타난다.

 아버지는 제자들을 불러들여 『주역』을 비롯해 글을 가르쳤다. 나도 어느 때부턴가 마을 서당에서 석천암으로 옮겨와 글을 배웠다. 그곳에서 글을 배우는 사람들은 나이로는 이십대에서 오십대, 성분으로는 순 한문쟁이를 비롯해 친일파, 좌우익 청년단체 인사, 미군정의 경찰, 지역으로는 경상도를 중심으로 서울·충청도·전라도 출신 등 다양했다. 나의 셋째 형인 간화형도 이곳에서 『주역』을 배웠다.

그들 중에는 현정암이라는 분처럼 여운형과 건국준비위원회의 일을 하다가 도망쳐 온 사람도 있었고, 서울이나 대전에서 공산당 활동을 하다가 몸을 피해 온 사람도 있었으며, 대구 10·1 항쟁이 일어나자 세상을 피해 들어온 경찰관도 있었다. 상주 인원은 20여 명이었으나, 끊임없이 들고 나는 이들이 더 많았다. 이들은 좁은 방 두 칸에서 번갈아 밤새 『주역』을 읽기도 하고 누울 적에는 양쪽 방향으로 머리를 눕히고 발은 사이사이 끼운 채 잤다.

밥은 어떻게 해결했을까? 가까운 동네에서 온 사람들은 쌀을 지고 와서 뒤주에 부었다. 먼 곳에서 온 사람들은 빈손으로 왔다. 반찬이라곤 소금뿐이었다. 더러 참기름에 버무린 깨소금을 반찬으로 하기도 했으나 귀한 반찬에 속했다. 한편 물가에 널려 있는 돌나물이나 정구지(부추)를 뜯어서 소금에 절여 먹기도 했고 싸리버섯 따위를 소금에 버무려 먹기도 했으나, 글쟁이들이어서인지 도통 만들어 먹을 줄 몰랐다. 무엇보다 이 양식으로는 멀건 죽을 아침저녁으로 끓여 먹어도 모자랄 수밖에 없었다.

이달원이라는 분은 평양 출신으로 마라톤 선수였는데 올림픽 국가대표로 선발되려고 서울에 왔다가 북한 출신이어서 탈락했다. 그는 살길을 찾아 남쪽으로 내려오다가 도인이 대둔산에 산다는 소문을 듣고 이곳으로 들어왔다. 그는 신실한 분이었는데 쌀을 보태지 못해서 대신 밥 짓는 일을 도맡아 했다. 인정도 많아서 가끔 내게 누룽지를 주곤 했다. 또 쌀이 떨어지면 가끔 아버지가 써준 편지와 자루를 들고 산을 내려가 쌀을 구해왔다. 그나마도 장마가 지면 냇물이 불어나 산을 내려갈 수도 없어 그야말로 초근목피로 때우는 수밖에 다른 길이 없었다.

나는 아버지 옆에 잠자리를 내줘 남들보다는 편안하게 잔 편이었다. 남들이 글을 배우고 나면 마지막으로 내가 글을 배우는데 전날 배운 내용을 모두 외워야 했다. 나는 하루 종일 산속에서 노느라 글을 외울 겨를이 없었다. 남들이 먼저 배우는 시간에 부리나케 번갯불에 콩 구워 먹는 식으로 외우기 시작했다. 떠듬떠듬 외우기라도 하면 다행이지만 중간에 막히면 '대꼬바리'(담뱃대를 이렇게 불렀다)가 사정없이 날아왔다. 어느 때에는 이마에 대가 날아와서 피가 철철 흘렀지만 피를 닦아서도 안 되었다. 그저 맞으면서도 계속 외워야 했다.

낮에는 호랑이와 멧돼지가 출몰한다는 산속을 헤맸다. 봄에는 개금과 산딸기, 여름에는 복숭아·더덕, 가을에는 머루·다래를 따먹으면서 영양을 보충했다. 산속에는 이런 먹을거리들이 널려 있었다. 더덕은 몇 십 년 자라서 굵기가 '아이스케키'만 했다. 윗부분을 칼로 자르면 뿌연 진액이 나오는데 이를 빨아먹고 뿌리는 풀섶에 휙 집어던졌다. 그러고 나면 취해서 풀밭에서 잠이 들곤 했다.

어느 날에도 그렇게 잠이 들었다 깨어보니 날이 어둑어둑했다. 부리나케 석정암(석천암을 뒤에 이렇게 고쳐 불렀다)으로 올라오니 아버지가 문 앞에 서 있다가 나를 보고는 아무 말 없이 방 안으로 들어갔다. 나는 그때까지 아버지가 나를 계속 미워한다고만 여겼는데 내가 걱정이 되어 기다리고 있는 아버지를 보는 순간 아버지의 속 깊은 애정을 확인할 수 있었다.

아버지 손님을 통해 바깥 세상에 눈뜨다

석정암 시절, 나는 어머니와 떨어져 엄한 아버지와 어른들 틈에 살면서 심한 스트레스를 받았던 모양이다. 그래서 열 살이 되도록 심한 야뇨증에 시달려 잠자다가 바지를 흥건하게 적시곤 했다. 또 밥을 먹을 때나 글씨를 쓸 때 왼손질을 해서 꾸지람을 많이 들었다. 그런 탓인지 이 무렵부터 말을 더듬기 시작했다. 또 여름철이면 옻이 올라 온몸으로 퍼져 쌀을 씹어 바르는 요법을 썼다. 나이 70이 넘은 지금도 내 팔뚝에는 옻 오른 자국이 군데군데 남아 있다.

그래도 이 무렵에 겪은 일들이 내겐 소중한 자산이 되었다. 손님이나 제자들이 아버지를 찾아올 적에는 신문이나 양주, 과자 따위를 들고 왔다. 이때야말로 나는 희한한 성찬을 즐겼다. 아버지와 손님들이 대화를 나누면 나는 옆에서 이를 들으려 앉아 있었다. 어느 날 유시태라는 친구분이 찾아와서 무슨 성명서 같은 걸 읽어주면서 함께 나가서 활동하자고 권유했다. 그러자 아버지는 "결사항쟁이 뭐냐? 살려고 우리가 싸웠는데 죽기는 왜 죽어?"라고 소리쳤다. 억지로 사회에 나가지 않겠다는 의지를 밝힌 것일 터이다. 유 선생은 부산 피란 시절 이승만을 저격하려다가 체포된 인물이다. 아버지는 대구 등지에서 유 선생을 비롯해 독립지사인 김시현, 혁신정당 운동가인 서상일 선생 등과 사귀었다 한다.

또 사회활동을 하다 석정암에 들어온 사람들은 자기네들끼리 많은 대화를 나누었다. 임시정부나 건국준비위나 공산당 같은 단어들을 들었다. 그러면 아버지는 "야, 이놈들아, 내가 진짜 공산당이다. 내가 재산이 있나, 서로 나누어 먹고 사는 걸 봐라"라고 소리 지르곤 했다. 그럴 때마다 나는 자리를 뜨지 않고 늘 흥미 있게 들었다. 정치와 사회에 대한 나의 상상력과 동경은 그렇게 점차 자라고 있었다. 아버지는 나를 1년에 한 번꼴로 이리 어머니에게 보내 한 달쯤 지내다 오게 했는데, 세상일을 조금씩 알게 되는 기회가 되었다.

나는 어느 날 방문객이 들고 온 신문을 보고 붓글씨로 대통령에는 아버지 이달, 장관에는 형님이나 석정암의 제자 이름을 써놓았다. 어린 소년 나름

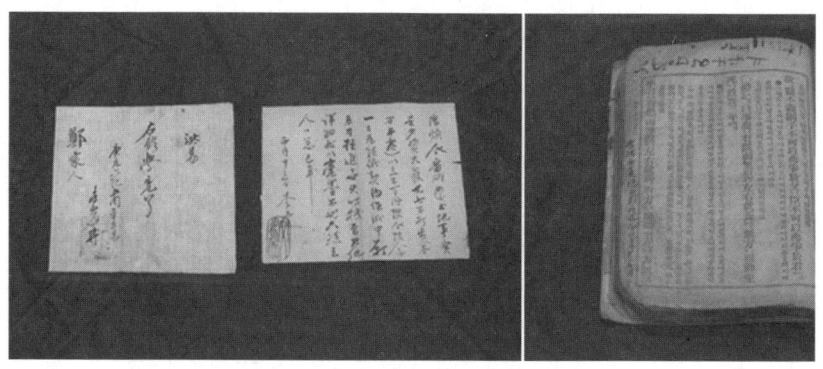

아버지 야산 선생이 석천암 시절 홍역학회를 수료한 108제자에게 일일이 친필로 써준 수료증과 제자들에게 보낸 친필 편지(왼쪽). 학교 대신 석천암에서 한문을 배우던 열 살 무렵 나는 『소학』과 『논어』에 붓글씨로 낙서를 하며 혼자 놀아야 했다(오른쪽). 지금도 나는 그 당시 배우던 책을 보관하고 있다.

의 정부 조각(組閣)이었다. 그런데 자형(누나의 남편, 강우창)이 보더니 깜짝 놀라 북북 찢어버리며 다시는 이런 짓 하지 말라고 심하게 꾸짖었다. 또 이때 여운형 선생이 암살되었다는 소식도 들었다.

자형이 내가 짠 조각 명단을 서둘러 찢어버릴 만한 이유가 사실 있었다. 석정암에 불순분자들이 산다는 소문이 퍼져 사복경찰이 수시로 감시를 했던 것이다. 그래서 아버지는 대전에서 좌익청년 활동을 하다가 도망 온 유 아무개를 한동안 하루 종일 산에 숨어 있다가 밤에 내려오게 했다. 하지만 별 탈 없이 보냈다.

나는 이렇게 햇수로 3년쯤 석정암에서 지내면서 글을 배웠다. 『주역』은 읽지 못했으나 '사서(四書)'를 떼었다. 또 오언절구나 칠언절구 같은 짧은 한시를 짓는 것도 배웠다. 어느 날 조금 진도가 나갔다고 판단했던지 아버지는 한지에 당나라 시인 맹호연의 '춘면불각효(春眠不覺曉)'로 시작되는 오언절구와 당신이 지은 '녹음승춘화(綠陰勝春花)'로 시작되는 오언절구를 써주면서 날마다 시를 한 수씩 지어보라고 일렀다. 나는 시원한 절벽 밑에서 당시를 외우면서 신나게 보냈다. 이것도 아버지에게 받은 몇 가지 안 되는 배려였다.

다른 제자들, 특히 한문의 기초가 없는 제자들은 내가 『주역』을 배우지도 않았는데 줄줄 외거나 하루 종일 놀면서도 다음날 아침이면 시를 암송하거나 짓는 모습을 보고 천재니 뭐니 하는 과도한 소문을 냈다. 사실은 그게 아니었다. 몇 년 동안 제자들이 『주역』 외우는 소리를 아침저녁으로 들었으니 배우지 않아도 일부는 외울 수 있었던 것이다. 그래도 미련하지는 않았다고 볼 수 있었다. 이때 배운 한문이 훗날 내가 역사를 공부하는 밑천이 되었던 셈이다.

아버지는 석정암에서 3년을 보내면서 제자 108명을 길러 모두 수료증을 주었다. 108이란 숫자는 무슨 의미가 있는지, 우연인지는 가늠하지 못하겠다. 이때 홍역학회(洪易學會)를 설립했다. 이들 제자 가운데에는 오늘날에도 왕성하게 전국을 돌아다니며 '야산 주역'을 강의하고 있는 대산 김석진 선생이 끼어 있다. 김석진 선생은 당시 19세에 처음 입문했는데 나를 빼고는 가장 어린 나이였다. 김석진 선생이 서울 세금정에 있는 함장사에서 『주역』 강의를 시작했다. 함장사의 김함장 선생은 나의 형수로 야산 선생에게서 『주역』을 배우다가 우리 셋째 형과 혼인을 했다. 김함장 선생은 시아버지요 스승인 '야산 선생'을 평생 받들었다.

김석진 선생은 함장사와 홍사단에서 1980년대부터 『주역』 강의를 한 것을 계기로 새로 홍역학회를 재건했고(초대 회장 서영훈), 이를 확대 개편해 동방문화진흥회(초대 회장 김석진)를 설립했다. 홍역학회는 정치의 요체를 적은 『서경(書經)』의 「홍범구주(洪範九疇)」와 새로운 후천개벽을 여는 이론을 제시한 『주역』을 배합한 홍역사상(洪易思想)을 편다는 뜻을 가지고 창립했었다. 석정암의 다른 제자들도 자기 고장에 가서 글을 가르치거나 유지가 되었다. 나는 너무 어려서 그 당시 제자 명단에 끼지 못했다.

한국전쟁 직전 주역패와 함께 안면도로

1948년 초봄 아버지는 우리 식구들에게 또 이사하라고 일렀다. 우리는 남부여대(男負女戴)를 하고 걸어서 논산에서 강경으로 나왔다. 강경의 아버지 제자 인유 씨 집에서 하룻밤을 잔 우리는 배를 타고 서산군 남면 달산리(오늘날 태안군 소속)로 왔다. 심한 뱃멀미를 했던 기억이 지금도 생생하게 떠오른다. 새로 살 집은 안채와 사랑채가 나누어져 있긴 했지만 방 세 칸짜리 허름한 초가였다. 게다가 살인사건이 난 집이어서 팔리지 않던 이를테면 '흉가'였다.

이때 우리 식구는 오촌당숙네 7명, 사촌네 3명을 합해 무려 24명이나 됐다. 그중에는 이리에서 어머니와 함께 지내던 내 동생 태화(兌和)도 와 있었고, 글을 배우러 온 이재경이라는 군식구도 있었다. 그러니 방이 좁아 누울 자리가 없어서 안식구들은 앉아서 밤을 지내야 했다. 이 많은 식구를 다스리는 이는 큰어머니(적모)였다. 그 안방마님은 세 가지의 강력한 가정 권한을 행사했다.

첫째는, 주걱권이다. 뒤주에서 식구 수에 따라 양식을 내고 밥을 푸는 권한이다. 예를 들면 쌀과 보리를 섞어 밥을 지었을 경우 누구 몫의 밥에 위에 깔아놓은 쌀을 많이 섞어주느냐, 적게 섞어주느냐의 주걱권을 행사하는 것이다. 또 노인과 어린애 밥의 분량을 정하기도 했다.

둘째는, 입방권(入房權)이다. 젊은 부부가 한 집에 오글오글 살 적에 부부가 한 방에서 동침하는 날을 정해주는 것이다. 그래야 성욕도 풀고 아이도 낳을 수 있지 않겠는가? 이 날을 정할 때는 손가락으로 이리저리 짚어본다.

셋째는, 나들이 허가권이다. 안식구들은 마음 놓고 나들이를 하지 못했다. 1년에 한 번 정도 친정에 보내주는 게 가정의 관례였다. 형수들이 친정 나들이를 할 적에 사내 아이 하나를 딸려 떡이나 선물을 들려 보내는 게 관례였는데 내가 거의 여기에 뽑혔다. 나는 이 일을 맡으면 다른 곳에 가보는 호기심을 충족하기도 했지만 사돈네 총각으로 대접을 받아 호사를 누릴 수 있었다. 어머니는 먼저 '주격권'만을 맏며느리에게 넘겨주기도 했지만 식량을 내는 것을 비롯해 '입방권'과 '나들이 허가권'은 쉽게 내주지 않았다.

그 시절 아버지는 석정암에서 계룡산 국사봉으로 옮겨 제자들을 가르치고 있었는데 나는 그곳에 따라가지 않았다. 아버지가 출타했을 때는 큰형님(진화·震和)이 대신 글을 가르쳤는데, 이분 얘기를 좀 해야 할 것 같다. 나보다 스물일곱 살이나 위인 형님은 어릴 적 아버지에게 가르침을 받은데다 동네 서당에서 글을 익혀서 편지도 쓸 줄 알고 예식도 알아 시골 선비 대접을 받았다. 하지만 천성이 아주 게을렀다. 그래서 가르칠 때 늘 건성이었다. 아침에 글을 가르치고 나서 다음날 다시 '외우기 강'을 하지도 않았으며 우리가 빈둥거리며 놀아도 나무라지도 않았다. 그래서 나는 또래 이재경과 눈치껏 놀아댔다. 만리포 해수욕장의 갯가에서 굴을 따 먹기도 하고 낙지를 잡아먹기도 했다. 당시 만리포 해수욕장에는 건축물이나 놀이시설이 전혀 없었다. 그저 천연 그대로의 바닷가였다.

이 무렵 아버지는 배를 한 척 사두고 우리 일행의 짐을 나르는 운송수단으로 이용했다. 여기서 '일행'은 세상에서 말하는 주역패를 이르는 말이다.

배는 '태극환'이라는 이름을 달고 광천에서 안면도 독개로 사람과 짐을 실어 날랐다.

당시 안면도 일대에는 이른바 주역패 300여 호가 이사를 와서 살았다. 원주민으로 아버지의 제자가 된 양씨 형제들은 상당한 자산가였는데 외지에서 온 주역패를 뒤치다꺼리하느라 살림이 거덜이 날 정도였다. 아버지는 경상도 등지에서 제자들을 이곳으로 오게 했다. 그들은 주로 안동·예천·문경·김천·성주 등지의 사람들이었다. 300호가 넘는 경상도 사람들이 좁은 섬에서 억센 사투리로 와글거리니 조용한 섬이 시끄러울밖에. '야산 선생이 큰 전쟁이 난다고 해서 피란 왔다'고들 했다. 그도 그럴 것이 석정암이 있던 대둔산 일대는 한국전쟁이 나자 인민군 게릴라들이 차지해 쑥대밭이 되었고 우리가 살던 집도 불타버렸던 것이다.

아버지는 '편안하게 잠잔다'는 뜻을 지닌 안면도(安眠島)를, 일제 이전의 명칭대로 '백성을 편안하게 한다'는 뜻을 지닌 안민도(安民島)로 바꾸어 부르게 했다.

아버지는 광천역 앞에 솥 공장과 성냥 공장을 차려놓고 제자들에게 도부(행상)로 팔아 생계를 삼게 했다. 처음 이사를 온 사람들은 재산을 처분한 돈으로 겉보리를 사서 일행의 가구마다 한 가마니씩 나누어주게 했다. 호수가 늘어나니 차츰 겉보리 사는 값이 더 많이 들어갔다. 그들은 도부로 생계를 이었다. 도부 장수들은 광천에서 독개로 부지런하게 왕래했다.

또 아버지는 방직 공장에서 폐품이 된 실을 사와 잇는 작업을 직접 해보이면서 실을 팔게 했다. 폐품을 재생산한 것이다. 또 미국의 농학박사인 정아무개를 모시고 와서 땅콩을 심을 토질을 조사하기도 했다.

우리 식구들은 달산리에서 1년쯤 산 뒤, 독개 옆에 있는 외딴 마을인 정

아버지 야산 선생이 1951년 안면도에서 부여군 옥가실로 옮겨와 삼일학원을 열고 단황(단군)을 받드는 삼일단을 조성하면서 친필로 새겨 놓은 표석. 땅에 묻혀 있던 것을 2010년 초 마을 주민이 발굴해 동방문화진흥회에 전달한 것이다.

당리 개락금으로 이사를 했다. 이 마을에는 배를 부리는 김씨 형제가 살고 있었는데 무슨 연유인지 아버지의 제자가 되었다. 이들은 자기네들의 널찍한 집을 '선생님댁'으로 비워주었다. 집은 우리 식구들이 잠자기에 넉넉했으며, 천혜의 환경을 가진 아늑한 마을이었다. 이 마을에는 경상도에서 이사 온 주역패 20가구쯤이 집단마을을 이루고 살았다.

그곳에서 큰형님은 다시 서당을 차렸으나 거의 나만 달랑 가르치고 나머지 아이들은 내가 대신 가르치게 해서 나는 십대 초반의 나이에 접장으로 '출세'했다. 동문수학이라 할 나의 질녀(조카딸)들도 이때쯤에는 내가 가르쳤다. 나이가 같은 내 질녀들은 평소에는 나를 함부로 대했는데 글 배울 때만은 고분거렸다.

한글책을 처음 사서 읽다

개락금에 모여 산 우리 식구들은 아버지의 제자들이 때때로 가져다주는 식량으로 연명했지만 그것만으로는 턱없이 부족했다. 그때 작은형과 사촌형이 야산에 널려 있는 잡목을 베어 묶어서 광천 장터에 내다 팔아 겨우겨우 생계를 잇느라 늘 멀건 콩죽이나, 곡식 낟알은 거의 섞이지 않은 무밥으로 연명했다. 논산 수락리 시절의 하지감자보다는 나았지만 무밥 먹고 돌아서서 방귀 한 번 뀌고 나면 배가 꺼졌다. 그래서 저녁에는 등불을 켤 기름도 없고 해서 활동을 멈추고 일찌감치 잠자리에 들었다.

차츰 주변 환경에 익숙해지면서 새로운 생존 방법을 알아냈다. 혼자 바닷가에서 무진장 널려 있는 굴을 따 먹기도 하고 꼬챙이로 바위굴에 숨어 있는 낙지를 잡아먹기도 했다. 또 갯벌에서 조개를 캐기도 했으며 말목을 친 어장에서 숭어 따위를 몰래 들고 오기도 했다. 이곳에서도 대둔산에서처럼 나름의 영양보충 방법을 찾아낸 것이다. 우리에게 집을 내준 김씨네 아들 김병철은 나보다 다섯 살 위였는데 보트 같은 작은 배를 잘 부리기도 했고 여름철에 숲 속에 움막을 지어 더위를 식혀주었다.

김병철과 몇몇 학동들은 달밤에 작살을 들고 갯벌에 나가서 꽃게잡이를 했다. 꽃게들이 달빛을 받으면서 무릎쯤 차는 바다 속을 헤매고 있으면 작살로 찍어 망태기에 담았다. 이를 들고 움막으로 와서 삭정이에 불을 지펴 삶아 먹었다. 그 맛을 어떻게 표현할까. 모래와 벌이 어우러진 공해 한 점 없는 선경의 맛이라고 해야 할까? 근래에 이곳에 가보니 벌을 막아 논으로 바꾸어놓아 안타깝기 이를 데 없었다.

한편 개락금에서 지내던 열세 살 무렵부터 나는 사춘기에 접어들어서인지 가끔 혼자 있기를 좋아했다. 굴을 실컷 핥아먹어 배가 두둑해지면 나는 바다 건너 광천을 바라보면서 하얀 모래 위에 만경창파(萬頃蒼波), 붕정만리(鵬程萬里)와 같은 글씨를 쓰며 놀았다. 어쩌면 이런 낙서로 내 꿈을 키우려 했는지도 모른다. 또 1950년 6·25가 터진 뒤에는 밤에 바다 건너 육지에 비행기로 폭격하는 불빛을 보고는 광천에 있는 아버지와 이리에 있는 어머니를 걱정하기도 했다.

그러던 어느 날 사건이 터졌다. 김병철이 글을 외우는 자리에서 내 팔을 잡아 넘어뜨렸다. 그런데 마침 내 손에 쥐고 있던 연필이 오른쪽 눈 옆 관자놀이를 찔렀다. 연필을 뽑아 보니 심이 잘려 있었다. 그 친구는 국민학교라도 다닌 견문 때문인지, 연필심이 살에 박히면 살이 썩는다고 호들갑을 떨었다. 그래서 큰형님은 나를 광천의 병원으로 보내주었다.

처음으로 광천의 공장에 가본 나는 아버지를 뵈었다. 병원에 몇 번 드나들면서 아픈 곳이 낫자 아버지가 약간의 용돈을 주었다. 그 돈을 가지고 광천역 앞에 있는 문방구에서 연희전문대 유자후 교수가 지은 『율곡의 생애와 사상』이라는 책을 샀다. 내가 태어나 한문 고서가 아닌 책을 산 것은 이것이 처음이었다. 아버지는 책을 당겨 대충 훑어보더니 나무라지 않고 던져주었다. 그때 나에 대해 뭔가 이상한 낌새를 느꼈던 것이라 짐작된다. 그것은 내가 아버지와 다른 인생의 길을 걷게 될 낌새였을 것이다.

상처가 나은 뒤 일단 개락금으로 돌아온 내게 잠깐이나마 맛본 작은 도시 광천의 인상은 매우 깊었다. 홍성농업고등학교 학생들이 교복을 입고 길을 지나가는 모습도 보았다. 이때부터 내 마음속에 육지나 도시로 향하는 싹이 돋기 시작했던 셈이다. 그러나 지금도 개락금 시절은 이리나 대둔산 때처럼 평생 내 머릿속에서 지워지지 않는다.

이 대목에서 우리 큰어머니(최씨) 얘기를 좀 해야 할 것 같다. 이분은 아버지보다 한 살 위로 열일곱 살에 시집을 왔다. 큰며느리와 사이가 좋지 않았지만 제자들의 아낙네들에게는 인기가 좋았다. 고루 나누어주고 배려하는 마음이 넉넉했다. 나에게도 서자라고 푸대접하거나 미워하는 마음을 느끼게 한 적이 한 번도 없었다. 오히려 내 몸이 약하다고 과일이나 달걀을 몰래 먹이거나 새 옷을 지어주려고 해서 큰형수와 다투기도 했다. 적어도 나는 큰어머니로부터 서자의 서러움을 받지 않았다. 그분은 우리 어머니와도 서로 반감을 드러낸 적이 없었다.

큰어머니의 친정 조카가 부모가 없어서 고모집인 우리집에서 얹혀산 적이 있었다. 이 아이는 글 읽기를 아주 싫어했다. 이 아이가 사건 하나를 저질렀다. 어느 날 내가 이리에 따로 떨어져 살던 어머니에게 갔다가 돌아오니 그 아이가 많은 돈을 보여주었다. 황성수(훗날 대구 계명대 교수)라는 분이 걸어둔 양복 주머니에서 돈을 꺼내 숨겨두었다고 했다. 그는 돈이 없어진 것을 알고도 고개를 갸우뚱하다가 아무 말 없이 그냥 가더라고 했다. 이 소리를 듣고 내가 큰형님에게 사실대로 알리라고 나무라자 그 아이는 그러면 자기는 쫓겨난다며 한사코 빌었다.

그와 나는 날마다 돈을 조금씩 꺼내 들고 독개(석포) 옆에 있던 가게에 가서 오징어·양갱·땅콩 같은 것을 사먹었다. 그런 날이면 나는 배탈이 났다고 밥을 먹지 않았지만 그 아이는 콩죽이고 뭐고 다 먹어치웠다. 끝내 들통이 나지는 않았다. 내 정직성은 평생 이 수준이었다. 나름대로는 나쁜 짓을 하지 않으려 마음을 썼지만 철두철미한 정직성은 지니지 못했고 무슨 일이든 과감한 행동을 하지 못한 채 어중간한 모습을 보이곤 했다. 일상생활은 물론이고 민주운동 과정에서도 이런 한계를 보인 것이 사실이다.

2장

고학의 길

소설을 읽으며 꿈꾼 새로운 세상

안면도 개락금에 살 때 큰어머니도 아버지처럼 1년에 한 번꼴로 나를 이리(익산)의 어머니에게 보내주었다. 한 달쯤 어머니가 해주는 따뜻한 밥과 종종 닭고기도 얻어먹으면 살이 통통하게 오르곤 했다. 때로는 동네 아이들과 어울려 화투도 치고 자치기도 했고 때로는 소학교 학생들이 배우는 한자가 섞인 『학생연감』(일본판)도 읽었다. 그저 막연하게나마 나와 다른 세상에 사는 그 아이들이 부러웠다. 또 사진을 곁들인 『독립혈사』(서울문화정보사 발행) 같은 책도 보았다. 이 책을 통해 윤봉길·이봉창·편강렬 같은 열사의 사진과 행적을 처음 접했다. 독립운동이 무엇인지 알게 된 것이다.

1950년 겨울 전쟁이 한창 전개될 무렵 이리에 들렀을 때는, 조금 거창하게 말하면 내 인생의 결정적 전환기를 맞게 됐다고 말할 수 있겠다. 이리 시가와 주변 마을은 한국전쟁을 겪으면서 많은 것이 달라져 있었다. 이리 시가에는 성한 건물이 없었으며 이리 역전은 피란민으로 북새통을 이루고 있었다. 마을에는 학도병·보국대·방위군 등으로 끌려가버리는 바람에 청장년 남성들이 거의 없었다. 아이들은 잠깐의 '인공'(북조선인민공화국) 치하에 김일성 노래를 배워서 나에게 일러주기도 했다. 조금 모자라는 손위 의붓형도 방위군에 끌려가 집에 없던 시절이었다.

"학교에 다니자, 새로운 세상에 나가보자"

이제 나는 한문을 어느 정도 터득해 신문, 잡지 정도는 거의 읽어냈다. 닥치는 대로 읽었으니 이때부터 난독의 습관이 붙었다고 볼 수 있겠다. 역전 식당에 가면 늘 신문이 놓여 있었다. 주인에게 사정을 해서 묵은 신문을 거두어 와서 읽었다.

그때 이리 어머니 집에는 앞에서 잠깐 말한 남로당 간부이자 성주군 용암 면당위원장을 지낸 외삼촌이 도망쳐 와서 숨어 지냈다. 외삼촌은 본명이 박동섭(朴東燮)인데 누나의 이름인 박순금과 비슷하게 박순익으로 바꾸고 고무신 수선 따위로 직업을 삼았다. 그러면서 계속 지하활동을 하고 다녔던 것 같다. 외삼촌은 틈만 나면 내게 많은 얘기를 들려주었다. 그 얘기 속에는 불행한 사람들, 가난한 사람들을 배려해야 한다는 가르침도 들어 있었다. 당시 외삼촌은 나에게 신지식의 보고였다.

나는 내 또래들이 가지고 있는 만년필이 정말 부러웠다. 그래서 어머니를 졸라 돈을 약간 얻어 엿을 사서는 이리 역전에 엿판을 벌여놓고 팔았다. 역은 늘 사람들로 들끓어 엿이 아주 잘 팔렸다. 파카 만년필을 사는 목표는 아주 쉽게 이룰 수 있었지만 처음과는 달리 마음이 다른 데로 쏠렸다. 역전으로 오가다가 책방을 기웃거리면서 소설에 눈길이 쏠렸다. 하지만 책을 사서 읽을 처지는 아니었다.

그때 송학동에 살던 아버지의 제자인 이상춘 선생의 따님 종희 누나가 나보다 예닐곱 살 위였는데, 시집·소설 등 책을 많이 가지고 있어서 해방 직후에도 더러 빌려 보았다. 그전에 『춘향전』을 화장실에서 몰래 읽다가 아버지에게 들켜 호된 꾸지람을 들은 적도 있으나 그 욕구를 누가 막을 수 있으랴. 이때에도 그 누나의 소설들을 빌려서 탐독하기 시작했다. 이광수·염상섭·박계주·방인근·김내성의 소설들을 읽었다. 특히 『흙』과 『상록수』에 심취해 나도 농촌계몽가나 사회봉사자가 되겠다는 꿈을 키웠다. 때로는 누나가 새로 산 책을 빼앗아 먼저 읽기도 했다.

나는 『순애보』, 『마도의 향불』 등 소설들을 밤새워 읽으면서 새로운 세상에 대한 꿈을 키웠다. 사랑이니 섹스니 하는 단어들을 익힐 수 있었다. 한문 책을 읽을 때와는 너무나 다른 감동의 세계를 헤매고 있었던 셈이다. 이때의 감동은 지금도 선명하게 떠오른다.

나의 결심은 더욱 굳어졌다. 고루한 아버지로부터 벗어나자. 나도 꿈을 이룰 수 있도록 학교에 다니자. 새로운 세상에 나가보자. 바로 이것이었다. '도통'을 했다고 소문난 야산 선생, 내 아버지도 아들의 이런 결심은 몰랐을 것이다.

"쟤가 머리는 아주 좋은데 서자래"

1951년 초 내가 이리에서 부여로 돌아왔을 때 큰댁은 개락금에서 부여 은산면 가곡리 옥가실로 또다시 옮겨와 있었다. 아버지는 이곳 유지인 유치돈 씨의 도움을 받아 건물을 지어 삼일학원이라는 간판을 내걸고 다시 제자들을 가르쳤다. 이때는 석정암 시절과는 달리 온건한 주역패들이 중심을 이루었다. 좌우익 운동을 하던 인사들이 빠진 것이다.

이때 삼일학원과 살림집은 마을의 정반대편에 있었다. 나는 큰어머니 친정 조카인 최대종과 땔나무하는 일을 맡았다. 집안일을 하는 작은형님과 사촌형님과 당숙의 식구들이 제급(분가)을 나서 집안일을 할 사람이 없었고 또 나도 나이가 들어 집안일을 거들어야 했다. 그때 큰형과 셋째 형 가족만이 함께 살아 군식구까지 합해 11명이었으니 예전보다 단출한데도 식생활이 나아지지 않았다. 또 아버지의 친구 아들인 이완(현재 대전에서 서예가로 활동)이 군식구로 와서 나와 함께 지냈다. 나와 최대종은 나무를 하면서 남의 참외를 서리하기도 하고 남의 밭의 무를 뽑아 먹기도 하고 동네의 복숭아나 홍시를 따먹기도 하면서 마을 사람들의 눈총을 받았다. 그 원인은 도벽이 아니라 배가 고픈 탓이었다. 게다가 이곳에는 대둔산이나 안면도와 달리 먹을거리가 없었다.

조카딸들은 번갈아 할아버지에게 광주리에 밥을 담아 날랐다. 큰조카딸 복희는 멀건 보리죽이나 꽁보리밥을 차마 할아버지에게 가져다드리기가 미안하다고 해서 동생인 순희에게 내맡겨서 혼이 나기도 했다. 최대종은 나이가 들자 먼저 집을 나가버리고 말았다. 나보다 두어 살 많은 이완 형과 내가 나무를 하면서 많은 얘기를 나누었는데, 큰 도시인 대전 얘기를 들려주어서 나를 더욱 들뜨게 했다.

삼일학원에는 셋째 형인 간화형을 비롯해 글 배우는 청년들이 북적거렸으나 소년이라고는 이완 형과 나 등 네댓 아이 정도였다. 건너 마을인 고부실에 심씨라는 훈장이 서당을 열고 있었지만, 동네 아이들은 모두 학교를 다니고 서당에 다니지 않았다. 그런데 어느 날 아버지는 우리 꼬맹이들을 데리고 고부실 서당으로 나들이를 갔다. 심씨 훈장은 이미 '야산 선생'의 소문을 듣고 깍듯하게 어른으로 모셨다. 야산 선생은 두 곳의 서당 아이들을 놓고 시구를 지으라고 일렀다. 당신이 앉은 자리에서 두 팔을 벌리고는 "왼쪽에 곡부, 오른쪽에 옥가가 있다"는 시제를 냈다.

내가 말이 떨어지자마자 "곡부재좌 옥가우(曲阜在左玉佳右)"라고 대답하자 야산 선생은 "말이 덜되"라고 말했다. 말이 되지, 조금 시적이지 못한 것이지, 더욱이 맨 먼저 대답하지 않았나? 나는 지금 생각해도 억울하다. 이처럼 아버지는 자식을 칭찬해주지 않았다. 이게 꼭 좋은 교육방식일까? 하지만 야산 선생의 의도는 두 서당의 화합에 있었던 것으로 짐작된다.

하루는 아버지 몰래 혼자서 부여 나들이를 했다. 어떤 여학생이 하얀 교복과 운동화를 신고 길을 가고 있었다. 핫바지를 입고 있던 내 차림과 비교해보니 그 여학생은 천사처럼 보였다. 저 여학생과 어울리려면 나도 학생이 되어야겠다는 생각이 들었다.

나의 가출 동기는 하나 더 있었다. 아버지와 큰어머니는 나를 전혀 서자로 여기지 않고 아들 중의 하나로 여겼다. 그렇지만 내 어머니에게는 달랐다. 형님들은 작은어머니라 부르지 않고 '서모'라 불렀다. 나는 나이가 들면서 굳이 그런 호칭을 써야 하는지 불만스러웠다.

또 언제부턴가 내가 거리에 나가거나 남의 집에 가면 "쟤가 머리는 아주 좋은데 서자래"라고 수군거리는 소리가 자주 들려왔다. 나이가 들면서 예전에 가정이나 사회에서 서자 차별 제도가 있었다는 사실도 알게 되었다. 사춘기에 접어들자 이런 내 태생에 대한 불만이 가슴 속에 저몄다. 나는 그렇게 끝내 가출을 결행했다.

고아원 생활

이 책의 앞머리에서 얘기했듯이, 1951년 초겨울 전쟁통에 가출한 나는 1년 남짓 떠돌다 피란 수도 부산 영도의 신선동에 있던 서울애린원이라는 고아원에 들어갔다. 고아원 생활 첫날, 배가 고픈 김에 깡통 소고기를 듬뿍 넣은 수제비를 실컷 먹었다. 그런데 큰 사달이 나고 말았다. 심한 주림 속에 기름진 고기를 갑자기 한꺼번에 먹는 바람에 설사를 해대면서 앓아누운 것이다. 그러자 고아원에서는 나를 천막 한쪽 구석에 밀쳐놓고 약도 주지 않았다. 나는 며칠 동안 사경을 헤매다가 겨우 깨어났다.

정신이 들자 웬일인지 콩나물국과 사과가 먹고 싶었다. 반장인 박 아무개에게 사과 한 개만 사달라고 부탁해서 그걸 얻어먹고는 겨우 살아났다. 그때 그 사과 맛을 나는 평생 잊지 못한다. 그런데 지금까지 박 아무개에게 그 은혜를 갚을 길이 없어 안타까울 따름이다.

고아원의 아이들은 그야말로 잡동사니였다. 서울에서 피란 온 아이들이 대부분이었는데 양아치·소매치기·깡패 따위를 하던 별별 종류의 아이들이 모여 있었다. 그래도 미군 하우스보이로 있던 아이들이 가장 '출신 성분'이 좋았다. 나는 '대촌 놈'(촌놈 중의 촌놈)이어서 걸핏하면 이 아이들에게 얻어맞았다. '왕따'가 된 것이다. 나이에 비해 키도 몸집도 작은데다 세상물정도 모르니 딱 놀림감이 되었던 셈이다.

그런데 나를 유난스레 대우해준 학생들이 있었다. 그때 여느 고아들은 천막에서 지냈으나 학생들은 별도로 토막(土幕)을 지어 거처하게 했다. 여기에는 경기·용산·경복·대광 등 서울에서 고등학교에 다녔던 학생 대여섯이 있었다. 그 가운데 경기고 학생인 김윤직 형이 아이들에게 틈틈이 국민학교 과정을 가르쳐주었다. 나는 김윤직 형에게 인정을 받았다. 또 경복고에 다니는 박기정 형(훗날 만화가)은 미술학도였는데 자주 《새벗》 같은 잡지에 나오는 동시에 그림을 그려 보여주었다. 그래서 틈틈이 그 방으로 가서 학생들과 대화를 나누었다. 또 대학생으로는 연희대(훗날 연세대) 유재정 형이 있었는데 미군이 방문하면 유창하게 영어 통역을 해서 인기를 끌었다.

수험 서적을 통째로 외우며 고아원 생활을 버티다

피란 시절 고아원 생활은 지옥이라 할 수는 없지만 고되기가 이루 말할 수 없었다. 가끔 구호물품이 들어오면 산 밑 길가에서 비탈진 길을 타고 산 중턱에 자리 잡은 고아원까지 옮겼는데, 건장한 학생들은 모두 학교에 가고 없어서 나 같은 조무래기들만 짐을 날랐다. 특히 건물을 지으라고 목재가 들어오는 날이면 죽을 맛이었다. 또 목재를 쌓아놓은 뒤에는 이를 지키는 불침번을 서야 했다. 겨울철 천막은 말할 나위도 없이 추웠다. 천막 안에 난로를 피웠지만 강하게 몰아치는 바닷바람을 막을 수는 없었다. 먹을거리와 옷은 구호물자가 많이 들어와 넉넉했지만 채소를 먹지 못해 심한 영양 불균형에 시달려야 했다. 그나마 비록 내 몸에 맞지는 않았지만 옷은 넉넉하게 공급되었고, 비스킷이나 초콜릿이 든 깡통도 필요한 만큼 받을 수 있었다.

책이라고는 학교에 들어갈 아이들 몫으로 『지능고사』 한 권만 달랑 놓여

한국전쟁 중에 정부가 발행한 1953년도 중학교 국가고시 준비용 참고서 『지능고사』의 표지. 학교에 다니고 싶어 가출한 나는 당시 피란 수도 부산의 고아원에서 이 책의 문제를 풀며 입학의 꿈을 키웠다.

있었다. 각 중학교 입시에 나온 문제를 모은 책이었다. 나는 이 책을 혼자 차지했다. 틈틈이 읽고 읽어 나중엔 달달 외웠다. 수학이나 과학 공식까지도 뜻도 모른 채 모조리 외웠다. 이렇게 하나씩 염원이 달성되어가고 있었다.

그러던 어느 날 아버지의 제자인 강화 선생이 고아원에 찾아왔다. 정말 놀라 자빠질 뻔했다. 아버지의 다른 제자분 아들이 고아원에 잠시 있었는데 이 아이가 나를 알아보고 집에 돌아가 일러바쳤고, 이 소문을 들은 아버지가 강화 선생을 보냈던 것이다. 강화 선생은 나에게 아버지 친구가 대신동에서 한약방을 하니 고아원을 나와 그곳에서 심부름하면서 학교를 다니라고 당부했다. 나는 완강하게 거절했다.

하루는 목재를 지키는 불침번을 서고 있는데(사실 불침번은 내가 도맡아 했다. 불을 켜놓고 책을 볼 수 있었기 때문이다) 등짝에 날벼락이 날아왔다. 원장 아들이 변소에 가다가 내가 『지능고사』를 읽고 있는 모습을 보고 발로 걷어

찬 것이다. 그러고는 "불침번 서라고 했지 책 보라고 했냐?"고 소리를 질렀다. 이 아이는 내 또래로 경기중학교에 돈을 주고 들어간, 소문난 '불량소년'이었다.

건장한 이 아이는 학교에 다녀오면 천막 안으로 들어와 의자에 앉아서 아이들을 하나씩 불러다가 한 손으로 잡고 바닥에 쓰르뜨리는 장난을 쳤다. 자신이 보기에 멋지게 넘어지지 않았다고 판단되면 몇 번이고 이 짓을 되풀이했다. 내가 이 장난에 자주 걸려들었다. 나는 일부러 멋지게 넘어져주었다. 그랬더니 만족해서 다시 되풀이하지 않았다. 물론 마음속으로는 '저놈을 언젠가 가만두지 않을 것이다'고 별렀다.

꿈에 그리던 학교에 입학하다

부산의 서울애린원에서 1년쯤을 지낸 1953년 봄 고대하던 입학기가 되었다. 장 아무개 원장이 우리 또래 아이들 10여 명을 앉혀놓고 시험을 치렀는데 내가 달달 외고 있는 『지능고사』를 들고 있었다. 원장이 책을 뒤지면서 이것저것 물어보았다. 나는 원장이 문제를 내자마자 대답했다. 당시에는 입학시험 문제가 학교마다 달랐다. 나를 포함해 3명만이 중학교 입시를 허락받았다. 여기서 떨어진 아이들은 이루 말할 수 없을 정도로 실망했다. 그러면 왜 3명만 허락을 받았는가? 고아원에서 일을 시켜먹으려고 일부러 보내지 않은 것이다. 적령기에 드는 아이들은 고아원 규정에 따라 당연히 모두 입학시험을 보게 해야 했는데도 말이다.

이를테면 비가 오는 날이면 오줌똥을 퍼서 개울로 내려보내는 일도 힘이 약한 아이들 몫이었다. 고아원 아래 있던 영선국민학교에는 하필 미군 부대가 주둔하고 있었다. 냄새가 진동하면 부대에서 사람을 보내 항의했으나 고아원에서는 달리 처리할 방도가 없어서 무시한 채 계속 버렸다.

어느 날 나는 변소 판자에 왼손으로 '모든 아이에게 학교 시험을 보게 하라'거나 '일만 시키지 말고 공부를 시켜라' 따위의 글씨를 연필로 써놓았다. 원장 아들이 이를 보고 입학 적령기 아이들을 천막 안으로 불러 모았다. 그리고 글씨를 쓰게 하고 살펴보았다. 나도 글씨를 써 보였으나 입학시험을 허락받은 처지여서 대충 대조했다. 대신 다른 아이들이 얻어맞기도 하면서 심하게 시달렸으나 범인이 잡힐 리가 없었다. 나는 심한 양심의 갈등을 겪었으나 사실대로 말하면 모든 게 수포로 돌아간다는 생각에 입을 굳게 다물었다. 당시의 내 정의감은 이 정도였다.

어쨌든 나는 중학교 입학시험을 치르게 되었다. 그런데 또 문제가 불거졌다. 모두 야간학교에 가라는 것이었다. 김윤직 형이 "너 정도면 경기중학도 들어갈 수 있으니 원장에게 졸라보라"고 일러주었으나 어림없는 말이었다. 일반 중학교에 들어가면 약간이라도 돈을 내야 했지만 야간학교에서는 전액 면제받았기 때문이다. 또 낮에는 일을 시킬 수도 있지 않은가.

나는 보수동공원에 자리 잡은 한영중학교에 합격했다. 내가 선택한 학교였다. 고아원에서는 나를 어느 학교에 보낼 것인지에 대해 관심이 없었다. 내가 포스터를 보고 비교적 고아원과 가까운 학교로 결정한 것이다. 걸어서 다닐 수 있었다. 서울에서 피란 내려온 학교로 중·고 통합과정이었다. 나중에 들으니 내 입학 성적이 우수했다고 한다. 판자로 지은 학교는 하필 공원 비탈에 있어서 비만 오면 교실로 가는 길이 미끄러워 넘어지기 일쑤였다. 그때 교장은 박은식 선생이었고 담임은 수학을 가르치는 조민희 선생이었는데 고아여서인지 나를 잘 돌봐주었다. 지금도 한영중학교에 그 시절 내 성적표나 신상 기록이 남아 있는지 가끔 궁금하다.

한국전쟁 때 서울에서 부산 보수동으로 피란 온 한영중학교의 판잣집 교사 앞에서 1953년 재학생들이 교사와 함께 찍은 기념사진. 내가 이 무렵 두어 달 남짓 다녔던 곳으로 졸업은 못했지만 생애 첫 모교로 여긴다. 한영고총동창회 제공

원장 아들의 횡포에 맞서다

두어 달쯤 학교에 재미를 붙였을 때였다. 원장 아들의 횡포가 눈 뜨고 볼 수 없을 정도로 심해졌다. 그는 고아원을 지으라고 보내준 목재로 고아원 뒤에 터를 닦아 작은 방을 들이더니 여학생들을 데리고 와서 해롱거리기까지 했다.

그 무렵 어머니도 내 소식을 듣고는 가끔 찾아왔다. 어머니는 충남 부여에서 작은아들 태화를 큰집에 맡기고 부산 초량동으로 옮겨와 머리에 참기름을 이고 다니면서 도붓장사를 했다. 가끔 먹을거리를 들고 나를 불러냈다. 나는 고아가 아니라는 사실이 들통날까봐 신경이 쓰였지만 그것보다 어머니가 찾아오는 것 자체가 싫었다. 그때까지만 해도 부모나 가족들이 관심을 끊어주기를 바랐다. 어떤 어머니인데 이런 모진 생각을 했을까?

나는 어느 날 불만 많은 아이들 몇몇을 꼬여서 밤을 틈타 몽둥이 한 개씩을 꼬나들고 원장 아들을 습격했다. 말로 이러쿵저러쿵할 것 없이 몽둥이를 휘둘렀다. 그리고 나서 각본대로 각자 튀었다. 나는 부두로 내달렸다. 배표 살 돈이 있을 턱이 없었다. 어느 할머니가 짐을 들고 가는 모습이 보였다. 은근히 다가가서 할머니에게 다정스레 말을 걸면서 짐을 들어드렸다. 배표를 받는 사람 앞에 서서 나는 조금 길게 할머니와 말을 주고받았다. 그러고 나서 "할머니 잘 가세요"라고 큰 소리로 인사를 건넸다. 배가 떠나려고 고동소리를 낸 순간 나는 다시 헐레벌떡 뛰어가서 표 받는 사람에게 책 보따리를 흔들어 보이면서 그 할머니에게 급하게 전달할 물건이 있다고 사정을 했다. 그는 빨리 전하고 오라며 보내줬고 나는 배에 오르자마자 배 밑바닥으로 숨어버렸다. 배는 마산행이었다.

마산시청 옆에 있는 고아원을 찾아갔으나 '불량소년'이라며 한사코 받아주지 않았다. 갈 곳이 없어 밤이 어두워질 때까지 마산시청 앞에서 쪼그리고 앉아 있었다. 그러자 한 여군 장교가 지나가다가 내 어깨를 두드렸다. '잘 곳이 없다'고 하자 그녀는 나를 자기 집으로 데리고 갔다. 그녀는 간호장교로 어머니와 단둘이 살고 있었다. 밥을 실컷 얻어먹었고 한방에 잠을 재워주었다. 그녀의 어머니는 아침에 밥상을 놓고 '주여, 이 아이를 잘 보살펴주소서'라고 기도를 올렸다. 모녀가 어디로 갈 것이냐고 묻기에 나는 여수로 가겠다고 대답했다. 훗날 두 분의 은혜를 갚으려고 《한국일보》에 칼럼을 쓴 적이 있으나 지금껏 소식을 알 길이 없다.

한문 실력 덕본 여수 보육원 생활

여수는 피란 수도 부산과는 달리 깨끗한 항구도시였다. 그렇지만 어디로 갈 것인가? 빤하지 않은가? 나는 관문동에 있는 여수보육원으로 갔다. 나를 면접한 박옥래 원장은 처음엔 부산고아원에서 도망 온 아이라고 말하면서 받아들이려 하지 않았다. 그는 내 청바지 차림을 보고 금방 눈치를 챈 것이다. 나는 부산에서 신문배달을 했다고 거짓말을 연달아 해댔다. 원장은 내 책보를 열어보더니 교과서와 한문책이 나오자 내용을 아느냐고 물으면서 관심을 보였다. 이때까지도 나는 몇 권의 한문책과 내가 쓴 글씨 쪼가리를 챙겨서 들고 다녔다.

나는 곧바로 사무실에서 일을 하게 되었다. 한문 실력 덕분이었다. 이처럼 나는 뒷날에도 한문 실력 덕을 가끔 보게 되었다. 원장의 동생인 박이래 원감은 나에게 사무실 일을 시키면서 학교에 들어가라고 권유했으나 나는 오히려 거절했다. 내 나이가 동급생보다 평균 네 살이 많았기 때문에 고입과 대입 검정고시를 볼 계획을 세우고 있었다. 그래도 원감이 계속 권유를 하자 나는 종고산 아래에 있는 종고중학교 2학년으로 입학했다. 한 학년을 뛰어 편입한 것이다.

종고중학교는 당시에는 인가가 나지 않은 학교였다. 나는 이를 알고 있었으나 검정고시를 볼 생각이어서 무관하다고 여겼다. 그 학교는 한 학년이 한 반씩이었고 한 반 학생이 30명이 채 되지 않았다. 편입하고 며칠 뒤에 영어시험을 보았다. 나는 답안지 끝에 "영어 수업을 며칠 받지 않아 엉터리 답안지를 내서 죄송합니다"라고 써놓았다. 담임인 김재걸 선생은 마침 영어 담당 교사였는데 시험 성적을 발표하면서 "이이화 일어나"라고 불러 세웠다. 나는 두근거리는 마음으로 엉거주춤 일어났다. 아이들도 호기심 어린

여수보육원 시절의 모습. 앞줄 가운데는 보모 역할을 한 박순임 씨이고, 그 왼쪽이 나, 오른쪽은 김만경(기업인)이다. 뒷줄 왼쪽부터 차례로 박형래(원장 동생, 교사), 이영찬(파일러트), 박지석(미 대학교수)이다.

눈으로 바라보는 듯했다. 그런데 김재걸 선생은 의외로 웃으면서 "왜 시험지에 낙서를 하느냐? 하지만 성적이 좋아 넘어간다"고 말하면서 칭찬해주었다. 이렇게 해서 나는 고아원 아이로 다른 동료들에게 인정을 받았다.

여수보육원에서는 누구에게도 얻어맞는 일이 없었고 후배들에게는 선배 대접도 받았다. 부산의 서울애린원 생활과는 딴판이었다. 그만큼 질서가 잡혀 있었다. 학교에서는 김재걸 선생과 공민을 가르치는 박기석 선생에게 귀여움을 받았고 학생들에게 인기도 제법 얻었다. 한번은 국산품 애용을 주제로 한 웅변대회에 학교 대표로 나가기로 작정했다. 원고는 내가 직접 썼는데 내 생애 최초로 쓴 원고였다. 그때 내게 웅변 지도를 해준 이는 여수고에 다니는 신순범 선배였다. 그는 종고중학교 학생으로 전국 웅변대회에서

1등을 해서 학교 명예를 빛내 인기가 높았다(훗날 국회의원이 되었다).

그런데 탈이 나고 말았다. 전교생을 강당에 모아놓고 교장과 교사들이 임석한 가운데 예비 발표 자리를 마련했다. 보육원에서는 고모로 불리면서 우리를 돌보아주는 박순임 씨도 한복을 곱게 차려 입고 참석했다. 막상 웅변을 시작하려니 입이 떨어지지 않았다. 원고를 들고 있었지만 어찌 된 노릇인지 읽는 것조차 잊어먹었다. 그래서 머쓱해져서 슬그머니 단상에서 내려왔다. 신순범 형이 나 대신 시간을 때워주었다. 내가 대중 앞에 나선 첫 경험은 이처럼 일생일대의 실수로 기록되었다. 그때 그 장면을 떠올리면 지금도 식은땀이 난다. 한데 요즈음에는 대중 강연이나 방송에서 곧잘 말을 잘한다는 평판을 들으니 이런 실수를 하는 학생들은 이를 타산지석으로 삼기를.

그 뒤 중앙교회에서 열리는 동화구연대회에 나가 만회할 기회를 얻었다. 심사위원장은 원장의 동생인 박한래 삼촌이었다. 무슨 동화를 구연했는지는 기억에 남아 있지 않지만 2등으로 입상했다. 모든 원아들이 참석한 자리였다. 내 생애 처음으로 받은 상이었다. 박한래 삼촌은 목소리가 작기는 했으나 설득력이 있다는 심사평을 했다.

차별대우하는 보육원에 불만 품고 다시 나와

보육원에서 저녁밥을 먹고 나면 소년 또래의 아이들에게 상자에 은단을 담아 시내에 나가 팔게 했다. 주로 부둣가의 유흥가를 돌아다녔다. 손님들이 고아라고 동정을 해주어서 제법 잘 팔렸다. 이 돈으로 피아노를 산다고 했다. 또 박한래 삼촌에게 한문을 가르쳐주고 대신 영어를 배웠다. 그 삼촌은 중앙대 영문과에 다니다가 폐병에 걸려 휴학을 하고 집에 와서 요양을 하고 있었다. 그는 자의식이 강하고 지식이 많은데다 양식이 있는 분이어서 배울 점이 많았고 무엇보다 나를 깍듯하게 대해주었다.

그 무렵 아버지 밑에서 한문을 배우다가 집을 나온 내 동생 태화가 나를 찾아와서 보육원에서 함께 지내게 되었다. 내 동생도 학교에 다닌 적이 없어 늦은 나이에 여수서국민학교에 들어갔는데, 운동신경이 발달해서 학교에서 축구선수로 활약하면서 잘 지냈다. 싸움도 잘해서 다른 아이들에게 맞지 않았다. 정말 다행이었다. 하지만 형제가 고아 아닌 고아로 떠돌았으니 아름다운 모습은 아니었다.

그런데 보육원에서 내가 싫어하는 두 가지 일이 벌어졌다. 하나는 고아들을 차별대우하는 것이었다. 원감은 마음에 드는 아이들에게는 좋은 옷을 주는 따위로 특별대우를 했고 실력 있는 학생을 불러다가 가정교사를 시키기도 했다. 내가 이를 항의하자 박 원감은 나를 때리면서 호되게 나무랐다. 또 하나는 아이들이 은단을 팔아 모은 돈으로 피아노를 사지 않고 신앙촌의 박태선 장로에게 가져다 바치는 등 유용을 했다.

정이 떨어진 나는 김재걸·박기석 두 선생을 찾아가서 보육원을 나가겠다고 말했다. 두 분은 나를 한사코 말리다가 내가 끝내 나가겠다고 하자 차비를 하라면서 많은 용돈을 주었다. 정말 가슴이 먹먹할 정도로 감격했다. 동생에게는 내가 들고 다니던 한문책을 맡기면서 여기서 떠나지 말고 형이 데리러 올 때까지 잘 지내고 있으라고 당부했다.

내가 보육원에서 나가려 하자 박 원감은 새벽마다 보육원 문 앞에서 지키고 있었다. 나는 2층에서 이를 보면서 출발을 며칠 미루었다. 마침내 원감이 보이지 않는 새벽에 여수역으로 달려가서 서울행 새벽 열차를 탔다. 이영찬·김겸석·김만경 등 동료와 후배들이 배웅을 나와 눈물로 작별했다. 1년

이 못되는 여수 생활은 이렇게 끝이 났다.

승객의 치마폭에 숨어서 서울로

1953년 여수보육원을 탈출하다시피 떠나온 나는 무작정 서울로 가려고 했다. 당시 여수발 완행열차는 15시간 정도 걸려서야 서울역에 도착했다. 앉을 자리도 없어서 내내 서서 와야 했다. 그때는 휴전회담이 진행 중이어서 도강증이 있어야 한강을 건널 수 있었다. 그런 증서가 있을 턱이 없었던 나는 덩치가 작은 탓으로 한 아주머니 승객의 치마폭에 숨어서 무사히 한강을 통과했다.

난생처음 와본 서울이었지만 거리는 폭격에 맞아 성한 건물이 없었다. 전쟁의 비극을 실감할 수 있었다. 서울역에서 종로까지 걸어온 나는 폭격으로 상처를 드러내고 있기는 했지만 그래도 웅장한 화신백화점 건물을 보고 감탄을 하면서 서울에서 살아야겠다고 결심했다. 물어물어 장충동에 있는 어느 고아원을 찾아갔으나 받아주지 않았다. 그래서 서울을 벗어나 인천의 성광고아원을 찾아갔으나 여기에서도 받아주지 않았다.

당시 인천에는 미군정 때 설치한 여자경찰서가 따로 있어서 도움을 받을 수 있을 것 같아 부러 찾아갔으나 역시 소득이 없었다. 담당 여경에게 한나절을 졸랐지만 여경은 동정을 하면서도 고아원은 안내해주지 않고 설렁탕 한 그릇만 사주었다. 설렁탕 한 그릇의 의미를 지금도 곱씹어본다.

며칠 한뎃잠을 자면서 굶은 끝에 서울 남대문시장을 찾아갔다. 폭격을 맞은 건물터에 사람들이 천막 등 가건물을 지어놓고 장사를 하고 있었다. 전등불 아래 김이 무럭무럭 나는 찐빵이 눈에 확 들어왔다. 저걸 훔쳐 먹을 것인지 말 것인지를 두고 한참을 망설이다가 발길을 돌렸다. 그때 나는 『레미

제라블』의 주인공 장발장을 생각했던 것도 같다. 이 소설을 읽고 감동을 받은 적이 있었다.

당시는 신문팔이 소년들이 거리를 돌면서 신문을 팔고 다닐 때였다. 내 또래 소년들이 신문사 합숙소에서 밥을 얻어먹고 잠을 자면서 지냈다. 그래서 나도 남대문로에 있는 어느 신문사(연합신문으로 짐작됨)를 찾아가서 신문배달원으로 등록했다. 서울역과 종로 일대를 돌아다니면서 신문을 팔았으나 어찌 된 영문인지 다른 애들과는 달리 하루 한두 장 정도 파는 게 고작이었다. 며칠 동안 숙소를 해결하고 밥을 얻어먹었으나 값을 하지 못한 것이다. 하루는 고려대 배지를 달고 있는 신문기자의 심부름을 하면서 나도 훗날 고려대에 가야겠다는 결심을 하기도 했다. 끝내 성과가 없어서 서울에 살아보려는 꿈을 접고 하릴없이 서울역으로 가 몰래 화물열차를 탔다. 마침 군인 서너 명이 타고 있었는데 건빵을 먹다가 내게 두어 개 던져주었다. 서너 날 만에 건빵 몇 개로 창자를 채웠던 것이다.

나는 무슨 마음인지 대구에서 내렸다. 대구역 광장에는 천막 안에 차린 음식점이 촘촘히 들어서 있었다. 나는 다짜고짜 한 곳에 들어가서 설렁탕을 시켰다. 김치고 뭐고 상에 올라온 음식을 모조리 먹어치웠다. 그제야 정신을 차린 나는 땀을 흘리면서 잠시 궁리를 하고는 주머니를 이리저리 뒤지는 척하다가 "어어, 돈을 쓰리 맞았네"라고 소리쳤다. 그러자 젊은 주인이 내 멱살을 잡으면서 "이놈, 이럴 줄 알았다"며 흔들어댔다. 꼼짝없이 붙들렸다 싶었는데 방 안에서 젊은 여성이 나오더니 한동안 나를 바라보고는 책가방에 무엇이 들었냐고 물었다. 책가방을 열어 보였더니 방으로 들어오라고 했다. 그 여성은 좁은 방 안에서 내 책을 보고 몇 가지 물어보더니 "오빠, 이 학생 좋은 학생이야. 그냥 보내줘"라고 사정했다. 나는 겨우 풀려났다. 그 여성은 대구 효성여대 학생이었다. 그길로 성주 외가로 내려간 나는 차비를 얻어 그 밥값을 갚아주었고 그 여대생도 다시 만났다.

10여 년이 흐른 어느 날 덕수궁 돌담길을 지나던 나는 아이 손을 잡고 스쳐가는 한 여인의 모습을 보았다. 어디선가 많이 본 얼굴이라는 생각이 들었다. 내가 지나쳐 뒤돌아보자 그도 돌아보았지만 이내 각자 길을 갔다. 그러면서 내내 생각을 더듬던 나는 순간 번쩍 한 얼굴을 떠올렸다. 대구 역전의 그 여대생, 맞다. 하지만 이미 찾을 길이 없었다.

부산 애린원으로 돌아갔다가 결국 목포로

아무튼 나는 그때 대구에서 부산 서울애린원으로 다시 돌아갔다. 체면을 차릴 처지가 아니었다. 원장은 나를 매우 반겨주었다. 여수보육원에 있을 때 원장에게 편지를 보내 고아원에서 나온 일을 사과한 적이 있었던 까닭이다. 그래서 나는 학교에 보내달라고 졸랐더니 원장은 흔쾌히 허락했다.

그리고 여수에서 배운 대로 가오루(일제 은단 상표)와 은단을 사서 자갈치시장과 국제시장 등 남포동 일대를 돌아다니면서 팔았다. 국제시장과 자갈치시장은 남포동 부둣가에 붙어 있었다. 국제시장에는 그야말로 온갖 옷가지들이 널려 있었다. 거의 미군이나 구호단체에서 고아원 등에 보내준 구호물자가 유출되어 팔리고 있었다. 자갈치시장에서는 생선 등 음식을 비롯해 온갖 잡동사니들을 팔았다. 더욱이 남포동 일대에는 다방들이 늘어서 있었다. 어깨를 비집고 다니기도 힘들 정도로 늘 북적거렸다.

나는 남포동 일대의 다방을 돌면서 일제 가오루를 팔았다. 그 다방 중에 밀다원다방이 있었다. 그때는 몰랐지만 이 다방에서 김동리 등 문인들이 하루 내내 자리를 잡고 노닥거렸다. 다방 손님들은 '룸펜'이었지만 고학생의 물건을 곧잘 사주었다. 아옹다옹 사는 피란 도시였지만 인심만은 사라지지 않았다. 제법 쏠쏠하게 수입을 올렸다. 번 돈으로 저축을 하면서 전차를 타고 초량에 있는 영어학원에도 다녔다.

원장은 인문학교에 보내준다는 처음 약속과는 달리 영도에 있는 무선학교에 보내주었다. 여기에도 까닭이 있었다. 천주교에서 세운 이 학교에서는 고아들에게 학비를 받지 않았던 것이다. 교장이 신부였는데 나를 면접하고 연달아 못마땅한 표정을 지었다. 하지만 담임선생은 나를 앉혀놓고 시험을 치르다가 국어·역사·공민 등 인문 과목의 질문에 대답을 잘하니까 아주 반겼다. 그런데 교실에 들어가 보니 내가 알아들을 수 없는 무선과목이 반을 차지했다. 정말 내게는 진절머리가 나는 과목들이었다.

결국 나는 다시 내 또래인 박 아무개와 함께 애린원을 나온 뒤 서울로 올라왔다. 이번에는 도망쳤다기보다 스스로 가출한 셈이다. 그렇지만 이번에도 서울에서 한동안 헤매다가 다시 남쪽으로 내려올 수밖에 없었다. 당시 서울의 고아원에서는 남쪽에서 올라온 고아들을 받아들이지 않았던 것이다.

서울역에서 가출한 목포중학생 두 명을 만났다. 그들도 가출을 했다가 고향으로 돌아가는 중이었다. 나는 그들을 따라 하릴없이 목포로 갔다. 그들이 자취하는 방에서 밥을 얻어먹으면서 한 달쯤 지냈다. 좋은 친구들이었다. 그들 방에서 김동석의 평론집 등을 읽으면서 시간을 보냈다. 처음으로 시나 소설이 아닌 문학평론을 읽은 것이다. 그 평론집에는 이광수를 호되게 비평한 내용들이 있어서 나를 놀라게 했다. 그때 처음으로 이광수를 다시 평가하게 된 셈이다.

유일한 학력증서, 광주고 졸업장

1954년 목포에서 두어 달 동안 밥을 얻어먹으면서 하릴없이 지내던 나는 이번에는 목포보다는 큰 도시인 광주로 올라왔다. 다행히 여름철이었다. 저녁 무렵 잘 곳도 없으니 막막할 수밖에 없었다. 광주 서동 근방의 길가 평상에 앉아 있자니 '성경'이라는 표를 단 학생이 지나갔다. 옳다구나, 예수를 믿는 학생이니 동정심도 있겠지 생각하고는 형씨 하고 불러 세웠다. 그는 내 사정을 듣고는 아니나 다를까 자신의 자취방으로 데리고 갔다. 나는 서동의 언덕바지에 있는 그 자취방에서 며칠을 묵었다. 그곳에는 숭일고등학교에 다니는 학생도 함께 살고 있었다. 좋은 친구들이었는데 지금은 이름조차 잊어서 그리울 뿐이다.

그 아래에는 빈집이 한 채 있었는데 이성웅이라는 광주서중생이 가끔 집을 지켰다. 그는 나를 불러내더니 촌놈이 왔다고 으르다가 내 처지를 알고는 그 빈집에 살게 해주었다. 겨울에는 그가 준 일제 때의 학생용 코트를 이불 삼아 덮고 잤다. 나는 날마다 저녁 시간을 틈타 다방을 돌아다니면서 '가오루'와 은단을 팔아 먹을거리를 해결했다. 그래 봐야 하루 세 끼 서동 입구에서 파는 고구마를 겨우 먹을 수 있을 뿐이었다. 고구마 꼬치에는 다섯 개가 꽂혔는데 아침에 한 개, 점심에 두 개, 저녁에 두 개씩 먹으면서 버텼다.

번 돈은 '백구' 담뱃갑에 싸서 땅에 묻어두었다가 일주일쯤 지나서 꺼내 햇볕에 말리곤 했다.

어느 날 여관을 돌면서 물건을 파는 강만호라는 친구를 만났다. 그는 내 은단 상자를 보더니 측은했던지 산수동에 있는 자기 집으로 데려가서 밥을 푸짐하게 먹여주었다. 그는 또 여관으로 물건을 팔러 다니는 이강철·이재호 등 주변에 사는 친구들을 불러들였다. 이들은 나를 시험해보더니 자기들이 다니는 티지(TG)학원에 다니라고 권유했다.

이 학원은 광주역(대인동 구역) 앞에 있었는데 중학교 과정을 속성으로 가르치는 곳으로, 책상도 없이 나무의자만 일렬로 늘어놓고 강의를 했다. 좁은 교실에 40여 명의 학생이 바글거렸다. 이강철이란 친구가 내 사정을 듣고는 쌀값 정도만 내고 자기 집에 와서 살라고 제의하기도 했다. 그래서 좁은 방에서 그의 어머니와 여동생 등 네 명이 같이 지내게 됐다. 밥도 배를 주리지 않을 정도로 먹었다. 후덕한 어머니였다. 이들과 뒷날 합류한 황승우와는 지금도 가끔 만나 회포를 풀곤 한다.

티지학원장 정 아무개는 입학철이 되자 일정한 돈을 받고 송정리에 있는 정광중학교의 가짜 졸업장을 만들어주어 고등학교 입학시험을 치르게 주선했다. 그 무렵에는 이런 일이 흔했다. 나는 들통이 날까봐 겁이 난 원장의 반대를 뿌리치고 광주고등학교에 원서를 냈다. 다른 애들은 원장의 권고대로 공고 등에 지원했다.

곡절 끝에 명문 광주고에 합격하다

광주고 입학시험 때 내 '수험번호 1404번'은 지금도 기억하고 있다. 운동장에 들어서니 입시생들이 까맣게 몰려 있었다. 400명 정도의 정원에 5 대

1955년 우여곡절 끝에 초등학교와 중학교를 건너뛰어 광주고등학교에 입학한 내가 광주의 번화가인 충장로를 걷고 있다. 여관에서 버린 구두를 신고 있다. 멋으로 곧잘 책을 끼고 다녔는데 주로 사회과학 서적이나 역사책을 읽던 시절이었다.

1쯤의 경쟁률이었다. 명문인 서중과 북중 출신을 비롯해 지방 학교에서 1~2등 하는 수재들은 다 온 듯했다. 나는 원서를 내면서 호적이 있는 고향의 아저씨에게 연락을 해서 호적등본을 떼서 냈다. 그런데 무모하게도 나이를 고쳐서 냈다. 서류를 접수하던 나종일(훗날 서울대 서양사 교수) 선생이 살펴보더니 위조한 사실을 찾아내 접수를 거부했다. 내가 애원하듯 사정을 설명하자 '너는 합격해도 무효'라고 어르면서도 받아주었다.

무난하게 합격한 나는 1955년 봄 마침내 고교생이 됐다. 땅에 묻어두었던 돈은 꼬깃꼬깃했으나 위조지폐는 아니어서 등록금으로 받아주었다. 그런데 난관이 또 있었다. 교과서 값이 모자란 것이다. 교과서 값을 입학 때 한꺼번에 받던 시절이었다. 서무과장이 교감선생의 서명을 받아오면 받아

주겠다고 했다. 나는 교무실로 가서 교감에게 사정을 얘기했지만 그는 "우리 학교는 건성으로 다니는 학교가 아니야"라며 한마디로 거절했다.

나는 하루 종일 교실로 교무실로 교감을 따라다녔다. 모두들 쳐다보았지만 나는 창피고 뭐고 따질 형편이 아니었고 물러설 수도 없었다. 저녁 퇴근 무렵 교감은 내 성적표를 가져오게 해 한참 들여다보더니 "음 괜찮네. 나하고 약속 하나 하자. 앞으로 10등 안에 들어야 한다. 알겠지"라고 말했다. 나는 "예, 예"를 연발하면서 굳게 다짐하는 표정을 지었다. "오케이!" 교감은 전남 교육계에서 훌륭한 교육자로 칭송받은 기두석 선생이었다.

뒤에 들은 얘기지만 입학생이 하나라도 줄어들면 학교 수입은 늘어난다고 했다. 보결생에게 일정한 기부금을 받고 편입시킬 수 있었으니 탈락시키는 게 학교 입장에선 더 좋았을 것이다.

나는 이제 정규학교요 명문학교인 광고생이 되었다. 아침 조회 때는 1,300여 명의 학생이 운동장에 모였다. 게다가 거의 '세베루' 천으로 지은 멋진 교복을 입고 있었다. 얼굴들도 잘생긴 것처럼 보였다. 나는 1학년 1반에 배정되었는데 강홍기(시인, 필명은 임보)·박상용(언론인)·이상식(전남대 교수) 등이 같은 반이었다. 이들은 한문도 잘 아는 우수한 학생들이었다. 그러니 모처럼 대화를 나눌 수 있는 동급생들을 만난 것이다.

나는 일단 고교 입학의 꿈을 이루었으나 또다시 학교를 그만두고 대입 검정고시를 보기로 마음을 굳혔다. '광고'(광주고등학교) 모표를 달고 다방을 돌아다니니 나를 보는 사람들의 시선이 달라졌고 예전보다 부쩍 관심들을 쏟았다. 그동안 내 은단을 사주지 않던 다방 손님들이 '내 후배가 되었다'며 몇 개씩 사주며 격려하기도 하고 다방 '레지'(여성종업원)들도 양초 토막을 모아두었다가 싸주기도 했다. 그런데 왠지 기분이 좋지 않았다. 그때만 해도 정전이 잦아 촛불을 켜야 했고 그래서 내가 양초 토막을 줍는 것을 본 모양이었다. 또 한 가지는 동급생들보다 내 나이가 평균 세 살 정도 많았다. 그 차이를 뛰어넘는 방법으로 대입 검정고시를 보려 했던 것이다. 사실 뒷날 알고 보니 내 나이가 되는 동급생들도 여럿 있었다.

그러던 차에 중앙초등학교 앞에 있는 신흥여관에서 종업원을 구한다기에 그곳으로 들어갔다. 이 여관 주인아주머니는 나를 혹독하게 부려먹었다. 물을 길게 하는 건 마땅히 참을 수 있지만 서서라도 책을 보는 모습을 보면 참지 못하고 또 다른 일을 시켰다. 잠시라도 쉬는 꼴을 보지 못하는 이상 성격의 소유자였다. 이곳에서 하숙을 하던 청주 출신의 한 아무개는 조흥은행에 다니는 사람이었다. 그는 내가 고학생인데다 늘 책을 놓지 않으려는 모습을 보고 도움을 주겠다고 제의했다. 그는 학비와 생활비가 얼마가 드는지도 물어보았다. 호남에 대한 반감이 심한 사람인지 나를 보고 전라도 사람이 되지 말라고 당부했다. 영 마음이 내키지 않는 인물이었다.

마침 여관에 물건을 팔러 돌아다니다가 알게 된, 화장품 장사를 하는 김항근의 소개로 충장로 아래쪽에 있는 군수여관에서 일을 하게 됐다. 김항근은 군수여관 종업원으로 있다가 나와서 고학을 하며 전남대에 다니고 있었다. 나는 군수여관에서 거처로 정해준 '조바실'에 교모와 교복을 걸어두고 책상 앞에는 '초지관철(初志貫徹)'이라는 사자성어를 붓글씨로 써서 붙여두었다.

며칠이 지난 뒤 어떤 노신사가 지나다가 저 교모는 누구 것이냐고 물었다. 그는 "제 것입니다"라는 내 대답을 듣고는 "너 나를 모르느냐?"고 물었다. 바로 광주고의 기성회장인 김용환(金容煥) 선생이었다. 며칠이 지난 뒤 김 선생이 나를 부르더니 "교장에게 모든 걸 말해놓았으니 학교에 가라"고 일렀다. 김 선생의 부인인 여관 주인 배진순 여사와 의논해 나를 학교에 보내주기로 합의한 것이다.

그래서 교장 장준한 선생을 찾아가 격려의 말을 듣고 한 달 만에 다시 학교에 나가게 되었다. 서무과장은 내가 고아이니 모든 공과금은 면제해주지만 한 가지 기성회비만은 내야 한다고 일렀다. 나는 여수보육원에 가서 원아 증명서류를 떼서 학교에 냈으나 기성회비와 사친회비만은 내야 했다. 호적등본은 내라는 말이 없었으니 하나의 편법이었다. 장 교장은 뒤에 공주교육대학장을 지내고 공화당 전국구 의원을 하며 훌륭한 교육자라는 평판을 들었다.

문학적 재능을 인정받다

다시 학교생활이 시작되었으나 여관 일과 병행하자니 고단하기가 이루 말할 수 없었다. 이 무렵엔 밤 9시부터 통행금지였던 것으로 기억한다. 사이렌이 울리기 직전 남녀가 뛰어들어오곤 하는데 방 안에서 티격태격 다투며 소란을 피운 적도 많았다. 또 '아가씨'를 불러달라는 사내들에게는 역전의 대인동 창녀촌에 가서 불러주어야 했다. 또 술꾼들의 소란은 말릴 수도 없었다. 나름 민감한 사춘기였던 나로서는 잠을 설칠 수밖에 없는 환경이었다. 하지만 아가씨를 불러다주면 팁도 쏠쏠히 생겨 책을 사볼 수 있었다. 경제적 여유가 생겼던 것이다. 하지만 종업원에게 주는 작은 사례비를 나에게는 주지 않았다. 이런 소란 속에서 수학이나 영어 공부를 할 수는 없었다. 시집이나 소설을 빌려다가 귀를 막고 읽어댔다. 나는 소설의 세계에서 많은 꿈을 꾸었다. 작가가 되기도 했고 사회사업가가 돼보기도 했다.

아침에 숙박비를 받는 일은 내가 해야 할 일이었다. 다른 종업원들은 슬

금슬금 돈을 축내기 때문이다. 대충 숙박비를 받고 나면 등교 시간이 늦어지기 마련이었다. 그때부터 아침밥을 욱여넣다시피 하고 냅다 뛰어 학교로 갔다. 상습 지각생이 되고 말았다. 또 운동화를 살 돈이 없어서 여관에 버려진 헐렁한 구두를 신고 다녔고 바지도 나팔바지를 주워 입고 다녔다. 전형적인 불량학생의 행동과 복장이어서 교문에서나 담임선생에게 늘 지적을 받았다.

하지만 불량학생의 딱지를 떼는 두 가지 일이 일어났다. 우리 반, 1학년 1반의 교실 환경을 꾸밀 때 나는 붓글씨로 '덕불고 필유린야(德不孤 必有隣也)'라는 글귀를 써서 붙여놓았다. 어느 날 교장선생이 "저걸 누가 썼느냐, 끝의 야(也)는 왜 붙였느냐"고 물어 "제가 썼는데 강조하려고요"라고 대답했다. 교장선생은 교무회의에서 이 일을 말하면서 칭찬을 아끼지 않았다고 한다.

또 하나는, 당시 학교에서는 한 해에 두 번 학교신문이라 할 《광고 타임스》를 내고 있었다. 여기에 내 시가 실렸다. 교실 마이크로 내 이름을 불러 교무실로 갈 때 어찌나 흥분했는지 단숨에 달려갔다. 내 작품이 인정을 받은 셈이다. 문예 담당인 송규호 선생은 많은 투고 원고를 일일이 손질해 응모한 학생들에게 나누어주게 했는데 이 일을 나에게 시켰다. 담임 김종섭 선생은 이런 사실을 알고부터 더이상 나를 불량학생 취급하지 않았다.

그 시절 나는 도시락을 싸갈 수 없었다. 여관으로 돌아가 점심을 먹고 올 시간도 모자랐다. 점심 먹을 시간이 되면 숲 속에 혼자 앉아 도서관에서 빌려온 시집·소설 따위를 읽었다. 2학년 때 담임은 장홍종 선생이었다. 장 선생은 유능한 수학 교사였다. 하지만 나는 수학시간이 되면 엎드려서 수필 한 편씩을 썼고 여관방에서도 글을 썼다. 그렇게 쓴 글을 서울의 학생잡지

《학도주보》나 《학원》에 보냈고 지역 신문에도 투고했는데, 거의 절반은 게재되었다.

한편 2학년이 되자 《광고 타임스》와 교지 편집을 2학년인 우리가 맡게 됐다. 대학입시를 앞둔 3학년은 이 일에서 손을 떼게 하는 게 관례였다. 이 무렵 군수여관은 다행히 광주역 앞으로 이사를 와서 학교와 거리가 조금 더 가까워졌다. 규모도 커져서 종업원을 3명이나 두었으나 내 일이 줄어들지는 않았다.

《사상계》 들고 다니며 카뮈에 대한 글을 쓰다

군수여관에서 일하며 광고를 다니던 시절, 그나마 학교에서 보내는 낮 시간은 적당히 활용할 수 있었다. 내 난독 습관이 왕성하게 길러진 것도 그때였다. 셰익스피어나 톨스토이, 앙드레 지드, 카뮈의 작품을 마구잡이로 읽었다. 월간 《사상계》도 애독서 목록에 들었다.

하루는 《사상계》를 옆구리에 끼고 걷다가 수학 담당 장흥종 선생에게 들켰다. 《사상계》를 압수해간 장 선생은 교무실로 부르더니 내 수학 성적을 들여다보면서 말했다. 이 성적으로는 서울대에 들어갈 수 없으니 《사상계》 같은 건 나중에 읽어도 되지 않느냐고 타일렀다. 나는 대답만 했지 그럴 처지도 아니었고 그럴 생각도 없었다. 어디 수학만인가? 물리·화학 같은 과목도 오십보백보였다. 쉽게 말하면 거의 과락 수준이었다.

3학년이 되면서 나는 교내 학예부장과 청소년적십자 부단장을 맡았다. 매주 방송되는 〈한국방송〉 광주방송국 라디오의 50분짜리 프로그램 '학생의 시간' 기획도 주관했다. 또 선배들이 만든 문학 동인지인 《태광》의 편집 일도 맡았다. 나는 교지 등에 어리석음을 깨닫는다는 뜻을 따 '이우오(李愚

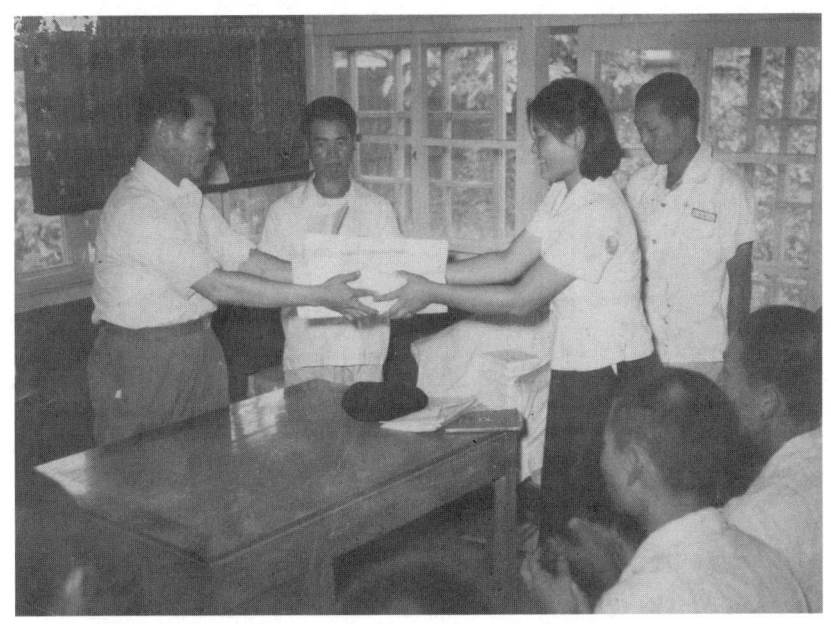

광주고 3학년 때 학내 청소년적십자 부단장을 맡은 내(가운데)가 대한적십자 광주지사에서 주최한 학생문예작품 당선자 시상식에서 사회를 보고 있다. 맨 오른쪽이 당시 1학년생으로 시 당선자인 이성부 시인이다.

悟)', 스스로 울린다는 뜻을 따서 '이자명(李自鳴)'이라는 필명을 쓰기도 했다. 겉멋이 잔뜩 들어 그야말로 바쁜 몸이 되었다.

그러다 내 문학적 재능에 대해 실망하게 되는 일이 생겼다. 《전남일보》에서 전국 학생 문예작품을 모집했는데 동급생인 강홍기의 시가 당선작으로 뽑히고 내 시는 가작에만 들었다. 심사를 맡은 김현승 선생은 내 시 「최후의 불안」을 두고 심사평에서 할 말이 많다고 했는데, 그 무렵 내가 카뮈 등에 심취해 그 영향을 받아 쓴 시였다. 그때 내가 쓴 「까뮈와 창조적 윤리─단편 「주인」을 중심해서」라는 글의 한 대목을 보면 유난히 경색된 논설임을 알

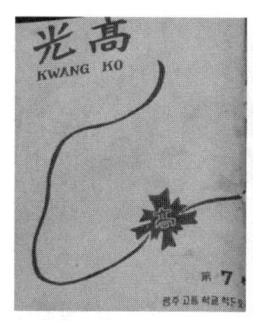 

내가 광주고 3학년 때 썼던 「까뮤와 창조적 윤리」 논설이 실린 교우지 《광고》 7집(1958년)의 표지(왼쪽). 내게 문학의 가르침을 준 광주고 시절 은사 유공희 선생의 유고문집인 「물 있는 풍경」(오른쪽). 작고 2년 뒤인 2007년 나와 박상용(전 언론인)·양성철(전 주미대사)·오병선(변호사)·강홍기(시인) 등 여러 제자들이 기획위원을 맡아 간행했다.

수 있다.

　　인간과 세계는 모순적인 관계를 갖고 있다는 것이다. 세계의 불합리와 인간의 합리적 욕구가 서로 용납하지 않는 그런 이율배반에서 발생되는 부조리―이것이 어쩔 수 없는 인간의 숙명이며 인간의 절대적인 조건이란 말이다……. 여기에서 부조리가 생기게 되고 인간은 부조리에 직면하지 않을 수 없다는 것이다. 그러므로 인간의 힘으로써 어떤 것을 가지고 인간 속에서 가치를 발견케 하고 그리고 새로운 창조적 윤리로 다다르게 해야 한다는 것이다.

　고3 때 이미 스물한 살이었던 나는 혈기 왕성한 청년으로서 남북 분단과 냉전 그리고 이승만 독재를 겪으며 카뮈의 부조리 사상과 이를 풀려는 창조적 윤리관에 막연하게나마 매료돼 있었다. 이런 의식의 성장은 진행형이었다.

　여관 종업원 생활이 창피해지고 싫증이 난 것도 그 무렵이었다. 밤 11시로 늦춰진 통금 사이렌이 울리기 직전이면 어김없이 취객과 청춘남녀들이 밀려들었다. 고래고래 소리를 지르는 정도는 참을 수 있었다. 남녀가 어울려 이상스런 비명을 지르기도 하고 헐떡거리며 다투는 소리가 새벽까지 이어졌다. 방음 시설이 있을 턱이 없던 시절이니 나는 귀에 솜을 쑤셔넣어 막아보려 했지만 점점 견뎌내기가 어려웠다.

뭔가 탈출구를 찾아야 했다. 그때 부산에서 참기름 장사를 하고 있던 어머니께 연락해 돈을 받았다. 가출한 뒤 처음이었다. 이 돈으로 박태술과 함께 방을 얻어 자취생활을 시작했다. 박태술도 고아원 출신으로 고학생이었는데 입시문제집 따위를 팔아 돈을 벌었다. 박태술은 인정이 많아 나보다 생활비를 더 냈고 때로는 입던 옷을 나에게 물려주기도 했다. 마침 동생 녀석이 여수보육원에서 나와 다시 부여 아버지 밑에 있다가 광주로 왔다. 다시 어머니가 보내준 돈으로 산수동 언덕바지에 방을 한 칸 얻어 자취생활을 시작했다. 그 덕분으로 여관을 나와 졸업할 때까지 편안하게 학교에 다닐 수 있었다.

나를 알아준 은사들 그리고 조병옥, 장면과의 인연

나의 문학적 재능에 대해 회의할 무렵, 담임이자 국어 담당 유공희 선생이 문학평론가의 길을 가보라고 권했다. 유 선생은 프랑스와 일본 문학 등 다양한 문예사조에 대해 알려주었다. 입시 문제 같은 것은 별로 가르쳐주지 않았다. 또 수업료를 체납해도 심하게 독촉하지 않았다. 특히 나는 기성회비를 내지 못했는데도 뭐라고 하지 않았다. 나는 돌아가실 때까지 선생을 찾아뵈었고 몇 해 전 다른 제자들과 함께 유고문집도 내드렸다.

국사를 가르쳤던 김길 선생은 역사와 문예 쪽의 내 실력을 인정하며 특히 귀여워해주었다. 그는 수업시간에 칠판에 판서를 하다가 때로 막히면 나를 쳐다보면서 이게 맞느냐고 물어보기도 했다. 오며 가며 나를 볼 때마다 농담을 걸면서 웃어주곤 했다.

영어 담당 이종수 선생은 어느 해 여름방학이 끝난 뒤 수업시간에 내게 방학을 어떻게 보냈느냐고 물었다. 내가 부산 어머니에게 가는 길에 남해안의 산들이 헐벗은 모습을 보고 나무를 많이 심어야겠다고 생각했노라고 대답하니 칭찬을 아끼지 않았다. 이 선생은 훗날 충남대 사회학과 교수로 재직하다가 해직을 당하는 고통을 겪으면서 퇴직했는데, 지금도 자주 통화도 하고 만나기도 한다.

이 세 분은 문예반 담당 송규호 선생과 함께 내가 살아가는 동안 잊을 수 없는 스승들이다. 송규호 선생에게는 직접 수업을 받지는 않았으나 때때로 문예 지도를 받았다. 그 무렵 『전국학생문예작품집』을 공중인편으로 삼천리사에서 냈는데 이성부의 시와 함께 내 수필인 「자학의 변」을 싣게 했다. 송 선생은 나를 불러다 앉혀놓고 원고에 줄을 박박 그으면서 "너는 점점 글솜씨가 못해간다"고 꾸지람을 했다. 뒷날 내 친구요 문예반원이었던 오병선(변호사)은 "이 꾸지람은 너에게 그만큼 기대를 건 정표"라고 말해주었다. 이런 가르침과 관심 덕분에 내 인생에서 가장 안정된 시기를 보내며 처음이자 유일한 고교 졸업장을 받을 수 있었다고 생각한다.

군수여관에서 정치인들을 만난 얘기를 빼놓을 수 없을 것이다. 당시 광주에는 호텔이라고는 하나도 없었고 그저 고급 수준의 여관이 있었다. 군수여관은 2~3급 수준이었지만 민주당 전남도당위원장댁이 경영한다고 해서 서울에서 온 정치인이나 지방의 국회의원들이 많이 유숙했다. 무엇보다 조병옥과 장면의 얘기를 써야 할 것 같다. 이 두 분은 거물급이어서 광주에 유세하러 오면 양병일 변호사댁에 머물기도 했지만 때로는 군수여관에 들기도 했다.

두 분이 군수여관에 머물게 되면 특급비상이 걸렸고 잔신부름은 내가 맡았다. 두 분은 성격이나 태도가 판이하게 달랐다. 조병옥이 욕실에서 목욕을 하게 되면 내가 경호원 대신 비누며 수건, 화장품 따위를 들고 갔다. 그러면 조병옥은 내 팔을 잡고 등을 밀어달라고 했고 장난삼아 '고추'를 만지려는 시늉도 했다. 내가 고학생이란 걸 알고 스스럼없이 대해주었다.

장면이 목욕을 하게 되면 필요한 도구를 챙겨서 들고 다니므로 굳이 가져다줄 필요가 없으나, 그래도 챙겨서 들고 가면 욕실문을 빠끔히 열고 얼른 받기만 했지 등을 밀어줄 기회를 주지 않았다. 아침에 수발하러 가보면 미리 준비한 화장품으로 얼굴을 토닥거리고 치장하면서 말 한 마디 건네지 않았다. 아주 점잖은 신사 타입이었다.

조병옥은 돌아갈 때 팁을 주면서 한두 마디 격려의 말을 건넸지만 장면은 팁도 주지 않고 그저 인사만 받았다. 이렇게 작은 행동도 달랐던 것이다. 나는 조병옥이 준 팁으로 책방에 달려가서 책을 샀는데 조병옥의 자서전인 『나의 회고록』도 그 속에 포함되어 있었다. 4·19 이후 민주당 정권이 들어섰을 때 나는 조병옥을 열렬하게 지지했다(역사를 공부하면서 마음이 바뀌었지만).

짧은 대학생활

1958년 봄 나는 앞뒤 가리지 않고 서울로 올라가기로 작정했다. 여수보육원에서 알았던 박한래·형래 형제가 안암동에서 살면서 학교에 다니고 있었다. 그래서 나는 그곳으로 가서 일단 머물렀다. 박한래 삼촌은 늦은 나이에 인하공대(당시는 종합대학이 아님)에 편입해 다니고 있었다. 작은 방에 박한래 삼촌 부부와 아이들, 동생 박형래까지 있었으니 바글거렸지만 그들은 나를 받아주었다. 이루 말할 수 없이 고마웠다. 나는 수학이 과락 지경인 채로 서울대 사대에 응시했으나 예상대로 낙방하고 말았다.

서라벌예대에 입학한 해 아버지의 임종을 맞다

나는 안암동을 벗어나 박태술이 머물고 있는 을지로 주교동으로 갔다. 박태술은 영암의 고아원에 있으면서 중학교를 다녔는데 그때 하복철이라는 분이 도움을 많이 주었다. 박태술은 천재라는 소문을 들을 정도로 촉망을 받았다. 하복철 선생이 을지로에 한국금속회사의 대리점을 열고 직원들을 숙식하게 했는데 박태술의 소개로 내가 끼어든 것이다. 하복철 선생은 나를 스스럼없이 대해주면서 밥을 먹여주었다. 하복철 선생은 김준연(영암 출신 한민당 국회의원)의 비서를 하기도 하고 서민호(순천 출신 국회부의장)의 참모를 지내기도 한 정치인이었지만 인정이 많고 통이 컸다. 그는 나에게 한 번도 눈총을 준 적이 없었으며 만나면 늘 즐거운 표정으로 대해주었다. 후기인 서라벌예술대학 시험을 보는 보름 동안 나는 이곳에서 신세를 졌다.

서라벌예술대학은 입시에 수학 과목이 들어 있지 않은 대학을 찾다 지원하게 되었다. 문예창작과 장학시험에 응시해 합격했다. 또 한 번 어머니에게 돈을 받아 서라벌대학 언저리에 있는 하월곡동에 방을 마련했다.

당시 문예창작과의 교수진은 그야말로 화려했다. 김동리·서정주·조연현·박목월·김구용 등이 출강했다. 학생으로는 천승세(소설가)·홍기삼(평론가)·이근배(시인)·김주영(소설가)·정경홍(동학연구가) 등이 있었다. 입학한 뒤 아버지에게 편지를 써서 중국의 고전인 『봉신연의(封神演義)』 등을 보내달라고 했다. 당신이 때때로 탐독하는 책들이었으나 아버지는 '동양 고전도 열심히 공부하라'는 당부의 편지와 함께 보내주었다. 내가 처음이요 마지막으로 받은 아버지의 편지였다. 당시 한문 원전 강독은 김구용 선생이 맡았는데 내가 때때로 한문을 아는 척했다.

입학한 뒤 나는 동기인 정경홍과 천승세의 집에 드나들면서 밥과 술을 얻어먹었다. 두 친구는 인정이 많았다. 천승세의 집은 정릉에 있었는데 그의 어머니 박화성 씨가 그 무렵 《한국일보》에 소설을 연재하는 등 인기를 누리고 있었고 형 천승준, 동생 천승걸과 함께 살고 있었다. 이들 형제들에게서 독한 소주를 얻어 마시고 놀면서, 변소에 갈 적에는 부딪치고 자빠지기 일쑤였다. 영양상태가 나빠 술이 들어가면 몸을 가누지 못했던 것이다. 정경홍의 집은 동대문 밖 창신동에 있었는데 그의 어머니는 우리를 반갑게 맞아주어서 자주 어울려 밥과 술을 얻어먹었다. 또 명동에 나가 공초 오상순이 날마다 들르는 다방 '청동'에서 이름 있는 문인들을 만나기도 했고, 선배인

1958년 봄 서라벌예술대학(현 중앙대 예술대학)에 합격해 당시 서울 성북구 돈암동에 있던 교정에서 함께 입학한 광주고 동창생들과 찍은 기념사진. 왼쪽부터 연극영화과의 김주휘, 나, 문예창작과의 서요석.

박봉우·박성룡·현재훈·강태열 등을 만나 술을 얻어마시기도 하며 낭만적 생활에 빠져들었다.

  그런데 여름방학을 앞두고 시험을 보는 도중 아버지가 위급하다는 전보가 날아왔다. 부여로 달려가 아버지의 임종을 지켰다. 큰어머니가 아버지의 손을 잡고 "이화가 왔다"고 말하자 아버지는 내 손을 꼭 잡아주었다. 왜 그랬을까? 마지막으로 혈육의 정을 보여준 것일까? 아버지의 일생을 뭐라고 평가해야 할까? 부자 사이에 참으로 많은 사연이 있었지만 일단 아버지의 이야기는 이쯤에서 접어두기로 하자.

서울대 법대 배지 달고 책을 팔다

그 뒤 나는 학교에 나가는 둥 마는 둥 하다가 광주로 다시 내려왔다. 그 무렵 어머니는 광주일고에 입학한 동생을 돌보느라 광주에서 집을 마련해 살고 있었다. 모처럼 세 모자가 한집에 사는 행복을 맛보았다. 그러다 고교 때부터 대학입시 문제를 모아 문제집을 내서 전남 일대 고교를 돌면서 팔았던 이두호 선배를 친구 박태술의 소개로 만나 나도 장사에 끼어들었다. 어느 날 서울대 법대에 다니던 한창기(《뿌리깊은나무》 창간 발행인·1997년 작고) 선배가 '달고 다니면 책이 잘 팔릴 것'이라며 서울대 법대 배지를 주었다. 그리고 헌법은 한태연, 민법은 안이준, 국제사법은 황산덕 교수가 가르쳐준다고 일러주었다. 나는 가짜로 들통이 나지 않으려고 몇 번이고 외웠다.

나는 서울대 법대 배지를 달고 전국의 고교를 돌며 문제집을 팔았다. 일단 서울대 법대 출신 교사를 만나면 아는 체를 했다. 주로 인문고를 찾아다녔는데 춘천을 비롯해 경상도, 충청도 일대를 돌아다녔다. 전라도는 이두호 선배와 박태술의 몫이어서 침범할 수 없었다. 책은 조금씩 팔렸으나 여비와 여관비로 쓰고 나면 별로 남는 게 없었다. 그러나 가짜 노릇은 들통이 나지 않고 썩 잘해냈다.

이 무렵 다시 돌파구를 찾으려 안간힘을 쓰는 과정에서 박태술과 일을 꾸몄다. 박태술은 동국대 경제학과 2학년에 다니고 있었는데 책을 파는 일에는 능력을 발휘하고 있었으나 잡화를 파는 일은 나보다 몰랐다. 그래서 여름방학을 이용해 아르바이트를 하기로 약속을 했다. 비누·수건·치약 따위는 말할 것도 없고 새로 한창 유행을 타던 나일론 양말과 비누곽 등 비닐제품을 잔뜩 사들고 행상에 나섰다. 먼저 박태술의 고향인 정읍으로 갔다.

박태술의 종할아버지가 있는 정읍으로 가서 마을마다 돌아다니며 물건을 팔았다. 박태술은 천재적이라 할 정도로 물건 파는 언변이 뛰어났다. 그가 먼저 너스레를 떨고 나면 나는 아주 진지한 모습으로 물건을 선전했다. 아주 잘 팔렸다. 저녁에 돌아오면 술도 얻어먹고 잘 놀았다. 이렇게 며칠 보내다가 장성, 신태인을 거쳐 이리로 갔다. 이리에서도 물건이 아주 잘 팔렸다. 바람은 박태술이 넣고 돈 관리는 내가 했다. 예전 내가 살던 고현정에서는 어린 시절 친구인 이충희를 만나 젊은 패기로 많은 대화를 나누었다. 우리 세 사람은 아주 진지하게 자기들이 앞으로 할 일을 말하기도 했다. 이충희는 그때 지방신문기자로 활동하고 있었다.

그러다 탈이 나고 말았다. 이리역에서 논산 가는 기차표를 끊고 난 뒤 먼지투성이인 구두를 닦고는 뒷주머니에서 돈을 꺼내주었는데, 기차를 탄 뒤 확인해보니 뒷주머니가 헐렁했다. 아뿔싸, 나는 직감으로 머릿속이 노래졌다. 전국에서 쓰리꾼이 우글거리기로 첫손에 꼽히는 이리역에서 조금 방심한 탓에 우리의 작은 꿈마저 모조리 날려버린 것이다. 저주 받으라고 외친들 무슨 소용이 있겠는가?

논산역에서 내려 버스를 타고 부여 나의 큰형 집으로 갔다. 씀씀이가 좋은 박태술은 돈 한 푼 없었지만 내 조카 이응복을 데리고 다니면서 좋은 말을 많이 해주었다. 부소산 밑에서 조카를 심판으로 세워놓고 둘이 한바탕 정치연설 시합을 벌이기도 했다. 심판은 박태술의 손을 들어주었다. 우리는 그런 꿈을 가지고 있었다. 결국 우리 두 사람은 말없이 다시 서울로 발길을 돌려야 했다.

언제부턴가 훌쩍 늙어버린 어머니의 모습을 보면서 나는 출세해야겠다고 결심했다. 또 너무나 초라하게 살아온 나 자신을 위해 조금 뽐내면서 살고 싶기도 했다. 어머니가 광주에 집을 마련했으니 이제 살 집이 있고 끼니를 때울 수도 있지 않은가. 사법고시 공부에 필요한 책을 샀다. 그리고 방 안에 틀어박혀 줄을 그어가면서 읽었다. 당시 관련 책은 대부분 일본 것을 베꼈는데 한자는 오자투성이였다. 나는 오자를 잡아내면서 읽어냈다.

그런데 뜻밖의 사달이 벌어졌다. 심심풀이 삼아 서라벌예대에서 만난 여학생 송윤의에게 연애편지 같은 걸 써서 보냈는데, 원고지에 쓴 탓인지 분량이 넘쳐 우체국에서 뜯어본 모양이었다. 그 내용이 시사에 관련된다고 해서 경찰이 찾아온 것이다. 경찰관 두 명이 나를 전남도청 앞 무도관에 있는 전남도경 수사과로 끌고 갔다. 그들은 나를 간첩으로 다루면서 잔뜩 겁을 주었다.

조사 서류를 건너다보니 두툼했다. 사실 편지에 쓸 말이 많지 않아서, 재일동포들의 북송 행렬은 이승만이 이들을 내팽개친 탓이라거나, 살아 있는 이승만 동상을 남산에 세우더니 개헌을 해서 총통 같은 영구집권을 꾀한다는 등 이승만 정권을 비판하는 내용들로 채웠다. 그들이 볼 때 전형적인 불순분자의 얘기였다. 경찰은 물론 신상조사를 했지만 다행히 호적에 좌익 활동을 했던 큰외삼촌 이름이 실려 있지 않아 연좌제법에 걸리지 않았다. 친가 쪽에는 아무 탈이 없었던 모양이다. 경찰은 나를 이리저리 으르다가 두들겨 패면서 위협했다. 이어 계장에게 인사를 시키기도 하면서 돈을 내면 풀어주겠다며 은근히 회유했다. 실제로 그들은 어머니에게, 아들이 빨갱이지만 잘 봐주겠다고 회유를 해서 돈을 우려냈다. 나는 분노하지 않을 수 없었다.

광주에서 서울까지 거리에서 보낸 4·19

1960년 2월 그렇게 경찰에게 시달리다 나오니 민주당 대통령 후보인 조병옥이 미국에서 죽었다는 소식이 들려왔다. 예전 군수여관에서 일할 때 그가 유세를 와서 접대를 한 적이 있었다. 나는 조 후보가 음모로 살해되었다고 믿고 흥분했다. 그래서 1년 만에 고시 공부를 팽개치고 시내 거리로 나와 다시 문학하는 친구들과 어울려 술판을 벌였다. 고시 책을 한 권씩 헌책방에 팔아서 산고기집에서 토끼고기를 안주로 막걸리를 마셔댔다. 선배로는 이승룡(문학평론가), 후배로는 문순태(소설가)·이훈(언론인)·김석학(언론인) 등과 자주 어울렸다. 시인인 선배 정현웅이 경영하는 노벨다방에서 주로 모였다. 그런 자리에서 우리는 3·15 부정선거를 저지른 이승만 정권에 대해 거리낌 없이 성토했다.

1960년 4월 18일부터 광주에, 고려대 시위대 습격사건이 통신으로 알려졌다. 고등학생과 대학생들은 밤부터 거리로 몰려나왔다. 이때 고교생 대열은 광주고와 조대부고 학생들이 주도했는데 김병욱(전 충남대 교수)·박석무(전 국회의원)·전만길(전 《대한매일신보》 사장)·고현석(전 곡성군수) 등이 앞장섰다. 19일에는 전남대 학생들이 금남로로 집결했다. 전남대 학생회 간부인 유인학과 나는 이리저리 뛰어다니면서 펼침막을 만들 천을 찾았다. 열혈청년인 내 친구 박병곤도 보였다. 이때까지는 전남대 학생들도 경험이 없어 시위 준비가 허술했다.

우리 시위대는 금남로에 있는 경찰국장의 사택에 돌을 던졌고 물을 뿌리는 소방차를 빼앗기도 했는데 나는 소방차에 올라 운전사를 향해 돌을 던졌다. 그러다 문득 소방수를 보호해야겠다는 생각이 들어 다른 학생들을 말리며 내려왔다.

경찰은 도청 앞에서 학생들을 밀고 나오면서 아스팔트를 향해 총탄을 쏘았다. 총탄이 내 옆구리를 스친다는 느낌이 들었다. 그래서 정신없이 한 주택의 높은 담을 뛰어올라 마루 밑 장작더미 속에 숨었다. 옆구리 쪽 옷자락을 만져보니 찢어져 있었다. 총탄이 몇 센티미터만 안쪽으로 들어왔어도 큰 부상을 입었을 것이다. 바깥이 조금 잠잠해지자 다시 거리로 나온 나는 시위대들과 동방극장 앞에 있는 자유당 사무실로 몰려갔다. 나는 돌을 겨누어 이승만의 초상을 맞혔다. 쨍 하고 유리 깨지는 소리가 들리자 통쾌한 기분이 들었다.

그러다 한 고교생이 불을 지르려 해 나는 "불을 지르지는 말자"고 외쳤다. 다시 그 옆에 있는 시청으로 몰려갈 때도 시청에는 돌을 던지지 말자고 소리 질렀다. 밤에는 수백 명이 비가 질척하게 내리는 가운데 광주경찰서로 몰려가 시위를 벌였다. 나는 목이 타고 배가 고파 집으로 돌아왔다. 그런데 아침에 깨어보니 전날 밤 광주경찰서 앞에서 예닐곱 명이 경찰이 쏜 총에 맞아 사망했다는 보도가 나왔다. 나는 이 자리도 피해 있었던 것이다.

라디오 속보를 들으면서 서울로 가야겠다고 결심했다. 서울로 올라와 광화문 거리를 둘러보니 혼란 속에 여기저기 총탄 흔적이 보였다. 19일에 경무대(청와대) 앞인 효자동 길에서 많은 사상자가 났다는 소문을 듣고 더욱 흥분되었다. 곧 계엄령이 선포되고 계엄군이 출동했지만 그들이 총을 쏘지 않고 우호를 보이자 많은 학생과 시민들이 환호했다. 이승만이 하야 발표를 할 때도 나는 몇몇 친구들과 모여 환호를 지르면서 술집으로 몰려가 축배를 들었다.

하지만 나는 당시 대학생도 아니었고 조직에 들어 시위대에 낀 것도 아니었다. 어디까지나 자발적으로 거리를 헤맸던 것이다. 다시 말해 주변부에서 거들어주는 축이었다. 하지만 이때의 경험을 시작으로 나는 늙어서도 촛불집회와 노무현추모제 등에 열성적으로 참여하는 시위꾼이 되었다.

고학 시절에 만난 평생 친구들

그해 7월 첫 민의원과 참의원 선거가 있었다. 광주고를 다니게 해준 은인인 김용환 선생이 광주에서 무소속 후보로 민의원 선거에 입후보했다. 민주당 구파에 속한 김 후보는 신파에 속하는 젊은 후보인 이필호에게 밀려 공천을 받지 못했다. 당시 학생들의 주가가 매우 높아서 나도 선거운동에 뛰어들었다. 친구인 황승우와 박봉간, 지남영 등도 동원했다. 김 후보의 아들인 김양균(변호사)·남균(물리학 교수) 형제도 선거운동에 나섰으니 내가 이끄는 학생 선거운동원들은 방계였던 셈이다.

나는 학생 선거운동원을 데리고 마을마다 돌아다니면서 김용환 후보의 양심과 인품을 홍보했다. 선거 결과 김 후보는 압도적인 표 차이로 당선되었다. 선거가 끝난 뒤 나는 한동안 군수여관에 머물면서 빈둥거렸다. 고교 동창인 박봉간과 친구인 황승우·지남영·정찬홍 들과 어울려 다녔다. 박봉간은 동기로 함께 문예활동도 했고 청소년적십자 활동도 했다. 그는 부잣집 아들이어서 그의 집에 자주 놀러 갔는데 어머니가 나를 무척 싫어했다. 고아인데다가 양말에서 고린내가 난다고 외면했다. 또 그의 아버지도 나를 보면 불량소년으로 취급하고 인사도 잘 받지 않았다. 문학을 하는 학생들을 싫어한다고도 했다. 하지만 박봉간과는 아주 친하게 지냈다.

황승우는 광주고 동기는 아니지만 고학생 동기로 나를 잘 이해해주었다. 지남영과 정찬홍은 광주고 동기생으로 남달리 친하게 지냈다. 이들과 광주사대(뒤에 교대로 개편) 앞에 있는 정찬홍의 자취방에서 모여 작은 돈을 걸고 '나이롱뽕'을 하면서 세월을 보냈다. 낙백 생활 속에서 이승만·문순태·김석학 등 문인들과 이리저리 어울려 다니면서 술을 마셔댔다. 어느 날에는 고교 후배인 이훈과 함께 고교 은사인 송규호 선생댁에 가서 술을 실컷 얻

고학 시절 광주에서 만난 평생지기 황승우(왼쪽)와 2003년께 전남 곡성 태안사를 함께 답사했다. 고학으로 대학에 들어간 황승우는 영어를 잘해 광주일고 등에서 영어교사를 지내면서 동생 지우(시인) 등 많은 제자를 길렀다.

어 마시고 밤늦게 나오다가 통행금지에 걸렸다. 다음날 즉결재판을 받고 벌금을 내려 했으나 돈이 없었다. 그래서 이훈이 허락을 받고 송규호 선생에게 다시 가서 벌금 물 돈을 얻어왔다. 3천 원씩 벌금을 내고 남은 돈 4천 원으로 다시 낮술을 퍼마셨다. 이런 생활이 이어졌다.

친구 황승우는 여관에 잡화 팔러 다니는 고학생으로 부모와 동생들까지 온 가족을 먹여 살렸다. 하지만 그의 집에 놀러 가면 언제나 반겨주었다. 그는 고등학교에 다니지 않고 혼자 영어 공부에 열중해 뒤에 검정고시로 광주사대와 전남대 영문과에 들어간 입지전적 인물이다. 그의 세 동생, 병우(교사 출신)·지우(시인·전 한국예술종합학교 총장)·광우(민주운동가·저술가)는 지금도 내 동생처럼 지내고 있다.

대학 졸업 뒤 황승우는 광주일고 등에서 영어교사로 지내면서 많은 제자를 길렀으나 지금은 불자가 되어 수도에 열중하고 있다. 청년 시절부터 많은 대화를 나누며 지낸 그와 나는 평생의 지우다.

고단했던 밥벌이

앞에서 말한 4·19의 광풍이 지나고 총선을 치른 뒤 나는 다시 광주의 군수여관에서 빈둥거리며 밥을 얻어먹고 지냈다. 그때 주인댁 배진순 아주머니가 초등학교 6학년 아들 김상균의 학습을 도와달라고 해서 팔자에 없는 가정교사 노릇을 하게 되었다. 상균이는 아주 영리했는데 나는 학과를 별로 가르쳐준 기억이 없다. 그는 지금도 만나면 학과는 배운 기억이 없고 『몽테크리스토 백작』 이야기를 흥미롭게 들은 기억만 남아 있다고 말한다. 그는 〈문화방송〉 기자와 광주문화방송 사장을 지낸 뒤 지금은 광주대 교수로 재직하고 있다.

지인들 집에서 지내며 취직 준비를 하다

나는 한동안 그렇게 지내다가 다시 서울로 갔다. 여기저기 친구들 집을 찾아다니면서 잠자고 밥을 얻어먹으면서 지냈다. 특히 동숭동에 있는 서울대 법대생 정용식(변호사)의 하숙집에서 여러 번 신세를 졌다. 그는 주인아주머니한테 사정을 해서 밥 한 그릇을 더 얻어와 나를 먹이곤 했다. 그러나 너무 잦으니 나중엔 자기 몫의 밥을 내게 주고는 학교로 가버렸다. 주인아주머니는 "똥 푸는 값이 더 나온다"고 불평을 하기도 했다. 결국 내 옷에 있던 이가 하숙집 전체로 번지는 바람에 너무 미안한 생각이 들어 발길을 끊었다.

어느 날은 외국어대에 다니는 친구 이시호(외교관·대사)의 하숙집으로 찾아갔는데 통금이 다 된 밤 11시가 되도록 들어오지 않아 서울대 의대 구내로 가서 혼자 밤을 새운 적이 있다. 밤이슬에 젖어 있다가 동쪽을 바라보면서 해가 돋기를 기다렸다. 자살을 할까 하는 생각도 해보았다.

또 경희대에 다니면서 이문동에 방을 얻어 자취생활을 하고 있는 이성부에게 빌붙어 한 달쯤 지내기도 했다. 우리는 술에 취하면 이집 저집 문패를 떼다가 쓰레기통에 버리는 짓궂은 장난을 치곤 했다. 이성부의 동기생인 소설가 전상국은 이때 내가 한 벌밖에 없는 와이셔츠를 빨고 외출할 옷이 없어 방 안에 죽치고 있는 모습을 보고 웃었다고 한다. 또 이양헌이라는 후배(뒷날 전남대 교수)가 외국어대 독어과에 다니고 있었는데, 제기동에 있는 그의 자취방에서도 한동안 지냈다. 그는 아버지에게 돈을 더 요구했으니 조금 기다리면 도움을 주겠다고 했다. 나는 몇 푼이라도 마련해 취직시험 공부를 할 생각이었다. 그런데 그는 돈을 찾아 나오면서 도둑을 맞았다고 했다. 뒤로 자빠져도 코가 깨진다고 했던가?

나는 다시 어머니에게 돈을 보내달라고 부탁했다. 순진한 어머니는 늘 내 부탁을 두말없이 들어주었다. 상당한 돈을 우체환으로 받았다. 그런 뒤 박태술이 살고 있는 왕십리의 언덕바지 번듯한 집에서 더부살이를 했다. 박태술은 친구요 건축학도인 김길상과 함께 살고 있었는데 밥은 각자 사먹었다. 나는 그들 방으로 들어가서 취직시험 준비를 했다. 당시 《한국일보》만이 기자 자격시험에 고졸 학력을 받아주었다.

나는 새벽에 명동 영어학원의 뉴스위크반에 다니기도 했고 소공동에 있는 국립도서관에 박혀서 시사상식 같은 과목을 공부하기도 했다. 제법 능률이 오르는 듯했다. 두 친구는 때때로 내게 술을 사주기도 했다. 또 김길상의 고종사촌동생인 진수미자(이화여대생)와 진홍자(명지대생) 그리고 신선희(숙명여대생) 등 여대생들이 가끔 놀러 왔다. 나는 사실 그동안 문학 활동을 하면서 모임을 통해 여학생들을 가끔 만났으나 수줍음과 열등감에 젖어 좀처럼 말을 걸지 못했다. 그런데 이때는 달랐다. 그들은 나에게서 문학 얘기를 듣기도 하고 리포트를 써달라고도 했다. 그들은 다른 친구보다 나에게 관심을 보였다. 인기를 끌었다고나 할까? 그래서 가끔 이화여대 뒤에 있는 진수미자의 자취방에 가서 담배를 얻어 피우기도 했고 중국집에서 요리와 배갈을 얻어먹기도 했다. 하지만 이 정도였지 그 이상 진전은 없었다. 내가 연애를 할 처지가 아니었기에 열등감과 자격지심이 들어 피했다고 해야 옳을 것이다. 그런데 5·16 이후 병역기피자가 되어 시험을 볼 수 없었다. 아직도 나에게 액운이 걷히지 않고 있었다.

낙백의 시절

나는 어머니에게 서울로 이사하자고 편지를 썼다. 어머니는 광주에 정이 들어 떠날 생각이 없었으나 반대하지 않았다. 그래서 어머니는 전셋집을 정리하고 서울로 옮겨왔다. 동생은 광주일고 3학년이어서 당분간 광주에서 하숙을 하기로 했다.

나는 하왕십리의 무학여고 입구에 문방구를 곁들여 파는 만화가게를 차렸다. 그런데 경험이 없는 내가 돈을 아끼려고 싸구려 '덤핑만화'를 사서 진열해놓으니 꼬맹이들이 뻔히 알고 별로 보러 오지 않았다. 5~6개월 만에 실패해 동생 하숙비도 보내주지 못했다. 때마침 대학 입시철이어서 동생도 올라와 하월곡동에 겨우 월세방 한 칸을 얻어 세 식구가 다시 모여 살게 됐다.

이 무렵에 여기저기를 기웃거리면서 친구들을 찾아다녔다. 내 문예반 동기인 오병선은 고시에서 전체 수석을 했고 하숙집 밥을 얻어먹었던 정용식도 고시에 합격했으며 또 박재승도 고시에 합격했다. 나형수는 한국방송공사에 들어가서 민완 기자 노릇을 하고 있었다. 그래서 고시에 합격한 선배인 박상천(뒷날 국회의원)이나 신진근(훗날 판사)이 머물고 있는 하숙집에 선배인 김동명과 함께 찾아가 화투놀이판에 어울리기도 하고, 또 문예반 선배였던 박오규나 김남중과도 만나 대화를 나누기도 했다. 취직한 친구들을 찾아가서 술을 얻어먹기도 했다. 나는 그래도 쥐꼬리 같은 자존심이 남아 있었는지 밥을 굶었다는 말을 하지 못하고 소주를 얻어먹고 취해 건들거렸다. 인맥을 찾아다니면서 낙백의 서러움을 달랬다고나 할까? 나는 초라할 지경이 아니라 거리를 떠도는 낙오자요 병역기피자가 되었으니 꼴이 말이 아니었다.

어머니는 다시 식모 노릇도 하고 밭일을 해주고 시래기를 얻어 팔기도 했다. 나 역시 다시 험난한 생활전선에 나섰다. 동방생명보험에 외무원으로 들어갔으나 전혀 성과를 내지 못해 교육보험으로 옮겼다. 교육보험에서는 그럭저럭 성과를 올려 되박쌀을 살 수 있었다.

그러자 한번 모험을 하고 싶어졌다. 동생 친구인 박 아무개와 일단 여수로 내려갔다. 김해여관에 숙소를 정하고 여수시장을 돌면서 단체로 보험에 가입시키는 작업을 벌였다. 하지만 한 달이 지나도 성과는 없었다. 여수보육원 박이래 원감이 눈치를 채고 나를 불렀다. 그는 보험을 여러 개 들어주었는데 덕분에 한 달 넘게 밀린 여관비를 계산하고 겨우 풀려날 수 있었다. 그리고 종고중학교 동기이자 목사가 된 홍순관의 주선으로 돈을 빌렸으나 끝내 갚지 못했다.

다시 광주로 갔다. 광주 숭실고에는 광주고 시절 교사였던 박상훈 선생이 교장으로 있었다. 박 선생에게 사정을 얘기하니 제자를 유난히 아끼는 그는 모든 교직원이 보험에 들게 알선해주었다. 광주일고에는 고교 은사 이종수 선생의 동생 이종태 선생이 재직하고 있었다. 이분에게 부탁해 학생 명단 일부를 알아냈다. 학생들의 집을 방문해 학교에서 나온 것처럼 가장을 하고 보험에 가입시켰다. 이 돈으로 친구들에게 술도 샀다.

기분좋게 서울로 올라와 교육보험 지부에 갔더니 일단 보험 계약금을 납입한 뒤에 수당을 받는 거라며 미리 쓴 수당을 모두 게워내라는 것이었다. 하지만 낼 길이 없었다. 내 잘못도 있었지만 실은 지부장이 내 보험 계약금을 가로챘던 것이다. 사기를 당한 꼴이었다. 내 악운은 아직도 끝나지 않은 것 같았다. 나는 거의 빈손으로 다시 어머니에게 왔다. 그사이 동생은 군대에 가고 없어서 어머니의 생활은 말이 아니었다. 이를 어찌하나?

아이스케키 팔며 눈물 쏟고 빈대약 뿌리다 사경 헤매기도

1961년 5·16 군사쿠데타 직후 거리에서는 불심검문으로 병역기피자를 마구 잡아들였다. 나는 본의 아니게 병역기피자가 되어 있었다. 내 본적지는 그때도 경북 김천으로 되어 있었는데 징집영장이 나와도 주소가 일정치 않으니 받지 못했기 때문이다. 그래서 마음 놓고 다닐 수 없었지만 운 좋게 한 번도 검문에 걸린 적이 없었다.

어머니와 함께 살게 됐으나 밑천이 없어 청량리 일대를 돌아다니며 아이스케키를 팔았다. 그 무렵 고급제품인 '삼강 하드'가 나왔다. 그런데 한 개라도 팔고 나서는 통을 열었다 닫았다 하다 보면 하드가 금방 녹아버리기 일

쏘였다. 그때 용두동 일대에는 개량한옥이 즐비했는데 길가 쪽 창문을 열고 한 번에 몇 개씩 사는 사람들도 있었다. 저 사람들은 어떻게 돈을 벌어 저렇게 잘사는가, 부러워하기도 했다. 한번은 정릉 놀이터로 팔러 갔는데 어느 문화주택 집 앞에서 '박경리'(소설가)라는 문패를 보고 나는 언제 저런 집에서 살게 될까, 부럽기 짝이 없었다. 어느 날 내 외침이 시원치 않았던지 하드 몇 개가 팔리더니 그만이었다. 해거름에 아무도 없는 정릉 등성이에 올라 녹아서 흐물흐물한 하드를 꺼내 실컷 먹어치웠다. 배가 불룩했다. 그리고 석양을 바라보면서 한바탕 눈물을 쏟았다.

그다음에는 신문에 난 광고를 보고 '가루치약' 장사에 나섰다. 이리저리 꾀를 짜낸 끝에 서울~인천을 왕래하는 열차에서 팔기로 했다. 기차에 올라 연습한 대로 가루치약의 효능을 선전하자 몇 개 팔렸다. 신이 나서 이 칸 저 칸 돌아다니자 우락부락하게 생긴 건달들이 내 팔을 잡아 끌어내렸다. 그러고는 누구 허락을 받고 팔러 다니느냐며 내 배를 몇 대 갈기고 치약이 든 가방을 짓밟았다.

그래서 이번엔 빈대약 뿌리는 일에 나섰다. 농약 같은 맹독성 약을 깡통으로 만든 '후막기'에 물을 타서 담아 방 안에 뿌리면 빈대나 벼룩이 죽어버린다. 이 일을 하면 수입이 좋다는 말을 듣고 달려든 것이다. 종로 뒷골목(오늘날 북촌 한옥마을 언저리)과 충정로·아현동·용두동 등 재래주택이 밀집한 곳을 돌아다녔다. 재미가 쏠쏠했다. 그런데 어느 더운 여름날 사고가 터지고 말았다. 밀폐된 방에서 수건으로 입을 막고 땀을 흘리면서 빈대약을 뿌리고 나오니 구역질이 나고 머리가 어질어질했다. 바로 일을 중단하고 집으로 돌아왔다. 방에 드러누워 거품을 토해내자 의식이 가물거렸다. 주인집 아주머니는 내가 자살하려는 줄 알고 구급차를 불러서 청량리 구호병원으로 보냈다. 의사가 거품을 뽑아내서 겨우 살아났다. 어머니가 허겁지겁 달려와 눈물을 줄줄 흘렸다. 나는 자살하려던 게 아니라고 말하고 어머니의 손을 잡고 한동안 서럽게 울었다. '그렇게 기대하던 자식이 이 모양이어서 죄송하다고……'

매혈과 웨이터 생활

이 대목에서 한 가지 빼놓을 수 없는 얘기가 있다. '매혈', 곧 피를 팔면 돈을 많이 받는다는 소문을 들었다. 그래서 여기저기 알아보니 동숭동 서울대병원과 서대문 언저리에 있는 적십자병원, 남산 밑에 있는 백병원에서 혈액은행을 열고 피를 사준다고 했다. 그런데 지원자가 많아 새벽부터 줄을 서서 순번을 기다려야 한다고도 했다.

나는 새벽에 통행금지 해제 사이렌이 울리자마자 부리나케 서둘러 적십자병원 앞에 줄을 섰다. 내 순번이 되자 담당 의사가 이리저리 훑어보더니 나가라고 손짓을 했다. 허약한 사람들은 가려내 제외했던 것이다. 다른 이들도 행색이 초라하고 얼굴빛이 노랬지만 내가 유난히 심했을 것이요, 몸도 삐삐 말랐으니 자격심사에서 낙방한 꼴이었다. 나는 돌아서면서 "피도 팔지 못하는 신세로구나"라고 한탄했다.

여러 차례 줄을 섰다가 하루는 마침내 성공을 거두었다. 아닌 게 아니라 거금을 그 자리에서 바로 주었다. 돈을 들고 먼저 해장국집으로 달려갔다. 뻑뻑한 해장국 한 그릇과 막걸리 대포 한잔을 허겁지겁 마셨다. 무슨 눈물을 짜거나 신세 한탄을 할 짬이 있는가? 그대로 어머니에게 달려가 돈을 드렸다.

이 무렵 이현구와 신원영 등과 어울려 낙백의 세월을 보내면서 삼양동에

1963년 시인 오상순 선생이 작고한 뒤 수유리 묘지에서 벌인 추모식. 앞줄 앉은 이들 중 오른쪽에서 세 번째 빼빼 마른 이가 나다.

서 조카들을 데리고 공무원시험 공부를 하는 박병곤에게 가서 밥과 술을 얻어먹었다. 박병곤은 광주에 있을 때 자신의 공부방을 나의 숙소로 빌려주기도 했다. 그의 누나가 조카들 뒷바라지해주라고 삼양동에 담배가게를 열어주었다. 그래서 내가 사정을 해서 돈을 빌렸다. 하지만 갚을 길이 없어서 편지로 때운 적이 있는데 지금도 가끔 그 얘기를 하면서 웃는다. 그는 문학가의 꿈을 이루지 못하고 공무원이 되어 신림동 동장으로 있으면서 나를 불러내 자주 술을 사주었다.

그때 우리 옆집에 콩나물 공장을 경영하는 강역남이라는 후배가 살고 있었다. 그는 나와 잘 통해 술을 자주 사주면서 내 얘기를 잘 들어주었다. 그는 부산에서 웨이터 일을 한 적이 있는데 잘하면 돈을 많이 벌 수 있다고 일러주었다. 나는 그의 소개로 웨이터 일을 하기로 했다.

1963년 무렵 서울 남대문시장 입구 남대문극장 2층에 남대문클럽이 있었다. 이곳에 내 친구인 김성천과 함께 보증금 2만 원을 걸고 '3번 웨이터'로 들어갔다. 보증금은 어머니가 친정에 가서 마련해줬다. 그런데 경험이 없다 보니 곧 사술에 걸리고 말았다. 남대문경찰서 형사반장 일행이 남대문 상인들과 어울려 외상을 먹어대더니 한 달이 가도 갚을 생각을 하지 않았다. 끝내 떼이고 말았다.

그 뒤에 이웃에 사는 후배 이국향과 친구인 박철에게 빌린 보증금으로 명동 사보이호텔 밑에 있는 '뮨헨'에 웨이터로 들어갔다. 이곳은 오늘날의 룸살롱과 비슷한 구조였다. 여기서도 외상 술값에 시달렸다. 게다가 가출한 여학생이거나 아르바이트하는 여대생들이었던 술집 아가씨들의 상담역을 도맡다가 때로는 작은 돈을 보태주기도 했다. 물론 그 아가씨들과 절대로, 한 번도 성적 관계를 맺지는 않았다. 내 작은 인권의식이 작용한 탓일 것이다. 또 취직을 못했거나 막 취직을 한 친구들이 몰려오면 술과 밥을 사주곤 했다. 결국 웨이터 노릇도 몇 달 만에 빚만 지고 떨려났다. 하지만 덕분에 서울의 웨이터와 웨이트리스들의 밑바닥 생활을 경험해볼 수 있었다. 이것도 소중한 경험이었다.

3장
편집자에서 한국사 집필가로

번듯한 학사과정, 동아일보사 임시직 시절

웨이터 노릇이 빚잔치로 끝나고서는 이번엔 가정교사를 하는 친구들이 그러듯이, '전직 교사'라고 《조선일보》에 세 줄짜리 광고를 냈다. 전화 연락처는 서울대에 다니는 친구들을 만날 때 가끔 가본 동숭동 서울 문리대 앞의 학림다방으로 정했다. 서울대생 냄새를 풍기려는 의도였으리라. 자리를 얻긴 했으나 수학에 어두우니 고등학생 과외는 힘들었고, 대신 회현동에서 동성중학교 학생들을 가르쳤는데 성적이 올라 1년을 버텼다. 가정교사 생활을 하는 동안 한국사 관련 책을 열심히 읽었다. 이 무렵에는 문학보다 한국사에 빠져 있었다. 어설픈 역사학자는 이런 과정을 거치면서 탄생한 것이다.

《불교시보》 창간 기자로 첫 월급을 받다

이렇게 낙백한 생활을 하면서 자주 명동 청동다실로 오상순 선생을 찾아갔다. 그곳에는 문학청년들로 늘 북적거렸다. 어느 날 그곳에서 만난 최종화라는 분이 《불교시보》를 창간한다며 기자직을 제의했다. 순간(旬刊)인 이 시보에 쥐꼬리만 한 월급을 받으면서 출근했다. 하지만 나로서는 좋은 기회가 찾아왔다고 생각했다.

르포 같은 걸 쓰면서 전국의 사찰을 돌아다녔다. 절에서 차비도 얻고 밥과 잠을 해결할 수 있었으니 어려움이 별로 없었다. 고승들도 많이 만났고 불교 지식도 조금씩 알게 되었다. 한문을 알았으니 불경도 아는 체를 하는 처지가 되었다. 지면을 거의 내 글로 채웠다. 그때에도 틈만 나면 국립도서관을 드나들었다. 한국사 관련 책은 종류나 성격을 가리지 않고 읽었다. 물론 용어와 서술은 한문투성이었다. 특히 이병도가 중심이 된 진단학회에서 편집한 『한국사』는 기초를 다지는 교과서였다. 그때는 식민사관이 무엇인지도 잘 몰랐다(이 얘기는 뒤에서 할 것이다).

이 무렵 나는 한국사를 본격적으로 공부하려는 결심을 굳혔다. 당시 홍기삼 등 주위 친구들로부터 문학평론으로 추천을 받으라는 권고를 받았다. 그래서 몇 개의 글을 짜깁기해서 「한국전통론」이라는 제목을 달아 홍기삼과 함께 서라벌예대 스승인 조연현 선생을 찾아가서 원고를 전달했다. 얼마 뒤 조 선생을 찾아갔더니 초벌 원고에 줄을 몇 개 긋고는 이를 고쳐오라고 말했다. 문장을 고치는 수준이었다. 원고를 들고 와서 다시는 조 선생을 찾아가지 않았다. 이런 엉성한 수준의 평론으로 추천을 받고 싶지 않았기 때문이다. 나중에 조 선생은 홍기삼을 통해 빨리 가져오라고 독촉하더라는 말을 전해주었다. 지금 생각해보니 추천을 받지 않은 게 옳았다는 판단이 든다. 자칫 잘못했으며 얼치기 문학평론가가 될 수도 있었으니 말이다. 한국사학자로서 하등 도움 될 것이 없었을 것이다.

자비의 보살이셨던 어머니의 임종을 지키다

이렇게 3년쯤 보내자 신문 발행을 건너뛰기도 하고 월급도 제대로 나오지 않았다. 마침 아버지의 제자인 간홍균 선생이 운영하는 대전의 홍륜학원에서 국어와 한문을 가르쳐보라는 제의가 왔다. 교장 간홍균 선생과 이사인

장이덕 선생 등이 가정부나 공장 종업원을 모아 주야간으로 학교를 열었는데 정규학교는 아니었다. 나는 대전 효천동의 심광사에서 숙식을 해결하며 불교학생회도 지도했다. 주지인 이대의 스님은 나를 무척 신뢰했다. 더러 술에 취해 법당 앞에서 오줌을 싸대는 버릇을 나무라기는 했으나 대수롭게 여기지 않았다. 가끔 적으나마 서울의 어머니와 동생에게 월급을 보낼 수도 있었다. 마침 아버지의 제자인 이명규 선생이 대전의 도청에 다니는 공무원이어서 늘 나를 불러내 술을 사주면서 담소를 나누었다. 이명규 선생은 나보다 20여 년쯤 연상이었는데 나를 친구처럼 대해주었다.

나는 제법 무서운 한문 선생이었다. 날마다 한자를 써오라는 짧은 숙제를 내고 해오지 않으면 남학생 여학생을 가리지 않고 대나무 자로 팔뚝을 다섯 대쯤 어김없이 때렸다. 이 학교 출신 중에서 그해 5급 공무원 합격생이 가장 많이 나왔는데 한문과 국어 실력 덕분이라는 평가가 나오기도 했다. 심광사에서는 일요일마다 학생 법회를 열고 방학 때는 계룡산의 절이나 서울 봉은사 등에서 수련회도 해서 심광사 주지인 이대의 스님은 늘 만족해했다. 즐거운 나날이었다.

그러던 어느 날 다리가 자꾸 붓는다는 어머니를 친구인 지정관의 누님이 의사로 있는 메디컬센터에 모시고 갔더니 위암 말기 진단이 나왔다. 참담했다. 끝내 이렇게 돌아가시는구나. 아들이 출세하는 모습을 그렇게 보고 싶다고 또 며느리와 손자도 그렇게 보고 싶다고 하시더니 결국 허사로구나.

나는 대전 생활을 청산하고 두어 달 시한부 생명만 남은 어머니를 옆에서 모셨다. 병석의 어머니는 요에다 오줌을 한 번 눈 것 말고는 끝까지 깨끗한 모습을 유지했다. 나는 병구완의 어려움을 겪지도 않았다. 어머니는 임종을 하면서 "나는 팔자가 센 여자다. 내가 죽어야 너희 형제들이 잘 풀릴 것이

2000년 추석 때 경기도 구리시 망우리에 있는 어머니 '밀양 박씨' 묘소에서 선친의 제자이자 셋째 형수(김함장·오른쪽)와 그의 아들 이응문(동방문화진흥회장·앞쪽)과 오금지 부부 등 가족들이 성묘하고 있다. 나는 1981년부터 2006년까지 망우리 인근 아치울에 살며 모친 묘소를 돌봤다.

다"라는 유언 아닌 유언을 남겼다. 어머니가 돌아가시는 날, 쌀도 떨어졌다. 돈 한 푼 남은 것이 없었다. 1967년 1월 4일(음력) 66세로 한 많은 여인은 너무나 조용하게 이승을 떠나갔다. 아버지가 근엄한 우상이었다면 어머니는 자비의 보살이었다.

홍기삼·임종달·이현구·신원영·나형수·박종란 등 친구들과 외사촌인 박경환, 이웃에 사는 임 아무개 들이 몰려와 부의금을 내고 쌀과 막걸리를 사와서 초상을 치러줬다. 어머니는 음력 정초 몹시 추운 날 망우리 공동묘지에 묻혔다. 이때 도움을 준 친구들을 평생 잊지 않겠다고 다짐했다. 이로서 나의 한은 더욱 가슴 깊이 맺혔다.

어머니가 없는 하월곡동이 싫어 수유리 산골로 옮겼으나 여전히 군 기피자로 낙인찍혀 취직은 막막했다. 동생이 가정교사를 하면서 월세방에서 살았다. 부모 없이 고모 밑에서 얹혀살던 김용환이라는 친구가 이불보를 싸들고 와 동병상련의 심정으로 한동안 함께 지냈다. 이 친구는 상식이 많아서 때때로 여러 문제를 두고 논쟁을 벌였는데 나름대로 얻을 것이 많았다. 그 무렵 마침 아버지의 제자인 대전의 이명규 선생을 찾아갔더니, 자신의 오촌 당숙인 이병주 선생이 공주에서 민주공화당 후보로 출마하는데 연설문을 한번 써보라고 권해 앞뒤 가릴 것 없이 공주로 갔다.

이병주 선생은 대구사범학교 출신으로 박정희 대통령의 2년 선배였다. 이 인연으로 공주에서 입후보했던 것이다. 나는 이병주 선생의 인정을 받아 연설 원고를 써주면서 밥을 얻어먹었고 많은 사람들을 사귀기도 했다. 또 그가 국회의원에 당선된 뒤 그의 신당동 집에도 자주 드나들면서 신문 잡지의 기고문을 대필하기도 했다.

그분은 돈을 쓰는 데는 구두쇠 같았으나 나를 무척 귀여워해주었다. 하지만 나로서는 수치스러워할 일도 아니지만 그렇다고 자랑스러워할 만한 일도 아니었다. 그가 비록 공화당 국회의원이 되었으나 따지고 보면 내가 특별히 부탁할 일도 없었다.

동아일보사에서 「한국 고전 백선」 내며 당대 손꼽히는 학자들 만나다

1967년 들어 나를 묶고 있던 병역기피의 족쇄가 마침내 풀렸다. 자진 신고를 해서 소집영장을 제때 받아 논산훈련소와 조치원 예비사단에서 두 차례 신체검사를 받았다. 사실 입영 적령기를 10년 넘게 지난 31세였으니 입대할 처지가 아니었다. 그래서 면제받을 요량으로 밥을 며칠씩 굶고 설사약

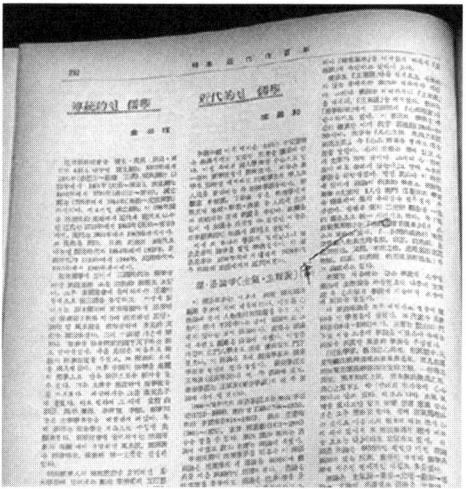

나는 1968년부터 1974년까지 임시직 또는 촉탁으로 동아일보에 재직했다. 그때 편집작업에 참여한 《동아연감-1967》 표지(왼쪽). 《동아연감-1970》에 실린 '근대적인 유학'(오른쪽)을 시작으로 한국 역사나 전통문화와 관련한 글을 쓰는 집필가로 나섰다.

을 먹어가면서 몸무게를 45킬로그램 이하로 줄였다. 판정을 하는 군의관들도 이런 실정을 다 알고 있었으나 나에게 동정을 보낸 것 같기도 했다. 그 결과 무종 판정을 받고 정식 면제되었다. 당시 여느 사람들이 그랬던 것처럼 돈을 쓴 것도, 평화를 사랑해 입대를 기피한 것도 아니었다.

그해 가을 나는 동아일보사 출판부에 임시직원으로 들어갔다. 친구인 홍기삼이 연줄을 놓아 《동아연감》 교정 일을 하게 되었다. 나는 한문과 문장을 잘 안다고 해서 인문 내용을 다루는 특집 등의 교정을 도맡아 보았다. 이갑수 부장과 이규직·최영식·이종석·정홍렬 등 선배들이 있었다.

첫 월급을 받은 날 동생과 나, 두 식구가 먹을 한 달 치 쌀과 연탄을 사놓고 보니 마음이 넉넉했다. 그래서 이튿날 아침 출근을 하면서 김상만 사장실을 향해 평생 이 은혜를 잊지 않겠다고 다짐했다.

임시직이었으니 애초 6개월쯤 근무한 뒤 책이 나오면 그만둬야 했는데 다행히 실력을 인정받았는지 계속 일할 기회가 생겼다. 이듬해 여름 월간 《신동아》로 옮긴 이종석 선배가 『한국 고전 백선』을 신년 부록으로 발행하는데 함께하자고 했다. 월간지로는 《신동아》가 가장 인기를 끌던 시절이었다. 나는 기획 단계부터 실무를 맡았다. 여러 전공 학자들에게 서목(書目)을 추천받는 일, 필자를 정하고 원고를 받는 일, 원고를 다듬고 수정하거나 교정하는 일까지 모든 과정을 맡아보았다. 민병수(서울대 교수), 최범서(소설가) 등이 도움을 주었다.

그 덕분에 이병도·이숭녕·이희승·홍이섭·김동욱·차주환 등 당대 손꼽히는 학자와 관련 전공자들을 거의 다 만날 수 있었다. 그들과 얽힌 몇 가지 잊지 않는 일화도 있다.

혜화동에 살고 있는 박종홍 교수를 찾아갔을 때였다. 마침 『주역』 책이 옆에 쌓여 있어서 아는 체를 했더니 그는 나를 그윽한 눈길로 쳐다보며 젊은이가 『주역』을 안다고 칭찬해주었다. 자신은 『주역』을 변증법적으로 푸는 게 평생의 학문적 목표라고 말했다. 정말 존경스러웠다. 그런데 얼마 뒤 다시 찾아가서 『주역』 저술을 진행하느냐고 물었더니 민족혼을 함양하는 일이 더 급해 일시 중단하고 있다고 했다. 그러면서 "소도 비빌 언덕이 있어야지"라고 강조했다. 나는 어리둥절했지만 더 물어보지 않았다. 다만, 가족들이 마루에 밥상을 차려놓고 기다리는 모습을 보고 물러 나오면서 '손님 밥 대접도 않는구나' 혼자 중얼거렸다. 그 며칠 뒤 신문을 보니 그가 대통령 교육문화담당 특별보좌관으로 발령이 났다. 1970년 12월이었다. 그때에야 '비빌 언덕'이 권력자임을 알아차렸다. 앞서 두 해 전 선포된, 박정희 정권의 지배 도구라 할 '국민교육헌장'도 그의 손에서 나왔다.

연세대 이가원 교수도 생각난다. 그에게 『열하일기』의 해제를 부탁하러 갔더니 상중이어서 마침 누런 상복을 입고 있었는데, '한국학은 자기가 다 한다'는 듯이 아주 오만한 태도를 보였다. 그러면서 『열하일기』 해제는 자신이 민족문화추진회에서 펴낸 책에 쓰여 있으니 그걸 베껴 실으라고 했다. 그 말대로 이를 요약해 실었더니 이종석 선배가 원고료를 대신 쓰라며 내게 줬다. 그러자 그는 원고료를 보내주지 않는다고 손세일 부장에게 항의를 했고, 결국 이 선배와 내가 반반씩 게워내야 했다. 그는 나를 노려보면서 "젊은 애들이 원로 학자 대접을 이 따위로 한다"고 호통을 쳤다. 사실 그가 번역한 고전들은 오역투성이였고 글은 어법에도 맞지 않았다. 그런데도 명망 높은 학자로 알려진 것이 나로서는 의문이다.

또 한 사람, 국보라 자칭하던 양주동은 기묘한 인물이었다. 종종 그의 부인이 원고를 들고 왔는데 "양 박사는 국보이고 원고 수준도 다르니 원고료를 다른 사람보다 두 배는 줘야 한다"고 우기며 앉아 있었다. 한 편의 코미디 같은 장면이었다. 아무튼 들어온 원고의 3분의 2는 그야말로 수정을 거치지 않으면 실을 수 없었다. 앞뒤가 잘 맞지 않았고, 국한문 혼용의 글은 원전 해석도 틀린 곳이 많았다.

좋은 인연도 있었다. 청명 임창순 선생은 성균관대 교수로 4·19 교수시위를 주도하고 1964년 인혁당 사건에 연루돼 중앙정보부에서 고문을 받고 해직됐다. 그 뒤 차린 태동고전연구소 사무실로 찾아갔더니 선생은 바둑을 두고 있다가 대뜸 "당신, 왜 왔소"라고 톡 쏘았다. 정보부원으로 오해한 것이다. 그에게 서목을 추천받고 고전에 대한 얘기를 나누면서 해박한 지식을 가지고 있다는 생각이 들었다. 그 뒤 임 선생이 쓴 『한문 문법』 책을 얻어 학습했고, 민족문화추진회에 있을 때는 스승으로 모셨다. 청명은 제자를 아끼고 키우는 훌륭한 지사요 교육자였다.

언론인이자 학자로 흐트러짐 없던 천관우 선생과의 인연

1964년 《동아일보》 주필을 맡고 있던 천관우 선생의 대범함은 지금도 잊을 수 없다. 한번은 《신동아》에서 중-소 국경 문제를 다룬 글 때문에 일어난 필화사건으로 중앙정보부에 끌려가게 됐다. 그는 나를 불러 『한국 고전 백선』에 실릴 원고 상태를 보고받으면서 우동 두 그릇을 배달시켰다. 한 그릇은 내 몫인 모양이라고 지레짐작했는데 연신 당부의 말을 하면서 혼자 두 그릇을 해치우고는 "언제 밥 얻어먹을지 모르지 않아?"라고 말하면서 미소를 지었다. 옆에 있던 정보부원도 웃었다. 존경스러운 모습이었다.

『한국 고전 백선』의 모든 진행 상황을 천 선생에게 보고했는데, 때때로 지시를 하거나 기고를 위해 써주는 글을 초서로 휘갈겨 아무나 알아보기가 힘들었다. 그래서 늘 내가 다시 정서를 해야 했는데 내용은 말할 나위도 없이 손댈 곳이 없었다. 이 인연으로 천 선생과 나와의 관계는 연달아 이어졌다. 조금 장황하지만 내친김에 천 선생과 맺은 인연을 좀 더 풀어보자.

이 무렵 그분은 왕성한 민주 활동을 벌였는데 1970년대에 들어 민주수호국민협의회의 공동대표가 되어 최석채(《조선일보》 주필)와 이병린(변호사)에게 자주 연락을 취했다. 어느 날 그분은 나를 불러 편지 봉투 두 개를 주면서 최석채 주필과 이병린 변호사에게 전달해달라고 부탁했다. 봉투는 밀봉되어 있었으니 내용은 알 수 없었으나 봉투 겉 글씨는 붓으로 쓴 달필이었다. 전화로 연락하면 도청이 될까봐 편지를 써서 전달한 것으로 보였다. 다른 기자들도 많은데 왜 이런 비밀스런 편지를 굳이 나를 시켜 전달했을까?

아마 내가 기자가 아니어서 순진하게 보였던 모양이다.

또 하나 빼놓을 수 없는 얘기가 있다. 박정희는 유신을 앞두고 최석채 등 몇몇 언론인을 청와대로 초청해 여러 정치 현안을 설명했다. 그러고 나서 참석자들에 수표가 든 봉투 하나씩을 돌리면서 "차비를 하시라"고 말했다고 한다. 그러자 천 선생은 "신문사 차를 타고 왔으니 차비가 필요치 않다"고 말하면서 봉투를 놓고 돌아왔다고 한다. 천 선생은 동아일보사로 돌아와서 윤전기를 멈추게 하고 이 사실을 휘갈겨 써서 석간에 게재했다. 이 사실은 당시 소문으로 자자하게 퍼졌고 모두들 그 용기에 찬사를 보냈다. 또 봉투에 든 돈의 액수를 두고 "2천만 원이었다네"라는 말들이 떠돌았다. 이 일 하나만으로도 지사의 풍모를 남김없이 보여준 분이다.

그 뒤 유신시절, 천관우 선생은 동아일보사에서 쫓겨나 불광동 집에 칩거하면서 한국사 관련 집필에 몰두하고 있었다. 나는 한국사를 공부하면서 설날이면 세배를 가는 것은 물론 가끔 찾아가 이것저것 물어보기도 하면서 선생과 대화를 나누었다. 불광동 집에는 내가 접촉할 수 없는 자료들이 쌓여 있었는데 타이완에서 발간한 『25사』와 같은 당시로서는 희귀한 사료들이 있었다. 나는 천 선생이 쓴 실학 관련 저술을 읽고 물어보기도 했고 고대사를 집필할 때는 단군 문제를 두고 어떤 기준으로 서술하는지도 물어보았다. 사실 진지한 역사 얘기는 별로 길지 않았다. 소주를 마시는 게 기본 코스였으니 방담을 하는 수준이었다고나 할까? 더욱이 손님이 찾아오면 자연스레 다른 얘기로 흘러갔다.

또 천 선생은 태평로 신문회관에서 단군 등 고대사 관련 연구발표회를 가진 적이 있었다. 이 자리에는 국수주의적 경향을 지닌 재야 사학자들인 안호상, 문정창 등이 참석해 호된 비판을 가했으나 천 선생은 전혀 흐트러지지 않았다. 오히려 자제하면서 논리적으로 풀어갔다. 천 선생은 김정배 등 후배 학자들과 어울려 진지한 모습을 보였다. 언론인의 기질이 아니라 학자의 면모였다고 해야 할 것이다.

설날에 그의 집에 찾아가면 언제나 왁자지껄했다. 그야말로 문전성시였다. 당시 명사인 정치인, 학자, 문인 들이 밀려들었다. 내가 말석에 앉아 있으면 선생은 늘 "유망한 역사평론가"라고 손님들에게 소개했다. 그 무렵 나는 《창작과비평》 등에 내 나름의 주장을 담은 논문을 게재했는데 유신에 동조하는 보수적 관점을 자주 비판하고 나섰던 것이다. 그래서 '평론가'라는 직함을 붙여준 것으로 보였다.

다른 자리에서도 가끔 선생을 만나곤 했다. 정창렬 교수(한양대)가 중앙정보부에 끌려가 고문을 받고 나서 재판을 벌일 때 법정에서 만난 적도 있다. 그때 이성무 교수(국민대)가 '정창렬 돕기 성금'을 모았는데 생활이 어려운 천 선생도 금일봉을 냈다. 그런데 천 선생은 이들이 대학 후배들인데도 반말을 하지 않고 깍듯하게 존칭을 쓰면서 대했다. 그 무렵 나는 서울대 규장각에서 해제(解題) 작업을 맡고 있었는데, 선생은 이것저것 사정을 물어보면서 관심을 보이기도 했다.

사실 천 선생의 석사논문인 「반계 유형원 연구」는 그 당시로서는 실학을 새롭게 평가하는 명논문으로 평판이 자자했다. 물론 그는 반계의 한계를 지적하면서도 실학의 비조(鼻祖)로 평가했다. 또 고대사 연구는 드문 사례로 《신동아》에 연재해서 화제를 낳았는데, 중국의 여러 사료를 검토해서 단군을 객관적 관점에서 추적했다. 이로 인해 안호상 등 단군 신봉자들의 호된 비판을 받았으나, 그의 종합적 천착은 높이 평가해야 할 것이다.

그런데 천 선생과의 관계에서 두어 가지 껄끄러운 일이 벌어졌다. 나는

1980년대 초 월간 《뿌리깊은나무》에 자주 글을 발표했다. 한번은 민중생활과 관련한 글을 쓰면서 예전에 '천방지추마골피(千方池秋馬骨皮)'라는 성을 가진 사람들을 '상놈'으로 꼽았는데, 이는 신분차별을 위한 잘못된 의식이라는 내용을 전개한 적이 있다. 당시 이 잡지의 편집기자로 있던 박종만 기자(훗날 출판사 까치사 대표)가 이 잡지를 들고 원고를 청탁하러 찾아가서 잡지를 보여드렸더니 이 글을 살펴보고 불쾌한 표정을 짓더라고 했다. 그러더니 "왜 이런 원고를 청탁했느냐?"고 호통을 치더라고 전해주었다.

나도 평소에 들은 바가 있었다. 소설가 박종화 선생이 어느 자리에서 천 선생과 동석했는데, "예전 같으면 천형과 나는 한 자리에 앉을 수 없소"라고 말했더니 천 선생이 불같이 화를 내면서 자리를 떴다는 소문 말이다. 박종화 선생은 큰 실수를 했지만 나의 글은 실수라고 볼 수 없지 않은가? 하지만 그 일이 있고부터 천 선생은 나를 예전만큼 반가워하지 않았던 것 같았다.

신군부정권이 들어선 뒤인 1981년 천 선생은 민족통일중앙협의회 의장을 맡았다. 전해 들은 말로는 "통일문제는 정치를 떠나 민족의 과업이니 전두환 정권이 벌였다고 해서 거부하는 것은 옳지 않다. 참여해 돕는 것이 옳다"고 말했다고 한다. 나는 이 소문을 듣고 아아, 사달이 나고 말았구나, 라고 여겼다. 이게 지식인이 말년에 잘못된 길로 빠지는 갈림길이 되는 것이다. 나는 그 뒤 세배도 가지 않고 발길을 끊었다.

이우성 교수(성균관대)의 정년기념논문집 증정식을 가졌을 때 천 선생도 그 자리에 참석했는데 안색이 완연하게 병골이었다. 나를 보시더니 유달리 반가워했다. 술도 마시지 못한다고 말했다. 또 "지금은 동학농민전쟁을 연구하느냐?"고 물으면서 아주 은근하게 대해주었다. 기념논문집에 그와 관련한 글을 쓴 것을 보고 표하는 관심이었다. 나는 이 말을 의외로 여겼고 건강을 염려하면서 깍듯하게 대해드렸다. 이게 천 선생 생전에 마지막으로 나눈 대화가 되었다.

웬만한 대학 학사과정보다 알찼던 기사 색인 작업

그 뒤 몇 해 동안 나는 동아일보사 출판부에 임시직원으로 나가 《동아연감》 출간 작업에 참여하면서 봄여름의 공백 기간에는 을지로 입구에 있던 국립도서관에 출근하다시피 했다. 한국학 또는 한국사 관련 책과 논문을 닥치는 대로 읽었다. 동아일보사 조사부와 국립도서관의 책들은 나의 한국사 공부에 밑거름이 되었다.

1969년 들어 동아일보사에서는 창간호부터 기사 색인 작업을 했다. 이 작업은 동아일보사 조사부에서 관리하면서 애초 연세대 도서관학과 이재철 교수가 맡고 있었다. 1년 뒤 그가 제자들을 데리고 기본 작업을 마무리하자 신문사에서는 손을 떼도록 종용했다. 이용만 해먹고 버린 꼴이다. 나는 조사부 소속의 색인실에 촉탁 발령을 받고 이 색인 작업에 참여했다. 영인된 신문을 놓고 카드에 색인 항목을 분류하고 항목명을 적었다. 조사부 김진배 차장은 부드러웠으나 실무 책임자인 이두환 선배는 깐깐했다. 나는 그에게서 특별히 인정을 받았지만 출근부에 늘 빨간색으로 지각이나 결근 도장이 찍혀 인사고과는 나쁜 편이었다. 또 찾아오는 사람이 많아서 다방에서 노닥거리느라 자리를 뜨기 일쑤여서 눈총을 받기도 했고, 근무시간에 전날 마신 술이 깨지 않아 꾸벅꾸벅 졸곤 했다. 5분 남짓 졸라치면 이 선배는 어김없이 "이화 씨" 하고 불러 깨웠다. 하지만 그러고 나면 능률이 배로 올라 다른 사람 작업량을 능가할 수 있었다.

어쨌거나 나는 색인 작업에 흥미를 느끼고 있었다. 한자 지식이 많은 덕분에 오자가 적었고 이해도 빠른 편이었다. 특히 《동아일보》 창간 직후인 1920년대의 갖가지 식민시대 분위기와 사회 사정을 알 수 있는 기회였다.

예를 들면 1920년 초기 조선의 북방이나 만주 지역 기사에 '비적 출현해 경찰과 교전'이라는 기사가 나오면 항일 독립투쟁이라는 걸 알아차릴 수 있었다. 또 총독부의 식민지정책만이 아니라 여러 사건 사고 기사를 통해 식민시대 사회 분위기와 근대사에 대한 정보와 지식을 쌓을 수 있었다. 어느 대학의 사학과에서 이런 알찬 공부를 할 수 있었겠는가?

그런데 1974년 어느 날 아침 김상만 사장은 느닷없이 촉탁직원 10여 명을 해고해버렸다. 색인집 1집을 낸 뒤였다. 우리는 '찍소리' 한번 못하고 물러나왔다. 그때는 이른바 '백지광고' 사태 직전이어서 신문사에 노조 같은 조직도 없던 시절이라 이 일방적인 해고는 아무도 주목하지 않았다. 다만 나와 이장수 등 두세 사람만 몇 달 더 남아 마무리 작업을 했다.

6년 남짓 되는 동아일보사 생활을 다시 더듬어보면, 기한부 임시직에서 계약직인 촉탁에 이르기까지, 내내 주류에 끼지 못하고 '아웃사이더'를 전전한 처지였다. 또 유신정권에 대한 저항도 술 마시고 떠들면서 스트레스를 푸는 수준에 불과했다. 하지만 개인적으로는 소득이 많았다. 요즈음도 나는 이 시절을 두고 "번듯한 학사과정을 마쳤다"고 말한다.

그 무렵 나는 《신동아》에 근무하는 김영일 등과 함께 무교동 낙지골목의 단골이었다. 독재정권을 지탄하고 정보정치를 향해 메아리 없는 소리를 질렀다. 술에 취하면 오기와 저항심에 젖어 길거리나 낙지집 장독대에 오줌을 갈기며 엉뚱한 분풀이를 하곤 했다. 또 툭하면 통행금지에 걸렸다가 기자라고 둘러대서 풀려나기도 했으나 곧잘 경찰관의 모자를 벗기거나 먹살을 잡고 흔들어대서 즉결재판소에 넘겨지기도 했다. 연말 송년 파티 때 양주에 취해 김상만 사장이 탄 차를 발로 차면서 고래고래 소리를 지르기도 했다. 출근 첫날 은혜를 갚으리라 다짐했던 기억은 깡그리 잊어버렸다. 시대를 이기지 못한 '위장 레지스탕스'라고나 할까.

이때 사귄 사람들이 김진배·임채정·이부영·이길범·정동익·정영일·김양래·이종욱 등이었다. 이들은 박정희 유신정권의 농간으로 벌어진 《동아일보》 광고 탄압 사태를 겪으며 자유언론 투쟁을 벌이다가 1975년 3월 무더기 해직돼 고난의 길을 걷게 된 민주인사들이다. 그때도 박봉우 선배가 툭하면 나를 비롯해 박성룡(시인)·강태열(시인) 등을 술자리로 불러냈는데 술값은 당시 《동아일보》 차장이던 김중배 선배가 도맡아 냈다.

학계에 데뷔하다

1974년 동아일보사에서 해고된 나는 다시 실직자 신세로 여기저기 잡문을 쓰거나 번역 일을 하며 지냈다. 이런 직업을 그럴듯하게 '프리랜서'라고들 부르던가. 먼저 월간 《신동아》에 논픽션인 '신규식 평전'을 써서 관심을 끌기도 했다. 신규식은 임시정부 창립 때부터 참여해 외무총장 등을 지내면서 내분을 겪자 단전호흡법으로 자살한 독립지사인데 국내에서 별로 주목을 받지 못했다. 나는 1970년대 초반부터 그의 저술인 『한국혼』을 분석하고 평가하면서 잊힌 지사의 삶을 추적했던 것이다. 『한국혼』은 우리 역사와 전통에 대한 자부심을 키워 민족의식을 고취하는 내용인데 웅혼한 필치가 감동을 주었다. 이 글은 신채호가 집필해 의열단이 공포한 「조선혁명선언」과 쌍벽을 이룬다고 해도 과장이 아니었다. 이를 내가 발굴해 대중에게 알린 셈이었다.

유신 시절 내 나름의 저항 메세지를 담았던 「허균의 개혁사상」

그러나 실상 나는 1972년 유신헌법이 선포된 뒤 삼십대 후반의 한동안을, 고전과 역사와 글쓰기와 술 속으로 '피난'을 했다고 할 수 있다. 박정희가 공포정치를 펴는 동안 책에 파묻혀 현실을 잊거나 글을 쓰며 시간을 흘려보내고, 고작 술을 마시고서야 울분을 토해내는 국외자에 불과했다. 이른바 지식인의 나약함을 보여준 전형적인 현실도피의 삶이었다고 할 수 있을 것이다.

이 대목에서 젊은 독자를 위해 시대 상황을 잠시 살펴보자. 1972년 10월 박정희는 '유신혁명'으로 포장한 영구집권을 위해 국회를 해산하고 전국에 비상계엄령을 선포하고는 개헌을 국민투표에 부쳤다. 계엄의 공포 분위기 속에서 치러진 유신헌법은 91퍼센트가 넘는 압도적 지지율로 통과됐다. 이 헌법에 따라 발족된 통일주체국민회의는 장충체육관에서 박정희를 6년 임기의 대통령으로 선출했다. 이 과정에서 장준하가 이끌던 진보민족진영의 대변지 《사상계》는 이미 폐간되었으며 언론은 완전 통제돼 어용 매체만 남았다. 남북회담은 중지되었고 '정적'인 김대중은 일본에서 납치되었다.

일반 국민들은 숨을 죽였으나 학생들은 유신 반대 시위를 벌였고 민주인사들은 유신헌법 폐지와 개헌 서명운동에 나섰다. 《동아일보》 기자를 비롯한 젊은 언론인들도 나서서 민주주의와 자유 수호를 외쳤다. 이 때문에 광고 탄압을 받아 경영난에 빠지자 동아일보사는 기자를 대량 해고하는 무리한 일을 저질렀다. 하지만 민주인사들은 민주회복국민회의를 발족시켜 유신 반대 서명운동을 벌이고 신민당 의원들은 국회에서 농성을 벌였다. 이에 유신정권은 대통령 긴급조치를 연달아 발표하며 반대세력을 무자비하게 탄압했다. 이철, 김지하 등이 사형선고를 받은 민청학련 조작 사건이 대표적이다.

이런 소용돌이 속에서 1974년 8·15 광복절 기념식장에서 박정희는 재일동포 문세광에게 저격을 받았으나 용케 살았고, 부인 육영수가 총탄에 맞아 죽었다. 많은 교수들이 대학에서 쫓겨났고 학생들은 제적을 당하거나 군대에 끌려가거나 감옥에 갇혔다. 민주인사들은 1976년 3·1절에 민주구국선언을 한 이른바 '명동사건' 등으로 잇따라 체포·구금되었다. 그럴수록 학생 시위와 저항은 더욱 격화되었다. 박 정권은 전국을 병영으로 만들어 4·19 혁명 때보다 탄압에 따른 피해가 더 컸다.

이 무렵 나는 동화출판공사에서 한국사상집 번역 작업을 하면서 편집부장이었던 신경림 시인과 자주 만났다. 신 시인은 일제 시기와 해방공간에서 활동한 전석담, 이청원 등 사회주의 계열 학자에 대해 잘 이해하고 있었다. 나도 자취방 옆에 사는 정 아무개에게 이와 관련된 책을 얻어 읽어본 적이 있어서 대화가 아주 잘되었다.

고등학교 때부터 애독하던《사상계》가 폐간된 뒤《창작과비평》을 애독하던 무렵이었다. 신 시인이 '창비' 인사들과 친해 자주 화제를 삼았는데, 나는《창작과비평》에 실린 한국학 관련 글을 평하면서 앞으로 나도 이런 내용의 글을 쓰고 싶다는 뜻을 밝히기도 했다.

당시 유신에 저항한다는 의식으로, 현실에 저항하고 개혁을 부르짖다가 죽은 허균의 생애와 사상에 대해 쓰려고 자료를 모아 공부하고 있었다. 뒤에 자세히 설명하겠지만, 당시 신 시인이 다리를 놓아《창작과비평》에 논문「허균과 개혁사상」(1973년)을 발표했다. 이 글은 비록 구성은 엉성했지만 분명한 저항의 메시지를 담고 있었는지라 독자들의 반응도 아주 좋았다.

문인간첩단 조작 사건에 충격 받아 '한국사' 연구에 몰입

유신독재 시절, 내 의식을 혼란스럽게 만든 사건이 있었다. 1974년 2월 무렵 이른바 문인간첩단 사건이 발표되었다. 이호철·김우종·정을병·장백일·임헌영 등 5명의 문인을 일본에서 발행하는 잡지《한양》과 연계해서

1973년 《창작과비평》에 「허균과 개혁사상」을 발표했는데 이를 토대로 허균의 생애와 사상을 총정리해 1981년 《뿌리깊은나무》에서 펴낸 첫 저서 『허균의 생각-그 개혁과 저항의 이론』. 유신헌법 공포 이후 공포정치 상황에서 나름의 저항정신을 표현한 글이다.

북한을 돕는 간첩 활동을 했다는 이유로 구속 기소했다는 기사가 신문에 실렸다. 나는 이들과 약간씩 안면이 있었고 그 가운데 임헌영은 가까운 친구였다.

나는 서대문 밖 기자촌에 차린 임헌영의 신혼집에도 가끔 찾아갈 정도로 가까운 사이였다. 그는 유신에 대한 외국의 반응이라든지 북한의 사정 등을 일본 자료를 통해 알려주기도 했다. 그런 그가 간첩 혐의를 받았으니 놀라지 않을 수 없었다. 또 내가 존경해 마지않는 천관우 선생도 연루자로 정보당국에 불려가 시달림을 받았다. 나는 이들의 재판을 몇 차례 방청했다. 아무 혐의가 없는 그들은 당당하게 자신들의 소신을 폈지만 재판부는 유죄로 인정하고 집행유예로 풀어주었다. 이 사건은 당시 유신 반대 운동에 앞장서는 문인들을 압박하려는 공작이었다.

이 사건을 겪으며 새삼 나 자신을 돌아보았다. 민주운동에 동참할 것인지, 그저 멀리서 바라만 볼 것인지 갈등과 혼란에 빠졌다. 그러다 역사 공부와 대중화를 통해 이 시대적 고민을 풀어보기로 작정했다. 현실에 맞설 용기가 없어 지극히 도피적인 자기호도의 논리를 끌어댄 것이다.

어쨌든 나는 본격으로 한국사를 공부하려면 원전을 능숙하게 읽을 수 있는 정도의 한문 실력을 길러야겠다고 판단했다. 여러 한국사 관련 일을 하면서 내 한문 지식의 한계를 절실히 느꼈던 것이다. 그래서 『한국 고전 백선』 작업 때 만났던 임창순 선생을 찾아갔다. 임 선생은, 그때 인혁당 사건에 연루되었다가 성균관대 교수 자리에서도 쫓겨나 낙원상가 앞과 탑골공원 사이에 태동고전연구소를 열어 한문을 가르치고 있었다.

또 마침 민족문화추진회(이하 민추)에서 국역연수원을 열고 국역자 양성 사업을 벌이고 있었다. 성낙훈·신호열·임창순 등 당대 쟁쟁한 원로 한학자들이 연수원 강사로 나섰다. 1974년 봄 국역연수원 시험에 합격한 나는 야간 강의를 듣고 낮에는 국역사업의 일을 보았다. 월급은 나 혼자 살아가기에는 어렵지 않게 주었다. 학벌을 전혀 따지지 않고 순전히 한문 실력 위주로 사람을 써준 덕분이었다.

10여 명의 국역위원도 정규 학교를 졸업한 사람과 한문 공부만 한 사람, 두 부류가 있었다. 연수원 수강생들도 이와 비슷했는데 전공 과목을 위해 한문 실력을 길러야겠다는 생각으로 들어온 사람들도 있었다. 국역위원으로는 김성환(전주대 교수)·이정섭(한문학자)·김동주(한문학자) 등이 근무했고, 연수부의 수강생으로는 정광호(인하대 교수)·은정희(서울교대 교수)·이전문(《조선일보》 편집부장)·조광(고려대 교수) 등이 청강했다. 또 학습부의 수강생으로는 정양완(성신여대 교수)·조준하(동덕여대 교수)·부정애(서울대 강사)·정태현(한문학자)·이택휘(서울교대 총장)·신승운(성균관대 교수) 등이 있었다.

그런데 원로 강사들 중에는 습관처럼 당색을 따지고 지역을 가리며 양반을 강조하는 노인들도 있었고, 수강생들 중에도 지나치게 '경서' 주석식 사고를 가진 이들이 있었다. 이곳에서도 나는 술 마시는 습관은 버리지 못했으나 사람들과 어울려 대화도 종종 나누며 지냈다. 그때 고려대 대학원 과정으로 백산학회와 한국사연구회 간사 일도 하던 조광은 내가 즐겨 찾던 대화 상대였다. 그 시절 나는 한문 원전을 통해 한국사 연구에 본격적으로 몰입했고, 집에서는 한국사 관련 책을 읽는 데 열중했으며, 책을 사느라 늘 월부금에 시달렸다. 동아일보사에 근무할 때부터 월부로 사는 책값이 수입의 3분의 1쯤 되었다. 『조선왕조실록』 등 한국사의 기본 서적은 그때 거의 장만해 지금도 소중하게 소장하고 있다.

척사위정과 북벌론에 대한 비판적 검토로 학계에 데뷔하다

1970년대 중반 내가 근무하는 민추 사무실은 동대문구 신설동의 뒷골목에 있다가 청량리 세종대왕기념관으로 옮겼다. 그래서 광화문으로 놀러 나가기가 여의치 않았다. 자연히 근처에서 '한문쟁이'들과 어울렸으니 개인적으로 다행이었다고 할까?

그 무렵 나는 시간이 나는 대로 논문 쓰기에 집중했다. 하숙집에서 글을 쓸 때는 거의 술을 마시지 않았는데 이게 내 나름대로 정해둔 생활신조요 살아가는 방식이었다. 이 대목에서 유신정권의 학술 정책에 대해 한 가지 말해둘 것이 있다. 당시 유신정권은 학자들을 어용으로 매수해 이용하기도 하고 교수들을 동원해 이미지 조작을 꾀하기도 했다. 그러나 학술 논문에 대해서는 유신을 반대하는 따위 현실 정치문제를 직접 다루지만 않으면 어느 정도 방관하는 자세를 보였다. 순수학문 분야는 건드리지 않았던 것이다. 들은 얘기로는 대통령정치담당 특별보좌역을 지낸 이용희 서울대 정치학과 교수가 박정희에게 건의한 것이라고들 했다.

그렇지만 짧은 글이나마 잡지 등에 발표하면 가끔 정보요원의 전화를 받았다. 예를 들면 '파벌' 같은 제목의 글에서, 인용하는 대목의 이름 끝에 '스키'나 '프' 같은 음이 달려 있으면 "소련 학자가 아니냐"고 물었고. "아니, 미국 사회학자요"라고 답하면 전화를 끊었다. 그럴 때면 참 한심스럽기도 했지만 한편으로는 꼬투리를 잡히지 않으려고 자기 검열을 하게 되었다. 또 술에 취해 거리를 가다가도 미행자가 있나, 뒤를 힐끔힐끔 돌아보면서 실체 없는 공포를 의식하기도 했다.

당시 서울대 최창규 교수와 영남대 홍순창 교수가 한국정치사 또는 한국사상사 관련 논문을 여러 곳에 발표했다. 또 서울대 한영우 교수는 『정도전 사상의 연구』를 단행본으로 간행했다. 요약하자면, 선조의 소중화(小中華) 의식은 문화자존의식(한영우), 주자학적 성리학은 한국의 정통사상 또는 주체사상(최창규), 존명배청(尊明排淸)에 근거를 둔 북벌론은 한국적 주체사상(홍순창)이라는 논지였다.

나는 이들 논문의 관점에 대해 심한 갈등을 겪었다. 어떻게 민족주의와 주체성을 설파하면서 조선 시대 유학자들 특히 노론들이 내세운 주자학적 중화주의에 토대를 둔 척화파의 존명배청 이론을 내세우는 것인가? 당시 유신정권은 입만 벌리면 '한국적 민주주의' '한국의 주체성' '우리식의 민족주의' 따위를 내걸고 유신의 정당성 또는 당위성을 호도하려 들었다. 위의 논지들은 이런 시대 상황에 영합한다고도 느껴졌다.

그래서 나는 주체성의 한국적 정의, 존명배청의 역사적 전개, 북벌론과 대의의 소재 등으로 나누어 나름의 반론을 정리해 《창작과비평》에 투고했다. 염무웅 당시 《창작과비평》 주간은 고심 끝에 내 논문의 분량을 줄이고

민족문화추진회가 청량리 홍릉 세종대왕기념관에 있을 때 정문 앞에서 민추 인사들과. 첫줄 왼쪽에서 두 번째가 나.

각주 형식도 정리해서 1975년 겨울호에 실었다.

  논문이 발표되자 반응이 매우 뜨거웠다. 천관우 선생은 논리가 바로 선 좋은 '역사평론'을 발표했다고 칭찬해주었고, 《창작과비평》 발행 10돌 기념 좌담회에서 이우성 교수는 좋은 논문의 하나로 거론하면서 "역사 상황을 바르게 판단한 글"이라고 평가해주었다. 이런 격려에 나는 사뭇 고무되었다.

  다음 논문은 「척사위정론의 비판적 검토」였다. 위에서 거론한 최창규·홍순창 교수 등은 19세기 중·후반 전통 유림들이 벌인 서학(기독교)의 배척, 서양문물의 거부, 개항의 반대, 곧 척사위정운동을 두고서도 민족 주체의 확립과 정학(正學, 유교)의 수호라는 관점에서 논지를 펴는 논문들을 연달아 발표했다. 성균관의 전통 유림들과 유승국 등 성균관대 유학대학의 일부 교수들도 이들의 편을 들었다.

내가 관심을 계속 기울이자 국역연수원에서 강의를 듣고 있던 조광 교수가 내게 한국사연구회의 심포지엄에서 발표를 해보라고 제의했다. 조 교수는 간사 자격으로 회장인 강만길 교수와 상의해, 최창규 교수와 나란히 주제 발표를 하기로 약속했다. 한국사의 당면 쟁점으로 삼아 찬반 토론을 벌여 관심을 모으려 했던 것이다. 그러나 조 교수에게 전해듣기로, 최 교수가 나오기를 거절해서 약간 중도적인 관점을 가진 이화여대의 진덕규 교수로 바뀌었다.

진 교수와 나는 크게 관점이 다르지 않아 기대했던 만큼 열띤 토론이 벌어지지 않았다. 다만 성균관대 유학대학에서 유학을 전공한 서 아무개가 나와서, 화서 이항로 선생은 선현인데 호나 존칭을 붙이지 않고 이름을 마구 부른다는 따위의 몇 가지 하찮은 문제를 제기했다. 그러자 사회를 맡고 있던 강 교수가 나서서 "역사 인물에 대해서는 객관성을 위해 존칭을 붙이지 않는다"는 등 엉뚱한 질문에 반박성 답을 했다.

아무튼 이 발표회는 한국사연구회에서 기대했던 대로 성공을 거두었다. 뒤풀이 자리에서 김용섭·강만길·정창렬 교수는 한결같이 나를 격려해주었다. 나는 감동했다. 데뷔 무대치고는 성공을 거둔 셈이었다.

4장
대중 속으로 들어간 역사학

일반 독자들이 읽을 역사 글을 쓰다

1975년 한국사연구회에서 주제 발표를 하면서부터 얼치기 연구자였던 나는 한국사학계의 중견들과 어울리게 되었다. 이때 발표한 논문 「척사위정론의 비판적 검토」는 《한국사 연구》(16집·1977년)에 수록됐는데 그 요지는 이러했다. "이항로를 비롯한 척사위정론자들은 첫째, 정치적 의미로는 새로운 세력 또는 사조에 대해 탄압을 전제로 오도(吾道, 유교)의 보존과 민족의 방위를 기약하려 했고, 사상적 의미로는 새로운 사상 또는 경향에 대해 거부하면서 기존 가치를 고수하려 한 탓으로 배타적·폐쇄적 분위기를 조성했다. (……) 한국사에 있어서 19세기라는 일대 전환기에 보수반동의 역할을 다한 것이다."

논문으로 이름을 얻어 대중적인 한국사 저술가로

내 논문으로 제기된 논쟁은 그 뒤에도 소장 학자들 사이에서 계속되었다. 조금 편하게 얘기하면, 보수적 관점이나 유신을 인정하는 학자들은 척사위정론을 민족주의로 받아들였고, 진보적 관점을 가진 인사들은 민족주의 관점을 부정하는 쪽으로 갈라졌다. 그 용어도 위정척사와 척사위정으로 구분되었다. 소장 학자인 연세대 김도형 교수는 북한의 민족주의적 관점으로 접근하는 경향까지 묶어 낸 이론이 당시의 시대 상황에 비춰 가장 객관적이고 적절하다는 평가를 해주었다. 신용하 교수는 이 논문을 서울대 사회학과 학생들이 기본적으로 읽어야 할 논문 목록에 올리고 강독했으며, 이화여대 정외과에서도 진덕규·박충석 교수가 해마다 이 논문을 강독해주었다. 김정기 같은 소장들은 "당시 두 논문을 읽으면서 무엇인가 어두운 구름을 헤치는 듯했다. 가슴이 울렁거렸다"고 찬탄해주기도 했다. 이와 달리 유승국 교수는 유학과 학생들에게 "빨갱이 논문은 인용하지 말라"며 아예 목록에서 삭제시켰으며, 이화여대 신홍식 교수는 아예 학생들이 읽는 것조차 막았다. 어쨌거나 나는 두 편의 논문을 발표한 뒤 역사학계의 인정을 받았고, 마침내 국외자의 위치에서 역사학계에 입문한 셈이었다.

이를 계기로 나는 신문이나 월간 잡지에 한국사 관련 글을 쓰며 집필가로 이름을 알리기 시작했다. 이때부터 나는 두어 가지 다짐을 했다. 무엇보다 한국사 관련 글만 쓰기로 결심했다. 한 분야에 초점을 맞추려는 뜻이었다. 또 역사 대중화를 위해서 논문만이 아니라 일반인 대상의 한국사 관련 교양서를 써보기로 했다. 당시 이른바 순수학문을 한다고 표방한 인사들은 신문이나 잡지에 쓰는 글을 '잡문'이라 해서 쓰지 않는 것을 품위를 지키는 것으로 여겼다. 하지만 나는 '교수' 같은 전문 직업을 갖지 않은 '프리랜서'로서 원고료나 인세로 살아가야만 했으니 대중을 위한 글을 쓰지 않으면 버텨낼 수 없었다.

《뿌리깊은나무》의 고정 필자가 되고, 《월간중앙》에 '한국의 파벌'를 연재하다

이런 와중에 월간지 《뿌리깊은나무》가 1976년 창간되었다. 이 잡지는 광주고 동창 한창기가 발행인, 후배 윤구병이 주간을 맡아 순한글 잡지로 꾸려 나갔다. 나는 고정 필자로 뽑혀 한국사 관련 글을 연재했다. 민족문화추진회(민추)에서 번역 작업을 하면서 새로운 소재를 찾아내기도 했다. 그런데 편집부 기자들이 내 원고만 보면 단어와 문장을 한글 투로 마구 뜯어고쳤다. '이동했다'를 '옮겼다'라거나 '공헌했다'를 '이바지했다'로 고치는 따위였다. 명사를 풀어서 바꾸는 경우도 있었다. 나는 뜻이 변질되지 않는 한도에서 이에 동의했다. 편집진과 나는 아무 마찰이 없었으나 많은 글쟁이들은 자주 마찰을 빚었다. 이 잡지는 몇 달이 지나지 않아 당시 가장 많이 팔린다는 《신동아》나 《여성동아》를 능가하는 부수를 자랑했다. 독자층은 주로 십대와 이십대 젊은이들이었다.

《월간중앙》에도 1976년 7월호부터 '한국의 파벌'을 연재했다. 서울대 국사학과 출신으로 애초 《중앙일보》 문화부에서 학술 담당을 하던 방인철 기자가 《월간중앙》으로 자리를 옮겨오면서 장기 연재를 하자고 제의해서 시작한 글이다.

당시 민추에서 역사 관련 번역 원고의 교열을 담당하던 조국원 선생은 서울 출신으로 소론 계열의 집안에서 자랐는데 당파·문벌 등의 계보에 아주 해박한 지식을 가지고 있었다. 나는 그 무렵 영호남의 지역갈등이나 파벌 문제에 많은 관심을 기울이고 있었다. 그래서 틈만 나면 조 선생을 붙들고 이것저것 물어보았다. 그는 아는 대로 차근차근 일러주었는데 다른 동료들은 이를 시린 눈으로 바라보았다.

당파·지벌·문벌·학벌 등으로 나누어 꼬박 1년간 연재한 '한국의 파벌'은 제법 인기를 끌었고, 당시 《월간중앙》은 다른 월간지보다 부수가 떨어졌는데 양 아무개 주간은 내 글 덕분에 부수가 늘어났다고 고마워하기도 했다. 방인철 기자는 《중앙일보》 문화부장으로 있을 때도 나의 관점을 가끔 인용하기도 했고, 자주 글을 청탁하기도 해서 언론계의 나의 편이 되었다.

1976년 《뿌리깊은나무》와 《월간중앙》에 연재했던 글들은 훗날 각각 『역사와 민중』과 『한국의 파벌』이라는 제목으로 어문각에서 간행되어 한때 베스트셀러에 올랐다. 그런데 어찌 된 일인지 1980년 들어 신군부에서 마구잡이로 신문을 통폐합하고 잡지의 발행을 정지시킬 때 두 잡지가 여기에 포함되었다. 마지막 정간 통고를 받고 나서 《월간중앙》 종간호와 《뿌리깊은나무》 종간호에 내 글을 실었다. 특히 《뿌리깊은나무》 종간호인 1980년 6·7월 합병호에는 새 원고를 준비할 겨를조차 없어서 단행본으로 준비하던 「허균의 생각」 초고 가운데 「정치 생각」(200자 원고지 400장 정도)으로 메웠다. 나중에 김형윤 주간에게 들으니 이 글 때문에 신군부의 미움을 더 받았다 한다.

마흔 넘어 뒤늦게 결혼하게 된 사연

이 대목에서 개인 생활 얘기로 화제를 돌려보자. 나는 우리 나이로 마흔한 살이 될 때까지도 장가를 가지 못했다. 양친 부모가 다 떠난 까닭에 느긋하게 마음을 먹은 탓도 있고, 내가 목숨을 걸고 따라다닐 만큼 매력적인 여성도 보이지 않아서였다. 그렇다고 내 마음에 드는 여성이 없었던 것도 아니다. 돈도 없고 볼품도 없고 출세도 못하고 여성을 '끄는 재주'도 없는 나였지만 나한테 관심을 품은 여성이 없었던 것도 아니다. 어찌어찌하다 보니 그렇게 되었다고 말해야 가장 정확할 것이다.

1976년, 가깝게 지내던 후배 윤구병이 이런 내 처지가 안쓰러웠던지 어느 날 화가인 아내 김미혜의 친구인 김영희를 소개해주었다. 중매쟁이라 할 윤구병이 나이, 학력 등 속인 게 많지만, 그녀는 공무원으로 독서를 제법

1976년 겨울 후배의 윤구병 소개로 만난 공무원 출신 김영희와의 결혼식 장면(출판문화회관). 마흔 넘은 신랑과 열두 살이나 어린 신부의 결합인데다 이숭녕 교수의 주례사로 나름 화제가 되기도 했다.

즐겨 내 글도 읽어본 독자였다. 여러 차례 데이트를 한 끝에 결혼하기로 뜻을 맞추었는데, 신붓감이 우리 나이로 스물아홉 살이어서 그해를 넘기지 않기로 했다.

그런데 정작 내게는 결혼 비용이 거의 없었다. 주위에서 마련해준 곗돈도 모두 써버린 마당이었다. 그래서 사무실에서 겨우 돈을 가불해 약간의 예물을 사주고 살 방을 구할 돈도 턱없이 모자라게 전달했다. 결혼식 장소는 비좁은 출판문화회관을 잡은 탓으로 하객들이 서 있을 자리도 없었는데 3분의 2가 신부 쪽 하객이었다. 또 신부가 서울국세청 인사과 주사여서인지 그 하객들의 축의금 봉투도 두둑했다. 이와 달리 내 하객은 빈털터리 문인 등

4장 · 대중 속으로 들어간 역사학 143

이 많아서 봉투도 초라했으며 우리집안의 하객들도 비슷한 처지였다.

주례는 서울대 교수인 이숭녕 선생이 봐주었다. 이 선생과 나의 인연은 조금 특별했다. 그분은 내가 《월간중앙》에 쓴 「광해군론」을 읽고 대학생들의 필독서인 『논문작성법』에 모범 논문으로 실어주었다. 같은 '연안 이씨' 일가라고 하자 "우리 문중은 문인 집안이야"라며 자부심을 키워주기도 했다. 그런데 주례를 하면서 신랑인 나를 "이 선생"이라고 표현하는 바람에, 친구들이 "군이 아니라 선생이라고?" 하면서 칭찬인지 야유인지 모를 말을 했다. 아무튼 친구 이광훈(진명여고 교사)이 축의금을 챙겨 건네주자 나는 그 자리에서 빚진 돈을 갚아버렸다. 또 다른 친구의 소개로 신혼 전셋집을 거의 아내 돈으로 마련했는데 소유주가 집주인이 아닌 사람의 명의여서 해약을 해야 했고 계약금도 제대로 돌려받지 못했다. 그래서 제주도 신혼여행에서 돌아온 우리는 하는 수 없이 예전 내 하숙집으로 들어갔다. 참 복잡한 과정이었다.

아내는 애초 마련한 전세보증금에 결혼 부조금을 보태 잠실에 13평짜리 아파트를 마련했다. 입주 첫날 나는 옷가지와 책만 수레에 싣고 들어왔다. 장모님의 눈치를 보니, 책을 이리저리 살펴보고 놀라는 표정이었다. '그래도 노총각이요 글도 쓴다니 조금이라도 돈을 모아두었을 것으로 짐작했다'는 장모님은 동네 노인정에 갈 때면 나이 많은 사위를 자랑할 게 없어서 늘 "우리 사위는 책이 많아"라고 했다. 그나마 텔레비전에 가끔 나오는 사위의 모습을 자랑거리로 삼았다.

첫아들 웅일을 낳은 뒤 아내는 키워줄 사람이 없어서 직장을 그만두었다. 10년 치 퇴직금을 받아 화곡동 주공아파트 17평짜리로 이사를 갔다. 그곳에는 윤구병·김형윤·천승세·김성동(소설가)·설호정(《샘이깊은물》 편집장)

과 김철(연세대 교수)·나병식(풀빛출판사 대표) 등이 약속도 하지 않았는데 우연히 모여 살고 있었다. 우리는 자주 어울리면서 유신 말기와 신군부 쿠데타를 함께 겪었다.

서울대 규장각 시절

얘기를 잠시 거슬러 올라가 보자. 민추에서 3년을 근무하자 여러 가지 이유로 슬슬 싫증이 나기 시작했다. 아예 그만두기로 마음을 먹었다. 이곳은, 내가 역사를 공부하는 데 도움이 되는 원전을 접할 기회가 많았고, 번역을 하거나 번역 원고를 고칠 때 원전 이해의 실력을 길러주는 '교사'가 되었다. 하지만 한계도 있었다. 한국사를 제대로 공부하려면 역사 이론도 필요하고 자료 탐독과 수집도 필요한데 이런 기본 요건을 충족시킬 수 없었다. 또 여기에 종사하는 사람들이 원전 실력은 높았지만 역사의식이나 현실인식에는 한계를 보이고 있었다. 한국사를 본격적으로 공부하기로 마음을 굳힌 나는 새로운 계기가 필요하다는 생각이 들었다. 자유로운 직업을 찾던 나는 본격적인 자유소득자의 '글쟁이'로 나서기로 했다.

얘기를 거슬러 1968년으로 돌아가 보자. 동아일보사에서 임시직으로『한국 고전 백선』편집 일을 마친 뒤, 나는 고전에 대한 지식을 더 얻고 싶어서 규장각의 해제 집필로 발길을 돌렸다. 마침 소문을 들으니 서울대 도서관에서 규장각 해제 작업을 한다고 했다. 그래서 이종석 형을 통해 규장각 직원인 이상은 씨에게 청탁을 넣어 허락을 받았다. 이상은 씨는 도서관장에게 『한국 고전 백선』을 보여주고 허락을 받은 것으로 기억한다. 그래서 해제 쓰는 작업을 시작했다.

규장각 해제 집필을 맡게 된 사연

그때는 서울대가 동숭동에 있던 시절인데 규장각 관리가 엉성하기 짝이 없었다. 해제 집필은 거의 서울대 사학과나 국문과 대학원생들 또는 강사급들이 도맡아 했다. 솔직하게 말해 이들은 서문조차 제대로 읽을 줄 몰라 일제 때 해놓은 기존의 해제나 국사사전 따위를 참고해 베껴낼 정도였다. 이런 서목(書目)마저 바닥이 난 뒤에는, 목차를 베껴내는 지경이었다.

어느 날 사학과 대학원생 부정애가 나를 이리저리 겪어보더니 해제할 책을 들고 와서 서문을 읽어달라거나 내용을 물어보곤 했다. 이게 소문이 나서 서울대 사학과 출신도 아닌 내가 자문 노릇을 맡은 꼴이 되었다.

나는 원고를 많이 쓰고 싶어서 겨울엔 코트 안에 작은 책을 넣고 와서 적선동 하숙방에서 해제를 쓰기도 했다. 원고 매수대로 원고료를 어김없이 지불하니 이런 좋은 일이 어디에 있겠나. 이렇게 관리가 허술한 탓으로 책을 유실한 사례도 많았으며, 구한말 외교문서 등 중요 문서나 전적들 중에는 누군가 한 부분을 칼로 오려 간 것도 많았다. 지금 생각하면 한심스런 일들이었다.

그러다 1974년 민추에 들어간 뒤에는 규장각 해제 일을 함께 할 수 없었다. 하지만 이듬해 서울대가 관악으로 옮긴 뒤에도 해제 작업은 계속되었다. 경제기획원 지원사업이었기 때문이다. 결혼한 뒤 민추를 그만둘 무렵 나는 내심 규장각 해제 집필 작업을 염두에 두고 있었다. 그래서 민추를 나올 때 사무장인 이계황은 "장가가면 낭인생활을 그만둘 줄 알았는데 하나도 달라진 게 없다"며 웃었다.

민족문화추진회에서 정릉 골짜기로 여름 야유회를 가서 시회(詩會)를 벌이던 모습. 왼쪽 첫 번째가 전주대 김성환 교수다.

그 무렵 아내가 마련한 화곡동 주공아파트에 살고 있었다. 한동안 해제 작업에 몰두하며 원고료로 생활하고 있을 때 새로 규장각 실장으로 부임한 서울대 법대 박병호 교수가 나를 불렀다. 그분은 해제 원고를 책상에 수북하게 쌓아놓고 "이를 어떻게 하지요?"라고 말했다. 내가 쓴 원고를 보고 마음에 든 그가 '이 사람이 누구냐'고 묻자 이상은 씨가 나를 '성대 출신'이라고 했단다. 사실 나는 아버지의 선배인 김창숙 선생의 추천장으로 몇 달 동안 성균관대 청강생으로 다닌 적이 있는데 이를 이력서에 '성균관대 중퇴'라고 써놓았던 것이다.

박 교수는 "이형 보신탕 먹을 줄 아시오?"라고 물었다. 나는 "네, 네"라고 대답했지만 실은 즐겨 먹지는 않았다. 신림동 어느 보신탕집에서 셋이서 개고기 안주에 소주를 마셨다. 그 자리에서 박 교수는 두 가지를 제의했다. "정부 지원으로 진행하는 사업이라 해제집은 단계마다 책을 내야 하는데 맡을 사람이 없으니 이형이 해주시오. 많이 고쳐야 하는데 이 작업도 알아서 하시오"라고 했다. 나는 서슴없이 하겠다고 대답하며 두 가지 조건을 내걸었다. "내가 원고를 뜯어고치더라도 돼먹지 못한 항의를 막아주십시오. 나는 출퇴근을 정시에 할 수 없으니 내가 알아서 하도록 간섭하지 말아주십시오."

나는 이렇게 거창한 합의를 했으되 문서 쪼가리 하나 없이 일을 맡았다. 출퇴근은 서울대 통근버스를 이용했다. 내 월급은 비정규직도 아니어서 원고료 지급 형식을 빌렸다. 담당자 유 아무개는 사례비를 지급할 때마다 머리를 짰다. 그래도 생활하기에 아주 모자라는 돈은 아니었다.

박 교수가 물러간 뒤 국문학과 안병희 교수가 실장으로 왔다. 그분은 처음에는 나를 못마땅해했다. 오후에 나오기 일쑤지, 학생들 데리고 술 마시러 다니지, 규장각에 이 사람 저 사람 찾아오면 구내 다방에 가서 노닥거리지, 마음에 들지 않는 게 한둘이 아니었을 것이다. 사실 내가 규장각에 드나들자, '저 사람 어디에서 굴러온 사람이야'라며 아예 무시하는 이들도 있었다. 다만 고교 동창인 박남식이 서울대 영문과 교수로 있었는데 가끔 불러서 교수식당에서 점심을 먹기도 했다. 그도 서울대 출신이 아니어서 소외를 받는 처지였다.

어느 날 안 실장은 『소학』의 서문을 들고 와서 해석해달라고 부탁했다. 처음에는 나를 시험하려는 것 같아 머뭇거리다가 상세하게 해석해주었다. 그랬더니 반응이 확 달라졌다. 내 실력을 직접 확인한 것이다. 그 뒤부터 안

실장은 내 말을 잘 들어주면서 극진하다 할 정도로 아껴주었다.

일제 논문 베끼기만 잘하던 사이비 학자들

1977년부터 5년 가까이 서울대 규장각에서 내가 주로 한 일은 사학과 전공 교수와 강사급들이 써놓은 해제 원고를 살펴보고 잘못된 내용을 고치는 작업이었다. 예상대로 원고에는 몇 가지 문제가 있었다.

첫째는, 국사사전, 한국인명사전 그리고 일제 때의 사전류 등에서 베껴서 원고 장수만 채워놓은 것, 둘째는, 저자 이름 다음에 목차만 쭉 베껴놓은 것, 셋째는, 저자가 태어난 시기의 왕 이름이나 시대만 적어놓고 내용은 거의 언급하지 않은 것 등이었다. 그나마 전공 교수들이 쓴 원고는 아주 적었으며, 강사급들이 '아르바이트'로 쓴 원고들이 대다수였다. 또 학계 원로라는 고려대 이 아무개 교수, 충남대 유 아무개 교수의 원고마저도 언문투 문장에다가 사전 형식을 전혀 갖추지 않았다.

용돈이 모자라서인지 자주 와서 마구 목차만 베껴놓고 가는 이 교수에게, 한번은 내용 소개와 평가도 좀 해달라고 부탁했다. 그러자 그는 목차만 알아도 이용하기에 편하다고 강변하며 못마땅해했다. 대표적인 사이비 학자였다.

왜 이런 현상이 일어날까? 그 첫째 원인은, 이들이 한문 원전을 제대로 읽어내지 못했기 때문이다. 둘째는, 교열 등 바로잡는 과정이 없었다는 것이다. 당시 원전을 읽지 못하는 전공 학자들은 대부분 일제 때의 일본어 논문을 읽고 베끼는 수준이었다. 무엇보다 서울대가 한국사·한국문학·한국철학 등 한국학 전공 학생들에게도 영어 위주로 시험을 치르고 한문 실력은 거의 평가하지 않는 게 가장 큰 원인이었다. 한번은 내가 안병희 교수에 이어 규장각 실장으로 온 신 아무개 교수에게 이런 문제를 토로한 적이 있다. 그러자 그는 "한국 제일의 서울대에서 이를 하지 못한다면 누가 한단 말이오?"라며 오히려 반감을 드러냈다. 당시 서울대 부총장인 고병익 선생만은 이런 실정을 잘 알고 있었다.

이런 일도 있었다. 당시 규장각은 서울대 도서관 산하에 있었는데, 행정학과 김운태 교수가 도서관장으로 왔을 때였다. 그분은 내 소문을 들었는지 자신이 쓴 『한국 행정사』와 『한국 근대행정사』를 주면서 교정을 보아달라고 당부했다. 그래서 나는 어쩔 수 없이 그 일을 해주었다. 책은 오자와 오식투성이였고 내용도 거의 일제 때 쓴 논문들을 베껴놓은 것이었다. 안 실장은 이를 알고 대단히 못마땅하게 여겼다. 어쨌거나 교정을 해주자 그는 고맙다는 말만 하고 사례비는커녕 밥 한 끼 사주지 않았다. 나를, 개인 일을 함부로 시켜먹어도 되는 부하 직원처럼 다룬 것이다.

해제 작업 돕던 석박사 과정 학생들과의 인연

그때 해제 정리 작업을 돕는 석박사 과정 대학원생들이 있었다. 국사학과에서는 권태억(서울대 교수)·박종기(국민대 교수)·박준성(노동운동가) 등이었고, 국문학과에서는 성범중(울산대 교수)·최미정(계명대 교수) 등 모두 6~7명이었다. 나는 이들에게 해제의 의미와 방식을 일러주고 때로는 서문 등 내용을 설명해주고는 원고를 고치게 하거나 거의 새로 쓸 정도로 수정하게 하기도 했다. 나는 때때로 점심시간을 이용해 한문 강독을 하기도 했고, 근무시간이 끝난 뒤 국문과 대학원생인 성범중·심경호 등에게 허균의 문집에서 원문을 골라 강독하기도 했다.

2007년 진실과 화해를 위한 과거사 정리위원회 위원장을 지낸 안병욱(가톨릭대 교수)도 당시 국사학과 대학원 과정에 다니면서 규장각에서 논문 준비를 했다. 그는 가끔 해제실에 들러 많은 정보를 알려주었다. 그는 처음에는 나를 '정보부 끄나풀' 쯤으로 여겨 경계하고 내가 다가가면 눈치를 보면서 입을 다물어버렸다. 하지만 나중엔 나를 겪어보고 소문을 듣기도 해서 자주 대화를 나누는 사이가 되었다.

일이 끝난 뒤에는 영등포로 진출해 학생들과 술자리를 함께하기도 했다. 아주 재미있고 유익한 대화 자리였다. 우리집에도 가끔 데려가곤 했다. 아들 웅일이의 돌 때에는 잔치를 벌이지 않았지만 권태억·박종기·성범중·최미정, 그리고 안병욱 등을 초대해 즐거운 시간을 보내기도 했다. 이들은 어찌 보면 과분할 정도로 나를 인정해주었다고 볼 수 있었다.

그 시절 한참 일을 하다 보면 도서관 앞 계단과 공간에서 학생들이 "유신 철폐" 등의 구호를 외치면서 박정희 정권 반대 집회를 벌였다. 또 학생들은 도서관을 차지하고 농성 시위를 벌이기도 했다. 학생들은 본부 건물 뒤쪽에 있는 도서관 앞을 '아크로폴리스'라고 불렀다. 나는 팔짱을 끼고 어슬렁거리면서 이들의 행사를 지켜보았다. 어느 날 친구 황승우의 동생 황지우(시인·당시 대학원생)가 찾아왔기에 "유신 철폐가 뭐냐? 유신 타도라고 해야지"라고 지적해줬다. '철폐'는 피동적, '타도'는 능동적 행위를 뜻한다. 우연인지 그 뒤 "유신 타도"라고 쓰인 팻말이 보였다.

10·26과 서울의 봄

내가 서울대 규장각에서 일하던 시절, 친구 황승우의 동생 황지우는 신림동에서 방을 얻어 어머니를 모시며 대학원에 다니고 있었다. 1979년 봄이던가, 그 어머니의 회갑잔치에 초대받았다. 그 자리에는 승우·병우·지우 삼형제는 물론 지우의 친구들인 이해찬·정동영 등 10여 명이 참석했다. 이들은 '다이쭈'(김대중 이름의 일본어 발음)니 뭐니 하는 은어들을 쓰고 있었다. 나는 이들과 흉허물 없이 대화를 나누고 앞으로 벌어질 정세를 얘기했다. 마치 아지트에 숨은 독립지사의 비밀 회합 같은 분위기였다. 그때는 이들이 훗날 우리나라의 정치 지도자가 되리라고는 생각하지 못했다.

10·26으로 무너진 '유신', 그리고 전두한(剪頭漢) 혹은 절두한(截頭漢)
그리고 그해 가을 드디어 박정희 시해사건이 터졌다. 10·26이었다. 견고한 듯이 보이던 유신정권이 무너진 것이다. 이 대목에서 기억하는 일이 하나 있다. 1977년 교과서 검인정 부정사건이 터져서 정부는 교과서를 새로 개편했다. 나는 친구 이근배가 주간으로 있는 동화출판공사의 요청으로 안병주 교수(성균관대)와 함께 고등학교 한문 교과서의 편찬을 맡았다. 그런데 집필 요령과 편찬 지침에 전통문화와 한국적 민주주의 등과 관련되는 내용을 넣으라고 되어 있었다. 하지만 나는 기어코 '유신'이라는 단어를 빼버렸다. 아마 당시 '유신'이 빠진 유일한 교과서로 기록될 것이다. 그런데 이 사실을 출판사는 물론 문교부 담당자들도 간과하고 넘어갔다(1979년판 고등학교용 『한문 1』). 이처럼 나의 의식 속에는 유신을 철저하게 거부하고 있었던 것이다.

18년 절대권력을 휘두르던 독재자가 사라지자, 우리들은 민주주의의 봄이 온다며 들떠 있었다. 서울대 교정은 그야말로 소란스러웠다. 곳곳에 대자보가 붙었고 학생들의 구호 소리로 관악산이 진동하는 듯했다. 복학생들이 들어와 열기는 더욱 달아올랐다. 그 가운데 가장 인상 깊은 대자보는 '전두한(剪頭漢)을 처단하라'거나 '절두한(截頭漢)을 처단하자'였던 것 같다. 곧 '전두환'을 '머리를 자를 놈'의 한자말로 바꾼 것이다. 이른바 '12·12 쿠데타'로 권력을 훔친 전두환이 중앙정보부장 서리 등 실세로 떠오르자 '제1의 타도 대상'으로 지목된 상황이었다.

서울대 대학원에서 논문을 준비하러 규장각에 자주 들르던 사학도 안병욱은, 떠도는 소문을 포함해 많은 정보를 내게 전해주었다. 그는 치밀하게 정세를 분석하면서, 대령급 장교들이 실세로 떠오르고 있다고 전해주었다. 그럴 때면 눈물도 자주 흘리고 흥분도 잘하는 감상적 성격인 나는 혼자서 정세를 속단하며 일희일비하기도 했다.

"한(恨)을 영어로 뭐라 하지요?" 싱거웠던 김대중과의 첫 대면

그즈음 나는 쓰던 글을 접어두고 시내 나들이도 자주 하며 이 소문 저 소문 듣기에 몰두했다. 그러다 1980년 봄 전북 정읍에서 동학 농민군 축제가 열렸다. 연례행사였다. 《뿌리깊은나무》의 편집부장인 김형윤이 함께 가자고 해 내려가 보니 《중앙일보》 방인철 기자도 와 있었다. 이때 오랜 가택연금에서 풀려나 대통령 출마 운동을 하고 있던 김대중 당시 국민연합 의장도 축제에 초청받아 인근 내장산호텔에 유숙하고 있었다.

나와 김 부장은 한승헌 변호사의 안내를 받아 그와 5분간 면담할 기회를 얻었다. 사실 나는 약간 떨렸다. 한 변호사는 나를 소장 역사학자라고 소개했다. 그러자 김 의장은 대뜸 "한(恨)을 영어로 뭐라 하지요?"라고 물었다. 나는 어리둥절했고 한 변호사는 "뭐라고 해야지?"라고 혼잣말로 중얼거렸다. 그런 사이 5분이 지나버려 나는 말 한마디 걸지 못한 채 멀쑥하게 물러 나왔다. 내가 그때 한창 공부 중이던 동학농민혁명에 대한 질문은 전혀 없었다. 김대중과 이이화의 첫 만남은 이렇게 싱겁게 끝났다.

그날 축제 행사장인 정읍농고 운동장으로 들어오는 길목은 말 그대로 인산인해를 이뤘다. 연단 주변은 김대중의 경호원으로 둘러싸여 일반인들은 접근조차 쉽지 않았다. 김대중은 자신감에 찬 연설을 했고 청중의 호응 열기도 뜨거웠다. 그는 마치 대통령이 된 듯이 발언하고 행동했다. 적어도 젊은 나에게 김대중의 첫인상은 썩 좋지 않았다.

짧았던 '서울의 봄', 그리고 광주……

1980년 이른바 서울의 봄을 맞아 관악산 기슭 서울대의 '아크로폴리스'에서는 하루도 거르지 않고 학생 시위가 벌어졌고, 때로 학생들은 도서관을 차지하고 밤샘 농성을 하기도 했다. 그러다가 5월 2~3일 대규모 학내 시위가 일어났다. 학생들은 비상계엄 해제와 이원집정부제를 반대하는 구호를 내걸었다. 당시 최규하 대통령이 이원집정부제를 구상한다고 공포했던 것이다. 나는 학생 시위대를 따라 영등포를 거쳐 서울역에 이르렀다. 규장각의 대학원생들도 모두 대열에 참여했다.

  시위대들이 서울역 광장에 집결했을 때 이수성 당시 서울대 교무처장이 학생들의 뜻을 정부에 전달할 테니 이쯤에서 학교로 돌아가라고 간곡한 어투로 당부했다. 이 설득이 먹혀 시위대는 일단 해산했다.

  하지만 나는 일부 학생들을 따라 시청 앞으로 갔다. 그곳에서는 홍익대생 등 여러 대학 학생들이 모여 시위를 벌이고 있었다. 나는 그날 밤 내내 최루탄 가루를 뒤집어쓰면서 김밥이나 족발 따위를 들고서 시위대를 따라다녔다. 택시를 타고 동대문까지 따라갔다. 새벽에 택시를 타고 집에 들어오자 아내는 온몸에서 진동하는 최루탄 냄새와 전달하지 못해 남은 족발을 보고 사태를 짐작한 듯했다. 사실 이런 내 행동은 새삼스러운 게 아니었다. 시위대가 시내에 몰려 있다는 보도나 소문을 들으면 내 발길은 나도 모르게 광화문 쪽으로 향했던 것이다.

  이어 5월 15일에는 김용섭 등 교수를 포함한 지식인 134명 명의의 지식인 선언도 발표됐다. 나는 그 명단에 끼지 못했지만 뭔가 희망이 보였다. 또 한국기자협회에서는 보도검열을 반대하는 결의문을 발표하기도 했다. 비록 계엄령 상태였지만 무교동의 낙지골목에는 자유의 외침이 메아리쳤다. 나는 신이 나서 곧잘 《동아일보》 기자들과 이 친구 저 친구를 불러내 낙지집에서 술잔을 기울이면서 '민주화'를 떠들어댔다.

  그런데 이게 웬일인가? 5월 17일 이미 내려진 계엄령을 제주도를 포함한 전국에 확대 실시한다는 발표가 보도되었다. 이 방송을 듣자마자 나는 서울대로 달려갔다. 학교 정문 앞에는 이미 군인들이 지키고 서서 들어가지 못하게 막았다. 나는 직원이라 해서 들어가 보니 별별 소문이 다 들렸다. 전날 저녁 당직을 서던 사람, 연구실에서 공부하던 사람, 밤샘 작업을 하던 학생들을 군인들이 방망이로 마구 패고 구둣발로 짓밟아 쫓아냈다고 했다. 아하, '다시 캄캄한 밤이 다가오는구나' 하고 직감했다.

그 뒤 며칠 동안 나는 밥도 제대로 먹지 못하고 앓았다. 신문을 보니 '광주에 모종의 사태가 발생했다'는 기사가 실렸다. 기어코 광주에서 일이 터졌구나 하고 직감했다. 광주로 전화를 걸어보았지만 불통이었다. 미확인 보도를 접할 때마다 나도 모르게 눈물이 솟구쳤다. 내 그리운 마음의 고향 광주……, 하지만 내게 무슨 용기나 힘이 있는가. 다시 울분의 세월을 보내는 수밖에 없는 것인가. 나는 현대사에서 전두환 시대를 기록하기로 다짐했다.

광주민중항쟁이 진압되고 한 달쯤 지나서야 나는 어렵사리 광주로 내려갈 수 있었다. 광주는 삭막했다. 광주 거리가 삭막한 게 아니라 내 마음이 삭막했다. 내가 만나고 싶은 사람들, 곧 전남대 교수인 송기숙·김동원·이상식 등은 연락이 되지 않았다. 모두 보안사에 끌려갔거나 도피 중이었다. 그래서 당시 《전남일보》(지금의 《광주일보》)에 근무하는 후배 이훈과 김석학 등을 만났으나 별말을 나누지도 못했다. 그들은 한껏 위축되어 있었고 희망을 잃고 있었다.

나는 혼자서 전남도청과 금남로와 충장로 거리와 불로동 향락촌(이곳 여성들도 김밥을 싸서 시민군에게 돌렸다 했다) 그리고 전남대 정문 앞과 전남대 부속병원을 돌아다녔다. 이를 현장 답사라고 해야 할지. 혼자서 목로주점에 앉아 외로운 밤을 보냈다.

이른바 '정신병원'으로 불리던 정신문화연구원 시절

1978년 6월 문을 연 한국정신문화연구원에서는 박정희 정권 시대, 한국학 정립을 위해 방대한 《민족문화백과사전》을 준비하고 있었다. 박정희는 유신정권을 출범시킨 뒤 세종이 민족문화를 진작시킨 산실인 집현전을 본 떠 경기도 성남 산골짜기에 '정신문화연구원(이하 정문연)'을 지어 출범시켰다. 터를 잡고 건물을 지을 때 박정희는 헬기를 타고 직접 돌아보면서 관심을 기울였다고 한다. 특별대우를 해줘서인지 이곳에는 어용 교수들이 몰려들었다.

1981년 《민족문화백과사전》의 편수 책임자인 최근덕(현 성균관 관장) 선생이 나와 김동주·이정섭을 편수원으로 추천했다. 이른바 '스카우트'한 셈이다. 편수원은 연구원과 같이 전임강사 이상의 대우를 해줬다. 그래서 한동안 고민하다가 규장각의 고전 해제 1차분 출간도 마친 때여서 그곳으로 가기로 결정했다.

그런데 처음 얘기와는 달리, 최 선생은 당황해서 우리에게 '편수원'은 학위 소지자(석사·박사)의 자격을 갖추어야 한다고, 김대환 부원장(전 이화여대 교수)이 편수원을 전문위원(서기관급 대우)으로 바꾸라고 지시했다고 전했다. 그래서 전문위원으로 오라고 하기가 주저된다고도 전했다. 하지만 규장각의 신용하 실장에게 이미 물러간다는 말을 전해 동의를 받은 처지였고 해제 작업을 돕는 대학원생들과 작별인사까지 한 뒤여서 말을 뒤집기가 어려웠다. 당시 원장은 고병익, 연구부장은 박병호 교수여서 조금 든든하기도 했다.

그해 봄이었다. 우리 세 사람에게 넓은 연구실 두 개를 배정해줬는데 내가 한 방을 차지했다. 처음 시작한 일은, 이미 받아놓은 원고를 검토하는 작업이었다. 예를 들면 '조선의 양반'이나 '조선 후기의 실학' 등 굵직한 주제를 다룬 원고들인데 주제마다 200자 원고지 100장이 넘는 분량이었다. 그때 원고료가 1장에 1만 원쯤이었다고 했으니 엄청난 이권이 따르는 프로젝

트였던 셈이다. 원고를 검토해보니 한심한 문제들이 드러났다. 우선 원전과 다른 사실을 적어놓은 원고들이 많았다. 단군 관련 사실을 쓰면서 '당요'(唐堯·중국 고대 당나라를 세운 요임금)를 이해하지 못하고 '후기 당나라'로 잘못 쓴 것도 있었다. 서울대 철학과 교수였던 최 아무개 원로 학자가 쓴 것이었다. 또 실학으로 박사학위를 받은 김 아무개 교수는 실학과 관련한 원고에서 "맹자가 낮에 우물을 팠다"는 풀이를 해놓았다. 이것은 중국 고대 '정전법'(井田法·토지 구획제도)을 말한 것인데 엉뚱하게도 우물이라 쓴 것이다. 더러는 자신이 쓰지 않고 대학원생들을 동원해 적당히 베껴서 사실 오류는 말할 나위도 없었고 한자를 틀리게 쓰기 일쑤였다. 글씨만 보아도 알 수 있지 않은가? 이게 교수들의 양심이었으니……

두어 달 작업을 한 뒤, 우리 세 사람은 각기 검토한 원고를 들고 고 원장과 마주 앉았다. 고 원장은 한숨을 길게 내쉬더니 "우리 약속합시다. 내가 이를 처리할 테니 밖에는 비밀로 합시다"라고 제의했다. 그때만은 우리도 약속을 잘 지켰다. 이런 방대한 분량의 원고를 한 사람이 몇 건씩 써댔다.

그런데 그보다 더 견딜 수 없는 일들이 벌어졌다. 정문연에서 연찬부를 두고 국회의원이나 공공단체의 책임자들을 불러, 이른바 국가관을 확립한다는 구호 아래 1주일씩 연찬을 벌이는 것이다. 또 연초에는 대통령 전두환이 연두순시를 구실로 장관과 경호원을 줄줄이 달고 찾아왔다. 그럴 때면 뒷산에 경호원들이 쫙 깔렸고 원내는 삼엄한 경비망이 쳐졌다. 그는 연구원들을 줄 세우고서 중언부언 떠벌렸다.

이런 일화도 있었다. 부원장으로 부임한 김 아무개 교수가 툭하면 나를 불렀다. 자신이 쓴 『한국행정사』를 전면 개편할 계획인데 나보고 보충 원고를 써달라는 것이다. 직책은 자신이 보장해주겠다고 했다. 내가 이런 짓이나 하려고 여기에 왔겠나. 나는 정말 견딜 수가 없었다.

그 무렵 누가 어디서 일하고 있느냐고 물으면 나는 말을 머뭇거렸다. 윤구병의 집에서 당시 서울대 대학원생인 홍윤기(뒷날 동국대 교수)를 만났을 때는 이런 소동도 있었다. 내가 술에 취해 '정문연'에 몸담고 있는 처지를 두고 푸념을 하자, 그가 대뜸 "내가 선생님 뺨을 한 대 때리겠습니다"라고 하더니 진짜로 내 뺨을 때린 것이다. 이튿날 아침 술이 깬 홍윤기는 절을 하면서 사과를 했지만 나는 별로 섭섭하지도 않았다. 어느 날 길에서 만난 나병식(풀빛출판사 대표)은 "지금도 정신병원에 다니고 있느냐"고 비아냥거렸다(훗날 그는 자신이 그렇게 말한 게 아니라 내가 먼저 그렇게 말했다고 변명하곤 했다). 사실 민주인사들은 정신문화연구원을 두고 곧잘 '정신병원'이라 불렀던 것이다.

1년만 채우기로 작정하고 견디던 나는 마침내 송병기 편수부장(단국대 교수)에게 사표를 냈다. 그는 조금만 더 참아주면 편수원으로 바꾸어주겠다면서 사표를 반려했다. 그래도 내가 고집을 부리자 김 부원장은 자격지심 탓인지 "나 때문에 그만두려 하느냐"면서 힐난했으나 아니라고 둘러대고 끝내 물러나왔다. 박병호 교수가 위로의 말을 해주었다.

아치울에 정착하다

 1981년 정문연에서 1년 남짓 일할 때 월급을 아내의 통장으로 바로 보냈는데, 아내는 '살림 느는 소리가 들린다'며 좋아했다. 그런데 내가 그만둘 때 한마디 상의도 하지 않았다고 아내는 내내 서운해했다. 정문연에서 마지막 날 이재범(뒷날 경기대 교수) 등 젊은 연구자들 10여 명이 잠실의 우리집 아파트로 몰려와 위로를 했다. 그 뒤 잠실에서 한문서당을 열고 젊은 연구자들과 어울렸다. 여기에는 고인이 된 소설가 박완서 선생도 계속 드나들었고 유안진 교수(시인)도 옆에 살면서 한문 강의를 들었다. 나름대로 재미를 붙이면서 틈을 내 역사답사에 나서기도 했다. 외롭지 않았다.
 마침 안병욱 교수가 친구 한 사람을 데리고 왔다. 바로 서울대에서 민청학련 사건에 말려 감옥에 드나든 서중석 기자였다. 그는 이때 월간 《신동아》에 근무하고 있었는데 아버지의 당부로 할아버지의 묘비를 세우면서, 내게 그 비문을 손보아달라고 부탁했다. 나는 비문 초고를 보고 격식에 맞게 다듬어주었다. 나는 평생 쓸모없는 묘비문을 거의 지어주지 않았고 지어줄 경우 거짓말이나 과장이 없는 내용을 담아주었지만 사례비는 받지 않았다. 서중석 기자는 감사했던지 사례비는 주지 않고 비싼 소갈비를 한 아름 사들고 왔다. 이때부터 나와 서중석은 평생 동지가 되었다.

한국사 저술에 몰두할 요량으로 아치울로 이사

그때 나는 『허균의 생각』이 베스트셀러 순위에 올라 원고 청탁도 많이 들어오고 해서 번역을 비롯해 한국사 저술에 몰두해도 살아갈 만하다고 생각했다. 그래서 아내에게 조용히 글을 쓸 공간이 필요하니 서울을 떠나 전원생활을 해보자고 했다. 여기저기 물색하다가 아차산 밑 아치울에 자리를 잡았다. 행정구역으로는 경기도 구리시 아천동이다. 아내는 잠실의 아파트를 팔고 또 빚을 내서 어렵게 아담한 집을 지었다. 그나마 아이들 학군이 서울 시내인 광장동이어서 아내는 적이 안심하는 눈치였다. 그때만 해도 그린벨트(개발제한구역)인 이 마을로 오는 길은 포장도 되지 않았고 버스도 30분 간격으로 다녔다. 하지만 아주 아늑한 곳이었다.

나는 집을 짓는 동안 딱 두 번 들렀다. 한 번은 집터를 다지고 나서 공사를 시작하던 날, 또 한 번은 상량식을 하면서 고사를 지내던 날이었다. 아내와 주변 사람들로부터 무심하다는 소리를 들을 만도 했다. 사실 글 쓰는 일이 바쁘기도 했지만 아내가 일을 잘 처리하니까 마음을 놓아도 되었기 때문이었다. 1982년 늦가을 이사를 한 뒤 나는 마음의 안정을 찾았다.

아내는 결혼 전 국세청에서 일했던 만큼, 내 월급·원고료·강연료 등을 챙겨 세무서나 시청에 드나들면서 세금정산을 잘해주었다. 평생 비서 노릇을 한 셈이다. 또 집이나 자동차 따위도 모두 아내 명의로 했다. 그래서 내가 친구들에게 "나는 무소유야"라고 떠들면 "너는 마누라 없었으면 쪽박 찰 놈이야"라고들 대꾸했다. 다만 이것저것 잔소리가 많아서 탈이지…….

내가 아치울로 이사를 온 뒤 화가 하인두 선생이 이 마을에 자리를 잡았다. 그는 자유분방한 화가의 기질에다가 글쓰기를 좋아해서 문인의 끼도 강했다. 그가 이곳에 살게 되자 김점선·신영식 등 화가, 조각가들이 뒤따라

1982년 경기도 구리 아차산 밑 아치울 마을에 정착해 이웃들과 공동체를 이루며 25년간 살았다. 문화예술인들의 명소로 소문나면서 아내의 손님 접대 이야기가 신문에 실리기도 했다(동아일보 2004년 3월 13일 자).

들어와 살았다. 예술인 마을로 소문날 만했다. 이들은 모두 술꾼이었다. 그래서 개울가에서 보신탕을 곁들여 소주를 마시기도 했고 집집을 돌며 맥주잔을 기울이기도 했다. 규장각 소장 학자들과는 다른 분위기여서 시사 얘기는 될수록 피했다.

어느 날 하 선생이 우리와 김점선 화가의 식구들을 집으로 초대했다. 그 자리에 가보니, 민정당 사무요원인 김 아무개(훗날 민주당 국회의원) 부부도 와 있었다. 술이 오르자 내가 김 아무개에게 왜 민정당에 들어가게 되었느냐고 그 동기를 물었다. 그랬더니 "제가 정치가가 되려고 하는데 그 꿈을 일단 신생 정당에서 활동하면서 키우려 했습니다"라고 대답했다. 나는 버럭

소리를 지르면서 나 혼자 떠들어댔다. 끝내는 아내가 나를 끌고 나오고 말았다.

이 일로 해서 하 선생 부인인 유민자 화가에게 인심을 잃게 되었다. 그분은 바로 민정당 중앙위원을 맡으면서 전두환과 함께 찍은 사진을 응접실에 걸어놓고 있었다. 나는 그 응접실에는 발을 들이지 않았다. 그 뒤로 하 선생도 나를 경계했다. 초등학교에 다니던 아들 녀석도 그때 내가 술주정을 했다고 생각했는지 "창피해. 아빠하고 같이 안 다닐래"라고 소리를 질렀다. 아들로부터 '생애 첫 도전'을 받은 것이다.

아치울에서 자라고 태어난 아이들

이 대목에서 우리 아이들 얘기를 잠깐 하자면, 아들 응일이는 이 동네에서 유치원을 다녔고 딸 응소는 이곳에서 태어났다. 이 아이들에게는 이 동네가 고향인 셈이다. 아내는 아침에만 승용차로 아이들을 태워 학교를 통학시켰고 퇴학길에는 버스를 타고 오게 했다. 나는 아들과 딸에게 학과 공부는 특별하게 가르쳐준 게 없었다. 공부를 잘하라고 잔소리를 한다든가, 숙제를 해준다든가 하는 일도 없었다. 아내는 마을이나 광장동에 있는 학원에 아이들을 보내기는 했으나 절대로 과도하게 시키지는 않았다. 다만 상급학교 입학을 앞두고는 일정 기간 논술과목 등 제한적으로 과외를 시키는 정도였다.

1982년 아치울에 정착해 아이들을 키우면서 어떤 상황에서도 때리지 않겠다는 게 내 신조였다. 나의 아버지는 훈육의 한 방법으로 매를 들었지만 시대가 다르니 내 교육방식은 달라야 한다고 여겼다. 그런데 아들(응일)을 때린 적이 한 번 있다. 아이가 초등학교 다닐 때였는데 더운 여름에 땀을 뻘뻘 흘리면서 대문을 들어서는 게 아닌가. 걸어오느라 그랬다기에 왜 버스를 타지 않고 그 먼 거리를 걸어왔느냐고 묻자, 하굣길에 어떤 아이가 돈을 달라고 해서 버스비를 털어주고 걸어왔다는 것이다. 그래서 나도 모르게 뺨을 때리고는 "동무에게 빌리거나 집에 전화를 하면 되지 않느냐"고 소리를 질렀다. 융통성이 없다고 여겨 화가 났던 것이다.

두 아이는 동네 아이들과 어울려 산으로 들로 개울로 신나게 뛰어다녔다. 그 모습을 볼 때면, 내 어릴 적 이리 고현정과 대둔산과 안면도에서 놀던 생각을 떠올리면서 '너희들이 크면 좋은 추억이 될 것이다'라고 생각했다. 나는 아이들에게 두어 가지를 일러주었다. 동네 어른들을 보면 꼭 인사할 것, 휴지 따위는 길에 버리지 말고 들고 와서 집이나 동네 쓰레기통에 버릴 것, 차를 타고 내릴 때나 길을 걸을 때 교통질서를 잘 지킬 것 등이다. 또 집에 손님이 찾아오면 일어나서 인사를 하고 돌아갈 때도 대문 앞까지 가서 '안녕히 가시라'고 인사하라고 일렀다.

아이들은 신통하게도 내 가르침을 잘 지켰다. 물론 훗날 더 얘기를 하겠지만, 애비를 닮아서인지 더러 가출을 해서 속을 끓이게 하는 했다. 아무튼 그래서 제 엄마는 빨래를 하다가 주머니에서 휴지조각을 찾아내기도 하고 가끔 세탁기에 그대로 돌렸다가 휴지를 빼내느라 불평을 하기도 했다. 인사를 잘하는 딸아이가 동네에 나가면 할머니들이 사탕이나 과자를 주면서 유달리 귀여워했고 칭찬을 아끼지 않았다. 이 동네는 자연 교육장이었고 더불어 사는 공동체였던 셈이다.

박완서 선생과 '아치울친목회' 공동회장 맡아

장모님은 자연환경이 좋은 이곳 우리집에 오는 걸 즐기셨다. 나는 늙은

사위 노릇을 잘하려면 장모님 마음을 편하게 하는 게 '장땡'이라고 여겼다. 그래서 사위 앞에서라도 편안하게 지내시라고 늘 당부하곤 했다. 장모님은 "자네 앞에서만 파자마를 입네"라고 말씀하시곤 했다. 마음을 놓는다는 뜻이 담겨 있었다. 장모님은 유복하게 자란 덕분인지 음식 솜씨가 아주 좋았다. 사람들이 식당을 차리면 손님이 들끓겠다고 농담을 걸면 웃곤 했다.

각설하고, 아치울에 차츰 이주민이 늘어나자 아랫마을 원주민들과 소통이 원활하지 못해 작은 갈등이 일어나기도 했다. 나는 '토박이'들과 잘 어울리는 편이었다. 틈이 나면 회갑잔치나 생일잔치에도 끼어서 대화를 나누었다.

1998년에는 오래전부터 나한테 한문을 배우러 다니던 박완서 선생이 아예 이 마을 주민으로 합류했다. 우리집에서 몇 집 건너에 집을 마련했다. 박 선생이 들어오자 '문화마을'이란 소문이 더 널리 퍼져 여러 차례 신문과 방송에 '문화예술인 마을, 주거 환경이 좋은 마을'로 소개되기도 했다.

동네 사람들은 원주민과 이주민의 화목을 다지고자 '아치울친목회'를 만들고 박 선생과 나를 공동회장으로 추대했다. 회비를 모으고 찬조를 받아 마을 앞 흐드러지게 핀 벚꽃나무 아래서 동네잔치를 벌였다. 그야말로 동네 주민이 한마당을 이루었다. 이게 우리 전통의 '두레 공동체' 삶이 아닐까? 나는 동네 주민 10~20명과 함께 휴일 아침이면 아차산 뒤편의 망우리 언덕에 있는 한용운·방정환·지석영 조봉암 선생의 묘소를 답사하기도 하고 동구릉의 건원릉 등을 둘러보고 아차산 일대의 고구려 유적지를 찾기도 했다.

아치울의 생활은 나를 전두환 정권의 압박감에서 다소나마 벗어날 수 있게 해주었다. 친구들도 가족을 데리고 자주 찾아왔다. 《뿌리깊은나무》에 근무하던 설호정·김철 부부와 김형윤 주간도 틈틈이 놀러 왔다. 원고를 청탁하러 오는 잡지사 기자와 프로그램 제작을 하려는 방송사 관계자들도 찾아

1998년 아치울로 입주한 소설가 박완서 선생과 함께 마을 친목회장으로 추대된 내가 2006년 동네 어귀 벚꽃나무 아래서 주민들과 잔치를 벌이고 있다. 해마다 성황을 이룬 이 마을의 친목행사는 구리시에서 모범사례로 꼽혀 지원을 받기도 했다.

왔다. 1986년 내가 역사문제연구소 설립에 참여한 뒤로는 손님이 더 많아졌다. 아내는 밥을 하고 안주를 장만해 손님들을 접대하느라 정신이 없었다.

어느 날 친구 황승우는 우리집에 왔다가 타고 다니던 '브리사' 승용차를 주고 갔다. 자신은 수도하러 산에 들어가니 차가 필요치 않다면서, 시내 나다닐 때나 아이들 학교 오갈 때 태워주라고 당부했다. 그래서 아내가 운전을 배워 교통의 불편을 덜게 되었다. 비록 전원생활이라기에는 번잡했지만 이만하면 살 만하지 않은가. 그래서 아치울에서 25년 동안 살았다.

성심여대에서 강의하며 젊은 한국사 연구자들과 교류

아치울에 정착한 1982년 가을 무렵 안병욱 교수가 성심여대 국사학과에 출강해달라는 부탁을 해왔다. '한국사상사' 과목을 맡을 사람이 없으니 불편하겠지만 나와달라고 정중하게 요청했다. 내가 북벌론이나 척사위정론 등의 논문에서 유교사상과 관련된 주제를 다루었기 때문에 이 강좌를 맡긴 것이다. 나는 좋다고 동의했다. 강의를 하게 되면 무엇보다 젊은 국사 연구자들과 어울릴 수 있다는 점이 마음을 끌었다.

당시 아치울은 성심여대가 있는 부천의 역곡과는 반대편에 자리 잡고 있었다. 아치울에서 버스를 타고 강변역에서 전철로 갈아타고 신도림역에서 환승해 역곡역에 내려 다시 택시를 타는 코스였다. 가는 시간이 오래 걸리기도 했지만 아주 불편했다. 하지만 학교에 도착하면 즐거웠다. 마침 국사학과에는 선임자인 유승원·이순근 교수가 있었고 이어 안병욱·박종기 교수가 있었다.

나는 한국사상사를 강의하면서 흔히 하듯 유교 중심으로 하지 않고 불교, 도교 그리고 신흥종교의 사상까지 포괄했다. 청강생이 모두 3학년 이상 여학생이었는데 재미하고는 거리가 먼 강의인데도 진지하게 들어주었다. 그러니까 인기가 없는 편은 아니었다. 한 학기를 마치고 나면 최소한 한국 사상의 기본 흐름 정도는 알려줄 수 있었다.

내 나름의 두어 가지 수업 원칙도 지켰다. 우선 출석을 철저하게 점검했다. 당시 교내에서 학생 시위가 끊이지 않았는데 이것도 점검하는 꼴이 되었다. 다음으로 시험지를 철저하게 다루었다. 나는 절대평가를 선호했지만 학과에서는 상대평가를 하되, 에프 학점(낙제)만은 심사숙고해달라고 요구했다. 하지만 나는 일정 비율로 에프 학점을 주었다.

그때 학생회 간부 등 운동권 학생들은 강의에 출석도 거의 하지 않았고 시험도 보지 않았다. 내 강의에서 에프 학점을 면할 수 있는 방법은 두 가지 정도였다. 하나는, 일정한 비율로 출석하는 것, 그리고 나머지 하나는, 일단

시험을 치르고 답안지에 자기 감상이나 혹은 왜 강의에 빠졌는지 정도만이라도 적는 것. 이 정도만 해줘도 에프 학점은 주지 않았다. 그러나 시험지에 이름만 써놓을 때는 에프 학점을 주는 게 내 원칙이었다.

10여 년 동안 이 원칙을 끝까지 지켜서 당사자인 학생들로부터 비난을 받았고 교수들로부터는 너무 '깐깐'하다는 평판도 들었다. 그때마다 나는 "민주운동 한다는 것만으로도 영광스러운데 학교 성적까지 좋다면 오히려 명예가 되지 않는다. 성적이 나빠야 정상이다"라고 말해주었다. 이 변명이 옳을까?

또 한 가지, 성심여대 국사학과에서는 학생들에게 '교수님' 대신 '선생님'으로 부르게 했다. 교수는 직책이지 스승을 부르는 호칭이 아니라는 뜻에서 이렇게 부르게 한 것이다. 물론 교수들 중에는 학생들이 선생님이라고 부르면 "내가 고등학교 선생이냐?"고 퉁명스레 쏘아붙이며 못마땅해하는 이들도 있었다. 대학교수를 교수님이라 불러야 한다면 초등·중등 교사들에게는 '교사님'이라 불러야 하지 않겠는가? 당연히 '선생님'이라고 부르는 게 바른 호칭이었다. 나는 이런 점에서도 호감이 갔다.

내 강의 시간은 오후에 배정되어 있어서 강의가 끝나고 나면 바둑을 좋아하는 유승원 교수와 한판을 겨룬 다음 역곡역 근처로 나와 저녁밥과 술을 마시면서 환담을 나누는 재미도 쏠쏠했다. 또 강사로 유홍준과 서중석 교수도 같은 날 강의를 나와 자연스레 어울릴 수 있었다. 유 교수는 한 번도 빠지지 않고 우리 늙은 강사들을 접대했다. 그래서 강사들 사이에서는 유 교수를 '전담 술상무'라는 애칭으로 부르기도 했다.

사실, 저녁 술자리에서 환담이 벌어지면 나 혼자 떠들다시피 했다. 유승원 교수는 가끔 말을 했지만 과묵한 편이었다. 그런데 내게 견제구를 넣는

경기도 구리 아치울의 집에 있던 서재. 공간이 좁아 '한국사' 관련 책 1만여 권을 도서관처럼 책꽂이를 줄로 세워 정리해놓았다. 1980~90년대 인터넷이 없던 시절 내가 성심여대 등에서 강사 노릇을 할 때 도서관에 가는 불편을 덜어준 소중한 자산들이다.

사람은 유일하다고 말해도 좋을 정도로 늘 안병욱 교수였다. 내가 불쾌해져서 떠들기 시작하면 안 교수가 곧 가로막고 나섰다. 한번은 안 교수가 다른 자리에서 "이이화를 견제하는 사람은 나뿐이다"라고 뽐냈다는 얘기가 들려왔다. 하지만 나는 그런 소리를 듣고도 기분이 나쁘거나 화를 낼 수가 없어 웃어버렸다. 나는 이 문제에 관해서만은 개선의 여지가 없기 때문이다.

표절 답안지엔 어김없이 에프 학점, 원칙 어긴 적 없어

1984년 성심여대에 출강하던 어느 날, 새로 출간된 내 책 『역사와 민중』(어문각 펴냄)을 가방에 여러 권 넣고 신도림역에서 전철을 갈아타려고 가는데 사복경찰이 부르더니 전철역사 한쪽에 있는 방으로 데리고 갔다. 그는 내 책을 꺼내 들고 트집을 잡기 시작했다. 그 책에는 그동안 여러 곳에 쓴 글을 모아놓았는데, 일제 시기의 소작쟁의·노동쟁의·노동야학·형평운동 등을 다룬 글이 포함되어 있었다. 글의 제목만 보고 그는 불온서적이라고 우겨댔다. 그러면서 몇 군데에 전화를 걸어 내 저작물이 금서목록에 포함되어 있다는 사실도 알아냈다. 그때 잠깐이지만 내 첫 책 『허균의 생각』과 『홍남순 회갑논문집』에 쓴 글 등 몇 편의 논문이 금서로 묶여 있었다.

나는 책상을 발로 차고 소리를 지르며 항의했다. 한번 흥분하면 자제하지 못하는 내 성격이 폭발한 것이다. 그는 결국 나를 풀어주었다. 학교에 와서 강의에 늦은 사연을 얘기했더니 다른 교수들도 분노했다.

10여 년 동안 대학에 출강하면서 소장 학자들로부터 배운 점이 많았다. 그들은 모두 서울대 국사학과 출신이었으나 흔히 말하는 '이병도 사학의 아류'에 드는 차세대가 아니었다. 현실 문제와 역사의식을 공유하는 진보적 학자들이었다고 할까.

출강 때 얘기를 하나 더 해보자. 서강대 최재현 교수(사회학과 · 1991년 작고)가 서강대에 출강해달라고 요청했다. 정치학과 · 사회학과 · 사학과 등 사회과학 전공 학생을 대상으로 한국 근대사를 통합강의 형식으로 한다고 했다. 개강하는 날, 마침 최 교수는 나오지 않았다. 인사를 하려고 학과 사무실에 들어가 보니 교수들이 없어서 당시 학과장 연구실로 찾아갔다. 외국인인 학과장은 가방을 든 나를 힐끗 보더니 다짜고짜 "나 책 안 사요"라고 말하고 돌아앉았다. 나는 '아뿔싸, 실수했구나' 싶었다.

강의실에 들어가니 학생들이 100여 명쯤 빼곡하게 앉아 있었다. 나중에 들으니 외래강사의 수업으로는 처음으로 수강생이 그렇게 많았다고 한다. 너무 시간이 걸릴 것 같아 출석은 부르지 않기로 하고(뒤에 들으니 자동으로 출석이 체크되었다 한다), 근대사 강의 순서와 참고 목록을 적어준 뒤 신이 나서 열강을 했다. 그런데 한 학기를 다 마치는 동안 최 교수밖에는 말을 섞은 교수도 없었고, 안면을 트는 회식 자리도 한번 없었다.

　문제는 다른 곳에서 불거졌다. 첫 시험을 보고 나서 채점을 하는데, 어찌 된 노릇인지 잘 쓴 답안지일수록 기존 논문을 표절했다. 또 나중에 낸 보고서는 거의 신용하 교수 등의 논문을 그대로 옮겨놓았다. 그래서 그런 답안지는 모두 에프(F)로 처리했다. 그랬더니 '난리'가 났다. 최 교수는 내게 조금 사정을 하다가 통하지 않자 당사자인 학생들에게 청탁을 넣든 알아서 해결하라고 했다 한다. 해당 학생들은 내가 만나주지도 않자 집으로 뻔질나게 전화를 해대면서 "삼성에 취업을 하는데 에프 학점 성적표를 내면 들어갈 수 없다"는 따위의 말을 하면서 통사정을 했다. 하지만 나는 "답안지부터 표절을 하면 사회활동을 하면서 무슨 짓을 하겠냐"라고 타이르면서 고쳐줄 수 없다고 단호하게 거절했다. 훗날 들으니 최 교수가 적당히 처리했다고 한다. 그다음 학기에는 인기 정도나 강의 내용을 따질 것 없이 강의 요청이 들어오지 않았다. 성심여대와 너무나 대조적이지 않은가.

　뒷날 서원대에서 석좌교수로 2년 동안 강의할 때에도 이런 내 원칙은 변함이 없었다. 다만 학생들 수준을 고려해 강의를 쉽게 하고 문제도 단순하게 내주었을 뿐이다. 물론 서원대에서도 처음에는 많은 학생들이 몰려들었으나 나중엔 학점이 짜다는 평판을 들었다.

　가끔 박사논문 심사에 초빙되거나 문교부 연구 프로젝트를 심사하는 자리에서도 이런 내 태도 때문에 동료들이 골치를 앓았다. 나는 지금도 책이나 논문에서 표절 문제가 나오면 흥분해 마지않는다. 표절은 교수로서, 학자로서 가장 기본 덕목을 저버리는 행위 아닌가? 고위 관료들은 왜 출세를 위해 남의 글을 베껴 내는가? 나는 관리들이 부정을 저지르거나 아부를 일삼는 것보다 표절하는 행위를 더욱 나쁘게 여긴다. 또 물건을 도둑질하는 것보다 더 악질인 도둑이라고 치부한다.

　그런가 하면 박사논문이나 저술 또는 자서전마저 돈을 주고 사서 내는 부류들이 있다. 이른바 대필이다. 이는 표절보다 더 비양심적인 행위라고 본다. 이런 자들이 우리 사회에는 너무나 많이 널려 있을 뿐만 아니라 떡하니 지도자의 자리를 차지하고 있다.

'한문서당' 열어 수강생들과 교류하다

　이야기를 1970년대 후반으로 잠시 거슬러 올라가 보자. 그때부터 지금까지 끈끈한 인연을 맺고 있는 그룹이 있다. 바로 한문서당 팀이다.

　내가 서울대 규장각에서 해제 작업을 하던 시절 이화여대 진덕규 교수가 정외과 대학원생 제자들에게 '한국 정치사 관련 논문을 쓰려면 우리 원전을 읽어야 한다'며 나를 한문 선생으로 추천했다. 그래서 이화여대생 10여 명이 1주일에 한 번씩 서울 화곡동 우리집으로 와서 한문 원전 공부를 시작했다. 이승희(민주당 국회의원)·이희주(서경대 교수)·조현옥(이화여대 교수) 등이 초창기 수강생이다. 그러자 연세대 대학원생들도 소문을 듣고 따라왔는데 황원권(번역가)·우윤(전주역사박물관 관장·작고)·황주홍(강진군수)·정명철(경제학자)·오영석(동국대 교수)·홍기훈(국회의원) 등이 합류했다. 또 소설가 박완서 선생도 뒤늦게 왔다. 좁은 집이 이들로 북적거렸다. 두어 시간 강의가 끝나면 이들과 즐겁게 대화를 나누었다.

　뒤이어 박현서 교수의 추천으로 한양대 대학원생들의 한문 강의도 맡았다. 여기에는 강진갑(경기문화재단 실장)·이균영(동덕여대 교수·작고)·이석규(한양대 교수) 등이 참석했다. 한양대 팀은 잠실의 아파트와 한양대 강의실을 오가며 공부를 했다.

1982년 구리 아치울로 이사를 간 뒤에도 수강생들을 집으로 오게 했다. 당시는 광장동에서 구리 시내로 가는 길이 좁고 포장도 안 돼 몹시 불편했는데도 모두들 열성으로 찾아와줬다. 아치울 그룹서당에는 앞의 연세대 대학원생들과 별도로 같은 연세대 대학원생인 김철(연대 교수), 화곡동에서 배웠던 이화여대 대학원생 박신영·이희주(서경대 교수), 서강대 대학원생 한규무(광주대 교수), 성신여대생 박은숙(교사)·이미실(민추 국역위원)과 박완서 선생, 김점선 화가 등이 드나들었다. 조금 잡다해졌지만 개성들이 강했다.

　아치울 서당에서는 강의 교재로 경서도 포함시켰지만『통감(通鑑)』『동사강목(東史綱目)』『삼정책(三政策)』등 역사책과 우리 사료들을 선택했다. 토요일 강의가 끝난 뒤에는 어김없이 뒤풀이 술판이 벌어졌다. 강의하던 탁자는 식탁과 술상으로 바뀌었다. 그 자리에서는 시국도 성토하고 학문도 논하고 신상 얘기도 하며 시간 가는 줄 몰랐다. 박완서 선생도 끝까지 자리를 뜨지 않고 젊은이들과 대화를 나누었다.

　앞서 얘기한 동네잔치 같은 때는 언론 통제가 심하던 시절이라 민감한 시국 얘기는 조심할 필요도 없지 않았지만, 서당 학생들과의 술자리에서는 자연스레 세간에 떠도는 정보들이 쏟아졌다. 이 얘기들을 다 모으면 두툼한 책 한 권이 되고도 남았을 것이다. 마침 우리집 뒤에는 담 하나를 사이에 두고 잡화를 파는 가게가 있었는데, 담 위에 종을 달아놓고 한 번 치면 맥주 한 병, 다섯 번 치면 맥주 다섯 병을 건네주곤 했다.

　유머러스한 연설로도 이름난 한승헌 변호사는 2001년 내가 단재상을 받을 때 축사를 하면서 "그 한문서당에서는 공부가 끝나고 나면 반드시 술을 주신다는 것이었습니다. 그러니까 내 아들이 매번 '장학주'를 마시고 오느라고 귀가 시간이 늦어진 것이었습니다"(한승헌, 『스피치의 현장』 중에서)라고 말해 좌중을 웃기기도 했다. 한문서당 수강생 한규무가 바로 한 변호사의 아들이었다.

나는 이들과 때때로 날을 잡아 경기도 일대의 실학파들, 곧 안산의 성호 이익 유적이나 남양주 마재의 다산 정약용 유적 등을 답사했고 남한산성에도 올랐다. 차츰 답사 지역을 넓혀 동학농민전쟁이나 삼남농민봉기 지역, 지리산 등지로 답사를 다니기도 했다. 1979년 미국에서 박사학위를 받고 돌아온 조한혜정(연세대 문화인류학과 교수)도 가끔 답사 대열에 끼었다. 조한혜정 교수는 아주 학구적이어서 우리집에 자주 드나들면서 한국의 전통이나 풍습에 대해 물었다.

이 대목에서 한 가지 말해둘 것은 이들이 모두 남들이 말하는 '이이화 사단'이 아니라는 것이다. 이들이 모두 나를 추종한 것도 결코 아니었다. 그저 한문 선생 정도로 보기도 했고 아는 것이 많아 보여 재미삼아 참석하는 이들도 있었다. 사실 민중 역사를 연구하고 새로운 학문을 탐구하려는 수강생은 적었다고 말해야 정확할 것이다. 물론 그들 속에 우윤 등 몇몇은 훗날 역사문제연구소 학술 활동에 동참하면서 끝까지 동지적 관계를 맺었다.

대중들과 함께 호흡한 역사기행·역사강좌

1982년 구리 아치울에 정착해 글쟁이로 지낸 10여 년간 유유자적한 것만은 아니다. 글 쓰는 틈틈이 기행도 다니고 강연도 하느라 바빴다. 무엇보다 이종욱·김언호와 특별한 인연을 맺었다.

1970년대 초중반 동아일보사 출판부에서 일할 때 친분을 쌓은 이종욱 기자가 1982년 창간된 월간잡지 《한국인》의 주간을 맡았다. 그는 나를 고정 필자로 삼아 한국사 관련 글을 꾸준히 연재하게 해주었다. 내 글이 독자들에게 호응이 제법 높고, 글만 써서 먹고살아야 하는 나에 대한 동정심도 작용한 듯싶다. 이 잡지는 문고판 형식에 쉽고 재미있는 내용으로 채워서 《샘터》와 함께 당시 인기를 끌었다.

그 즈음 대우에서도 사외 홍보지로 《삶과 꿈》을 월간으로 냈다. 여기에는 《경향신문》 해직기자 출신인 윤덕한이 이사로, 같은 해직기자로 1988년 《한겨레》 창간에 참여한 이유환이 편집기자로 있었다. 두 사람은 내게 연재를 의뢰하고 원고료를 최고 수준으로 책정해주었다. 나는 근대사 중심으로 인물 약전을 썼다. 이 잡지는 몇 만 부 단위로 찍어서 전국에 무료로 배포한 덕분에 많은 독자를 확보할 수 있었다.

《월간조선》 등 다른 잡지에도 많은 글을 썼으나 몇 군데 청탁은 거절했다. 당시 정부 지원으로 발행하던 잡지 《정화》와 《새마을》에서도 종종 청탁이 왔지만 나는 한 번도 원고 청탁에 응하지 않았다. 전두환 정권을 돕는 홍보지에는 결단코 글을 쓰지 않았던 것이다. 이는 검인정 고교 교과서 『한문』에 '유신'이라는 단어를 넣지 않은 의지와 마찬가지로 내 나름의 신념이었다.

한길역사기행에서 '지리산 저항사' 강의하며 기행 이끌어

《동아일보》해직기자 출신 김언호가 창립한 출판사인 한길사와는 역사기행으로 첫 인연을 맺게 됐다. 1976년 은평구 불광동에서 출발한 한길사는 1979년 『해방 전후사의 인식』 등을 펴내 현대사에 목말라 있던 독자들의 큰 호응을 받았다. 덕분에 영업이 잘되어서 안암동에 사옥도 마련한 한길사는 그 시절 책 출판 말고도 여러 가지 '돈 안 되는' 사업도 의욕적으로 벌였다. 사회과학 또는 역사 대중화를 표방하고 정기적으로 시민강좌를 개설하고 역사기행을 다녔으며 민주화운동 관련 세미나 또는 학술 모임도 꾸렸다.

특히 나는 1985년 8월에 시작해 50여 회 진행된 한길역사기행에 자주 불려나갔다. 기행은 봉건시대나 식민지시대 민중 저항의 유적지를 중심으로 전개했다. 평민 의병장으로 이름이 높았던 신돌석의 유적지인 영덕·영해 일대를 비롯해 주로 호남의 들판이나 영남의 산악지대가 답사 대상이었다. 기행에는 송건호·리영희·고은·송기숙·박현채 등이 자주 강사로 나섰고 이철(전 국회의원)·한정숙(당시 서울대 강사) 등이 자주 동행했다. 때로는 버스 2대를 꽉꽉 채울 정도로 참여자가 많았는데, 현지에 도착하면 경찰이 미리 나와 우리를 점검하며 감시하기도 했다.

지리산 기행이 여러모로 의미가 깊었는데, 그중에서도 1986년 5월의 기

1985년 봄부터 시작된 한길사의 역사기행에서 최다 강사로 활약한 내가 어느 해 여름 경남 산청군 시천면 덕천서원 답사에서 조선 전기 지리산의 터줏대감으로 불리던 남명 조식에 대해 설명하고 있다. 맨오른쪽 김언호 한길사 대표의 모습도 보인다. 김언호, 『책의 공화국에서』(한길사·2009) 중에서

행은 내게 특히 인상이 깊었다. 화엄사에서 피아골로 올라가는 여정이었고 강사로는 송기숙·박현채 그리고 내가 참여했다. 김 사장은 1997년 펴낸 『책의 탄생』에서 "이이화 선생과 박현채 선생의 지리산 강의는 정말 듣기 힘든 명강의로 기록될 것이다. 두 분은 강의 준비를 치밀하게 해와 우리를 풍요롭게 해주었다"고 썼다. 특히 내 강의 주제인 '지리산의 정신사와 저항사'에 대해서 높이 평가했는데 좀 길지만 그 한 대목을 인용해보면 이렇다.

지리산은 참으로 많은 얘기를 담고 있다. 그 수많은 얘기를 우리의 작은 머리로 어찌 다 알아낼 수 있으랴. 더욱이 그 숨은 얘기에 대한 기록이

거의 없고, 기록해둔 것이라도 무수한 일들을 겪으면서 불에 타거나 휴지로 버려졌기에 우리를 안타깝게 한다. (……) 아무튼 이 산은 많은 것을 지니고 있다. 여느 경우도 그렇지만 특히 지리산 속의 절들은 보존된 것이 거의 없다. 저항세력이 절을 거점으로 삼았기에 관군이나 일본군에 의해 절이 불질러졌던 것이다. 그리하여 타지 않은 석탑 같은 것만이 남아 있었던 것이다. 그중에서도 연곡사는 일만 만나면 불 속에서 연기로 사라졌다. 승려들도 저항세력에 끼어들거나 협조를 하였기에 많은 핍박을 받아야 했다. 이곳 산사람들의 성분은 네 가지로 나눌 수 있겠다. 곧 세상을 피해 들어온 화전민 같은 사람들, 세상에 맞서 약탈을 일삼는 산적들, 봉건체제와 일제 침략에 저항한 변혁세력과 민족투쟁세력들, 끝으로 민족해방을 내걸고 인공 세상을 만들겠다는 빨치산들. 지리산은 이들의 생활터전이었고 거점이었고 그리고 안식처였다.

그때 나는 이런 전제를 깔고 과거에서 현재까지 지리산의 여러 얘기를 담아냈다. 청중들도 아주 진지했다.

제지리산혼령문(祭智異山魂靈文)

김언호 사장은 1985년 봄부터 시작된 한길사의 역사기행에서 내가 최다 출연 강사로 활약했다고 말한다. 그런 것 같기도 하다.

1987년 5월의 지리산 한길역사기행에는 70여 명이 참가했는데 경상대 정진상 교수가 산행을 안내했다. 경남 산청에서 천왕봉으로 올라 백무동에서 잠자리를 잡았다. 산을 올라가면서 내 옆에서 함께 걷던 이은성 작가가 『소설 동의보감』의 원고를 한번 검토해달라고 부탁했다. 이분은 딱히 학력이 없는 작가여서 내 관심을 끌었다. 그런데 그가 기행에서 돌아온 뒤 얼마 되지 않아 세상을 떠나는 바람에 그 초고를 검토하지 못했다. 그나마 책이 출간돼 베스트셀러를 기록해 다행스러웠다.

　백무동에서 나와 고은 선생이 강의를 했다. 그런데 그날 밤 뒤풀이 자리에서 내가 기어코 실수를 저지르고 말았다. 마침 옆자리에 앉은 이철이 연달아 막걸리를 부어주어 산의 정취와 함께 취해 소리를 질러대기 시작한 것이다. 특히 선배인 박현채 선생에게 대들면서 "나는 서자야"라고 연달아 외쳤다. 그러자 박 선배가 괄괄한 성미대로 나를 안아들고 개울에 던지는 시늉을 했고 젊은 단골 참여자들이 밑에서 받으려는 시늉도 했던 모양이다. 이튿날 아침 술이 깨서 나가자, 고은 선생은 늘 하는 대로 웃으면서 위로해주었고, 박 선배도 내가 사과를 하자 흔쾌하게 받아주었다. 하지만 친분이 두터운 윤구병과 김철은 "무슨 짓이냐"며 나를 나무랐다. 이제 와 생각해보면 이런 얘기도 추억거리가 되는 것 같다.

　김언호 사장은 기행 때 과일과 술 등 간단한 제수를 준비해와서 지리산 혼령을 위로하는 제사를 지냈다. 그의 부탁으로 내가 제문을 준비했다. 제문의 제목은 전통 방식대로 '제지리산혼령문(祭智異山魂靈文)'이라 붙였는데 앞에서 말한 내 기행 주제 '지리산의 정신사와 저항사'의 내용을 토대로 해서, 운문을 섞은 제문 형식을 따른 문장으로 꾸몄다. 200자 원고지 30장이 넘는 분량이었는데 마지막 구절은 이랬다. "오늘 이 백면서생은 목소리를 낮추어 여러 혼령께 작은 위안을 드립니다. 그리고 옷깃을 여미고 경건한 마음으로 소소감응(昭昭感應)을 비옵나이다. 우리 이웃과 이웃, 친구가 오순도순 흉금을 헤치고 즐겁게 사는 사회를 만들어주소서. 저 압제를 일삼는 자들을 황급히 잡아가 염라대왕 앞에 무릎을 꿇리소서. 그리고 지금 우리 후인들은 민족분단이라는 엄청난 민족 비극을 겪고 있으니 통일을 이룩해주소서"(김언호, 『책의 탄생』 참조).

그때 내가 제법 구슬프게 제문을 읽는 바람에 눈물을 글썽이는 이들도 있었다고 한다. 훗날 서울대 김진균 교수는 내게 서울대 답사반이 지리산 기행을 하면서 낸 자료집에 이 제문도 실려 있다고 일러주면서 "이 선생, 참 묘한 사람이야"라고 말했다. 이게 칭찬에 인색한 김 교수의 덕담이었다.

역사기행에서 얻어들은 이병도에 얽힌 얘기

여기에서 빼놓을 수 없는 얘기가 있다. 《동아일보》 기자 출신이요 시인인 이정오 선배는 열심히 역사기행에 따라다니면서 나와 많은 대화를 나누었다. 그는 익산 언저리가 고향인데 고향 사람들에게 들은 말을 나에게 전해주었다. 이완용의 증손자인 이석형이 익산군 낭산면 낭산리 선인봉에 있는 이완용 부부의 묘를 이장했는데, 해방 뒤 익산 일대의 초등학교 어린이들이 널찍한 이완용의 묘소로 소풍을 가서는 무덤 등에 올라 발을 구르면서 "매국노 놈, 뒈져라"라고 떠들었다고 한다. 그래서 이석형이 무덤을 없애고 화장을 했다는 것이다.

화장을 하면서 관을 덮었던 비단 명정이 전혀 손상되지 않고 남아서, 동네에서 동원된 일꾼이 불에 태우지 않고 몰래 숨겨 원광대박물관에 돈을 받고 팔아먹었다. 그 명정에는 흔히 벼슬 이름을 쓰는 게 관례인데 학부대신, 총리대신 따위의 대한제국 직위를 쓰지 않고 조선총독부에서 받은 '중추원부의장이위대훈위후작이공지구(中樞院副議長二位大勳位侯爵李公之柩)'라 쓰여 있었다. 원광대박물관장인 박순호는 이 명정이 자료 가치가 있다고 판단해서 박물관에 전시를 했고, 이병도가 서울대에서 정년퇴직을 한 뒤 제자인 박순호의 부탁을 받아 원광대에 출강하면서 이 명정을 발견하고 박순호에게 부탁해 가져가면서 가문의 수치라고 말했다 하며, 또 "매국노의 관 뚜껑을 박물관에 전시하는 것에 반대한다"고도 말했다는 것이다. 이 명정을 동숭동 서울대 교수 관사에서 태울 적에 냄새가 하도 고약해서 이웃들도 알아차리게 되었다고도 한다.

　이 얘기는 이완용의 생질이요 비서였던 김명수가 이완용이 죽은 뒤인 1927년에 엮은 『일당기사(一堂紀事)』의 내용과 부합된다. 곧 무덤이 있는 곳, 명정에 쓰인 문구 등이 맞아떨어졌다. 하지만 이 얘기는 《시사IN》의 정희상 기자가 쓴 『대한민국의 함정』(은행나무·2005)의 "이완용-관 뚜껑의 행방"에 기재된 내용과는 약간 달랐지만 기본 줄거리는 같았다. 무덤을 없앤 것 등 앞뒤 정황으로 보아 사실이 크게 다르지 않은 것 같다. 또 윤덕한이 쓴 『이완용평전』(중심·1999)에도 폐묘된 시기를 1979년이라 밝히고, 그 뒤 묘 자리에는 남의 무덤이 들어섰고 주변은 채석장으로 바뀌었다는 얘기를 간단하게 언급하고 있다.

　그런가 하면 성균관대 이운구 교수는 이완용과 본관이 같은 우봉 이씨인데, 어느 날 이 교수가 동료인 성대경 교수와 함께 있는 자리에서 이완용에 얽힌 얘기를 털어놓았다. 이병도의 맏형인 이병묵이 가까운 일가가 되는 이완용의 마름이 되어 재산을 관리했는데 많은 이권을 챙겨 윤택한 생활을 했다고 한다. 이병묵과 이완용은 촌수가 가까웠다고도 했다. 이런 집안 연줄 탓인지 이병도는 일급 친일파인 민영휘의 증손자를 사위로 맞이했으며 친일파 윤치영과도 혼맥을 이었다. 역사학자 이병도는 실증적·객관적으로 역사를 서술한다고 했는데 이런 행동을 보이고도 역사학자의 기본 자질이 있다고 말할 수 있을지 혼란스러웠다.

나는 학교 다닐 때 이병도가 쓴 교과서로 역사를 배웠고 고시 공부할 때는 그의 저술인 『국사대관』을 독파했으며, 역사를 공부하면서도 그의 저술을 열심히 읽었다. 어디 그뿐인가. 『한국 고전 백선』의 일을 볼 때는 잠시 만난 적도 있었고, 민추의 국역연수원에 입학할 때는 민추의 이사로 참여한 그의 축사를 듣기도 했는데, 이런 사건으로 그를 다시 보게 되었다.

광해군 · 신돌석 등 한국사 아웃사이더 재해석 '인기'

한편 한길사는 역사기행과 함께 안암동 사옥에 공부방을 만들어 역사강좌를 열었고 학술 세미나도 열었다. 1986년 8월 10~12일에는 2박3일에 걸쳐 '학문과 사상의 민주화'라는 주제로 경북 안동의 병산서원에서 대규모 학술토론회를 벌였다. 아마도 6월 항쟁의 열기가 아직 가시지 않은 덕분이었는지 교수 · 문인 · 운동권 인사 등 80여 명이 참가해 성황을 이뤘다.

참가자의 면면을 보면, 송건호 · 이효재 · 김낙중 · 리영희 · 박현채 · 고은 · 강만길 · 김진균 · 백낙청 · 조정래 · 박태순 · 임헌영 · 박석무 등 원로와 중견층, 유초하 · 박호성 · 한정숙 등 소장층으로 각계 인사가 망라되어 있었다. 이들은 전공에 따라 세션을 나누어 토론을 벌였다. 나는 한 교수가 진행을 맡은 '통일반'에 들었다. 몇 사람이 통일이 곧 올 것이라는 주장을 폈으나 나는 적어도 우리 세대에는 통일을 볼 수 없을 것이라고 예견했다.

뒤풀이는 냇가 모래밭에서 했는데 모닥불을 켜놓고 즐겁게 술잔을 기울였다. 참가자들은 흥에 겨워 춤도 추고 노래도 부르고 소리도 질러댔다. 열기가 밤공기를 가득 메웠다. 밤이 깊어 병산서원 숙소에 돌아온 뒤에도 다시 술판이 벌어졌는데 기어코 사달이 나고 말았다. 처음에는 박태순과 조정래 사이에 언쟁이 벌어지더니 패로 갈라져 소리가 높아졌다. 이런 일은 문

영남 동해안 일대에서 '태백산 호랑이'로 불렸던 평민 의병장 신돌석의 유적비 옆에 섰다. 경북 영덕군 축산면 도곡동 신돌석 생가 앞에 있다. 1985년 여름부터 한길사에서 주관한 역사기행 강사로 나서 역사 인물 발굴을 위해 전국을 누비던 시절이다.

인들 사이에 흔히 벌어지는 풍경이요, 독재정권 아래에서 쌓인 불만을 풀어보려는 '자기 카타르시스'이기도 했다.

역사 강좌는 1985년 7월부터 열렸다. 나는 민중의식이나 민중봉기와 같은 주제를 내걸고 이 강좌에 나섰다. 서울 안암동 한길사 사옥의 좁은 강의실에는 늘 30~40명 정도의 청중이 꽉 들어찼다. 당시 시대를 고민하는 인사들이 몰려왔다고 말할 수 있는데, 윤영전(소설가·민주운동가)을 비롯한 청년층과 조한혜정 같은 소장 학자들이 단골 청중이었다. 강의가 끝나면 버릇처럼 맥줏집에서 뒤풀이를 하며 떠들어댔다. 모두 정열이 넘쳤던 시절이었다. 그 연장선에서 1986년 역사문제연구소가 발족한 뒤에는 자연스레 그 중심이 옮겨갔다.

그러는 사이 제법 책도 활발하게 펴냈다. 첫 책인 『허균의 생각』으로 유명세를 탄 덕분에 독자가 많이 생겼다. 《월간중앙》에 연재한 '한국의 파벌'도 1983년 어문각에서 출간했다. 월간지 《한국인》 등에 쓴 글을 모아 『역사와 민중』(어문각·1984), 『한국민중의 삶과 저항의 역사』(한길사·1986)도 냈다. 또 《삶과 꿈》 등에 연재한 인물 약전을 모아 『한국 근대인물의 해명』(학민사·1985), 『인물 한국사』(한길사·1988), 『역사인물 이야기』(역사비평사·1989) 등을 연달아 냈다. 『한문 1』이 고교 검인정 교과서로 채택된 뒤 우리식 한문 문법책을 내라는 요청을 받고 『한문강좌』(한길사·1988)도 냈다. 이 책은 한문 문법을 영어와 비교해놓았고 예문으로 신채호의 「조선혁명선언」 등 논설과 『춘향전』 등 한국의 작품을 인용했다. 그런 아이디어 덕분인지 1980년대까지 내 저술 중에서 가장 많이 팔린 책으로 기록되었다.

그러나 문제도 많았다. 여러 매체에 쓴 글을 모아 책으로 묶다 보니 체계가 잡히지 않았고 흐름도 일관되지 못했다. 분량도 정해진 기준이 있을 리 없었다. 하지만 이들 저술에는 발굴의 성격이 강한 주제와 내용이 많았다. 이미 알려진 역사 사건이라도 기존의 내용을 답습하지 않고 새로운 해석을 가했다. 특히 지리산이나 구월산 일대를 무대로 했던 변혁세력의 활동을 새롭게 조명했다. 또 인물사에서는 흔히 역적으로 알려진 인물들을 재평가했는데, 광해군·강홍립·정여립·정인홍 등 임금이나 벼슬아치들, 홍길동·임꺽정·장길산 등 의적 또는 이필제·전봉준 등 동학세력들, 신돌석·장지필 등 평민 의병장이나 백정 인권운동을 벌인 기층민중세력들이었다. 이들은 이전까지 한국사에 '아웃사이더'로 다루어져 왔었다.

사실 우리나라 독자들은 자기네 조상이든 사돈네 팔촌이든 인물에 관심이 많다. 잡지에서도 인물 얘기를 써달라는 청탁이 많았다. 나는 인물의 흔적을 찾아 전국을 돌아다녔다.

또 기존의 서술들이 사실과 다른 사례가 많았다. 역적으로 몰려 죽은 정여립과 정개청·정인홍만 해도, 민간 전설은 풍부하게 남아 있었으나 기록된 사실과 어긋난 내용이 많았다. 의병 활동을 가장 빛나게 전개한 신돌석에 대해서도 사실과 다른 내용이 적지 않다. 예를 들어 "신돌석은 머슴 출신의 상놈 의병장"이라고 되어 있지만(아마도 이름 때문에 그런 계층처럼 보였겠지만) 신돌석의 본명은 '태호'로 평산 신씨의 중농 집안에서 태어나 글도 익힌 지사였다.

인물 이야기를 잡지나 신문에 발표하면 반응이 뜨거웠다. 물론 오류를 지적해주는 사람들도 있었지만 그보다는 항의와 칭송이 엇갈렸다. 그래서 아내는 한때 노이로제에 걸릴 정도로 전화 받기를 꺼린 적도 있었다.

첫째는, 인물을 부정적으로 그렸을 때였다. 내가 설명을 해줘도 역정을 내면서 "우리 집안에 판·검사가 몇 명인 줄 아느냐? 당신 정도는 명예훼손죄로 감옥에 보낼 수 있다"고 위협하는 유형이었다. 또 어린이운동가인 방정환에 대해 생활이나 옷차림이 사치스러웠다는 표현을 두고 "성인 같은 분을 모독했다"고 고발하겠다고 통고하기도 했다.

둘째는, 자기 조상을 제대로 평가해준 데 대해 고마워하는 경우다. 고려 때 원나라 군대와 함께 일본 정벌에 나선 장수 김방경의 후손들은 방학 때 수백 명의 학생을 모아 그의 업적을 강의해달라고 요청하기도 했다. 나는 그를 원나라 간섭에서 고려의 백성과 조정을 지키려고 노력한 인물로 그렸는데, 박정희 정권 때 이선근(초대 정신문화연구원장) 등은 원나라에 항거한 삼별초를 민족 주체로 미화하면서 그를 반역자 비슷하게 깎아내렸던 것이다.

10여 년에 걸쳐 낸 책들이 스테디셀러가 된 덕분에 일정한 인세 수입이

들어와 안정된 생활을 할 수 있었다. 서중석 교수(역사문제연구소 이사장)는 "역사 관련 글과 책을 써서 먹고산 사람은 이이화밖에 없어요"라고 말하곤 했다. 칭찬인지 비아냥인지 모르겠지만······.

5장
역사문제연구소와 《역사비평》

신군부 독재에 맞선 '역사문제연구소' 발족

1986년은 내 인생에서 특별한 의미를 지니는 두 가지 사건이 일어난 해다. 하나는 역사문제연구소(이하 역문연)의 탄생이고, 또 하나는 내 딸 응소가 '쉰둥이'로 태어난 것이다. 역문연이 나의 학문 활동에 커다란 전기가 됐을뿐더러 나를 정보기관의 감시를 받는 요시찰 인물로 만들어주었다면, 늦둥이 딸은 가정생활에 재미와 활력을 주었다고 할 수 있을 것이다.

아치울 집에서 자유소득자로 글을 쓰거나 한문서당을 하며 지내던 그해 초, 임헌영 선생한테서 역사 모임을 준비하고 있으니 참석해달라는 연락이 왔다. 원경 스님(박헌영의 아들)을 비롯해 임헌영·서중석·이호웅·김성동·천희상·박원순 등이 전두환 정권 아래서는 대중 활동을 할 수 없으니 작은 모임을 꾸려 함께 활동 방향을 모색해보기로 뜻을 모았다고 했다.

"한국사를 일반인에게 알리자!"

특히 박원순 변호사는 서울대 법대 1학년 때 학생운동에 연루돼 제적을 당한 뒤 단국대 사학과에 들어가 한국사 공부를 했다. 변호사가 된 뒤에도 한국사에 대한 관심을 이어가던 그는 애초 역사 공부방을 만들어 대학원생 중심으로 '해방 3년사'를 파고들 생각이었다. 이런 계획이 진행되면서 나도

1986년 출범 직후 서울 사직동 체신노조회관에서 열린 역사문제연구소의 월례운영회의 장면. 왼쪽부터 나·윤해동·한상구·박원순·이균영 씨의 모습이다.

뒤늦게 김성동·서중석 선생의 추천으로 여기에 참여하게 된 것이다.

그해 1월 원경 스님이 주지로 있는 경기도 안성 청룡사에서 1박2일로 첫 준비모임을 가졌다. 이때 10여 명이 참석했는데 우리는 두 가지 합의를 보았다. 첫째는, 정치가나 민주화 운동가보다는 역사학 전공자들을 조직의 선두에 두자는 것, 둘째는, 연구소 형식을 빌려서 한국사를 중심에 두고 인접 분야인 각 인문사회과학을 망라하는 조직을 만들되 이름은 '역사문제연구소'로 할 것 등이다. 역문연의 설립 목적은 한마디로 표현해 한국 근현대의 여러 문제를 공동작업을 통해 연구하고 이를 일반 대중에게 널리 알린다는 '역사 대중화' 바로 그것이었다.

이어 2월 21일 서울 광화문 세종문화회관 뒤편, 대성학원 옆에 있는 옥빌

딩에서 역사문제연구소 개소식이 열렸다. 그 자리에 나가 보니 준비모임 인사들과 더불어 얼굴을 본 적 없는 변호사 몇몇도 참석했다. 뒤늦게 참여한 나는 선참자들에게 많은 환영을 받았다. 특히 박원순 변호사는 내 책 『허균의 생각』을 잘 읽었다는 말로 인사를 하기도 했다. 참석자들은 서로 격려하며 아주 화기애애한 분위기 속에서 대화를 나누었다. 비밀집회는 아니었지만 마음 놓고 모임을 꾸릴 수 없는 신군부 독재 시절이어서 보이지 않는 긴장감도 감돌았다.

역문연의 초대 소장으로 몇몇 중견 역사학자를 추천했으나 대부분 맡기를 꺼렸다. 처음에는 영남대 이수인 교수의 제의로 미국에 교환교수로 가 있던 같은 대학의 정석종 교수를 추대하고 임헌영 선생이 부소장을 맡았다. 초대 이사장은 박원순, 자문위원으로는 강만길·김남식·김진균·송건호·유인호·이대근·이만열·이효재·조동걸, 운영위원은 김광식·박원순·반병률·서중석·이균영, 그리고 나였다. 실무 간사는 반병률·윤해동·우윤이 맡았다. 박원순 변호사는 이사장 자리를 한사코 사양했으나 마땅한 사람이 없어서 임시로 맡기로 했다. 당시로서는 그야말로 화려한 면면이라고 할 만했다.

진보학계의 소장 학자들이 망라된 연구단체의 탄생

역문연의 첫 사업은 한국 근현대사를 중심으로 각 분야의 '연구현황과 문제점'을 주제로 한 발표 겸 토론회였다. 매월 한 차례씩 출판문화회관이나 학술진흥재단, 방송통신대 등에서 장소를 빌려 열었다. 1년이 지나니 제법 전문적인 영역인데도 청중이 100명 또는 200명 넘게 참석해 열띤 분위기를 조성했다. 너나없이 목마른 시대 상황을 탄 것이다. 그런 덕분에 우리가 기대하지 않은 불청객, 신군부의 경찰과 정보기관, 보수학계에서도 예민하게 주시하기 시작했다.

주제 발표나 토론에는 한국사 분야에는 조동걸·강만길·이만열·조광·서중석·안병욱 등 중견이나 소장들, 북한사 분야에는 김남식·한홍구 등, 정치학 분야에는 심지연·이종석·김광식 등, 사회경제사 분야에는 김진균·안병직·이대근·이영호 등, 문예사조사 분야에는 임형택·김시업·임헌영·홍정선·김철 등이 참여했다. 대체로 진보학계를 거의 망라했다고 볼 수 있을 것이다. 연구소 내부적으로도 '해방 3년사' '19세기 민중운동사' '근대문학사' '일제시대사' 등 몇 가지 분야에 걸쳐 세미나 모임을 꾸렸다. 또 독립운동사·북한사 등 몇몇 분야는 월례발표회도 가졌다.

조금 과장되게 말하면, 역문연의 초창기는 유럽의 르네상스나 일본의 메이지유신 시기 지식인 모임, 또는 19세기 대한제국 시대 독립협회나 만민공동회의 모임을 떠오르게 했다. 무슨 일이든 지나고 보아야 제대로 보이는 법이다. 당시 역문연 활동에 대한 평가는 역사가 내리겠지만 이때 참여했던 소장 학자들이 오늘날 우리 학계를 이끌고 있는 것은 사실이다.

'19세기 민중운동사' 조명 위해 유적지서 밤샘 토론

여러 가지 학술 행사를 진행하다 보니 옥빌딩의 사무실이 너무 좁아 역문연은 사직동 사회과학원 옆의 체신노조회관으로, 다시 충정로에 있는 경기대 입구로 옮겨갔다. 1989년 필동에 사옥을 마련할 때까지 이곳저곳을 전전했던 것이다. 이 시기 모든 경비는 거의 박원순 변호사의 주머니에서 나왔다. 임헌영 부소장은 자신은 술을 마시지 않으면서도 뒤풀이까지 꼬박 참여해 대화를 이끌었고 이런저런 일들을 열성으로 준비했다. 실무를 맡은 천희상도 헌신적이었다.

첫 발족 때부터 매월 한 차례 운영회의를 열었는데, 나를 포함해 운영위원 10여 명이 참석한 이 자리는 어김없이 뒤풀이로 이어져 끝없는 방담과 회포를 나누곤 했다. 나는 곧잘 술이 취해서 식탁 밑에 발을 뻗고 드러누워 "혁명을 해야 한다"고 외치곤 했단다(그 무렵 월간 《샘이깊은물》에 실린 '이이화 탐방기사'에 나온 얘기다). 지금 떠올리니 목가적인 풍경일 수도 있었겠지만 실제로는 엄혹하고 절박한 시절이었다.

나는 처음에는 운영위원, 뒤에는 부소장을 맡았는데, 1986년 6월 30일 그러니까 전두환 정권 말기에는 '19세기 민중운동사' 모임을 꾸렸다. 동학 등 19세기 저항운동사의 의미를 부각시키고 정리하려는 의도였다. 내 한문서당 수강생들, 규장각에서 만난 소장 학자들, 지인들이 번갈아 참여했다. 조한혜정·성범중·우윤·조민·배항섭·이상경·서영희·차미희 그리고 장한식(현 〈한국방송〉 부장) 등 20여 명이었다. 이들은 오늘날 대부분 교수로 재직하고 있다. 우리가 다룬 주제는 홍경래가 주도한 관서농민전쟁, 삼남농민봉기, 영학당 활동, 동학농민전쟁 등이었다. 1987년 6월 21일 임창순 선생이 꾸려가고 있는 남양주군(현 남양주시) 물골의 지곡서당에서 마지막 발표를 끝으로 1기를 마무리했다. 심도 있는 내용을 다루었다고 볼 수 없으나 문제를 제기하고 새로운 평가를 내리려 노력했다. 참여자들의 전공도 다양했고 들쭉날쭉해서 산만한 분위기도 있었다.

그래서 민중운동사의 제2기는 그해 6월 27일, 6월 항쟁의 열기 속에서 7명을 구성원으로 해서 새롭게 출발했다. 한 달에 두 번 발표를 하고 토론을 벌였다. 첫째, 민중운동의 발생 배경과 동기, 둘째, 참가 계층의 성격, 셋째, 운동의 지향, 넷째, 용어의 정리 등으로 나누어 살폈다. 주제와 관련된 사료

역사문제연구소에서 벌인 역사기행을 다닐 무렵. 앞줄에 앉아 있는 박원순, 뒷줄 왼쪽 두 번째가 나, 그 옆으로 이종범(조선대 교수), 김정기, 서중석 등이 보인다.

도 분석했다. 겉보기에는 학술 연구에 치중한 듯했으나 나름 실천적 의미를 담으려 노력했다.

이를 토대로 해서 1987년 10월에는 '한국 근대 민중생활사'를 다루는 세미나 팀을 진행시켰다. 민속학의 주강현, 종교학의 진철승 등이 새로 참여했다. 이 모임은 민중조직과 민중사상에 대한 집중적 연구를 통해 근현대 민중운동사의 본격적 서술에 기여하는 것을 주요 목표로 삼았다. 여기에서 다룬 주제는 조선 후기의 대표적 노동조직인 두레를 비롯해 계(契)·동회(洞會)·향회(鄕會) 등 마을공동체 안에서 가동되고 있던 다양한 조직을 포괄했다.

2기 참여자들은 무엇보다 현장 답사를 중요한 행동과제로 설정했다. 전북 모악산 일대와 원평 그리고 변산반도 답사가 뜻 깊었다. 유홍준 교수를 비롯해 우윤·조민·주강현·진철승·장한식 등이 주로 답사에 참여했는데, 모악산을 가로질러 원평의 증산교 유적이 있는 곳에서 밤을 새웠다. 우리는 증산교 전공자인 홍범초 등과 함께 밤을 새우면서 토론을 벌였다. 이어 변산반도에서는 조선 후기에 일어난 도둑의 근거지를 살폈다. 또 부안군 일대에서 정월 대보름에 벌이는 대동전, 원평의 동학 농민군 유적지 답사, 경북 일월산 최시형·이필제·신돌석 유적지 답사, 경북 소백산과 풍기의 『정감록』 관련 유적 답사를 하고 조사 활동을 벌였다.

답삿길에는 늘 경비에 쪼들려서 봉고차를 빌리고 나면 밥을 사먹기에도 빠듯했다. 때로는 아는 이들에게 민폐를 끼치기도 했다. 원평에서는 모악향토사를 연구하고 안내하는 최순식 선생 같은 분이 우리 일행에게 밥과 술을 사주면서 편리를 보아주었고 헤어질 때는 여비 봉투도 찔러주곤 했다. 아무튼 두 모임은 훗날 역문연의 역사기행과 동학농민전쟁기념사업 모임으로 자연스럽게 연결되었다.

연구원·제자들에게 인기 끈 양성평등 주례사

역문연에서도 나는 한문 강좌를 맡았다. 청강생은 앞서 모인 민중사 세미나 팀이 중심이 되었고 연구원들도 참가했는데 대부분 소장 학자로 정치학·역사학·국문학 전공자들이었다. 삼남농민봉기의 원인이 된 강위(姜瑋)의 『삼정책(三政策)』이나 황현의 『매천야록(梅泉野錄)』 등을 교재로 삼았다. 중국의 경서 대신 우리 역사 사료를 읽도록 한 것이다.

필동의 한문 강좌에는 김종익(국민은행 지점장)·이홍재(서울대 법대 교

나는 양성평등 주례사로 제자들에게 주례로도 인기가 높았다. 사진은 역사문제연구소 연구원 허경란의 동생인 건축가 허재봉 씨 부부의 이색 결혼식 장면.

수)·이철(회사원) 등 외부 인사도 드나들었고 역문연 연구원인 한상구·윤해동·김경자와 후지나가 다케시(훗날 오사카산업대학 교수) 등도 참석했다. 이때에도 『매천야록』 『오하기문(梧下記聞)』 등 19세기 후반의 역사를 실은 사료를 강의 교재로 삼았다. 물론 강의가 끝나면 연구소 아래에 있는 베를린호프집에서 2차 담소 자리가 이어졌다. 내가 받은 약간의 사례비는 이런 자리에서 다 털었다.

이 대목에서 한 가지 빼놓을 수 없는 얘기가 있다. 한문 강좌 수강생들과 맺은 끈끈한 인간적 유대를 잊을 수 없다. 이들 중에서 몇 사람은 나를 슬프게 했다. 우윤은 내가 동학농민전쟁 관련 사업을 펼칠 때 실무를 도맡아 보았으며 이균영은 역문연 발족 때부터 열성으로 참여했다. 그런데 두 사람은 모두 젊은 나이에 고인이 되고 말았다. 수강료 대신 그림만 주곤 했던 화가 김점선도 근래에 고인이 되어 나를 슬프게 했다.

또 이들이 결혼할 때 자주 주례를 서주었는데 우윤, 윤해동, 조민, 이승렬과 서현주, 한상구와 조경란 등 소장 연구자들이었다. 한문 제자인 이희주는 꾸준하게 참석하면서 홍기훈(광주 민권변호사 홍남순의 아들)과 결혼했다. 연구소 간사인 김경자와 후지나가가 국제결혼을 할 때도 내가 주례를 보았다. 역문연 연구원들의 주례는 일일이 꼽을 수 없다.

주례는 하나의 통과의례지만 서로 교감이 이루어질 수도 있을 것이다. 내 주례사는 몇 가지 특징이 있었다. 신부 아버지가 신부를 인도해 신랑에게 인계하지 않고 신랑과 신부가 함께 입장하게 하였고, 신랑 신부를 소개하면서 명문 학교를 졸업하고 명문 집안에서 훈육을 받았다는 말이나, 돈을 많이 벌라고 당부한다든지 하는 말은 거의 하지 않았다.

부부가 모두 연구자일 때는 남편이 같이 우유도 먹이고 기저귀도 갈아주라는 등 함께 아이를 키우라고도 했고, 아내가 전업주부일 때는 남편의 술시중도 적당히 들어주라고 당부했다. 서울 성동구민회관에서 열린 김경자의 결혼식에서는, 예식장의 여직원이 내 주례사를 듣고 처음으로 감동적이고 실질적인 주례사를 들었다며 자신의 주례를 부탁하기도 했다. 주례사도 인생관이 반영되어야 하고 신랑 신부가 동등한 조건에서 가정생활을 꾸려야 한다고 여긴 것이다. 그런 덕분인지 나는 주례로서 인기를 누렸다.

이들이 결혼을 해서 아이를 낳으면 내게 이름을 지어달라고 부탁했다. 나는 여자 아이에게 숙(淑)이나 정(貞), 남자 아이에게 웅(雄)이니 철(鐵)을 붙이지 않고 대체로 중성으로 지어줬다. 왜 여자만 정숙해야 하고 왜 남자만 씩씩해야 하느냐는 의문을 단 것이다. 그래서 이름만 보고는 남녀가 잘 구분되지 않게 했다. 이름부터 양성평등을 실현하려는 의도였다. 이런 이름이 집안이나 학교에서 자주 화제에 오르는 모양이다.

이름 얘기를 하나 더 해보자. 이런저런 자리에서 자주 만난 조한혜정 교수는 새 여성운동을 표방한 모임인 '또 하나의 문화'를 오랫동안 꾸려왔다.

내가 연세대에서 벌인 그들 모임에서 강연을 한 적이 있는데, 우리 전통시대 남녀평등의 문제를 얘기하면서 남성 중심의 성(姓)이 갖는 문제점을 설명하고 성명을 통한 평등 문제를 거론했다. 이 말에 힌트를 얻었는지 '또 하나의 문화'는 그 뒤 부모의 성을 나란히 적는 운동을 벌여 상당한 성과를 거두었다. 우리 아이들도 이 모임에서 방학 때마다 벌이는 캠프에 빠지지 않고 참여했는데, 중학교 때 딸 응소가 아버지 어머니 성을 함께 쓴 '이김(李金)'의 명찰을 달고 교정을 돌아다녀서 교사들의 지적을 받기도 했다.

나는 누구보다도 이들 연구원이나 한문 제자들과 지금도 끈끈한 정을 나누고 있다. 함께 모이면 권위적이거나 엄숙한 분위기는 찾아볼 수 없을 만큼 흥허물 없이 떠들어댄다. 세월이 지나도 세상 살아가는 방식이 크게 다르지 않아 서로를 동지로 여기면서 살아간다.

경찰의 감시 속에서 열정적인 토론이 이어졌던 역문연 수련회

역문연은 1986년 8월 2일부터 2박3일 일정으로 경춘선 언저리에 있는 강촌에서 첫 여름 수련회를 열었다. 민박집에서 벌어진 이 모임에는 원경 스님, 임헌영 부소장, 천희상 사무국장 등을 비롯한 역문연 관계자는 물론 임진택(판소리 연구가)·송우혜(소설가)·이남희(소설가) 등 다양한 분야에서 57명이 참여했으니 조용할 턱이 없었다. 때로는 소리를 지르기도 하고 누구는 다툼도 벌였으나 동지적 관계를 확인하는 모임이었다.

우리는 초기 6개월 동안의 연구소 활동을 정리·분석하고 앞으로의 계획과 연구 활동 및 방향에 대해 토론했다. 험난한 시대에 구성원들끼리 친목을 도모하는 자리이기도 했으나 연구소의 내실화를 기해야 한다는 의견도 많이 쏟아졌다.

나는 초등학교 3학년인 아들 응일이를 이곳에 데리고 갔다. 내 생각으로는 이런 어른들의 모임에 참여해서 의식을 키우는 것도 나쁘지 않다고 판단했던 것이다. 응일이는 화장실이 재래식이어서 이틀이나 똥을 누지 못하면서도 더듬거리는 말로 자기소개를 하기도 하고 어른들 속에서 귀여움을 받으면서 마냥 즐거워했다.

이듬해 1987년 여름 수련회는 안동의 가톨릭농민회관에서 벌였다. 한창 6월 항쟁이 벌어질 무렵이어서 참석한 인사들은 한껏 고무되어 있었다. 첫 수련회와는 달리 역사학이나 사회과학 전공자들이 주로 참여했다. 특히 대구에서 신동근·유영철 교수 등이 참석해 민주화운동이 침체한 편이었던 대구에서 새바람을 불러일으키는 계기가 되기를 바라기도 했다.

그때 서울대 사회학과에서 박사과정을 밟고 있던 김동춘이 한국 사회를 진단하는 발표를 해서 많은 공감을 불러일으켰다. 농민회관이 시내 외곽인 데다 관리하는 수녀들도 우리 모임에 대해 이해를 많이 해줘 눈치 보지 않고 토론할 수 있어서 좋았다.

1988년 여름 수련회는 원경 스님이 주지로 있는 여주 신륵사에서 벌였다. 이 모임에는 미국에서 돌아온 정석종 소장을 비롯해 서중석·박원순·박호성·이균영 등 역문연 임원, 리영희·김낙중·송건호 등 자문위원, 반병률·한상구·윤해동·임대식·김귀옥·김정인 등 소장 연구자, 박원순 변호사 부부와 박용일 변호사 등 70여 명이 참석했다. 우리 가족도 끼었다. 지난 수련회보다 인원이 훨씬 많았고 열기도 그만큼 뜨거웠다. 그래서인지 여러 명의 경찰이 감시의 눈을 번뜩였다. 하지만 이미 익숙한 상황이어서 모두들 위축되지도 않았다.

리영희 선생은 '남북한 군사력 비교'를 주제로 강연을 했다. 리 선생은,

리영희 선생이 1999년 역사문제연구소 신년 하례식에서 덕담을 하고 있다(왼쪽). 원경 스님(당시 신륵사 주지)이 뒤풀이 고사에서 이균영 교수와 함께 잔을 올리고 있다(오른쪽).

북한의 군사력을 총괄해 설명한 다음 특히 해군력은 동쪽과 서쪽으로 분산되어 있어서 남쪽보다 훨씬 열악하다는 논지를 폈다. 강연장 바깥에서 경찰이 안쪽을 힐끔거리며 열심히 메모하는 모습도 보였다.

나는 역사기행에서 늘 하던 대로 '한강의 역사', 특히 한강을 중심으로 전개된 민중운동에 대해 강연했다. 『홍길동전』을 쓴 허균의 동지들이었던 서양갑·박응서 등 일곱 서자가 이곳 여주 한강변에 둥지를 틀고, 인근 문경새재 일대에서 반역을 도모하다 잡혀 죽은 역사적 배경을 설명했다.

뒤풀이는 절 앞 한강변 모래밭에서 벌어졌다. 원경 스님은 대범한 분이어서 맥주와 소주를 모래밭에 늘어놓았고 공양주들은 우리를 정성껏 접대했다. 남녀노소 모두 어울려 강강술래 놀이를 벌이니 그야말로 한판 공동체였다. 정석종 소장은 어찌나 신나게 놀았는지 귀중한 시계를 잃어버렸는데 뒤에 원경 스님이 모래를 모조리 파내 찾아주기도 했다.

이 모임은 뒷얘기도 많이 남겼다. 임대식·김정인은 이때 눈이 맞아 결혼을 해 최초의 역문연 커플이 되었다. 또 김귀옥(한성대 교수)은 훗날 4·19 연구소의 발표회 등에서 자신의 연구나 성장에서 잊을 수 없는 수련회였다고 회상하기도 했다.

역문연은 이렇게 3~4년을 보내면서 『해방 3년사』나 『한국근대사연구입문』 등을 성과물로 펴내서 학계와 일반 독자들의 주목을 받았다. 또 역사기행 등으로 대중화에 기여하기도 했으며 《역사비평》의 발행으로 근현대사의 정립과 새로운 평가라는 업적을 내기도 했다. 한편으로는 신군부의 정보기관으로부터 끊임없는 감시의 대상이 되기도 했다.

한편 이 무렵 소장 연구자들 중심으로 한국역사연구회가 발족되어 한국사를 집중적으로 공동 연구했고, 망원연구실은 뒤에 구로역사연구소, 한국역사학연구소로 개편하면서 꾸준하게 역사 학술 활동을 벌였다. 이들 역사 연구 단체는 기존의 역사학회와 진단학회 그리고 한국사연구회와는 다른 구실을 하면서 역사 대중화에 기여했다. 이 시기, 이들이 한국사 연구를 한 단계 진전시켰다고 평가할 수 있을 것이다.

아치울 우리집은 '숨어 있기 좋은 집'

1980년대 중반 역문연의 다양한 활동이 정보 당국의 주시를 받은 것은 물론이고 개인적으로도 일상을 옥죄는 사건이 연달아 일어났다.

광주의 민권변호사인 홍남순 선생은 한문서당 제자인 이희주의 시아버지로 처음 인연을 맺었다. 이후 광주에 내려갈 때면 어김없이 찾아가 인사를 드리곤 했는데, 그때마다 많은 시국 얘기를 나누었다. 그분은 한문에도 조예가 깊어서 직접 모은 추사의 간찰이나 글씨를 보여주면서 자랑하기도 했다.

1983년 홍 선생이 윤보선 전 대통령 등과 시국선언을 준비하다가 경찰이 들이닥치자 몸을 피해 이희주의 인도로 아치울 우리집으로 피신을 온 적이 있었다. 우리 부부는 홍 선생을 안심시키고 편안하게 지내시라고 2층 서재를 내드렸다. 1주일 정도 도피살이를 하는 동안 나는 시내 나들이를 하면서 동정을 살폈고, 아내는 틈틈이 홍 선생을 모시고 한강에 나가 함께 뱃놀이를 하면서 시간을 보냈다. 이때에는 이웃들도 눈치를 채지 못했고 경찰들도 찾아오지 않았다. 그런데 1986년 여름 '5·3 인천 노동자 시위'를 주도한 황광우가 우리집으로 도피해왔을 때는 사정이 달랐다.

당시 야당인 신민당의 이민우는 전두환과 만나 직선제 개헌 문제를 두고 타협을 시도하면서 과격한 학생운동세력과 결별을 선언하고 나섰다. 이어 5월 3일 신민당 개헌추진위원회의 경기·인천지부 결성대회가 열릴 예정이었다. 그러나 전국에서 모인 사회단체와 대학생들이 대규모 시위를 벌여 현판식은 무산되었다. 이날 시위는 매우 격렬해 장기표 등 10여 명이 수배를 당했고 129명이 구속되었다. 황광우는 재빨리 몸을 피했다가 형인 황승우의 소개로 교외에 있는 우리집으로 온 것이었다. 그는 우리집에서 며칠 묵은 뒤 다른 곳으로 옮겨갔다.

그런데 그가 떠난 며칠 뒤 광명경찰서 형사들이 아치울 마을의 길목을 지키더니 우리집을 포위하며 들이닥쳤다. 나는 서재에서 잠을 자고 있었고 아내가 이들을 상대했는데, 그러다 경찰이 들고 온 서류에 우리집 전화를 도청한 기록이 빼곡하게 적혀 있는 것을 보았다. 특히 나와 황승우가 나눈 대화 내용이 고스란히 적혀 있었다.

형사들은 한참 어르다 황광우가 없음을 확인한 뒤 돌아갔으나 우리는 전화가 도청당하고 있다는 사실에 매우 흥분했다. 아내는 구리전화국에 가서 소리를 지르며 항의도 해봤으나 직원들은 묵묵부답이었다고 했다. 그 뒤 잠시 도청을 하지 않는 듯했으나 다시 수화기에서 찍찍거리는 소리가 나기 시작했다. 도청을 당하게 되면 통화감이 확연히 떨어지던 시절이었다. 실은 역문연 출범에 참여한 뒤부터 전화 상태가 좋지 않았다. 그래서 나는 도청 기미가 느껴지거나 특히 술에 취했을 때면 수화기를 들고 "안기부장 나와" "경찰청장 나와" "도청을 계속하면 너희들 가만 내버려두지 않아" 하고 들으라는 듯 소리치곤 했다.

이 사건을 계기로 우리집만이 아니라 한길사나 역문연도 도청을 당하고 있다는 걸 알 수 있었다. 단순히 사무실만이 아니라 주변 관련자들도 도청을 하고 있었던 것이다. 그렇다고 내 행동이 위축될 일은 없었다.

이 무렵 임헌영 부소장은 역문연 식구들을 데리고 가끔 산행을 했다. 아차산 산행에는 역문연 식구와 권오헌(현 민가협 양심수후원회 명예회장) 등 20여 명이 함께 능선을 따라 올랐다가 우리집으로 와서 점심을 먹었다. 그 때 일행 중 한 젊은이는 우리집을 둘러보더니 "숨어 지내기 좋은 곳"이라고 중얼거리기도 했다.

『한국민중사』 필화사건 재판 중 6월 항쟁 발발

그 무렵 『한국민중사』 필화사건이 터졌다. 이 책은 1987년 2월 풀빛출판사의 나병식과 김명인이 편집을 맡아 두 권으로 펴낸 책이다. 필자는 윤대원·도진순 등 소장 학자들이었다. 그런데 검찰에서는 유물사관에 입각해서 민중사를 서술해 헌법에 위배된다는 이유를 내세워, 나병식 사장을 국가보안법 위반 혐의로 구속기소해 재판에 회부했다.

첫 공판이 열린 5월 18일 방청을 간 나는 오랏줄에 묶인 나 사장의 모습을 보면서 눈물을 삼켰다. 이 재판은 역사학계의 비상한 주목을 받았다. 변론은 한승헌·조영래·박원순 등이 맡았고, 증인으로는 정창렬·강만길·김진균 등 교수들이 나섰다. 증인들은 학문의 자유와 역사 서술의 자유를 주장했고, 검사들은 헌법 또는 실증법 위반으로 몰아붙이며 열띤 공방을 벌였다.

그런데 재판이 진행되는 도중 돌발변수가 발생했다. 6월 항쟁이 일어난 것이다. 그러자 기세등등하던 검사들은 돌연 유화 제스처를 취하며 아부하는 행동을 보였단다. 두 달 뒤 나병식과 김명인은 집행유예로 풀려났다. 결과는 이렇게 싱겁게 끝났지만 역사학계로서는 커다란 의미가 있는 사건이었다. 그래서 그해 9월 계간 《역사비평》 창간호에 관련 사실을 발췌해 부록으로 실어 그 실상을 공개했다.

'이한열 떠나는 날' 금남로 노제서 압사할 뻔하기도

1987년에 벌어진 잊을 수 없는 사건은 당연히 6월 항쟁이다. 1월 14일 서울대생 박종철 군이 치안본부 대공분실에서 물고문으로 사망한 사건이 폭로됐다. 1월 20일 서울대 영결식에 이어 2월 27일 박군의 고향 부산에서 추도식이 열리며 전국이 들끓었다. 집회에 운집한 민주시민과 학생들은 직선제 개헌을 줄기차게 주장했다. 그런데 전두환은 4월 13일 개헌 논의를 금지하고 현행 헌법대로 대통령 선거를 치르겠다고 떠벌렸다. 이에 민주인사들은 민주헌법쟁취국민운동본부를 발족시키고 학생 조직과 연대해 총궐기대회를 열기로 했다.

그런 와중에 또 사건이 터졌다. 6월 9일 연세대생 이한열 군이 시위 도중

이한열 열사의 운구행렬이 전남도청으로 향하고 있다. 이날 장례행렬을 따라 내려간 나는 금남로에 운집한 수십만 시민과 함께 추모와 시위를 벌였다.

머리에 최루탄을 맞아 쓰러진 뒤 7월 5일 끝내 깨어나지 못하고 숨졌다. 이런 소용돌이 속에서 민정당은 6월 10일 전두환의 지지를 받은 노태우를 대통령 후보로 선출했고 이로 인해 전국적으로 한층 거센 시위가 일어났다.

6월 10일, 그날 나는 잠시도 쉬지 않고 시위대를 따라다녔다. 시민들과 함께 물안경과 마스크를 쓰고 때로는 보도블록을 깨서 '짱돌'을 만들어 시위 학생들에게 공급했다. 거리와 골목마다 전투경찰의 '닭장차'가 대기하고 있었고 또 시위 진압용 차량마다 최루탄을 가득 싣고 있었다. 이한열 군 추도식과 규탄대회가 끝난 뒤 참가자들은 '호헌철폐', '독재타도'를 외쳤다. 그러자 최루탄·사과탄·지랄탄이 연달아 날아왔다. 연도의 시민들이 눈물을 홀리면서 잠시 흩어지면 성공회 교회를 중심으로 종소리가 울렸고 남대문과 종로 쪽의 교회에서도 종소리가 들렸다. 또 지나가던 버스·택시·승용차들도 일제히 경적을 요란하게 울렸다. 저항의 함성이었다.

나는 최루탄 세례를 피해 남대문시장 골목으로 들어갔다. 같이 있던 임헌영 선생이나 최장집 교수는 어디로 갔는지 찾을 수도 없었다. 시장 상인들은 마스크를 하고 물안경을 들고 있는 내 모습을 보고 학생인 줄 알고 먹을 물과 사이다를 따라주었다. 상인들은 학생들에게 김밥·과자·수박 같은 먹을거리도 아낌없이 던져주었다. 골목에서 다시 남대문 쪽으로 나오니 파출소가 보였다. 파출소 안을 기웃거려 보니 경찰관들이 하나도 보이지 않았고 문은 잠겨 있었다. 몇몇 시민들이 벽돌을 들어 유리창을 깨뜨리려 하는 걸 나는 애써 말렸다.

저녁이 되자 나는 시위대를 따라 동대문 쪽으로 갔다. 밤늦은 시간까지 시위가 산발적으로 계속되는 가운데 나는 골목에서 몸을 숨긴 채 계속 동정을 살폈다. 새벽 무렵에야 택시를 타고 아치울 집으로 돌아왔는데 아내는 최루탄 냄새가 진동하는 나를 보고도 안심하는 듯했다. 이튿날 들으니, 학생과 시민 1만여 명이 명동성당으로 들어가서 농성을 벌였다. 나만 그 정보를 몰라서 집으로 돌아왔던 것이다. 이때도 나 혼자 겉돌고 있었던 셈이다.

그날 이후 나는 하루도 쉬지 않고 시내를 돌아다니며 정보를 수집했다. 6월 26일에는 시위가 전국으로 퍼지면서 절정에 이르러 민정당 당사 등 많은 건물이 파괴되었고 경찰도 부상자를 많이 냈다. 마침내 노태우는 직선제 개헌안을 비롯한 이른바 시국수습방안을 제시했다. 백기항복을 한 셈이어서 우리는 승리자처럼 환호했다.

이렇게 6월 항쟁은 마무리되었지만 모든 사태가 끝난 것은 아니었다. 그해 7월 9일 연세대에서 이한열 군 장례식이 열렸다. 단상에서는 문익환·백기완 등 지도부의 카랑카랑한 외침이 연달아 들렸고 이한열 군의 어머니 배은심 여사의 울부짖음은 우리의 가슴을 미어지게 했다. 나는 장례식이 끝날 무렵 재빨리 교문 쪽으로 발길을 옮겼다. 정문 앞에서는 이애주 교수가 구슬픈 표정으로 넋풀이를 하고 있었다. 나는 넋풀이춤을 끝까지 지켜보았다. 이애주의 춤을 여러 현장에서 보아왔지만 그날은 유달리 신이 들린 것 같았다.

나는 설호정·김철 부부 그리고《샘이깊은물》의 기자 몇 명과 장례행렬을 따라 광주까지 가기로 약속이 되어 있었다. 그래서 행렬을 따라 시청 앞으로 왔더니 백만을 헤아리는 엄청난 인파가 몰려 그야말로 세상이 뒤집어질 것 같았다. 우리 일행은 승용차로 어렵게 장례행렬을 따라 광주 금남로까지 따라갔다. 도청 앞 금남로에서 벌어진 노제 때 나는 압사할 뻔했다. 기운이 모자란 나는 인파를 벗어나 광주일보사 건물 벽에 붙어 있었다. 밀고 밀리는 속에서 용케 버티던 나는 망월동 묘지까지 따라가지 못하고 숙소를 정한 뒤 시내 동정을 살폈다.

밤까지 학생 시위가 이어져서 경찰과 밀고 밀리는 사태가 벌어졌다. 나는 혼자서 금남로 길가에 쪼그리고 앉아 시위를 지켜보았다. 곤봉을 든 전투경찰이 시위대를 몰아가다가 나를 보고 손으로 밀치면서 "할아버지는 들어가세요"라고 소리쳤다. 나는 참고 참았던 분노를 토해내듯 "네놈들은 애비도 없냐, 이렇게 때리다니!"라고 소리쳤다. 경찰이 지나가고 난 뒤 나는 혼자서 싱겁게 웃었다. 사실 밀쳤지 때리지는 않았기 때문이다.

《역사비평》을 창간하다

'6월 항쟁'의 열기 속에서 1987년 전반기를 보낸 역문연 사람들은 민주화의 희망으로 고무되어 또 일을 벌였다. '역문연'의 기관지 또는 표현지로 《역사비평》을 간행하기로 했다. 서중석·박원순·방기중 등 연구자들 중심으로 학술논문만이 아니라 필요에 따라 시사문제를 다룰 계간지를 간행하기로 뜻을 모았다.

역사·시사 계간지 《역사비평》 창간

그리하여 경기도 안성 청룡사 등 여러 곳에서 회합을 하면서 목차와 내용을 구성했다. 자금원으로 박원순의 지원과 함께 당시 풀무원식품을 운영하던 원혜영(뒷날 국회의원)을 영입했다. 그는 우리의 뜻에 전적으로 찬동해 기꺼이 《역사비평》의 대표를 맡았다.

《역사비평》은 역문연 사무실이 있는 서울 사직동 체신노조회관 부근에 따로 사무실을 내고 연구자인 한상구가 편집 실무를 맡아보았다. 편집위원으로는 강만길·조동걸·김진균·이이화·서중석·이균영·김광식 등 중견과 소장을 섞어 짰다. 대부분 한국사 전공자였다. 《역사비평》 창간호에서 표방한 한 대목을 소개하면 "이제 사회의 민주화와 민족의 통일을 지향하는 역

1987년 9월 창간된 《역사비평》은 독자들의 큰 호응 속에 시사 계간지로 자리를 잡았다. 나는 여기에 편집인으로 자주 글을 써서 발표했다.

사의 새로운 도정에서 더 이상 한국 근현대사 연구는 고원한 상아탑에서만 머무를 수 없고 또한 교도적으로 대중에게 주입될 수만은 없다. 이제 한국 사회와 한국 역사의 주체인 민중은 자기 자신의 역사 지식을 회복해야 될 때이다. 역사비평은 새로운 역사인식의 대중적 확립을 바라는 모든 이의 것이 되고자 한다"라고 했다. 좀 거창하게 들릴지 모르지만 이런 의지로 출발한 것이다.

1987년 9월 비정기간행물(무크지)로 창간된 《역사비평》의 원고료는 초기 젊은 강사급에게만 조금 지급됐고, 중견 이상은 봉사하는 마음으로 받지 않았다. 초기의 필자 대부분은 일종의 '운동' 차원에서 글을 써냈던 것이다. 이렇게 어렵게 출발했지만 반응은 아주 좋아 이듬해 2월부터 계간지로 정착했다.

역문연 식구들과 편집진은 독자를 모집하는 데 앞장섰고 역사기행이나 역사강좌 때도 열성으로 홍보했다. 《역사비평》은 역문연이나 진보학계에서 자기 존재를 확인하는 성과를 거두기도 했다. 그러나 내용이나 문체 등 몇 가지 문제를 안고 있어서, 역사 대중화에는 과연 얼마나 성과를 거두었는지 반성할 부분도 있었다.

《역사비평》의 초대 대표를 맡은 원혜영은 1년쯤 뒤 정치권으로 진출하면서 자리를 내놓았다. 정치인을 대표로 두기에는 이미지 등 여러 문제를 안고 있었는데 자신이 스스로 정리해준 것이다. 그래서 이후 출간 경비 대부분을 박원순 이사장이 대다가 1988년 말부터는 서울대 외교학과 출신의 독지가인 장두환 사장이 발행인으로 경영을 맡고 역문연 소장이 편집인을 겸하는 체제로 운영되었다. 그래서 내가 편집인을 맡게 되었던 것이다.

서중석 교수는 오랫동안 《역사비평》의 주간으로 헌신적으로 일했다. 그는 주제를 정하고 내용을 검토하고 편집위원들과 의견을 나누면서 좋은 잡지를 만들려고 힘써왔다. 더욱이 현안을 다루는 시론 성격의 권두사를 도맡아 집필하기도 했다. 그러면서도 원고료는 한 푼도 받지 않았다. 하지만 전공자들의 글에 나타난 딱딱한 문체는 쉽게 바뀌지 않았다. 그 뒤 임대식·김성보 등이 열성적으로 주간을 맡아보았고 편집부장은 한상구(훗날 친일조사위 실장)·조현우(훗날 국회의장 비서관)·김윤경(훗날 진실과화해위 조사요원)이 맡아 이어오면서 오늘날까지 한 호도 거르지 않고 발행되고 있다. 특히 김윤경은 18년 동안 《역사비평》의 편집업무를 맡으면서 청춘을 보냈다.

역사소설 속 오류 지적한 「역사소설의 반역사성」을 창간호에 싣다

창간호에는 미군정의 성격과 민족문제를 특집으로 다루었고 식민지 시대의 공산주의운동사나 노동운동사, 민족해방운동사 등에 관련된 논문을 실었다. 불온하게 보려면 얼마든지 불온하게 볼 수 있는 주제들이었으나 민주화 열기를 타고 아무 탈 없이 넘어갔다.

나는 「역사소설의 반역사성」이라는 글을 실어서 그동안 발표된 동학농민전쟁을 주제로 다룬 역사소설의 오류와 한계를 지적했다. 마침 그 무렵 동학농민전쟁 관련 연구와 답사를 다니며 자료를 수집하고 있던 나는 박태원의 『갑오농민전쟁』이나 유현종의 『들불』 등의 소설과 신동엽의 시 「금강」 등을 분석했다.

사실 청소년 시절 소설가를 꿈꾸었던 나는 역사가로 방향을 바꾼 뒤에도 문학에 대한 관심은 여전했다. 자연스럽게 역사소설을 많이 읽었는데 사실과 다른 오류를 발견할 때마다 안타까웠다. 그 보기를 몇 가지만 들어보자. 홍명희의 『임꺽정』에는 임꺽정이 백두산에 들어가서 고구마를 재배했다는 얘기가 나오는데 조선 전기에는 아직 고구마가 우리 땅에 들어오지 않았다. 박종화의 『금삼의 피』는 시대 배경이 조선 전기 연산군 시절인데 조선 중기의 인물인 정철의 가사 「장진주사」가 나온다. 희곡 「맹진사댁의 경사」에는 양반 조상을 자랑하는 대목에 "예문관 대제학, 홍문관 대제학이요, 성균관 대제학이라"는 표현이 나오는데 성균관에는 대제학이라는 직책이 없고 대사성이라는 직책이 있었다. 또 이병주의 소설에서는 "허균은 서자여서 벼슬이 참찬에 이르러 더 올라가지 못했다"고 쓰고 있는데, 허균 자신은 서자가 아니었고 다만 서자들의 후원자였다. 게다가 참찬이라는 벼슬은 품계로는 적어도 판서급 이상의 고위직에 해당한다.

앞서 나는 《뿌리깊은나무》에 기고한 글을 통해, 황석영의 『장길산』에서 의적 장길산이 도시에 내려와 요릿집을 드나들면서 기생과 어울리고 요리를 시켜 먹는 장면을 두고, 설정의 무리함을 지적한 적도 있었다. 그런데 작가가 심하게 반격을 해서 논쟁이 일어나기도 했다.

한편 그때만 해도 티브이 드라마나 영화에는 이보다 더 심한 오류가 많았다. 조선 전기가 시대 배경인데 후기 또는 개항기에나 들어온 시뻘건 배추김치, 담뱃대, 호롱불 등을 등장시키는 식이었다. 내가 틈틈이 이런 오류를 지적한 까닭에 여러 매체에서 원고 청탁도 많이 들어왔다.

독자들의 반응은 늘 엇갈렸다. 문학이고 예술작품이니까 관대하게 보아줄 수도 있다는 쪽과 작가들이 고증에 더 철저해야 한다는 쪽이었다. 오히려 다수는 작가의 편을 들어주는 경향이 있었다. 하지만 나는 이를 용인해서는 안 된다고 생각했다. 아무리 허구의 설정이라 해도 역사인식의 대중화를 위해 바로잡는 작업은 필요하기 때문이다. 다만 그 흐름만은 함부로 지적해서는 안 된다고 보았다.

'제주 4·3 항쟁' 재조명하며 강창일 교수와 맺은 인연

《역사비평》은 역문연과 연계해 여러 연구 활동도 전개했다. 그 즈음 당시 배재대 교수였던 강창일(현 민주당 의원)·고희범(전 한겨레신문사 대표)·김창후(현 4·3연구소장) 등 제주도 출신 인사들이 제주 4·3 항쟁의 실상과 대량학살의 진상규명을 위해 본격적으로 활동을 벌이고 있었다. 그 일환으로 1988년 4월 3일 여의도에 있는 여성백인회관 강당에서 제주사회문제협의회 주최로 '제주도 현대사의 재조명'이라는 주제를 내걸고 발표회를 했다. 주제 발표자는 박명림, 토론자로는 김남식·김광식 등이 나섰고, 나는 역문연을 대표해서 인사말을 하고 뒤풀이에도 어울렸다.

　그때로서는 많은 청중이 참여했고 발표자나 토론자나 청중 모두 진지한 모습을 보였다. 1987년 9월 발족한 제주사회문제협의회 역시 6월 항쟁의 흐름 속에서 4·3 문제를 본격적으로 제기할 신호를 보낸 것이다. 이 자리에서 모든 진행을 맡은 강창일 교수는 내게 거듭 감사하다는 말을 했다. 당시만 해도 제주도 출신이 아닌 사람들은 대부분 4·3을 '빨갱이들이 벌인 폭동'이라고 치부해 참여하기를 꺼리던 시절이었기 때문이다.

　이 대목에서 강 교수와의 인연도 새삼 떠오른다. 내가 서울대 규장각에서 일할 때 강 교수는 1974년 민청학련 사건에 연루되어 서울대 국사학과에서 제적된 상태로, 아세아문화사에서 한국사 자료 정리를 맡고 있었다. 그때 『임진왜란 관계문헌 총간』이라는 사료집을 냈는데, 편집위원 제안을 받은 김용섭 교수가 나를 대신 추천했다. 그래서 이우성·임형택 교수와 함께 참여하게 된 나는 강 교수와 자주 만나 대화를 나누었고, 둘 다 술꾼이어서 즐겨 대작을 했다. 강 교수는 그 뒤 도쿄대에서 박사과정을 마친 뒤 배재대 교수로 재직했다.

　아무튼 이 발표회를 계기로 서울에서도 4·3 항쟁 복권운동이 전개되었고 1992년 4·3 진상규명 범국민대책회의가 발족했을 때 나도 공동대표로 이름을 올렸다. 이어 뒷날 관련 특별법이 통과되고 제주에서 합동위령제가 열리는 과정에서는 역문연을 대표해서 김정기 소장과 서중석 부소장이 위원으로 참여해왔다. 나도 4·3 연구소 등에 직간접으로 관계를 맺고 있다.

　그 뒤에도 나와 강 교수는 동학농민전쟁이나 동아시아국제평화인권회의 또는 과거사 단체와 같은 모임에서 자주 어울리고 있다. 성실한 역사학도였던 그는 17대 때부터 국회의원으로 정치 활동을 하고 있다. 그는 친일파 문제, 한국전쟁 민간인 희생자 문제, 식민지 청산 문제 그리고 동학농민혁명 등 과거사 관련 입법 또는 기구 구성에 큰 힘을 보태고 있으니 역사학도가 하지 못한 일을 하고 있는 셈이다.

6월 항쟁 이후의 변화들

1987년 6월 항쟁과 관련해서 빼놓을 수 없는 이야기가 또 하나 있다. 바로 자유언론의 목소리가 높아진 것이다. 민주언론투쟁을 해오던 여러 해직기자들이 독자적으로 매체를 확보하려는 운동을 벌였다. 나 역시 그해 가을 《동아일보》 해직기자들의 움직임에 무척 고무되었다. 그래서 '새 신문' 창간 발기인에 참여했고, 제호를 정하는 설문조사에 응해 '한겨레신문이 좋겠다'는 의견을 냈다.

《한겨레신문》 창간 발기인으로 참여, '동학농민전쟁 인물열전' 연재

나는 친지들에게도 창간 발기인으로 참여하라고 권고하며 주주 모집 신청서를 건네주기도 했다. 신청서를 보더니 아내는 마침 집을 지으려고 사놓았던 쪼가리 땅을 판 돈이 있다면서 '내 앞으로 20만 원, 웅일과 웅소 앞으로 5만 원씩' 주식을 샀다. 《한겨레신문》 2만 7천여 명의 창간 주주, 50억 원의 자본금 속에 우리 가족도 소액이나마 기여한 것이다. 그때 초등학생이었던 웅일이와 유아였던 웅소에게 좋은 유산을 물려준다는 생각에 뿌듯했고, 아이들 역시 지금도 한겨레 주주인 것을 자랑으로 여기고 있다.

마침내 1988년 5월 15일 《한겨레신문》 창간호를 받아보니 낯익은 이름들이 눈에 들어왔다. 송건호 사장, 장윤환 편집위원장을 비롯해 지인들인 조성숙·임응숙·정동익·최학래 등이 참여하고 있었다. 창간호가 나온 뒤 신문사 편집국에 가보았는데 대부분 안면이 있어서 고향 친구들을 만난 듯 정겨웠다. 세계 최초의 국민신문인 《한겨레신문》은 이렇게 탄생해 독재권력이나 거대자본에 매몰되지 않고 자유언론의 영역을 개척한 효시가 되었다.

《한겨레신문》 창간 초기부터 때때로 청탁을 받아 시론 같은 글을 썼던 나는 동학농민전쟁(1894년) 100돌을 앞두고 1993년, 1년 가까이 '동학농민전쟁 인물열전'을 연재했다. 소액 주주로서 톡톡히 '본전'을 뽑은 셈이자 내 일상에서 빼놓을 수 없는 부분이 되었다. 전북 장수의 산골에서 집필할 때도 우편으로 신문을 구독할 정도였다.

또 하나, 6월 항쟁의 흐름을 이어 1988년 11월 여러 연구단체를 망라한 학술단체협의회가 공식 발족했다. 역문연은 이들 단체와 약간의 차별성을 보였으나 서로 긴밀한 협조관계에 있었다. 학술단체협의회(이하 학단협)는 1984년 시작한 한국산업사회연구회를 비롯해 한국정치학회·한국농어촌사회연구회·여성사연구회 등 10개 단체가 협의회 체제로 연합을 이룬 것이다. 분산적 활동을 지양하고 공통분모를 모색하려는 의도였다. 나도 상임공동대표로 참여했고, 박호성 교수가 대표 간사를 맡았다.

학술단체협의회를 발족하다

공식 창립에 앞서 1988년 6월 3일 한양대에서 이균영·정현백 등이 간사를 맡아 첫 연합 심포지엄을 열었는데 시민과 학생 수백 명이 참가했다. 모두들 오랫동안 굶주렸던 지적 갈증을 풀고 싶은 열정에 가득 차 보였다. 주제 발표는 충북대 서관모 교수가 했는데 '변혁운동의 성격 규명'을 내걸고 새로운 방향 모색을 주장해 많은 박수를 받았다.

한양대 근처 식당에서 벌어진 뒤풀이 자리 역시 열기로 가득 찼다. 제각기 왁자지껄 떠들어댔고 너나없이 교수님, 박사님으로 불리며 흥분했다. 내 앞자리에는 마침 갓 결혼한 박호성(서강대)·윤덕희(명지대) 교수가 자리 잡고 있었다. 기분이 너무 좋아서 술잔을 연달아 들이켜던 나는 기어코 소동을 일으키고 말았다. 분위기가 무르익을 무렵 바닥에 오줌을 누고 있었던 것이다. 주변이 흥건해진 것 같았지만 누구도 말리지 않았다. 하필 신혼부부 앞에서 이게 무슨 꼴이람……. 변영로의 『명정 40년』이 이보다 더 화려했을까?

뒤에 박 교수에게 들으니 "분위기가 너무 좋아 약간 오버했다"고도 하고 "박사니 교수니 하는 따위가 듣기 싫어 욱했던 것"이라고도 했다. 내가 그랬을까? 아무튼 작은 소동으로 치부되었는지 스캔들로 번지지 않았으니 그나마 다행이었다.

1988년 6월 학단협의 첫 연합 심포지엄을 둘러싼 진짜 소동은 언론에서 터졌다. 그때 심포지엄을 여러 언론매체에서 주요 기사로 다루었는데 《조선일보》(6월 6일자)에 실린 김동길 교수의 글을 보고 나는 깜짝 놀랐다. 김 교수는 칼럼에서, 서관모 교수의 주제 발표를 두고 대체로 '북한 당국의 혁명 노선을 내세우는 주제를 공공연하게 발표했다. 이런 노선을 보고만 있을 것인가'라는 주장을 폈다. 아니나 다를까, 검찰에서는 서 교수를 여러 날 소환해 심문을 벌였다.

그러자 전국교수협의회 등에서 대책위원회를 꾸리고 10여 개 단체에서 규탄성명을 냈으며 학생단체들도 성명서를 내면서 '김동길 규탄'에 나섰다. 이렇게 와글거리자 검찰에서는 소환조사만으로 일단 마무리를 지었다.

'학술단체협의회 창립대회'에서 임재경 당시 한겨레신문사 부사장이 축사를 하고 있다. 역사문제연구소를 대표해 나도 최장집(왼쪽) 교수와 더불어 학단협의 공동대표를 맡았다.

그때 나는 서 교수에게 전화를 걸어 격려를 하는 것으로 마음을 달랬다. 내 상식과 김동길의 상식이 얼마나 다른지 확인한 사건이었다. 그 뒤부터는 괜히 '보타이'까지 싫어질 정도가 아니라 구역질이 날 지경이었다. 학단협은 그 뒤에도 대표를 교체하면서 해마다 종합발표회를 가졌으며 사무실은 역문연에 두고 있었다.

이쯤에서 말을 돌려보자. 나는 역문연 활동에 참여하면서 외부 활동에도 바쁜 나날을 보냈다. 신문·방송 등에도 자주 오르내렸으니 이를테면 뜬 셈이다. 하지만 티브이 출연만은 되도록 피했다. 전두환 얼굴이 클로즈업되는 이른바 '땡전 뉴스'에 대한 거부감 때문이었다. 그나마 〈한국방송〉의 젊은 피디들은 불만 속에 이런 분위기를 바꾸려 애썼다.

전두환 정권에서 노태우 정권으로 넘어간 1988년, 〈한국방송〉 2티브이에서는 〈11시에 만납시다〉라는 프로를 신설해 중견이나 원로들을 불러 대담을 하게 했다. 이 프로에는 다양한 인사들이 등장했는데 특별히 정치적 색깔을 띠지는 않았다. 어느 날 내게 출연해달라는 요청이 왔다. 거절하는 나를 광화문으로 불러낸 담당 피디는 "선생의 말을 최대한 존중할 테니 출연해달라"고 간곡히 부탁했다. 그래서 7월 12일자 방송에 출연해 나 나름의 소신을 폈으나 말을 조심하느라 온건할 수밖에 없었다. 그때 담당 아나운서인 김동건은 능숙하게 대화를 이끌었다. 이 프로에 신경림 시인(7월 6일)이나 조정래 소설가(7월 13일) 등이 출연했는데, 이런 인사를 불러냈다고 담당 피디가 문책을 당했다는 소문도 들렸다. 조동걸 교수(국민대)는 어느 술자리에서 "〈11시에서 만납시다〉에 출연해야 명사의 반열에 올라!" 하고 나를 놀린 적도 있었다.

낭만적이었던 필동 시절의 역문연 신년하례와 역사기행

1989년 초겨울에는 역문연의 사옥이 마련되었다. 서울 중구 필동2가, 남산 밑에 있는 개인 저택을 소유하게 된 것이다. 그 무렵 사설 연구소, 특히 민주운동 관련 단체는 그야말로 동가식(東家食) 서가숙(西家宿)하면서 셋방살이를 하고 있을 때였으니 사옥을 마련한 것만으로 화제가 될 만했다.

그만한 사정이 있었다. 필동 사옥은 애초 실천문학사에서 장만했으나 이런저런 사정으로 은행빚을 졌던 모양이다. 그래서 사옥을 처분해야 할 사정에 놓여 있었다. 이를 박원순 변호사가 은행빚을 떠안고 인수했다. 박 변호사는 현금 5천만 원을 더 내서 모두 3억 9천만 원을 들여 이 건물을 사들이고 역문연에 내놓았는데 명의는 원경 스님을 내세웠다. 박 변호사는 처음부터 역문연 이사장을 맡으려 하지 않았지만 여러 조건으로 이름을 걸었는데,

이 무렵 이사장과 건물 소유주 모두 원경 스님 명의로 등기를 했다. 아직 역문연이 법인체가 아니어서 편법을 썼던 것이다. 이 건물은 대지가 162평에 건평이 80여 평인 2층 양옥집이었다. 아래층은 사무실로 쓰고 2층은 회의실이나 세미나실로 썼다. 정원에는 탁구대도 마련되어 있었다.

박 변호사는 또《역사비평》원혜영 대표가 정계로 진출한 뒤 운영을 책임지고 있었는데 부담이 점점 커지자 사업가인 장두환 사장에게 넘겼다. 장 사장은 돈을 쓸 줄 아는 사업가라고 할까. 장 사장이《역사비평》을 맡은 뒤에는 경비를 제대로 지급할 수 있어서 활기가 돌았다. 또《역사비평》에서는 수익사업으로 출판을 활발하게 벌이기로 사업계획을 세우기도 했다. 이렇게 역문연과《역사비평》이 제대로 자리를 잡아가고 있었다.

한편 1989년 서울 필동 새 사옥 시절부터 역문연에서는 신년하례 자리를 마련했다. 하례의 날에는 연구원 등 식구들은 물론 자문위원과 연구위원 그리고《역사비평》필자들이 모두 참석했고, 나중엔 한국사 교실 강좌에 참여했던 사람들로 조직된 '바실모'(바른역사실천모임) 회원들도 함께했다. 하례 때는 먼저 고사를 지내고 민주 실현과 학문 연구를 도와달라는 내용의 재미 있는 축문을 낭독한 뒤 돼지머리를 향해 절을 올렸다. 절을 하는 사람들은 현금이나 봉투를 돼지 입에 꽂는 게 관례였다. 이렇게 들어온 돈으로 고사 경비를 너끈히 뽑곤 했다.

자문위원으로는 송건호·이효재·유인호·김진균·성대경·강만길·조동걸·리영희·김남식·박현서·이우성·이만열 등이, 연구위원으로는 강정구·심지연·안병욱·박호성·임형택·김시업·박석무·송재소·유초하·홍순권 등이 자주 참석했다. 재미 삼아 벌인 하례 행사가 끝나면 떡과 소주, 맥주를 놓고 환담을 즐겼다. 이어 사무실 아래에 있는 '베를린호

필동에 장만한 역사문제연구소의 사옥 정원에서(1992년). 왼쪽부터 이승렬 연구원, 정재권 기자, 박원순 변호사, 나, 김영태 씨(뒤에 이사장), 그 뒤가 장두환 사장, 오른쪽으로 정재정 교수, 어윤경 이사장, 서중석 교수, 신주백 연구원, 이종걸 감사(현 국회의원) 등이다. 앞줄 맨 오른쪽은 아내 김영희다.

프로 자리를 옮겨 자연스럽게 뒤풀이를 했다. 그사이 송건호·유인호·김진균·김남식·리영희 등 고인이 된 분도 여럿이니, 지금 생각해보면 목가적 추억처럼 아련하다.

그 무렵부터 역문연에서는 본격적인 대중강좌와 역사기행을 벌였다. 한국사 교실은 여러 주제를 정해 정기적으로 강좌를 열었다. 고순정·김백일·이광연 등이 모범생으로 참여했고, 수강생끼리 미진한 내용을 보충하러 별도로 바실모(바른역사실천모임인데 일부러 '바늘과 실'이라고 불렀다)를 꾸려 방계조직과 같은 구실을 했다. 초기에는 주제도 참신하고 청강생도 많이 참여해 성황을 이루었다.

역사기행도 계절마다 그 전보다 확대해서 진행했다. 역문연 구성원들, 한문서당팀, 바실모 회원들이 중심으로 참여했다. 대형 버스 한 대를 기준으로 해서 참여자를 모았으나 때로는 인원이 넘치기도 했다. 주제가 있는 기행이어서 각자 나름대로 준비를 해왔다. 교사·회사원·연구자 등 참여자들의 직업도 다양했다. 우리 식구를 비롯해 가족 단위로도 참가했다.

그때만 해도 강원도 강릉이나 홍천, 전라도 남쪽의 해남이나 강진, 경상도 남쪽의 진주나 하동이 목적지일 때는 가는 데만 4시간이 훨씬 넘게 걸렸다. 그래서 차 안에서 자기소개와 인사를 나누고 으레 노래를 부르며 여흥을 즐겼다. 그러면 자연스레 '운동권 가요'가 등장하기 마련이었다. 〈임을 위한 행진곡〉〈그날이 오면〉〈타는 목마름으로〉〈아침이슬〉〈불나비〉그리고 〈죽창〉 등이었다. 이런 노래를 부를 줄 아는 참여자들은 그 시절 거리에서 한가락 하던 이들이었다.

특히 은행원인 김종익은 〈죽창가〉를 정말 잘 불렀다. 내가 이 노래 듣기를 좋아해서 앙코르를 외치면 서슴없이 곡조를 뽑았다. 또 민중운동사 모임이나 한문 강좌에 열성으로 참여했던 고려대 대학원의 조민(박사과정)과 박한용(석사과정)은 재미있는 얘기를 아주 잘했다. 같은 말이라도 아주 설득력 있게 해 듣는 사람들을 즐겁게 했다. 술자리에서도 분위기를 부드럽게 만들었다. 특히 박한용은 사회를 맡기면 분위기를 주도했고 사회가 아닐 때도 민중가요를 불러가며 자연스럽게 모임을 이끌었다. 또 역문연 소장을 지낸 연세대 방기중(작고) 교수의 부인이자 연구자였던 이지원 교수는 가요든 유행가든 모두 잘 불러서 인기를 한 몸에 받았다.

일행이 현지에 도착하면 늘 안내할 사람이 기다리고 있었는데, 현지 주민이나 지역 대학의 전공 교수들도 있었다. 진주에서는 경상대의 김준형 교수, 김제에서는 원평의 최순식 선생, 고창에서는 문화원장인 이기화 선생

등이 맞아주었는데, 삼남농민봉기나 동학농민혁명이나 정여립의 유적지, 선운사의 미륵상 등에 대해 구전·전설을 곁들여 아주 실감나게 설명해주었다. 때로는 현지의 토속음식과 전통주를 맛보는 즐거움도 있었다.

이렇게 1박2일의 기행을 다녀오면 역사 지식을 얻는 것은 당연하고 정서적으로도 도움이 됐다. 하지만 이런 떠들썩한 분위기를 싫어하는 참여자들은 그다음부터 자연스럽게 빠지기도 했다. 역문연의 역사기행은 한길사 역사기행과 함께 '테마가 있는 여행'의 본보기로서 1980년대 우리 사회 기행문화를 한 단계 성숙하게 끌어올렸다고 해도 과언이 아닐 것이다. 이런 단계를 거쳐서 90년대에는 동학농민전쟁 기행으로 이어졌다.

기금 마련을 위해 서화전 열어 역문연 연구 활동에 '기름칠'을 하다

1990년대 들어 역문연은 새로운 전기를 맞이했다. 전두환 정권이 '깡패집단'이었다면 노태우 정권은 '사기집단'이라 표현할 수 있었다. 하지만 '사기집단'이 일단 주먹을 자주 휘두르지 않고 말로 어르기 일쑤니 상대하기는 조금 편한 셈이었다. 그래서 역문연은 노 정권 아래에서 조금 숨을 쉴 수 있었다.

역문연은 필동에 사옥을 마련한 뒤 새로운 방향을 모색하려 했다. 먼저 '연구기금을 마련하는 서화전'을 기획했다. 그동안 대중 활동을 펴오면서 전문적 연구 인력을 확보해야 한다는 필요성이 제기됐고, 그러자면 기금이 필요했기 때문이다. 또 동학농민전쟁 100돌 기념사업을 위해서도 기금이 필요했다. 그래서 '서화전'을 여는 방법을 찾았다. 박원순 변호사에게 계속 기대기에는 너무 부담이 컸고 이사들 회비만 바라볼 수도 없었다. 마침 박원순 변호사는 휴식 기간으로 영국 유학 준비를 하고 있었다.

당시 민주항쟁의 열기를 타고 운동단체나 학술단체에서 너도나도 기금 마련을 위한 서화전을 벌이고 있어서 '남획 현상'이 일어나고 있었다. 기부하는 마음으로 작품을 사주는 사람이 늘 사주는 식이었고, 작가들 또한 작품을 내주는 작가들이 단골로 내주는 모양새였다. 이들 단체에는 말할 나위도 없이 정부가 보조금을 줄 턱이 없었다. 그래도 어쩌겠는가, 테레사 수녀도 '기금 마련이 절반의 성공'이라고 말하지 않았는가.

그렇게 해서 1989년 초부터 준비해온 서화전을 1990년 3월 마침내 열었다. 준비는 이 방면에 남다른 능력을 인정받고 있던 유홍준 교수가 맡았고, 실무는 윤해동·김경대(현재 판사)가 맡아 진행했다. 나는 부소장으로 총괄을 담당했다. 윤해동은 훗날 "이이화·서중석·유홍준 등 세 사람이 많은 기여를 했다"(《역문연 회보》13호)고 기록했다.

유홍준은 선인들의 간찰과 그림을 모으는 일에 나섰다. 민족미술인협회(이하 민미협) 소속의 박재동·신학철·김정헌·여운·임옥상·강요배·홍성담·이철수·최병수 등 화백들의 한국화, 유화, 판화 그리고 장일순 선생의 난초 그림과 신영복 교수, 김성동 작가의 글씨를 모아들였다. 나는 내가 아는 인사들의 작품을 모았다. 곧 임창순 선생, 성균관대의 이우성·이지형 교수, 서울대 법대 박병호 교수, 조규용 선생(한문학자)과 내 한문 제자인 정규철의 글씨 그리고 아치울 때부터 한문서당 제자인 김점선 화가의 그림을 받았다. 원경 스님도 글씨를 내주었다. 이우성 교수는 '역사문제연구소'의 한자를 머리글자로 넣은 자작시를 써서 주었다. 대부분 '문인 글씨'들이었는데, 프로든 아마추어든, 노장이든 소장이든 가릴 것 없이, 쟁쟁한 명사들이 서로 안면을 보고 작품을 기꺼이 내주었다.

나는 일주일 내내 전시장에 출근하다시피 하며 작가들을 접대하고 작품

파는 일에 나섰다. 내 조카를 비롯해 여러 지인들을 초청해 도움을 구했다. 그런데 민중화가 신학철의, 목이 잘려 피를 흘리는 그림을 보고 외면하는 이들도 있었다. 이를테면 '운동권 그림'이라는 것이다. 그런가 하면 여운 화백은 전봉준의 초상을 실감나게 그린 작품으로 주목을 받기도 했다.

하지만 내가 판 작품은 여럿이었으되 금액은 적은 '잔챙이들' 이어서 들인 노력에 비해 별로 빛은 나지 못했다. 어느 날 박원순 변호사는 후원자를 데리고 와서 한꺼번에 고가의 작품을 팔았고 유 교수는 화랑을 끼고 작품을 넘겨서 액수를 올렸다. 그런데 막상 결산을 해보니, 장두환 《역사비평》 사장과 원혜영 등 역문연 후원자들이 작품을 사주어, 결국은 제 살 깎아먹는 모양새가 되었다. 어찌어찌해서 판매대금은 1억 원이 넘었고 작가들에게 작은 사례를 하고 경비를 떨자 8천만 원 남짓 남았다. 이것저것 따질 것 없이 성공을 거둔 셈이다. 그 덕분에 연구 활동에 '기름' 이 돌기 시작했고 다른 단체에서는 내심 우리를 부러워하는 눈치였다.

영국 유학 준비를 하던 박원순 변호사는 후배인 이종걸 변호사(현 국회의원)를 대타로 끌어들였다. 그 뒤 이종걸은 늘 운영경비를 보태주기도 하고 모임에 늦게 나타나서 자주 술값을 치르기도 했다. 그는 말도 적고 수줍어해서 진지하고 진실해 보였지만 '꽁생원' 같다는 생각도 들었다. 이런 사람이 훗날 유능한 정치인이 된 걸 보고 내가 사람 보는 눈이 어설프다고 생각했다. 이종걸은, 전 재산을 털어 신흥무관학교를 세운 독립투사 이회영 선생의 손자인데 내가 《세계일보》에 '한국사의 주체적 인물'이라는 제목으로 연재할 때 이회영 선생을 부각시켰다. 그때는 전공자가 아닌 일반 사람들은 이회영 선생에 대해 잘 모를 때였다. 그는 이 짧은 글을 보고 감격한 듯이 보였다.

그런데 첫 전시회의 성공으로 내게는 새로운 버릇이 생기고 말았다. 동학농민전쟁 기념사업 기금, 한국전쟁 희생자 지원사업 기금 등을 마련하기 위해 여러 작가와 지인들을 괴롭히곤 했던 것이다. 그때마다 단골처럼 도와준 작가는 김정헌·여운·임옥상·강요배 등의 화가와 신영복 교수, 채의진 서각가 등이었다. 이분들은 우리 사회의 민주·민권운동을 위해 자기희생을 마다하지 않았다. 복을 받을진저. 물론 그럴 때마다 나도 아내를 '꼬드겨서' 값이 적게 나가는 소품들을 구입하기도 했는데, 오늘날에는 그 작가들이 유명해져서 제법 값이 나간다니 아내에게 조금은 덜 미안한 셈이다. 하지만 이 땅에서 돈을 가장 많이 모았다는 재벌들은 전혀 관심을 보이지 않았다.

'내부 고발자' 이문옥 총선 승리 도우러 광주로

1990년 나를 슬프게 한 사건이 또 일어났다. 그해 5월 11, 12일자 《한겨레신문》 머리기사로, 이문옥 감사관의 양심선언 사실이 실렸다. '재벌의 로비로 감사원 감사가 중단된 사실과 재벌기업의 부동산 보유 비율이 은행감독원이 발표한 1.2%보다 훨씬 높은 43.3%에 이른 것으로 추정된다'는 내용이었다. 이 연속 보도의 제보자인 이문옥이 바로 재벌 감사 담당이었다.

이 보도가 나가자 땅 투기를 일삼는 재벌기업에 대한 비난 여론이 들끓었고, 이문옥은 5월 15일 '공무상 비밀 누설 혐의'로 전격 구속되었다. 하지만 그는 검찰에서 재벌의 압력으로 관련 감사를 제대로 할 수 없었다고 진술했고, 감사관에게 압력을 넣은 '윗선'은 바로 청와대라고 추가 폭로를 했다. 시민단체에서는 이 감사관의 즉각 석방과 재벌의 비업무용 토지 소유 현황을 즉각 공개하라고 요구하고 나섰고, 그를 옹호하는 여론도 들끓었다.

1990년 5월 감사원의 재벌기업 감사 결과 은폐를 폭로해 구속됐다 풀려난 이문옥 감사관이 그해 7월 22일 김대중 당시 민주당 총재가 지켜보는 가운데 김관석 통추회의 상임대표로부터 '용감한 공무원상'을 받고 있다.

이문옥은 사실 나와 광주고 동기동창이다. 나는 그를 지지하고 정부를 규탄하는 시민대회에도 참여했고 부인에게 전화를 걸어 위로의 말을 전하기도 했다. 양심선언 20돌을 맞아 2010년 5월 11일 프란체스코 교육회관에서 열린 기념행사 자리에서 만난 이문옥이 "그때 친구들도 거의 외면하더라"고 말해서 나는 결코 그러지 않았다고 농담 아닌 진담을 하기도 했다.

이문옥의 양심선언을 계기로 '내부 고발자'라는 말이 유행어로 등장했다. 여론의 압력을 의식한 까닭인지, 다행히 이문옥은 구속된 지 두어 달 만에 '도주의 우려가 없다'는 이유로 풀려났다.

석방된 뒤에도 그는 줄기차게 파면에 항의해 복직 투쟁을 벌였고 쉼 없이 관련 사실을 알리고 다녔다. 용기 어린 행동이었다. 또 '공직신고자 보호법'을 국회에 발의하기도 했다. 나는 무엇보다 그에게 용기를 주려고 격려를 아끼지 않았다. 이문옥 감사관은 그해 7월 22일 김대중 당시 민주당 총재가 지켜보는 가운데 김관석 통추회의 상임대표로부터 '용감한 공무원상'을 받았다.

이문옥이 이런 활동을 벌이는 와중인 1992년 3월 14대 총선을 맞이했다. 앞서 13대 때 광주에서 당선된 민주당의 신 아무개 의원은 광주민중항쟁 진상규명에 별 관심을 보이지 않았고, 1987년 대통령선거에서는 김대중·김영삼 후보가 단일화를 거부하는 바람에 노태우에게 정권을 넘겨주고 말았다. 그래서 14대에서는 다음 대선을 앞두고 새로운 돌파구를 찾아야 했다. 광주의 인사들, 곧 기독교 여성운동가인 조아라 여사와 불교 민주운동가인 지선 스님 등이 민주시민후보로 이문옥을 추대했다. 이문옥은 사양했으나 끈질긴 설득 끝에 결국 받아들였다.

나는 이 소식을 듣고 광주로 달려갔다. 그때 나는 첫째, 정치지형에 따른 지역감정을 깨야 한다는 것, 둘째, 다음 대선의 승리를 위해 광주에서 무소속으로 입후보한 이문옥과 부산의 민주당 후보인 노무현이 당선돼야 한다는 지론을 가지고 있었다. 사실 나는 그때까지 결코 정치판에 뛰어들 생각을 해본 적이 없었다. 물론 기회가 없었던 것은 아니었다.

내가 이문옥 후보를 도우러 광주에 내려간다고 하자, 역문연 관계 인사들과 역사강좌에 출강하던 성심여대 교수들이 십시일반 후원회비를 모아 주었다. 나는 열심히 선거운동에 나섰다. 특히 계림국민학교에서 열린 유세에서 나는 찬조연사로 나서, 공직사회의 청렴한 기풍을 불러일으키고 지역감정을 유발하는 정치 편향을 지양하려면 광주에서 이문옥, 부산에서 노무현을 당선시켜야 한다고 역설했다.

　그때 광주 시민들의 여론은 아주 우호적이었고, 약이며 음료수며 후원금을 모아 내기도 했다. 하지만 막판에 김대중 총재가 신 아무개 후보 지지유세를 벌이자 분위기는 반전되고 말았다. 결과는 노무현·이문옥 모두 낙선이었다. 이문옥은 후일담으로 "부산에서는 김영삼 쪽으로 똘똘 뭉쳤다라는 지역감정 자극과 이문옥은 공무원 출신이어서 당선되면 민자당으로 간다는 따위 헛소문이 떠돌아 상심이 컸다"고 했다(《역문연 회보》, '시민운동가가 겪은 국회의원 선거'에서).

　이 대목에서 이문옥을 포함해 '광주고 7회 민주운동가 4인방'을 소개해야겠다. 박재승은 1971년 대선에서 김대중 후보가, 박정희가 당선되면 선거가 없는 총통제가 실시된다는 등의 유세 발언 때문에 선거법 위반으로 고발되었을 때 담당 판사로 무죄를 선고해 미운털이 박혀, 3년 동안 제주도에서 유배생활을 했다. 이후 변호사로 《한겨레신문》 감사, 대한변호사협회 회장을 지내며 민권운동가로 헌신하고 있다. 오종렬은 교사 출신으로 전교조 출범에 앞장선 이래 민주화운동과 통일운동에 열정을 바치고 있다. 또 한 친구 표명렬은 육군 정훈감 출신의 장성으로 군의 사조직인 하나회의 비리를 알리고 평화재향군인회 대표로 사재를 털어 왕성한 활동을 하고 있다.

　이들은 대체로 성격이 온순하고 정이 많은 친구들이었다. 그런데도 걸맞지 않게 왜 투사가 되었을까? 시대 탓일 게다.

6장

한국사의 흔적을 찾아서, 미개척지 중국 답사

한국사의 미개척지, 수교 전인 중국 답사

1986년 아시안게임에 이어 1988년 서울올림픽에 중국이 참가하면서 교류의 문이 열리기 시작했다. 그러나 아직 중국과 남한 사이에 정식 수교가 체결되기 전이었다. 평소 가깝게 지내는 여강출판사 이순동 사장이 중국이나 북한 관련 자료집을 낼 계획을 세우고 내게 자문을 해왔다. 그러다 나와 함께 중국을 답사하기로 뜻을 모았다.

출판사 영업직원으로 위장하다

당시에는 안기부의 허가를 받아야 중국에 갈 수 있었고, 또 학자나 문인들은 허가를 내주지 않고 기업인이나 무역하는 사람들에게만 한정해서 여행 허가를 내주었다. 나는 역사학자가 아니라 여강출판사 영업부 직원으로 위장해서 가기로 했다. 이는 새로운 모험이요 탐구인 셈이었다.

드디어 1990년 8월 초순, 우리 일행 5명은 '중국 장정길'에 나섰다. 오십 대 중반까지 '순수 토종'으로 불려온 나로서는 사실 첫 외국 나들이였다. 김포를 출발해 홍콩을 거쳐 중국 본토로 들어갔다. 베이징까지 직항이 없어서 돌고 돌아 베이징서우두국제공항에 내렸을 때는 너나 할 것 없이 들떠 있었다.

나는 천안문광장 한가운데에서 남쪽을 바라보고 서 있었다. 조선의 사신들이 남문을 통해 벌벌 기면서 자금성에 들어왔을 바로 그곳이었다. 왼쪽으로는 혁명박물관·역사박물관·마오쩌둥주석기념당, 오른쪽으로는 인민대회당이 거대한 모습으로 서 있었다. 북쪽을 향해 돌아서니 천안문이 보였고 그 너머에는 자금성(고궁박물관)이 자리를 잡고 있었다. 천안문 위의 한가운데에는 역시 거대한 마오의 초상이 걸려 있었고 그 왼쪽에는 '중화인민공화국만세', 오른쪽에는 '세계인민대단결만세'라는 구호가 붉은 바탕에 흰 글씨체로 선명하게 보였다.

동방의 대제국이 오늘날 과연 세계 인민의 공화국이 됐을까? 이곳저곳을 돌아보며 우리 일행은 감탄도 해보였으나 나는 "큰 것만이 위대한 것은 아니다"라고 중얼거리고 있었다. 질투가 아니었다. 백성을 사랑하는 마음은 어디에 있어야 하는가? 이렇게 금기둥을 세우고 대리석을 간 화려한 궁궐을 지었다고 인민을 사랑하고 정치를 잘한 게 아닐 것이다. 더욱이 이화원을 둘러볼 때는 '나라가 망해가는데 이런 화려한 황실 별장을 짓다니······.' 근대 초기 중국이 서구 제국주의 국가에 유린당한 게 마땅했다는 느낌마저 들었다.

만리장성은 그렇다 치고, 지하 50미터 아래에 조성한 13릉의 하나인 정릉(만력황제릉)을 보고는 역사학자로서 혀를 차지 않을 수 없었다. 중국에서는 흔히 조일전쟁(임진왜란) 때 조선에 군대를 보내면서 국력을 소모해 명나라가 망했다고들 한다는데, 30년 동안 이 화려한 묘를 짓느라 엄청난 국력을 소모해 왕조가 자멸했던 것은 아닐까. 그것이 문화유산은 될지언정 '인민을 위한 정치의 표상'은 아닐 것이다.

베이징·선양·단둥서 '역사의 흔적'을 좇다

이순동 사장은 자기 나름의 계획이 따로 있었다. 그래서 먼저 민족출판사를 방문했다. 국영이어서인지 거대한 규모였다. 민족출판사의 조선어 출판 책임자인 한국선 선생을 만났다. 한 선생은 처음에는 탐탁하게 여기지 않았다. 남쪽 사람들이 찾아와서는 출판에 대해서는 거의 물어보지도 않고 사진만 찍고 가더라고 말했다. 이곳에서 조선어로 찍어낸 책들로는 『조선어 사전』이나 박지원의 『저작선집』, 『야담집』 등이 보였다. 1950년대에 설립된 이 출판사에서는 그때까지 3천여 종을 찍었는데 소수민족 출판물 중에서는 발행 종수와 부수로 따져볼 때 조선어 책이 가장 많다고 했다. 그 책의 내용을 훑어보니 우리말 문장이 매우 아름답고 구수하게 구사되고 있었다. 조선족 동포 작가와 번역가들이 참여한 덕분이었다.

다음에는 베이징 대학의 조선문화연구소를 찾아갔다. 활동은 미약해 보였지만 나름 조선어언문학 전공자들의 중심 활동 공간이었다. 다만 남쪽에서 보내준 책들이 정리가 되지 않은 채 수북하게 쌓여 있었는데, 여강출판사나 아세아문화사에서 보내준 자료들은 비교적 정리가 잘되어 있었다. 특히 베이징 대학 구내에는 서울의 대학들처럼 대자보가 곳곳에 붙어 있어 눈길을 끌었다.

베이징에 살고 있는 조선족의 사정도 궁금했다. 그 무렵 베이징 시내에는 5천여 명의 조선족이 살고 있었는데 대학생이나 직장인이 대부분이었다. 이들은 거주 이동만 허락하는 중국법에 따라 호적은 옮길 수 없었다. 그래도 조선족은 다른 소수민족들보다 안정된 생활을 누리고 있는 편이었다. 교육열이 높아서 조남기 같은 고위 장성 또는 장관급도 여럿 배출했다. 1년에 두 차례, 곧 설이나 추석날이면 700~800명이 모여 윷놀이·널뛰기·그네

타기 등 우리 전통 풍습을 즐긴다고 했다.

일행은 베이징에 그렇게 점만 찍은 채 선양으로 향했다. 비행기는 요동반도를 거쳐 끝도 없는 옥수수밭 위를 날았다. 선조들이 말 달리던 고구려 땅이 아닌가? 선양에서는 요녕민족출판사의 전정환 등이 우리를 안내했다. 우리는 북릉과 고궁박물관과 심양박물관을 돌아보았다. 북릉은 조청전쟁(병자호란) 때 우리나라를 침략해 남한산성 아래에서 인조로부터 항복을 받아낸 침략자 태종의 무덤이지만, 청나라를 세운 여진족은 영웅으로 받들고 있다. 우리 왕릉과는 비교할 수 없을 정도로 거대하고 화려했다. 해마다 6월이면 인근 조선족 5천여 명이 모여 민족축제를 벌이는 장소로 이용하고 있었다.

고궁박물관은 바로 청조의 궁궐을 박물관으로 개조한 곳이다. 물론 경복궁과는 비교할 수 없을 정도로 화려하고 규모가 컸지만, 우리 궁궐이 자연미를 살린 데 비해 인공적이어서 분위기가 달랐다. 나는 안내원이나 전정환 등에게, 조청전쟁 당시 인질로 잡혀온 소현세자와 척화파-주화파로 갈라져 갈등을 일으키다가 잡혀온 김상헌·최명길 등이 살거나 갇혀 있던 감옥을 확인하고 싶었지만 아무도 아는 이가 없었다(다행히 훗날 두 곳 다 발굴돼 요즘엔 안내를 받을 수 있다).

선양박물관에는 만주 일대에서 일어난 왕조들, 곧 고구려·발해·요·청의 유물을 전시하고 있었는데, 나는 고구려와 발해의 공간에서 많은 시간을 보내면서 메모를 하고 사진을 찍었다. 이때까지는 아무런 제약을 받지 않았다. 아직은 '동북공정(東北工程)'이 시작되지 않아서 경계하지 않았던 것이다.

정작 내 관심은 다른 데 있었다. 바로 시내 외곽에 있는 서탑거리였다. 이

중국 선양의 조선족 밀집지역인 서탑거리의 2001년 모습. 1992년 한중 수교 이후 교역의 중심지로 떠올라 화려하게 번창했다.
《한겨레》 자료사진

곳은 조선 후기부터 조선 사람들이 모여 살던 곳이다. 하지만 일정에 쫓겨 밤이 돼서야 서탑에 가보니 가로등도 거의 없어서 훗날을 기약하고 돌아서야 했다. 두 번째 답사 때는 현지 시장과 조선족이 경영하는 식당에서 음식을 맛보기도 했다. 조선족은 아파트에서 집단으로 거주하고 있었다. 그 뒤로 나는 단골처럼 이곳을 찾았는데 요즈음에는 화려한 거리로 바뀌었다.

우리 일행은 화평구 북마일로에 있는 요녕민족출판사를 방문했다. 이곳 주변에는 일제 때 건물이 즐비했다. 그날 저녁 우리는 출판사 관계자들의 초대를 받았는데 장소는 북대가에 있는 천지(天池) 대주점이었다. 이 주점은 중국과 북한이 합작해서 경영하고 있었다. 우리는 흥겹게 떠들고 마시고 춤추며 노래를 불렀다. 아리따운 조선족 출신 여성인 김영 사장이 나와 환영 인사를 했고 조선족 출신 종업원 아가씨의 간드러진 노래도 들었다. 전정환은 당시 북한의 최신 유행가 〈휘파람〉을 들려주었다.

우리는 다시 봉천참에서 단둥행 기차를 탔다. 애초 압록강 일대는 답사 일정에서 빠져 있었는데 내가 강요하다시피 해서 간 것이다. '단둥(丹東)'은 중화인민공화국이 들어선 뒤 옛 이름인 '안동(安東)'(동쪽을 편안케 한다는 뜻)을 '동쪽을 붉게 한다'는 뜻으로 바꾼 것으로, 중국의 저의가 엿보이는 개명이었다.

북-중 국경을 가로지르는 압록강에는 다리가 두 개 놓여 있었다. 하나는 1911년 일제가 대륙 침략의 가교로 놓았는데 한국전쟁 때 미군의 폭격으로 파괴되었다. 이를 복구하지 않고 '미제 침략'을 상기시키는 전쟁 기념물로 보존하고 있었다. 또 다른 다리는 1943년 완공됐는데 한국전쟁 때 포탄을 맞았으나 보수해서 통행로로 이용하고 있었다.

이 다리 입구에 북한으로 들어가는 해관(海關)이 있다. 해관 앞까지 가보니 북한의 보따리장수들이 긴 줄을 이룬 채 짐 검사와 도강증을 확인받고 있었다. 나는 한동안 방관자처럼 그들을 바라보고 있었다. 그들 역시 나를 의식하지 않은 듯 일에 열중할 뿐이었다.

압록강 유람선에서 북녘 바라보며 '눈물바람'

북-중 경계인 압록강변 단둥의 해관 앞에서 발길을 돌린 우리 일행은 유람선 타는 곳으로 갔다. 유람선은 하류를 돌아 신의주 주변까지 다가갔다 위화도를 돌았다. 북한 땅을 바라보니 '묘향산각'이라 쓰인 큰 건물 앞에서 학생과 시민들이 떼를 지어 움직이고 있었다. '위대한 주체사상 만세'라거나 '조중친선만세' 같은 붉은 글씨로 쓴 펼침막도 보였고, 한가로이 낚시질을 하는 사람들도 있었다.

이 유람선에는 슬픈 사연이 많이 얽혀 있었다. 한 이산가족이 단둥에서 북한에 있는 친지들에게 전화를 걸어, 몇 날 몇 시에 유람선을 타고 형은 노

한국전쟁 때 폭파된 압록강 철교 사이를 지나는 유람선. 건너편이 북녘 땅 신의주다. 《한겨레》 자료사진

란 깃발, 누나는 빨간 깃발을 흔들 테니 북쪽의 어머니와 동생은 강 언덕으로 나와 손수건을 흔들어달라고 서로 약속을 했단다. 마침내 약속한 날이 되자 한쪽은 유람선에서, 한쪽은 강 언덕에서 손수건을 흔들어댔다. 유람선이 차츰 멀어지자 강 언덕에 있던 친지들은 땅바닥에 주저앉았고 유람선에 있던 이들도 통곡으로 화답했다. 이런 사연들이 수없이 많았다.

내가 북쪽에 대고 손을 흔들었더니 더러 손을 흔들면서 대꾸를 해주는 이들도 있었다. 목이 자꾸 울컥거리는가 싶더니 끝내 나는 손수건을 꺼내 눈물을 닦았다. 그러다가 억제하지 못하고 어깨를 들썩이면서 서럽게 울고 말았다. 옆에 있던 중국 관광객들이 애처로운 눈으로 바라보기도 했다. 그들은 내 가족이 북한 땅에 있는 것으로 지레짐작한 것 같았다. 우리 민족이 무슨 업보를 졌다고 이렇게 오래 분단된 상태로 때로는 전쟁까지 벌이면서 혈육끼리 헤어져 살아야 한단 말인가?

훗날 두 번째로 박완서 선생과 왔을 때도 내 눈물병이 도져서 다시 서럽게 울었더니, 박 선생이 기행문에 "사내가 저처럼 서럽게 우는 걸 처음 보았다"고 써서 작은 화제가 되기도 했다. 하지만 나를 보고 '감상적 민족주의에 젖어 있다'고 말하지는 말라. 제아무리 그럴듯한 용어를 붙여본들 민족의 비극 앞에서 무슨 의미가 있겠는가?

이쯤에서 압록강의 섬에 대해 알아두어야 할 사실이 있다. 1962년 북한과 중국은 국경조약을 맺으면서 압록강과 두만강에 있는 섬들에 대한 의정서도 교환했다. 모두 451개의 섬 중에서 북한 영유 264개, 중국 영유 187개로 확정했다. 압록강에는 205개의 섬이 있는데 그 3분의 2쯤이 북한 땅이 되었고, 압록강의 섬 중에서 가장 큰 입구의 비단섬과 위화도도 포함되었다.

연길에서 조선 민족의 정을 느끼다

우리는 선양공항에서 연길행 비행기를 탔다. 겨우 30명 남짓 태우는 구형 프로펠러 항공기여서 비행이 아니라 곡예를 하는 느낌이 들었다. 하지만 이 비행기가 아슬아슬 백두산 언저리를 돌아갈 때는 가슴이 울렁거렸다. 마침내 연길공항에 내려 밖으로 나오자 곳곳에 한글 간판과 초가가 보여 반가웠다. 전발(電髮·파마), 단고기 간판이 눈길을 끌었다.

이곳의 유일한 호텔인 백산호텔은 예약하지 않으면 방을 잡을 수 없을 정도로 남쪽에서 온 사람들로 붐볐다. 연길은 당시 동북지대에만 180만 명의 동포가 사는 조선족자치주의 주도이니만큼 알아볼 것과 장사할 거리가 많을 수밖에 없었다. 우리는 참으로 바쁘게 연길 시내를 돌아다녔다. 모험에 나선 소년처럼 나는 너무나 신기하고 재미있었다. 구수한 된장 냄새가 코를 자극하는 조선 식당도 널려 있었다.

우리는 조선족의 가정집에도 가보았다. 동행한 최경환(김대중평화센터 공보실장)의 숙부인 최서준 선생의 초대를 받았다. 연길시 외곽에 있는 그의 집은 연립주택처럼 잇대 지은 단층집이었다. 살 만해 보였지만 공용화장실은 우리를 질색하게 만들었다. 최 선생이 기르던 개를 잡아 개고기 요리를 푸짐하게 담아 내왔다. 조선족들은 모두들 아기자기하게 정이 넘치게 살고 있었다.

연변대학에 가서 민족연구소의 박창욱 교수 등을 만나 여러 얘기를 들었다. 또 연변대 도서관장인 최정국 선생을 만나 자료들을 알아보기도 했는데 마침 북한에서 완간한 『리조실록』이 눈길을 끌었다. 타이항 산 지구에서 조선의용군으로 일본군과 싸우다가 다리를 다친 원로 작가 김학철 선생과 「몽당치마」로 명성을 얻은 중견 작가 임원춘 선생도 만났다.

해란강을 맴돌아 용정에 가서는 용두레우물과 대성학교를 둘러보면서 우리 동포의 이주 역사와 민족교육의 현장에 서 있는 감회에 젖기도 했다. 또 용정에 있는 일본영사관의 옛 건물을 찾아보고 이곳까지 뻗친 일제의 간악한 식민지 지배를 떠올리기도 했다. 하지만 이런 잡다한 얘기보다는 민족모순이 엉킨 현장 얘기가 좀 더 실감이 날 것이다.

38주 들이켜며 "네 두만강에 물노라" 읊조리는 밤

이번에도 내 주장에 따라 우리 일행 세 사람은 연변대 최정국 도서관장의 안내를 받으며 훈춘을 거쳐 두만강변 투먼(圖們, 도문)으로 향했다. 투먼에는 당시 인구 7만여 명 가운데 조선족이 70퍼센트나 살고 있어서 온통 '조선 냄새'가 풍겼다. 우리는 맨 먼저 투먼의 해관 앞에 놓인 국경의 다리로 달려갔다. 해관 앞에는 푸른 제복에 김일성 배지를 단 북한 사람들이 늘어서 있었다. 한 청년이 다가와 어디서 왔느냐고 묻기에 서울에서 왔다고 하고 서로 반갑게 악수를 했다. 그는 통일을 빨리 해야 한다고 묻지도 않은 말을 했다. 그에게 담배와 라이터를 꺼내 주면서 정표이니 받아달라고 말하자 그도 내게 만년필을 쑥 뽑아 주었다. 북쪽에서는 한 달 치 월급에 해당한다는 '만경대' 제품이었다.

경비병의 안내를 받아 다리 중간 북-중 경계선에 이르렀을 때 나는 슬쩍 북쪽 경계 안으로 발을 들여놓았다. 그러자 경비병이 깜짝 놀라 제지했다. 그렇게나마 북녘 땅을 밟아본 셈이었다. 다리 건너편은 온성군 남양이었는데 김일성 초상이 큼직하게 보였다. 강변에 세워진 '조중변경' 또는 '조중우의'라는 간판이며 두만강 누런 물을 보면서 눈물을 삼키기도 했다. 도대체 이따위 모순은 어디에 근거한 것인가?

점심때 최 관장은 '38주'를 주문하더니 "알코올 38도의 술로 38선을 무너뜨립시다"라고 건배사를 했다. 그는 밤에 마시고 실컷 울라며 38주 한 병도 챙겨줬다. 우리는 해관초대소(호텔)에서 묵었는데 시내 구경을 하고 들어오니 북에서 몸 팔러 온 처녀 애가 빨간 입술로 웃음을 흘렸다. 그 모습에 가슴이 내려앉는 듯 아팠다.

방으로 올라온 나는 혼자 38주를 연거푸 들이켜고는 컴컴한 북한 땅과 두만강 물을 바라보면서 실컷 울었다. 무산으로 달리는 숨 가쁜 기적 소리가 더욱 흐느낌처럼 들렸다. "기사년 육진에 큰 흉년이 들어서/ 남녀노소 샛섬을 건너는 적/ 두만강은 주검을 싣고 목이 메였느니라는……" 하고 외쳤던 연길의 시인 리욱(李旭, 본명 이학성)의 〈옛말〉을 따라 읽었다. 여기의 기사년은 1867년, 샛섬은 간도를 말한다. 또 다른 조선족 시인 임효원(任曉遠)이 투먼역에서 읊었다는 시 구절을 읽고는 그만 목이 메었다.

> 철없던 그 시절
> 비 내리던 그 저녁
> 꼴 지고 소 몰아
> 말없이 걸어오던 그 산굽이길……
> 산 설고 물 설은
> 타관 천리에
> 몸이 팔려 울고 가던
> 누님의 그 얼굴이 서럽게
> 서럽게 일어서는 산굽이길
> 주절주절 비가 내리는
> 도문역에 서면
> 떠나가신 누님이 생각난다

여기서 형상화한 누님은 가난에 찌든 우리 겨레의 여인이었다. 이튿날 아침, 옆방에서 잔 안대옥(고대민족연구소 연구원)은 밤새 내가 한 짓을 눈치 챘는지 거듭 말을 걸면서 위로하려 애썼다. 배려가 깊은 젊은이다.

남의 땅 휘휘 돌아 백두산에 오르니 안타깝기 그지없어

이튿날 8월 18일, 일행은 최종 목적지인 백두산으로 내달렸다. 산 넘고 물 건너 백두산 들머리인 이도백하에 이르니, 입구에 '장백산 간개(簡介)'라 쓴 안내판이 서 있었다. 그런데 안내글을 보고 나는 깜짝 놀랐다. 만주

1990년 8월 18일 마침내 백두산 천지에 올랐다. 옆은 중국 기행을 주선하고 동행한 여강출판사 이순동 사장(왼쪽).

일대에서 살았던 여러 민족이 장백산을 신령스럽게 받들었다는 내용이었는데 조선족 얘기는 쏙 빠져 있었다. 더욱이 조선족자치주 지역에 세운 것이 아닌가? 나는 씁쓸했다(훗날 관할 주정부에 항의해 고치기는 했다).

장백폭포로 향하는 입구로 들어서니 미인송이 빽빽하게 늘어선 가운데 도로 공사가 한창이었다. 우리가 탄 차는 스케이트장 앞에서 멈추었다가 풍구를 지나 기상참(특별기상대) 아래에서 멎었다. 여기서부터 10분 남짓 걸어 올라가면 백두산의 정상이요 천지라고 했다. 경사 45도가 넘는 가파른 언덕 길을 뒤뚱거리면서 올라갔다. 숨이 차고 가슴이 답답했다. 그리고 마침내 천지였다.

아, 눈이 탁 트인다. 천지, 이 물이 검은가, 푸른가? 크고도 신비롭다. 맑은 하늘, 검푸른 바위, 높고 웅장한 산과 짙고 깊은 물, 자연의 조화가 하나의 위대한 작품을 빚은 것이리라. 우리 일행은 천문봉 아래 약간 평퍼짐한 곳에 우뚝 섰다. 나는 흐르는 눈물을 주체할 수 없었다. 차를 타거나 걷기 20시간 남짓 만에 오른 산, 북녘 우리 땅을 밟아 왔다면 시간이 얼마나 걸렸을까?

그때 돌아와서 쓴 백두산 기행문의 한 대목을 다시 읽어보니 감회가 새롭다. 서울에서 백두산까지 140킬로미터 되는 거리를 제 나라 땅을 거치지 못해, 어림잡아 12배쯤 돌아서 갔으니 하나의 희화일 것이다. 이 무슨 민족사의 장난이란 말인가?

나는 서울에서 가져간 고량주와 오징어를 펴놓고 잔을 올린 뒤 세 번 절을 했다. 술을 천지로 뿌리니 세찬 바람이 술방울을 휘몰아 다시 내 얼굴과 눈에 뿌려졌다. 그런데 다른 이들을 보니 태극기를 펼쳐 흔들기도 하고, 제수를 차려놓고 천제(天祭)를 지내기도 했다. 하지만 뭔가 지나친 행동으로 보였다. 정신을 가다듬은 나는 북쪽과 경계를 짓는 천지의 중간을 살펴보고 남쪽에 우뚝 선 장군봉(옛 병사봉)을 바라보기도 했다.

천지 앞에서 한 시간쯤 머문 뒤 내려온 우리는 장백폭포 쪽으로 갔다. 폭포 아래 맑은 물에 발을 담그기도 하고 솟는 온천물에 삶은 달걀을 까먹기도 했고 소천지를 둘러보기도 했다. 밤에는 마침 훈춘에서 온 동포들과 어울려 춤도 추고 노래도 불렀다. 그날 밤 간이호텔에서 묵은 감회는 여기에 다 쓸 수가 없다.

북-중 국경조약 따른 '백두산 분할'의 이면

이 대목에서 백두산을 중심으로 1962년 북한과 중국이 맺은 국경조약(조중변계조약)을 살펴보자.

1712년 청나라는 서남쪽으로 정복전쟁을 활발하게 전개하면서 백두산 남쪽에 정계비(定界碑)를 세웠다. 그런데 '천지에서 압록강과 토문강의 발원지를 경계로 삼는다'고 기록해놓았다. 바로 이 '토문강의 발원지'가 분쟁의 씨앗이었다. 토문강(土門江)은 청나라 사람들이 송화강 상류로 보는 발원지여서 두만강과 구분되었다. 토문강 발원지를 분계로 본다면 간도 일대는 조선령이 되는 것이다. 뒤늦게 이를 알아차린 길림성 당국에서는 토문강을 도문강 곧 두만강으로 해석하는 억지를 부렸고 여러 차례 조선 관리를 불러 강변했다. 하지만 조선의 감계사인 이중하 등은 그 부당성을 지적하고 항변했다. 그러자 1908년 청은 멋대로 백두산 정계비보다 훨씬 남쪽을 국경으로 가르고는 이듬해 일본과 간도신협약을 맺었던 것이다. 그리하여 삼지연 바로 위쪽까지 국경선이 되었다. 일제는 그 대가로 남만주철도 부설권과 무순탄광 개발권을 거머쥐면서 아무런 이의를 제기하지 않았다.

　1962년 들어 북한과 중국은 정식으로 국경조약을 맺었다. 그 결과 국경선 1,369킬로미터를 확정했고 강 안의 섬과 모래섬은 육지와 가까운 곳과 거주 주민의 비율에 따라 각기 자국의 영토를 결정짓기로 하고 국경의 강은 공동으로 관리하기로 합의했다. 6개월 동안 실측 조사를 한 끝에 백두산 천지는 북한 영유 54.5퍼센트, 중국 영유 45.5퍼센트로 갈랐고, 모두 451개의 섬은 중국 영유 187개, 북한 영유 264개로 확정했는데 면적으로는 북한이 6배 정도를 확보한 셈이었다. 또 요소요소에 경계비(국계비)를 세우고 출입국 관리소는 15곳을 두게 했다.

　당시 북한과 중국은 토문강 논쟁을 접어두고 두만강 상류로 국경을 확정했다. 압록강 발원지와 그 아래 협곡을 국경으로 결정하는 문제는 별다른 이의가 없었다.

사실 이 조약은 김일성과 저우언라이가 중심이 되어 맺은 비밀조약이었으나 문화대혁명 시기 이를 주선한 연변조선족자치주 초대 주석 주덕해(朱德海)가 책임을 뒤집어쓰고 1972년 베이징 감옥에서 옥사했다. 이 조약에서 문제로 떠오른 것은 토문강을 두만강으로 인정한 부분이었고 백두산(천지)의 반쪽을 넘겨주었다는 비난(주로 남쪽)이 퍼부어졌다. 과연 그럴까? 적어도 엉터리였던 간도신협약에 따른 국경선은 아니었다는 것, 한국전쟁 때 중국군의 지원에 은혜를 갚는 문제와는 별개로 이루어졌다는 것은 알아둬야 한다.

나는 일행에게, 태극기를 흔들면서 '백두산은 우리 땅'이라 외치거나 펼침막에 '고구려는 우리 땅'이라 쓰고 다니는 행위는 분쟁을 낳을 소지가 있으니 조심해야 한다고 말해줬다. 하지만 불행하게도 이런 행동들이 되풀이되면서 2000년대 들어 기어코 중국이 '동북공정(東北工程)'을 들고 나오게 됐으니 안타까운 노릇이다.

귀국길에 상하이에서 독립지사의 발자취를 만나다

나는 '상하이'라는 단어만 들어도 가슴이 울렁거렸다. 상하이는 대한민국 임시정부가 있던 곳, 독립지사들의 발자취가 어린 곳, 우리 동포들이 나라를 잃고 떠돌던 곳이 아닌가? 호기심에 들뜬 우리 일행은 '상하이물자무역중심' 건물에 있는 호텔에 짐을 풀었다. 여름 끝물인데도 날은 무더웠다. 거대한 이 건물은 한창 짓고 있는데도 완성된 층부터 호텔로 이용하고 있었다. 시내는 베이징보다도 더 북적거렸다. 거리는 차도와 인도를 가릴 것 없이 자동차와 자전거와 보행자로 뒤엉켜 있었다. 혼란의 도가니였다.

저녁식사는 호텔 식당에서 했다. 우리는 쌀밥을 시켰는데 옆에 앉은 안대옥 군이 밥에서 무언가 가려내고 있었다. 바로 바구미였다. 그러고 보니 내 밥그릇에도 시커먼 바구미가 많이 보였다. 그릇에 이빨이 빠진 것은 그들 말대로 행운이라 치더라도 바구미를 일지 않았으니 참 한심한 일이었다. 우리는 결국 밥을 먹을 수 없었다. 하는 수 없이 상하이 뒷골목으로 가 서울의 맛과 비교도 할 겸 자장면을 파는 식당을 찾았다. 그런데 식당 문 앞에 이르니 주인이 마침 함지박에 그릇을 씻고 있었는데, 그릇을 헹구는 물에는 기름이 둥둥 떠 있었고 이 물에 대나무 젓가락을 한두 번 휘젓고 꺼내는 것이 아닌가. 우리는 끝내 자장면을 먹지 못했다. 그 무렵에는 이랬다.

이튿날 프랑스 조계가 있었던 곳으로 택시를 몰았다. 마당로에 이르자 서양식 건물이 곳곳에 보였다. 프랑스 조계지임을 한눈에 실감할 수 있었다. 마당로 보경리의 4호를 겨우 찾아냈다. 3층의 이 집이 바로 1926년 임시정부가 옮겨와 1932년 윤봉길 의사의 의거로 철수할 때까지 청사로 썼던 집이다. 그런데 문 앞에는 화분 하나만 덜렁 놓여 있고 아무런 안내 표시도 없었으며 주인도 일터에 가고 없었다. 세를 사는 주민의 허락을 얻어 세 층을 두루 둘러보았으나 아무도 설명해주는 이가 없었다.

나는 씁쓰레한 마음으로 이곳에서 멀지 않은 홍구공원으로 발길을 돌렸다. 공원 이름은 루쉰공원으로 바뀌어 있었다. 나는 루쉰의 동상 앞으로 갔다. 이 동상 뒤에 루쉰의 무덤이 있다. 마침 우리 동포로 루쉰기념관에서 일하는 남기철이라는 젊은이를 만나 윤봉길 의사의 거사 장소를 물어봤다. 그는 우리를 루쉰 동상 앞으로 이끌더니 이곳이 바로 거사 장소라고 했다. 이곳 노인들에게서 들었다고 했다. 나는 답답한 가슴을 쓸어안고 동상 앞을 맴돌면서 이곳에 윤봉길 기념관이나 동상을 세워야 한다고 중얼거렸다(훗날 이 꿈은 이루어졌다).

1922년 황푸 강 부두에서 일본군 육군대장 다나카 기이치(왼쪽·훗날 총리대신 시절)의 암살을 시도했던 3명의 의열단원 중 한 사람인 김익상 선생(오른쪽).

호텔에는 또 은정덕이라는 복무원(종업원)이 있었는데 그 어머니가 조선 족으로 이곳 우리 동포의 사정을 잘 안다고 소개를 받았다. 그래서 다음날 그의 어머니 조성희 여사가 우리를 찾아왔다. 서울 말씨를 그대로 쓰고 있는 그는 우리를 홍구공원 가까이에 있는 곳, 곧 중주로에 있는 인성학교(중주로소학교)로 안내해주었다. 조 여사가 잘 아는 중국 여성인 양영진 선생은 이 학교 교사로 20여 년을 근무했는데 지금도 학교 옆에 살고 있었다. 그에게서 많은 얘기를 들을 수 있었다. 이 학교는 1913년 박은식 등이 박달학원이라는 이름으로 개교를 한 뒤 1918년 인성학교로 이름을 바꾸었다. 바로 우리 동포들이 세운 초중등 교육기관으로 우리말과 우리 역사를 가르쳤다. 두 분의 말에 따르면 중화인민공화국이 들어선 뒤 북한 인사들이 와서 교민 교육기관으로 삼았다가 경영난으로 1979년 문을 닫았다고 한다.

다음에는 황푸 강(黃浦江)으로 나갔다. 황푸 강은 상하이의 상징이다. 한강과 달리 도시 중심가를 가로지르며 여객선이 무수하게 드나든다. 왜 이곳을 찾았던가? 나는 상하이 객운총참으로 나왔다. 예전에는 이곳을 '황포탄 홍구 공공부두'라 불렀다. 이곳은 육지로는 충칭과 한구, 바다로는 칭다오와 다롄으로 이어주는 여객선이 출발하는 곳이다.

'임시정부 시절, 상하이에 머물고 있던 의열단 단장 김원봉은 1922년 3월 일본 육군대장으로 중국에 있는 일본군의 최고 지휘자인 다나카 기이치가 상하이에 온다는 첩보를 입수했다. 김원봉은 단원인 김익상·오성륜·이종암을 부두 세 군데에 배치해 다나카를 저격하게 했다. 3월 28일 오후 다나카가 탄 윤선이 부두에 닿자 환영객들이 몰려들었고 틈을 엿보아 세 사람이 권총을 차례로 쏘았으나 앞을 지나던 영국 여성만 애꿎게 총을 맞고 죽었다. 현장에서 체포된 오성륜은 곧 탈옥했고 김익상은 16년 옥고를 치르고 귀국한 뒤 실종됐다. 이 사건으로 의열단은 명성을 얻었으나 일제는 그 조직을 탐지하게 됐다.'

68년 전 거사가 이루어졌던 바로 그 현장에서 나는 황푸 강의 시커먼 물을 바라보면서 한동안 상념에 젖어 있었다.

박완서·송우혜 선생과 함께한 두 번째 중국 답사

1991년 7월 5일부터 8월 2일에 걸쳐 이어진 두 번째 중국 답사는 일행이 조금 달랐다. 1차 중국 답사에서 너무나 미진한 부분이 많았던 나는 두 번째 답사를 준비하면서 박완서·송우혜 두 작가 선생과 함께 가기로 뜻을 모았다.

우리는 용정의 윤동주와 송몽규의 묘소를 찾기도 하고 투먼의 국경 다리에도 갔다. 먼저 연길 시내 외곽의 아파트에 살고 있는 조선의용군 출신 작가 김학철 선생을 찾아뵈었다. 그분은 우리를 만나자마자 김일성을 욕하는 말로 시작했다. 그 자신 김일성에게 숙청당한 연안파로 몰려 중국으로 망명해온 처지였다.

연길에서 작품 활동을 하는 임원춘 선생과 일정에 맞추어 먼저 훈춘으로 내달렸다. 우리는 연길 검사들의 안내에 따라 인민검찰원의 여성 검사인 이복순과 함께 여기저기를 돌아보았다. 그리고 점심시간이 되어 중심가에 있는 모란봉식당으로 들어갔다. 북한과 합작으로 운영하는 식당이다.

난생처음 맛본 '두만강 물고기'와 두만강 국경 지대의 역사

식당에는 방마다 구주성(龜州城) 등을 그린 역사기록화가 걸려 있었다.

음식은 종류도 많았는데 잉어회는 처음에는 아무도 손을 대지 않았다. 두만강에서 바로 잡아 아직도 숨을 뻘떡뻘떡 쉬고 있었던 것이다. 나와 임 선생이 한 마리를 거의 먹어치웠다. 내 인생 최초로 두만강 물고기를 먹는 게 신이 났던 것이다. 복무원 소녀는 간드러지게 〈꽃 파는 처녀〉를 불렀다.

우리는 발길을 투먼의 뱃놀이터로 돌렸다. 한 여성이 두만강 물을 바라보면서 서럽게 울고 있었다. 남편의 뼛가루를 두만강 물에 뿌렸다는 사연이었다. 이 언저리에 사는 조선족들이 죽은 영혼이라도 고향 가까이 가라는 뜻으로 치르는 장례 풍습이었다. 송 선생은 이 사연을 들어서인지 덩달아 울어댔다. 누가 더 서러운지 분간할 수 없었다.

이쯤에서 두만강 국경 지대의 약사(略史)를 살펴보자. 간도의 용정을 가로질러 흐르는 해란강은 투먼에서 두만강과 합류한다. 투먼에는 북한의 온성군 남양으로 통하는 육교가 있고 다리 양쪽에 북-중 사이 15개 관문의 하나인 출입국관리소가 있다. 현재 이곳은 두만강 지역에서 사람과 물자가 가장 많이 왕래하는 곳이다.

온성군에 속하는 북한 땅은 오지여서 마을조차 보이지 않으나 일광산 정상은 시민 관광지가 되었다. 토사는 연달아 쌓이는 것 같고 강물은 흙탕이었지만 철조망은 보이지 않았다. 또 국경도시인 투먼과 훈춘의 두만강변엔 양쪽 모두 초라한 마을이 흩어져 있었고 아스팔트 도로도 단순하게 뻗어 있었다. 두만강 상류로 올라가는 작은 도시인 경신에도 북한과 통하는 출입국관리소가 있으나 초라했다. 경신을 지나 중국의 변경인 방천(防川·훈춘 시에 속함)으로 다가가자 새로운 철조망이 펼쳐져 있었다. 바로 중국과 러시아의 국경이었다. 이 철조망은 일직선이 아니라 요철로 늘어서 있다. 전망대로 올라가니 언저리에 1860년 러시아에게 영토를 내준 역사적 사실, 토계비를 중심으로 국경에 대한 설명 등이 새겨진 돌비들이 늘어서 있다. 중국인의 경각심을 불러일으키려는 의지가 엿보였다. 거대한 세계 제국 중국이 열강에 시달린 끝에 종이 한 장에 유럽의 다뉴브 강 주변보다 더 큰 영토를 내주었으니 참으로 통탄스런 일이었을 것이다. 오늘날의 연해주를 포함한 러시아 동남부 시베리아 영역이다.

지워진 '홍범도 장군 공적' 봉오동 전장서 확인하다

우리 일행은 방천의 전망대 위에서 중국 국경이 끝나는 지점인 토계비와 하산의 러시아 해관과 두만강 하구를 바라보았다. 하산역은 북한의 청진·나진에서 시베리아의 부동항인 블라디보스토크와 하바롭스크를 거쳐 모스크바를 잇는 시베리아 철도의 출발 지점이다. 최근 남쪽에서 부설한 동해철도의 연장선이기도 하다.

러시아 해관 건물 건너편에 두만강 철교(지금은 조-러우의교友誼橋)가 가로놓여 있었다. 두만강 철교 바깥에 아스라이 단애와 동해가 보였는데 바로 그곳에 녹둔도(鹿屯島)가 있다. 녹둔도는 삼각주로 이루어진 섬으로, 옛 기록에는 섬 둘레 2리, 수면에서 10자쯤 되는 섬이라 했는데 여의도의 두 배쯤 된다는 기록도 보인다.

세종 시기 6진을 개척한 뒤 녹둔도라 부르면서 군사를 주둔시켜 전진기지로 삼았다. 처음에는 군사를 주둔시켜 여진의 침입을 막으면서 주민은 낮에 농사를 짓고 밤에 돌아오게 했는데, 차츰 주민을 이주시켜 19세기에 들어서는 민가 110여 호에 인구 822여 명이 살았다. 이곳 주민들은 농사와 어업과 소금 제조로 생계를 이었다. 1587년에는 여진족이 침입한 녹둔도 사건이 일어나기도 했고 이순신도 한때 이곳에서 만호로 봉직했다. 그 아래 서

수라와 조산과 연계하는 최전방 방어의 요충지였던 곳이다.

　18세기부터 두만강 상류의 토사가 쌓여 하구 안의 대안과 연결되었다. 참고사항 한 가지를 말하면 「대동여지도」에는 녹둔도를 하구와 떨어진 바깥 바다 쪽에 그려놓았는데 이는 김정호가 실측하지 않았음을 증명한다. 1860년 청은 베이징조약을 맺으면서 녹둔도마저 러시아에 넘겨주었다. 국제법상 주민 비율로 따지면 녹둔도는 당연히 조선에 귀속되어야 했다. 조선 정부에서는 뒤늦게 이를 알고 항의해 경계 조사와 반환을 요구했으나 별 소득이 없었다. 1990년에는 북한과 러시아가 새 국경조약을 맺었다 한다. 하지만 우리의 진로는 여기에서 가로막혔고 녹둔도를 먼발치에서조차 바라볼 수 없었다. 녹둔도를 결코 잊지 않을 것임을 다짐하며 발길을 돌리는 수밖에 없었다.

　우리의 다음 목적지는 봉오동전투 현장. 하지만 전투가 벌어졌던 골짜기는 저수지로 바뀌어 '봉오동 반일유적지'라는 팻말만 서 있었다. 1920년대 초 홍범도 부대는 국경지대에서 무장활동으로 일제에 심각한 타격을 주었고, 이에 남양 주둔 일본군 국경수비대가 추격에 나섰다. 그해 6월 6일, 독립군 연합부대로 편성해 700여 명 규모를 갖추었던 홍범도 부대는 일본군을 골짜기로 유인한 뒤 사면 총공격을 감행해 전사 150명, 총상 200여 명에, 소총 160정, 기관총 3정을 노획하는 전과를 올렸다. 독립군의 피해는 거의 없었다. 항일독립전쟁 과정에서 최초로 가장 큰 전과를 올렸던 것이다. 홍범도 사령관은 곧바로 부대를 화룡현 어랑촌으로 옮겼고, 김좌진 부대는 화룡현 청산리로 이동해 두 부대가 연합전선을 형성했다.

　우리는 홍범도 부대의 이동 경로를 따라가 보기로 했다. 어랑촌은 대종교 지도자로 순국한 나철의 묘소가 있는 곳이기도 하다. 우리가 청산리전투라

홍범도 부대의 봉오동전투 현장을 찾아갔으나 저수지로 변한 골짜기 앞에 '봉오동 반일유적지'란 팻말만 남아 있었다. 왼쪽부터 작가 박완서, 나, 작가 송우혜.

고 부르는 독립전쟁은 백운평과 청산리와 어랑촌 일대에서 벌어졌으나 정작 중심 전투는 어랑촌 뒤편이었다. 어랑촌-청산리전투는 1920년 10월 중순에 벌어졌다. 김좌진 부대 600여 명과 홍범도의 독립군 1,400여 명은 총 5천 명을 동원해 이른바 토벌작전에 나선 일본군에 대항했다. 이 전투에서 일본군은 300여 명의 전사자를 냈고 독립군은 20여 명만 희생됐다.

이 전투는 봉오동전투보다 빛나는 성과를 올렸으나 그 타격도 만만치 않았다. 당시 만주의 군벌인 장쭤린(張作霖)이 일제와 야합해 압제를 가한 탓으로 독립군은 국경 넘어 러시아 연해주 일대로 쫓겨가야 했던 것이다. 또 일본군은 그 보복으로 이른바 경신대참변을 일으켜 우리 동포를 살해하거나 마을을 불태웠으며, 간도영사관의 지하실로 끌고 가 피부를 벗기는 따위의 엄청난 고문을 가했다. 그밖에도 습격·약탈·강간·살육을 저질러댔지만 철저하게 통제해 처음에는 외부에 알려지지도 않았던 이 학살로 2년 동안 인명 피해만 3,700여 명을 헤아렸다.

봉오동전투를 두고 연변의 독립운동 연구가들은 정작 홍범도 부대가 전투의 중심부에 있었고 김좌진 부대는 2선에서 도왔다고들 했다. 연변 일대에서는 홍범도를 봉오동전투의 영웅으로 받들고 김좌진은 보조역할을 한 것으로 말하고 있었다. 그때까지 남쪽의 교과서 등에서 청산리전투만 부각시킨 것과는 전혀 다른 얘기였다. 이 전투의 중간지휘관이었던 철기 이범석(훗날 국무총리)이 김좌진과 자신이 모든 걸 지휘했다고 주장하며 홍범도를 완전히 삭제했기 때문이었다. 엉터리 역사 기록을 현장 답사를 통해 정확하게 확인한 나름 역사적인 순간이었다.

송우혜 선생은 누구보다도 청산리-어랑촌 답사에 열중했다. 「청산리전투와 홍범도 연구」 논문 등으로 어느 사학자 못지않은 전문가였던 그는 그때 《월간중앙》에 「소설 홍범도」를 연재 중이기도 했다. 소설의 중심 무대를 찾았으니 감격스러울 수밖에 없지 않겠는가. 연신 메모를 하고 사진을 찍었다. 사실 송 선생의 할아버지는 홍범도 부대에서 활약했던 독립투사였고, 문익환·윤동주와 명동학교 동창으로 요절한 독립지사 송몽규 선생은 그의 당숙이었다.

걱정하는 박완서 선생을 먼저 보내고

우리는 이곳저곳 둘러본 뒤 연길에서 동행한 황 검사의 안내로 어랑촌 한 마을의 촌장집으로 들어갔다. 안경호 촌장의 집은 다섯 칸쯤 되는 초가였으나 방에는 텔레비전과 재봉틀이 있었고 서울에서 활동하는 여배우의 사진

베이징으로 돌아와 시내 구경길에 들른 북한 음식점 묘향산주가에서 한복 입은 복무원 아가씨와 기념사진.

도 걸려 있었다. 촌장네는 점심으로 구수한 된장과 함께 닭을 잡아 백숙으로 내왔다. 연변의 작가인 이화숙을 포함해 세 여성은 젓가락을 대다가 질겨서 뜯어지지 않으니 아예 손을 대지 않았다. 나는 손으로 닭고기를 찢어 먹었고 황 검사도 거들었다. 서울에서는 맛볼 수 없는 토종 닭고기를 포식한 셈이었다. 떠나올 때 중국 돈 100위안 한 장을 촌장의 주머니에 슬쩍 넣어주니 무척 놀라는 눈치였다. 풍족한 후대를 사는 우리는 독립군 선열 덕분에 이렇게 즐기고 있지 않은가?

　백두산으로 가는 길목에서 나는 평생 처음 권총을 쏘아보았다. 권총을 지니고 다니는 두 검사가 으슥한 곳에서 우리에게 독립군을 연상하면서 권총을 쏘아보라고 권했던 것이다. 군대 경험이 없는 나로서는 첫 경험이기도 했다. 백두산을 오르는 길은 1년 전과 다름이 없었으나 도로는 많이 정비되어 있었다. 나는 또 한 번 맑은 날에 천지를 볼 수 있는 행운을 얻었다. 우리는 검사들의 안내로 장백산 임업국 언저리에 있는 아림빈관에 숙소를 잡았다. 우리가 차지한 방은 중국의 거물급 정치인인 후야오방(胡耀邦)이 잤던 귀빈실이었다. '빽'(배경)이 통한 환대였던 셈이다.

다음날에는 장백산자연박물관을 돌아보고 호골주를 선사받았다. 그 무렵 백두산에는 호랑이가 대여섯 마리 살고 있는데 근래에 한 마리가 죽어서 뼈로 술을 담갔다고 한다. 호랑이술이 보약이란 말은 접어두더라도 이 또한 극진한 환대였다. 여기에서도 검사들의 위력을 실감할 수 있었다.

베이징으로 돌아오니 북한과 출판 관련 사업을 하려고 머물고 있던 여강출판사의 이순동 사장과 민족출판사의 한국선 선생이 기다리고 있었다. 무엇보다 동대로에 있는 북한 음식점인 옥류관이 인상적이었다. 이곳 간판에는 '평양냉면'이라는 한글 글씨가 큼직하게 씌어 있었다. 홀 안에는 조선 역사를 담은 대형 그림들이 걸려 있었고 불고기·개장국 같은 메뉴를 내놓았다. 나는 냉면을 시켜 먹었고 이 사장은 개장국을 주문했다.

또 한국의 두산그룹에서 경영하는 두산주가, 우리 동포들이 차린 백산술집, 북한 사람이 경영하는 묘향산주가에도 들렀다. 두산주가의 가격은 서울에서 재료를 가져왔다면서 서울과 비슷하게 받아 무척 비싼 편이었다. 씁쓸한 상술이었다.

한국선 선생은 생질인 김명헌을 나의 안내자로 추천했다. 그 무렵 중국은 무척 더운 한여름철인데다 방학이 겹친 관광 성수기였고, 또 남부지방에 홍수가 져서 이루 말할 수 없이 혼잡했다. 도대체 비행기표, 기차표를 끊는 데 여간 애로가 있는 게 아니었다.

　박완서·송우혜 두 분은 서울로 먼저 돌아가고 나는 계획대로 중국 서쪽 지역 답사에 나서게 됐다. 이미 내 몸과 마음은 지쳐 있었지만 한 곳이라도 더 답사할 욕심에 무리를 거듭했다. 그런 나를 두고 가면서 박 선생이 했던 말이 지금도 잊히지 않는다. "어린애를 떼놓고 떠나는 것 같아요." 그도 그럴 것이 물건을 어디에 두었는지 도통 기억하지 못하고 찾느라 정신이 없고, 사진기에 찍은 필름을 다시 끼우기 일쑤이고……, 두서없는 내 행동을 내내 지켜봤으니 그럴 만도 했다.

'조선의용군'의 흔적을 찾아나선 중국 서쪽 답사

1991년 7월 21일 통역 겸 보호자 역할을 할 연변 출신의 젊은이 김명헌과 함께 나는 타이항 산(太行山)으로 향했다. 중국 서쪽의 타이항 산은 조선독립동맹과 그 산하 군사 조직인 조선의용군의 마지막 항일 근거지가 아닌가. 서울에서 염인호(현 서울시립대 교수) 역문연 연구원이 쓴 『김원봉평전』을 통해 그 과정을 어느 정도 알고 있었고 현재의 그곳 사정에 대해서는 연길에 사는 유동호 선생에게서 들은 참이었다. 먼저 간단하게 이들의 활동을 소개해보자.

남북한 독립운동사에서 누락된 조선의용군

의열단 활동을 지휘했던 김원봉은 조선의용대를 조직해 항일활동을 벌였다. 1938년 김원봉의 노선에 반기를 든 최창익 등이 의용대 일부 병력을 이끌고 마오쩌둥이 근거지로 삼고 있던 옌안(延安) 쪽으로 올라갔다. 1942년 김두봉·무정 등이 이곳의 여러 조직을 발전적으로 개편해 조선독립동맹을 결성하고 그 산하에 군정학교를 세워 조선의용대를 조선의용군으로 확대·개편해 군사 조직으로 삼았다.

조선의용군의 첫 근거지가 바로 타이항 산 일대였다. 이곳에서 400여 명이 온갖 고난을 무릅쓰고 최후까지 팔로군의 지원을 받으며 유격활동을 펼쳤던 것이다. 이들 의용군은 처음에는 전선에 참가해 전투를 벌였는데 연길에서 만났던 작가 김학철이 바로 이 전투에서 다리 부상을 당했던 것이다. 그러자 팔로군에서는 의용군들의 희생이 크다고 판단해 보호 차원에서 선무공작만 벌이게 했다. 일본군에 있던 조선 학도병들도 속속 투항해왔는데 연길에 사는 유동호도 투항해서 의용군 통역병으로 활동했다.

의용군은 이 지역을 야금야금 점령해오는 일본군을 향해 성능 좋은 마이크로 "당신들은 왜 이곳에서 고생하는가? 부모·처자가 있는 고향으로 돌아가라"거나 "일본 제국주의자들의 총알받이로 왜 목숨을 바쳐야 하나?"라고 외치고 전단지를 살포하는 등 선무공작을 담당했다. 그리고 전선이 격화하자 안전지대인 옌안으로 철수했다.

하지만 그때까지 이들의 존재와 활동 상황은 남과 북, 양쪽 모두 독립운동사에서 완전히 누락시키고 있었다. 이들 대부분은 해방 뒤 북쪽으로 들어갔으나 김일성 노선에 반대해 '연안파'로 몰려 숙청을 당했고, 남쪽의 반공정부에서는 중국공산당의 지원을 받았다는 이유로 외면했다. 그 정치적 이유나 이데올로기는 어떻든 간에 민족사의 일부라는 생각에 나는 이곳을 먼저 답사하기로 작정했다.

나는 일단 한단(邯鄲)으로 가서 타이항 산 지구로 들어가기로 했다. 옛 조나라의 수도였던 한단은 인구 100여만 명의 깨끗한 도시였다. 아침에 빈관 앞에서 택시를 잡으려 하니 도통 차가 보이지 않았다. 우리는 하는 수 없이 오토바이에 마차 모양을 얹은, 택시도 아니요 마차도 아닌 '오토바이 마차'를 타고 열사능원으로 달렸다. 그곳에는 팔로군 휘하에서 일본군과 전투를 벌이다가 전사한 진광화 열사의 가묘가 있다.

평안도 출신으로 중국 팔로군에 가담해 일본군과 싸우다 전사한 진광화 열사의 가묘 앞에서.

　평안도 출신인 진 열사의 묘는 팔로군 사령관이었던 좌권 장군의 묘 오른쪽에 자리 잡고 있었다. 옆에는 그의 내력을 새긴 동판이 서 있었다. 우리는 경건하게 참배하고 발길을 돌렸다. 다시 돌아보니 열사능원은 1987년 건립됐는데 탑이 거대하고 조각들이 제법 정교했다. 우리는 서둘러 한단역으로 나왔다. 타이항 산 산악지구를 가려면 그 들머리인 섭현을 거쳐야 했는데 한단에서 100킬로미터 거리에 있었다.
　한단을 벗어나자 구릉과 분지가 이어졌고 계단식 밭이 군데군데 눈에 띄었다. 한 시간쯤 달리자 자산참역에 도착했는데 여기서부터 '타이항 산 지구'라 했다. 타이항 산은 하나의 높은 산을 말하는 것이 아니라 거대하게 뻗어 있는 산줄기를 일컫는다고 했다. 그러고 보니 '타이항 산(太行山)'은 '크게 줄을 선 산'이라는 뜻임을 뒤늦게야 알아차렸다.

중국 공안 따돌리느라 소나기 땀 흘리며 겨우 '유적지' 돌아봐

3시간 만에 섭현역에 내렸다. 그런데 역 앞인데도 택시 한 대 보이지 않았고 언덕배기 길도 비포장이었다. 그야말로 첩첩산골이었다. 다만 한단에서 탔던 '오토바이 마차'가 호객을 하고 있을 뿐이었다. 우리는 일단 '오토바이 마차'를 타고 초대소로 들어갔다. 우리는 현(縣) 인민정부와 가까운 초대소에 들었는데 지저분한 곳이기는 했으나 꽤 넓었다. 시간을 절약하기 위해 곧바로 다시 나와 택시를 찾아보았으나 역시나 보이지 않았고 '오토바이 마차'마저 눈에 띄지 않았다.

김명헌이 현 인민정부에 가서 차편 협조를 구해보자고 했다. 나는 어딘가 찜찜했지만 그를 따라 현 인민정부 판공실로 들어갔다. 판공실의 복무원은 내 여권과 김군의 신분증명서를 보여달라고 했고 이리저리 전화 연락을 하더니 한단 외사과에서 지시를 받아야 한다고 했다. 우리가 '잘 부탁한다'는 말을 남기고 현 청사를 나오자, 젊은 복무원이 뒤따라 나와 자신이 우리를 보호하는 책임을 맡았다면서 동행을 요구했다. 뭔가 심상치 않았다.

그 복무원과 초대소에 도착하니 곧바로 현 공안부의 공안원 둘이 들이닥쳤다. 그들은 우리에게 "왜 이곳에 왔느냐" "이곳은 미개방지구인데 여행증명을 떼 왔느냐"는 따위의 심문을 시작했다. 또 우리 여권과 신분증명서를 일시 보관한다며 가져갔다. 나는 순간 '아차, 잘못되었구나' 싶었다. 그런데 김군은 우리를 보호하느라 그렇다느니, 우리의 편리를 봐주기 위한 절차라느니 하며 별일 아니라고 말했다. 그는 아직 물정을 모르는 듯했다.

나는 김군을 통해 그들에게 저녁식사를 대접하고 싶다는 뜻을 전했다. 벌써 저녁 7시가 넘었는데 더 지나면 식당도 문을 닫는다. 처음 우리를 따라왔던 젊은 복무원이 교섭을 벌여 5인분의 식사를 준비시켰다. 우리의 권고에 따라 그들도 식탁에 함께 앉았다. 나는 좋은 술과 음식을 주문하라고 김군에게 일렀다. 그야말로 귀빈실에서 뻑적지근한 상을 받았다. 우리는 음식과 술을 나눠 들며 재미있는 시간을 보냈다. 그러나 음식값이 약간 마음에 걸렸는데 계산서를 보니 160원이었다(당시 우리 돈으로 2만 3천 원 정도). 그만한 성찬을 서울에서 먹으려면 10만 원은 넘게 나왔을 것이다.

다시 숙소로 돌아오니, 공안원 한 명이 우리를 보호한다며 앞방에서 잔다고 했다. 다음날 아침 한단의 외사과장이 왔고 현 공안국장 그리고 담당관 등이 회의를 거쳐 평결을 한다고 했다. 그러면서 담당 과장이, 처음 쓴 조서를 들고 계속 의문점에 대해 수정하느라고 다섯 차례나 우리 숙소를 왕래했다. 우리를 직접 불러 심문하지 않는 것도 납득이 가지 않았다. 이렇게 또 하루를 보냈다. 담당관이 마지막으로 왔을 때 나는 강력하게 항의했다. "갈 길이 바쁜 사람들이니 무슨 평결이든 빨리 내려야 할 것 아니냐?" "우리가 여기에 도둑질하러 왔겠느냐? 중국 혁명의 역사유적을 찾으러 왔다" 따위의 말을 했다. 그는 내 말을 잘 전하겠노라고 했다.

저녁식사를 하고 나니, 마침 앞방에서 우리를 지키던 공안원이 보이지 않았다. 우리는 카메라를 주머니에 넣고 시내 산책을 하는 척하면서 초대소를 빠져나왔다. 그리고 잰걸음으로 2킬로미터쯤 떨어진 하남점으로 발길을 재촉했다. 긴 다리를 건널 즈음에는 등에 소나기 같은 땀이 흘렀다. 해거름쯤 동네에 들어선 우리는 동네사람들에게 조선의용군의 유적을 물었다. 그 가운데 62세 된 복중림이란 노인은 조선의용군이 경영한 방직공장·병원·상점 등에 대해 소상히 알고 있었다. "어떻게 그리 잘 아느냐"고 물으니 어릴 적부터 장돌뱅이 노릇을 하며 조선의용군과 함께 어울리기도 하고 심부름을 다니기도 했단다.

　직조공장은 흙집 2층으로 당시 하남점 인민법정 안에 원형대로 보존되어 있으며 병원은 하남점 위생원 건물로 쓰고 있었다. 나는 자동사진기를 계속 눌러댔으나 어둑한 밤이어서 현상이 제대로 될 것 같지 않았다. 위생원에 근무하는 사욱련(34세)이라는 여성은 그곳 출신이 아닌데도 위생원이 조선의용군의 병원 자리임을 잘 알고 있었다. 그는 우리를 반기며 차를 권했다.

옌안서 항일운동했던 서휘 만나러 갔지만 '허탕'

　하남점의 주민들은 조선의용군이 약품을 구해 와서 주민들을 치료해주고 생업을 도와준 은혜를 잊지 않고 있었다. 이곳이 예전 그대로 잘 보존된 것은 전혀 개발이 되지 않은 덕분이었다. 중국 당국이 미개방 지역으로 지정하고 외국인의 출입을 막는 까닭을 알 만도 했다. 나는 더 머뭇거릴 시간이 없었다. 발길을 돌려 숙소로 오니 공안원 두 사람이 대기하고 있다가 "어디에 다녀왔느냐"고 물었다. 나는 "갑갑해 견딜 수가 없어 시내 산책 좀 하고 왔지"라고 대답했다. 이날 밤도 두 공안원이 우리를 지키느라 앞방에서 잤다.

　다음날 오전 10시쯤 한단현 공안국으로 나오라는 전갈이 왔다. 짐을 모두 챙기고 초대소 숙비 계산도 끝내고 오라 하니, 이제 평결이 났구나 생각했다. 공안국에 들어서자 외사과장·공안국장·담당관 등 5명이 앉아 있었다. 그들은 인사도 없이 앉아서 나를 맞이했다. 외사과장은 거만을 부리고 있었고 공안국장이 평결문을 낭독했다. "무단히 정부의 허가도 없이 미개방 지구에 들어왔다. 그러나 동기가 불순하지 않으니 ○○법 ○○조에 의해 관대한 처분을 내리기로 평결했다. 벌금은 인민폐 100위안. 벌금을 문 뒤 즉시 떠나라. 이의가 있으면 재심을 청구할 수 있다." 대충 이런 내용이었다.

나는 이의가 없다고 대답했다. 이어 벌금을 물고 영수증과 여권을 돌려받았다. 그리고 나도 거물처럼 점잔을 빼면서 "내가 미개방 지역에 허가 없이 들어온 것은 사정을 잘 모른 탓이었다. 미안하다. 그러나 평결이 너무 늦어 바쁜 여행에 지장이 많다. 앞으로 두 나라의 우호를 위해 잘 지내자"고 제법 엄숙하게 말했다. 역사문제연구소가 서울에 있느냐 지방에 있느냐고 물어서 명함에 쓰인 대로 '중앙단위'라고 하자 그들의 태도가 싹 달라졌다. 중국에는 사설(민간) 연구소가 없으니 서울에 있다는 것만으로 나를 장관급의 소장이라 여긴 것이다.

이어 그들과 정중하게 악수를 했는데 거만을 부리던 외사과장도 일어서서 '장관급'에게 정중하게 인사를 했다. 우리를 데리고 버스정류장으로 안내한 담당 과장에게 나는 "우리 때문에 고생이 많았다"며 아이들 선물이라도 사주라고 50위안을 건네주었다. 이때에야 나는 김군의 말만 믿고 미리 뇌물을 찔러주지 않은 걸 후회했다. 그는 겉으로는 받지 않으려 했으나 "조선 사람은 이렇게 예의를 표한다"고 재차 말하자, 마지못한 듯 받았다.

내가 여행 허가를 받지 않은 것은 잘못이지만 허가 신청을 해봐야 빨라도 사나흘씩 걸리니 바쁜 일정에 일일이 시간을 허비할 수가 없었다. 실수의 연발이었으나 좋은 경험이었다. 아마도 한국전쟁 이후 한국인으로는 처음 타이항 산 지구로 들어가 불완전하나마 답사를 했다는 사실만으로도 만족스러웠다.

한단에서 서쪽 방향인 산시성(陝西省)의 성도 시안(西安·장안)으로 가는 길은 그래도 순조로웠다. 고대 도시인 시안은 베이징 못지않게 볼거리가 많았다. 하지만 나는 이런 걸 보려고 여기까지 온 게 아니었다. 내가 부리나케 찾아간 곳은 시안역 앞에 있는 산시성의 노간부 휴양소였다. 그곳에는 조선독립동맹과 조선의용군 출신으로 타이항 산과 옌안과 시안에서 활동했던 서휘가 머물고 있었다. 그는 해방 뒤 북한으로 건너가 조선노동당 부위원장, 여성동맹 위원장 등 고위직을 지냈다. 그러나 1956년 김일성 개인숭배를 반대한 이른바 '8월 종파사건' 때 '연안파'로 몰려 중국으로 망명해 시안에서 살고 있었다.

휴양소 관리인은 그가 퇴근했으니 내일 오라고 했고 그래서 명함을 건네주고 돌아왔다. 그런데 다음날 찾아가니 그런 사람이 없다는 대답이 돌아왔다. 그는 은둔하고 있는 처지여서 사람을 피하고 있다는 생각이 들었다. 내가 그를 찾아간 것은 김일성 애기를 들으려는 것이 아니라 독립동맹과 의용군에 대한 증언을 들으려던 것이었다. 기대를 걸고 왔으나 결국 뜻을 이루지 못하고 말았다.

'민족 정서' 선율로 일깨운 정율성의 항일활동

시안에서 두 번째 방문지는 역에서 얼마 떨어지지 않은 곳에 있는 팔로주섬판사처(八路駐陝辦事處) 기념관이었다. 이곳은 국민당 정부와 맞서 투쟁을 벌이고 또 국민당과 합작으로 일본군에 저항하면서 팔로군(홍군)을 지휘한 저우언라이·덩샤오핑 등이 사용한 아지트의 하나였다. 기념관 내부에는 당시에 쓰던 무선기 등 모든 기구들이 남아 있었다.

나는 '옌안송(延安頌)'이라 쓰인 걸개 앞에 섰다. 걸개에는 〈옌안송〉의 가사가 적혀 있었고 그 곁에는 '애국청년 작곡가 정율성(鄭律成)'에 대한 간단한 약력이 적혀 있었다. '조선족 청년 정율성은 난징에 있다가 선협부의 도움을 받아 시안에 왔다. 그는 홍군의 군가를 많이 작곡했다. 팔로군 판사처를 거쳐 옌안으로 들어간 애국청년이다.'

나는 이미 연길에서 그에 관한 기록들을 수집해놓았다. 이 기행을 끝내고 서울로 돌아와서 그에 관한 약전을 써서 《사회평론》(1992년)에 발표했는데 최초의 소개였지만 약간의 오류도 있었다.

정율성에 대해 좀더 소개해보자. 그는 1918년 전남 광주 양림동 출신으로 원래 이름은 '부은'이었다. 광주 숭일소학교를 졸업하고 전주 신흥중학교에 진학한 뒤 음악도의 꿈을 키우면서 이름을 '음악을 이룬다'는 뜻을 따서 '율성(律成)'으로 바꾸었다. 그 즈음 그의 두 형은 국내에서, 셋째 형과 누이는 중국 땅에서 독립운동을 하고 있었다. 셋째 형이 국내로 잠입했다가 돌아갈 때 따라간 그는 난징과 상하이 등지에서 항일단체에 몸을 담고 있으면서 음악 공부에 열중했다.

1937년 일제가 상하이를 점령한데 이어 난징까지 위협하자 정율성은 다른 선배들과 함께 옌안으로 갔다. 이때 그의 나이 19세. 어느 날 동료인 중국인 문학소녀 막야에게 옌안의 정서와 의지를 담은 가사를 써달라고 부탁했고 이 가사를 가지고 〈옌안송〉을 작곡했던 것이다. 이게 그의 첫 작품이었다. 그는 항일군정학교 강당에서 열린 발표회에서 중국인 여자 가수와 함께 중창으로 이 곡을 처음 소개했다. 그 덕분에 그는 그 자리에 참석한 마오쩌둥의 격찬을 받았고 주더(朱德) 총사령관의 집에도 초대받았다. 이처럼 그는 화려하게 데뷔해 바쁜 나날을 보내면서 연달아 군가·행진곡 등을 발표했다.

이 무렵 그는 팔로군 전사로 군정학교 대대장인 중국인 정설송을 만나 결혼했다. 그런데 신혼인데도 무정이 타이항 산 지구에서 항일활동을 벌이자

⟨중국인민해방군가⟩와 ⟨옌안송⟩을 만든 정율성은 2009년 '신중국 창건 영웅 100인'으로 뽑힐 정도로 중국인들의 존경을 받고 있다.

그곳으로 따라갔다. 마침 폐병에 걸려 냇물에서 잡은 물고기 피를 마시면서 영양을 보충하며 살아났다. 이 시기 그의 민족혼이 살아나 ⟨조선의용군 행진곡⟩ ⟨조국을 향해 나가자⟩ 등을 작사·작곡했다. ⟨미나리 타령⟩은 이화림 작사, 정율성 작곡인데, 가사는 '미나리 미나리 돌미나리 태항산 골짜기의 돌미나리 한두 뿌리만 뜯어도 대바구니가 찰찰 넘치누나……'였다. 이게 민족정서 아닌가? 이게 바로 '민족주의 리얼리즘'일 것이다. 그는 ⟨노들강변⟩ ⟨방아타령⟩ 등 우리의 민요를 조선의용군에게 가르치기도 했다.

해방된 뒤 북한에 가서 음악 활동을 벌이다가 다시 중국으로 건너갔던 그는 한국전쟁 때 인민지원군의 악대를 이끌고 참전했다. 그는 이때 한강까지 내려왔으나, 그리던 고향의 어머니를 만나지 못하고 돌아갔다. 그는 베이징에서 다시 눈부신 음악 활동을 벌여 600여 곡을 남겼고 중국공산당의 주요 행사 때마다 그의 음악이 연주되었다. 그는 때때로 옌길의 동포들과 어울렸는데 많은 일화를 남기고 62세의 나이로 죽었다. 그래서 그를 중국에서는 '3대 현대 음악가'로 추앙하고 있으며 연변자치주에서는 '민족영웅'으로 받들고 있다. 우리는 그를 민족음악가로 불러도 좋을 것이다.

근래에 들어 광주에서는 그의 작품을 해마다 연주하는 행사를 벌이기도 하는데, 그의 고향을 찾아오는 중국 관광객도 많다고 한다. 하나밖에 없는 혈육인 그의 딸도 행사 때마다 광주에 온다고 한다. 그런데 그의 출생지를 두고 광주 양림동설(유족 증언)과 불로동설(호적에 근거)로 갈라져 다툼질을 벌이고 있으니 안타까운 노릇이다. 작은 '지역 이기' 탓인 모양이다.

'조선혁명청년연맹' 광저우기의 동참 현장을 가다

시안에서 진시황릉이나 병마용갱 등을 대충 둘러본 나는 베이징으로 발길을 돌려야 했다. 베이징에 돌아와 서둘러 짐을 꾸려 남쪽 광저우(廣州)로 가는 비행기에 올랐다. 20일 넘게 더위를 무릅쓰고 함께 다니던 김명헌과 이별을 하자니 무척 서운했다. 그런데 마지막 고난이 기다리고 있었다. 나 혼자 광저우공항에 내리니 중국어도 영어도 못해 난감했던 것이다. 택시를 타고 쪽지에 갈 곳을 적어 운전기사에게 보이면서 찾고자 하는 곳을 돌아다녔다. 이곳은 외국 관광객이 많아서인지 택시 기사들이 내륙과 달리 친절했다. 일단은 별로 애로가 없는 듯했다. 책이 잔뜩 든 무거운 짐을 공항 앞 보관소에 맡겨서 홀가분했다. 하루 일정으로 몇 군데를 둘러보아야 했다.

나는 먼저 광저우기의열사능원(廣州起義烈士陵園)을 찾아갔다. 어둑어둑할 무렵이었다. 능원이 얼마나 넓은지 땀을 뻘뻘 흘리면서 안내서를 보아가며 '중조인민 혈의정(血誼亭)'을 겨우 찾아냈다. 이 정자 이름은 '중국과 조선 인민의 피로 맺어진 우의를 기리기 위해 세운 정자'라는 뜻이다. 정자 안에는 예젠잉(葉劍英)이 쓴 글씨를 새긴 돌비가 서 있었다. 돌비 앞쪽에는 '중국과 조선 두 나라 인민이 싸움으로 맺은 우의는 길이 빛나리라'라고 썼었고 뒤쪽에는 '1927년 12월 11일 광저우의 노동자와 혁명전사들이 장제스가 이끄는 반동정부에 맞서 무장봉기를 단행했으며 끝내 많은 희생자를 냈는데 조선의 청년 150여 명도 열렬히 참여했으며 광저우기의에 참여해 희생당한 조선의 동지들은 길이길이 살아 불멸할 것이다'라고 씌어 있었다. 또 언덕 위에 있는 예젠잉의 묘에 가니 석판에 '조선 등 국제 전우들이 예젠잉과 함께 기의에 열렬히 참여했다'고 씌어 있었다.

예젠잉은 바로 광저우기의 때 부사령관으로 활동한 인물로 훗날 중국 10대 원수에 올랐다. 그럼 광저우기의(廣州起義)란 무엇인가? 1925년 이곳에서 출범한 쑨원의 국민당 정부는 이듬해 봉건 군벌을 타도하려 북벌(北伐)을 단행했다. 그 서사식(誓師式)에 임시정부 대표로 신규식과 박찬익이 참석했고, 신규식의 주선으로 조선 청년들이 이곳 중산대학과 황푸군관학교에 다니기도 했는데 1927년에는 800여 명을 헤아렸다. 한창 난징·상하이 등지를 점령하던 북벌군의 진군은 장제스의 정변으로 중단됐다. 북벌군에 공산당이 많이 끼여 있다는 게 이유였다. 그래서 다시 장제스와 갈라진 마오쩌둥 계열은 1927년 12월 광저우 봉기를 일으켰다. 이른바 '광둥코뮌' 건설로 여기에 조선 청년들도 참여했던 것이다.

이때 님 웨일스의 소설 『아리랑』의 실존 인물로 이름난 장지락(김산)이 조선혁명청년연맹의 간부로서 중간 지휘자로 활동했다. 봉기군은 국민당 군대에 밀려 3일 만에 철수를 시작했는데, 조선 청년들의 피해가 컸고 장지락도 시안으로 도망쳤다. 이 소설은 1984년 동녘출판사에서 번역·출간했지만 그때까지 남쪽 정부에서는 그의 존재를 인정하지 않았다. 나는 이 현장을 최초로 답사하고 소략하게나마 기록했다(『중국역사기행』, 웅진출판).

서둘러 공원을 돌아보고 나와 광저우 빈관에 숙소를 정한 뒤 하이주(海珠)광장 언저리에 있는 식당에서 저녁식사를 했는데 서울 음식과 비슷해서 모처럼 잘 먹었다. 주장(珠江) 강가에 있는 하이주광장에서 맥주를 마시면서 지난일을 돌아보았다.

빈관으로 돌아와 창밖을 내려다보니 주장 강에 불빛이 환하게 비쳤다. 바로 임시정부 인사들이 일본군의 추격을 피해 파리한 몸을 이끌고 충칭(重慶)으로 거슬러 올라간 강이다. 그들을 생각하고 있으니 작은 근심들이 사라졌다.

다음날 새벽 일찍 중산대학으로 달려갔으나 방학이어서 정문은 굳게 잠겨 있었고 황푸군관학교로 가려고 하니 거리가 멀다고 했다. 다시 부리나케 비행장으로 가서 겨우 홍콩 가는 비행기표를 확보할 수 있었다. 비행기에 앉고 보니 아, 호기심과 탐구욕은 접어두고라도 불안과 초조 그리고 피곤이 한꺼번에 몰려오는 것 같았다. 그러나 나는 이 중국 답사로 새 영역을 개척하고 새로운 안목을 열었다고 자부했다.

실록 사건과 세 번째 중국 답사

1990년과 1991년, 두 차례 중국 답사를 마친 뒤 새로운 상황을 맞았다. 여강출판사의 이순동 사장은 귀띔도 없이 무슨 일을 꾸미고 다니는 듯이 보였다. 아니나 다를까. 그때로서는 큰 모험을 하고 있었다. 북한 완역판 『리조실록』(전401권)을 남쪽에서 펴내는 일을 추진하고 있었던 것이다. 첫 번째 답사를 하고 온 1990년 겨울 어느 날 이 사장은 『리조실록』 복사판 한 꾸러미를 전달하면서 '해제'를 써달라고 요청했다. 영인본 출간을 서둘면서 나에게 미리 해제 원고를 만들어달라고 부탁한 것이다.

북한 완역판 『리조실록』 반입에서 승소까지 '파란만장 실록 사건'

자, 그러면 이 책은 북한에서 어떻게 완성되었나? 북한 사회과학원장 홍기문은, 산하 기구인 민족고전연구소의 학자들을 동원해 1975년부터 번역을 시작했다. 남쪽에서는 세종대왕기념사업회와 민족문화추진회에서 나누어 번역을 시작해 1968년과 1972년에 걸쳐 순차로 출판하고 있을 무렵이었다. 북한에서 사용한 대본은 '적상산본' 실록이었다. 그들은 이 대본을 어떻게 입수했던가?

한국전쟁이 일어나서 부산으로 피란할 때 규장각에 있는 실록도 함께 옮겼다. 그런데 그때 미처 옮기지 못한 장서각의 소장본인 '적상산본'을 인민군이 실어갔던 것이다. 국사편찬위원회 위원장을 지낸 신석호는 "1·4 후퇴 때 이것(적상산본)을 부산으로 소개했는데 부산 화재 때 없어진 듯하다"(『한국 고전 백선』)고 기록했다. 하지만 이건 사실이 아니었다. 알면서 일부러 감추려 했는지, 담당 공무원들의 잘못된 보고를 듣고 썼는지는 모를 일이다.

홍기문은 한학에도 밝았고 국어학자이기도 했다. 이 번역본은 문장이 아주 쉽고 우리 고유의 언어를 적절하게 구사했으며 어색한 제도 용어도 쉽게 바꾸어놓았다. 남쪽의 번역 용어와 비교해 그 보기를 몇 가지 들면, 조하(朝賀)를 신하들의 축하, 정단(正旦)을 새해, 전세(田稅)를 조세, 간전(墾田)을 경작지로 풀어 써놓았다. 사회주의 리얼리즘을 적용한 것이다. 그 대신 주를 달지 않아 연구자들에게 수고를 더하게 했다. 이와 달리 남쪽의 번역들은 너무 원전에 충실하려 해서 오늘날 쓰지 않는 사어와 경색된 한문투의 용어들이 난무했다. 아마 번역자들이 공동 토론을 거치지 않고 개별로 번역 작업을 한 탓에 문장과 용어에 일관성이 없었던 것으로 보인다.

나는 해제에서 이런 내용을 설명했다. 이 사장이 이 해제를 북한 담당자에게 보여주었더니 만족스러워하더라고 전했다. 1991년 초 북한은 『리조실록』 완역본을 연변대학과 중국의 여러 관련 기관에 증정했으나 일반 판매가 이루어진 것은 아니었다. 이 사장은 선양의 북한영사관과 교섭을 벌여서 1992년 북한 사회과학원 민족고전연구소와 정식으로 계약을 맺고 401권짜리 한 질을 입수할 수 있었다. 그러나 통일원이나 정보기관에서는 반입을 허가해주지 않았다. 1차 난관에 부딪친 것이다.

국내 반입이 뜻대로 되지 않자, 이 사장은 일본으로 건너가 책을 기증받은 기관과 어렵게 교섭을 벌여 원본을 복사해서 인천항으로 보냈다. 그 분량이 방대한 탓인지 인천세관에서도 반입을 보류했다. 2차 난관에 부딪친 것이다.

이 사장은 나에게 반입을 도와달라는 부탁을 해왔다. 그래서 정보기관에도 연락을 하고 마침 인천세관에 간부로 일하던 친구 이 아무개에게 '학술 서적' 또는 '고전 번역'인 점을 들어, 정치적 말썽이나 '고무 찬양'과는 관련이 없으니 반입을 허가해달라는 부탁을 했다. 이런 과정을 거쳐 겨우 반입에 성공했다.

이 사장은 내 해제와 북한 학자의 관련 논문을 담아 소개하는 글을 실은 작은 책자를 만들어 배포했다. 하지만 나도 남쪽의 실록 번역에 참여했으므로 그 관계자들은 이 해제를 두고 나를 비난하고 나섰다. 다분히 책임을 벗어나려는 행동으로 보였던 것이다. 그런데 그 즈음 김 아무개가 출판사를 경영하면서 일본의 북한 서적 수입을 맡은 관련 출판사와 교섭을 벌여, 북한과 『리조실록』을 정식 수입하기로 계약을 맺었다고 공개했다. 이 기사가 한 신문에 머리기사로 보도되자 북한의 이중계약 문제가 불거졌다. 선양의 북한영사관에서 이 사장에게 전화 연락이 왔고, 뒤따라 남쪽 정보기관에서도 통화 사실을 확인하는 등 조사를 벌였다 한다. 확인한 결과, 이중계약 사실은 없는 것으로 마무리되었다.

그런데 또 다른 출판업자가 『리조실록』을 무단으로 복사해서 판매하고 있었다. 그래서 이 사장은 내 소개를 받아 한승헌 변호사에게 부탁해 소송을 제기했고 결국 승소해서 자유롭게 판매하게 되었다. 한 가지 밝혀둘 것은 이 사장은 결코 돈을 벌려고 이 일을 추진한 게 아니라 남북의 학술과 문화 교류에 뜻을 두었던 것이다. 한 변호사는 이 전말을 적어서, 《인권과 정의》(197호)에 발표했다. 이게 '실록 사건'의 진상이다.

1993년 여름 9박10일간의 세 번째 중국 역사기행

그다음 중국행은 한중 수교 이후인 1993년에 이루어졌다. 당시 나는 동학농민전쟁백주년기념사업 추진위원회(이하 백추위, 이에 대해서는 바로 다음 장에서 자세히 이야기하겠다) 위원장이었는데, 그해 여름 9박10일간의 중국 역사기행단을 꾸리면서 단장을 맡았다. 개인적으로는 세 번째 중국 기행이었다. 우리는 역문연 식구들을 중심으로 해서 '청일전쟁 답사팀'이라는 이름으로 기행 참가자를 모집하고 한겨레신문사를 후원으로 내세웠다. 신청 서류가 아주 복잡해서 실무 간사인 장영희가 수고를 많이 했는데 《한겨레신문》쪽 도움이 컸다.

당시만 해도 안기부의 허가를 받는 절차가 매우 까다로웠다. 결국 내가 친분이 있는 윤여준 당시 안기부 특보를 찾아가서 학술 성격을 지닌 답사팀이라 말하고 협조를 부탁했다. 그는 부드럽게 '그러마'고 응답했다. 그런데 출발 예정일 이틀 전까지 아무 소식이 없어서 포기해야 하나 마음을 졸이고 있는데 하루 전에야 허가가 나왔다. 그 때문에 8월 13일 김포공항을 출발한 일행 31명은 직항 비행기 표를 구하지 못해 일본 후쿠오카로 가서 중국 다롄행으로 갈아탄 뒤 다시 베이징으로 가는 복잡한 여정을 잡을 수밖에 없었다.

베이징에 도착한 날 오후 일행을 천안문광장에 풀어놓으니 모두들 신이 나서 돌아다녔다. 그러다 시간을 허비하는 바람에 다음 행선지인 선양행 열차 시간에 20분이나 넘게 늦었다. 다행히 우리를 기다린 듯 열차는 떠나지 않았고, 특급 침대칸에 든 일행은 잠도 자지 않고 날이 샐 때까지 독주를 마시면서 떠들어댔다. 그런데 선양에서 버스를 차고 단둥으로 가니 안기부 직원이 우리를 기다리고 있었다. 나는 불쾌했으나 참는 수밖에……. 우리는 압록강 유람선을 탔는데 훗날 역문연의 장영희는 그 감회를 이렇게 썼다.

"나는 배를 탔는데 이북이 고향인 아버지가, 역사기행을 떠나기 전 압록강에 간다고 말씀을 드렸더니 '거기서 고향이 오십 리이니 소리치면 누군가 나올 거다' 라고 했다. 건너편 북한 주민이 고기 잡고 자전거 타고 산보하는 것을 보니 기가 막혔다." 그만의 안타까운 소회가 아닐 것이다.

일행은 선양으로 다시 나와서 넓은 식당에서 민족출판사 인사 10여 명 등 50여 명이 참가한 가운데 조촐한 강연회를 했다. 단둥의 박문호 선생과 내가 청일전쟁에 대해 발표를 했으나 모두들 들떠 있어서 듣는 둥 마는 둥 했다. 다시 특급열차를 타고 밤을 새워 연길역에 도착하니 역문연 연구원으로 이곳에서 학위논문을 준비하고 있던 신주백과 답사를 하러 온 박혜란(전 《동아일보》 기자), 『혼불』의 작가 최명희(작고), 그리고 연변의 소설가 임원춘 부자가 마중을 나와 우리를 환영했다. 연변대학 강당에서 그곳 박창욱 교수와 서중석 교수의 강의를 들었다.

백두산에 소주 뿌렸다고 중국 공안에 벌금 500달러 물어

그 다음날 최명희·김춘선(연변대 연구원)과 동행해서 용정의 여러 유적을 둘러보고 백두산으로 길을 떠났다. 백두산은 마침 맑아서 천지를 다시 볼 수 있었다. 우리는 김제의 향토사학자 최순식 선생이 싸온 제물을 차려놓고 천지에 소주를 뿌렸다. 그런데 우리의 행동을 살펴보던 중국 공안원이 안내 겸 통역을 맡고 있는 임원춘 선생의 아들을 끌고 갔다. 그리고 소란을 피웠다는 이유로 500달러의 벌금을 물렸다. 1991년 답사 때와 달라진 모습이었다. 백두산에서 돌아올 때는 비가 세차게 내렸다. 나는 청산리 옆을 지나면서 김일성이 낚시를 하던 터도 이 언저리에 있다고 일러주었다. 지루한 시간을 때우려 노래도 불렀다. 그랬더니 누군가가 한국전쟁 때 배운 '김일

1993년 8월 동학 100돌을 앞두고 세 번째 중국기행에 나서 우여곡절 끝에 백두산 천지에 올라 제를 올렸다. 앞줄 왼쪽부터 황승우(승복 차림)·나·서중석·김정기·최순식(엎드린 이), 뒷줄 왼쪽부터 정재권·구양근·정지상·장두환·우윤·최명희·황지우 등이 함께 했다.

성 노래'라며 "장백산 줄기 줄기~"를 부르기도 했다.

투먼에 도착하니 또 안기부 직원이 찾아왔다. 투먼 시내의 식당에서 저녁을 먹는데 또래인 황지우와 우윤이 서로 소리를 지르며 언쟁을 벌이기도 했다. 호텔에 들어와서도 일행은 왁자지껄 떠들어댔다. '국경의 밤'은 모두의 마음을 편하게 하지 않았던 것이다. 이를 두고 장영희는 "투먼에서 '너는 너무 눈물이 많아', '낭만적 민족주의자야' 등 비판도 하면서, 스스로 반성도 하면서 감정들이 격하여갔고 언성을 높여갔다"고 썼다.

귀국하는 길엔 웨이하이에서 여객선을 이용했다. 여름밤 하늘에는 별들이 총총하게 빛나 모두들 감탄사를 연발했다. 그런데 인천세관에서 또 탈이 났다. 안기부 파견직원이 김정기 교수의 짐에서 김일성 자서전인 『세기와 더불어』를 찾아낸 것이다. 이 책이 막 출간된 무렵이어서 다른 이들도 사기도 하고 선물로 받기도 했는데 김 교수의 것만 적발이 된 것이다. 그는 몇 시간을 시달린 끝에 교수라는 신분 덕분에 별 탈 없이 풀려났다.

   그때 기행 경비를 결산해보니 아껴 쓴 덕분에 600만 원쯤 남아 백추위의 기금이 불어나는 성과를 거두기도 했다. 그런데 뒤탈이 나고 말았다. 안기부 직원들이 최순식 선생 등 몇 사람을 불러내, 김일성 노래를 누가 불렀느냐, 김대중의 선물을 누가 연변대학에 전달했느냐 따위를 캐물은 것이다. 그때 동행취재한 정재권 기자는 이 과정을 《한겨레신문》에 실었다.

7장

동학 농민군의 역사를 재조명하다

동학농민전쟁 백주년 기념사업 추진 '선봉장' 맡아

1994년은 동학농민전쟁(또는 혁명)이 전개된 지 100돌이 되는 해였다. 역사문제연구소에서는 5년 전인 1989년 여러 기념사업을 벌이기 위해 특별위원회를 두기로 결정했고 동학농민전쟁백주년기념사업추진위원회(이하 백추위)를 발족시켰다. 그 목적은 "동학농민전쟁의 과학적인 연구를 통해 농민전쟁의 역사적 성격을 밝히고 이에 기초해 역사인식의 대중화와 농민전쟁의 역사적 교훈을 실천하기 위해서"라고 내걸었고, 구체적 사업 계획으로는 연구 발표회, 연구 자료집과 사료집 발간 등 학술 출판 사업과 대중 강좌, 역사기행, 다큐멘터리 제작 지원 등을 설정했다.

이 기구를 발족시키면서 추진위원장에는 이이화, 연구위원 겸 담당 간사로는 신영우(충북대)·우윤·배항섭·김양식·박준성·왕현종·이승용 등을 두었고 사무 간사는 장영희가 맡았다. 교수 또는 박사과정을 밟고 있는 소장 전공자들인 이들 연구위원들이 일을 추진하는 핵심 구성원으로 학술과 기행, 강의 등을 분담해서 진행시켰다.

또 후원회에는 회장 한승헌 변호사와 회원 50여 명이 참여해 후원금을 내기로 약속했다. 인병선(짚풀박물관장)·장두석(민족의학자)·황승우 등은 일시불로 백만 원 단위의 후원금을 내기도 했고 1992년 7월부터 1994년 12월까지 고순정(화가)·이광연(교사)·선왕주(의사)·정용식(변호사)·박석무(국회의원)·홍기훈(국회의원) 등은 한 달도 빼먹지 않고 꼬박 10만 원씩 후원해주었다. 한 회장은 전주 지역 기념사업회 이사장도 맡고 있어서 후원금 대신 실제로 도움을 주는 일을 주선해주기로 약속했다. 액수가 많고 적고를 가릴 것 없이 고마운 분들이었다.

동학 농민군의 성격을 재정립하다

백추위에서 단계적으로 벌인 실적과 행사를 말하기에 앞서, 그 전사(前史)를 조금 늘어놓자면 이렇다.

일본 제국주의자들은 1876년 조선을 강제로 개항시킨 이래 경제 침탈을 일삼았고 이어 대륙 진출을 꾀하면서 우리나라의 주권을 유린했다. 또 서구 열강들도 너도나도 불평등한 통상조약을 맺어 이권을 앗아갔다. 더욱이 고종과 민비는 민씨 세도에 휘둘려 그들이 저지르는 부정과 비리를 외면한 채 간교한 꾀와 정쟁으로 나라를 경영하고 있었다.

마침 동학이 발생해 양반과 상놈을 가리지 않고 인간 평등을 외치며 외국 세력에 대한 저항감을 드러내면서 새로운 세상, 곧 개벽을 내걸었다. 이에 소외받던 계층은 물론 쫓겨난 벼슬아치와 몰락한 양반과 수탈에 시달리고 있는 부자들까지 동학 조직에 뛰어들었다. 그리하여 동학 조직은 전국으로 뻗어나가, 당대 가장 큰 조직으로 성장한 것이다. 1890년대에 들어 동학 조직은 충청도의 해안 지역과 호남 지역으로 더욱 확대되었다.

1890년대 초 첫째로, 종교적 의미의 교조신원(教祖伸寃), 곧 최제우의 억울한 죽음을 풀어달라는 요구가 일어났고, 둘째로, 지배세력과 민씨 일파 등 세도가를 타도해야 한다는 외침이 일어났다. 이들이 집회를 벌일 때는

동학농민혁명 100돌을 맞은 1994년 10월 공주 우금치에서 열린 합동위령제에서 대표로 잔을 올리고 있다. 역사문제연구소 제공

수만 명이 몰려들었다. 마침내 1894년 전봉준이 주도한 남접 농민 세력이 먼저 봉기해서 전라감영이 있는 전주를 점령하고 이어 농민통치라 할 집강소 활동을 벌였다. 이를 반봉건 운동이라 했다. 그 즈음 경복궁을 점령하고 고종을 유폐시킨 뒤 개화 정부를 수립한 일본군은 청나라 군대와 맞붙어 청일전쟁을 도발했다. 그러자 농민군들은 준비를 거듭한 끝에 그해 9월 전면적 봉기에 나섰다. 이를 반침략 운동이라 부른다.

그러니 동학 농민군들은 처음에는 반봉건, 뒤에는 반침략에 나선 것이다. 농민군들이 대포와 기관총 앞에서 죽어 넘어질 때 기득권을 누리던 유림과 양반 세력은 숨어서 눈치만 살피고 있었다. 이때 죽은 농민군의 수를 두고 30만 명이라고도 하고 5만여 명이라고도 한다. 그 뒤 일제의 탄압으로 농민군들은 숨어 살아야 했고 '동학'이라는 대규모 민중봉기가 전국에 걸쳐 일어났었다는 사실조차도 공개적으로 말할 수 없었다.

기존의 동학 연구서의 오류

동학농민전쟁에 대한 연구는 1945년 해방이 된 뒤에야 조금씩 이루어졌다. 한우근(서울대)·김용덕(중앙대)·김의환(부산대)·김용섭(연세대) 등이 관련 논문을 냈다. 뒤를 이어 정창렬(한양대)·신용하(서울대)·신복룡(건국대) 등이 진전된 여러 논문을 발표했다. 나도 1980년대부터 이 대열에 어설프게 끼어들었다.

나는 기존 논문들을 읽고 검토했으며 사료를 모아 분석하기에 열중했다. 그런데 차츰 선행 연구의 수준에 대해 의문을 가지게 되었다. 사료가 제대로 발굴되지 않은 게 가장 큰 원인이었을 것으로 판단되었다. 한데 상식 수준에 미치지 못하는 사례들도 발견되었다. 이를테면 한우근은 『동학과 농민봉기』 등 동학과 관련한 몇 권의 저서를 내고 누구보다 먼저 주목을 받았다. 식민사학자로 비난을 받고 있는 이병도의 제자로 서울대에 몸담고 있으면서 동학 연구에 매진한 모습은 나무라기보다 칭찬을 아끼지 말아야겠지만, 실증사학과는 방향이 다른 엉뚱한 해석을 내리는 모습이 곳곳에 보였다.

가령 동학의 창시자인 최제우는 문도들에게 21자 주문을 외우게 했는데 "지기금지원위대강 시천주조화정 영세불망만사지"(지극한 기운이 지금 이르러 크게 내리기를 비나이다. 하느님을 모시면 조화가 정해지고 길이 잊지 않으면 모든 걸 알게 된다)이다. 여기의 '원위대강(願爲大降)'을 두고 '대원위대감(大院位大監, 홍선대원군의 존칭)'으로 풀이하고 있다. 다시 말해 최제우가 홍선대원군을 열망했다는 해석이다. 홍선대원군은 철종이 죽고 난 뒤 집정했으

박정희는 국가재건최고회의 의장 자격으로 황토현 마루에 세운 동학혁명기념탑 제막식에 참석해 기념사를 했다. 박정희 정권은 우리나라 2대 혁명으로 '5·16 혁명'과 동학혁명을 내세웠다.

며 최제우는 철종이 죽은 해 처형되었으니 역사 사실과도 어긋날 뿐만 아니라 최제우는 흥선대원군을 몰랐다는 게 상식일 것이다. 그런데도 엉뚱하게 흥선대원군을 등장시키고 있다. 아마도 뒤에 전봉준이 흥선대원군과 손을 잡으려 했다는 선입관 때문으로 보인다.

또 전봉준이 1894년 겨울 공주에서 일본군 관군과 전투를 벌인 뒤 논산으로 후퇴하면서 고시문을 언문으로 띄웠는데(국사편찬위원회 소장) 그 제목은 "고시경군여영병이교시민"이었다. 이를 두고 한자로 "告示京軍與營兵而敎示民"로 표기하면서 "경군과 영병에게 교시하고 인민에게 교시하노라"라

7장 · 동학 농민군의 역사를 재조명하다 289

고 풀이하고 있다. 이게 무슨 뚱딴지같은 말인가? 당시 전봉준은 서울의 경군과 각 감영의 군사 그리고 지방의 구실아치와 보부상 등 장사꾼들이 일본군에 협조해 농민군을 공격하는 현실을 보고 호소하는 고시문을 띄운 것이다. 그러니 이런 정황에 따라 "告示京軍與營兵吏校市民"이라 해야 맞아떨어지게 된다. 다시 말해 "경군과 영병들과 이교와 시민들에게 알리노라"라고 해석해야 옳다.

이런 오류가 작은 것처럼 보이지만 전체 흐름이나 진실을 오도하는 것이다. 원로 학자가 이런 오류를 범하고 있었으니 그 연구 수준을 짐작할 수 있지 않겠나? 이 정도에서 접어두기로 하자.

한편 유신 시절 박정희 정권이 "우리나라에는 혁명이 두 번 있었는데, 하나는 5·16 혁명이요 두 번째는 동학혁명이다"라고 선전하는 소리를 듣고 '이게 도대체 무슨 귀신 씻나락 까먹는 소리인가' 라고 생각하면서 어리둥절했다. 또 박정희의 지시로 전봉준의 마지막 전적지인 공주 우금치와 최초의 전승지인 정읍 황토현에 '동학위령탑' 또는 '기념탑'을 세운 사실을 알았지만, 이들이 농민전쟁 또는 전봉준을 정권에 이용하려는 게 아닌가 하는 의구심이 들기도 했다.

동학란·혁명·농민전쟁, 이름 짓기부터 '백가쟁명'

백추위에서는 우선 '동학' 관련 역사 용어부터 정리하기로 했다. 그때까지 많이 쓰는 용어로는 동학란을 비롯해 동학혁명·동학농민전쟁 또는 혁명·갑오농민전쟁 등 다양했다.

동학란은 왕조 시대의 용어로, 민란과 같은 의미로 쓰였다. 이를테면 '역적질'을 했다는 것이다. 동학혁명은 천도교에서 주로 쓰는 용어로 동학이

주도해서 혁명을 추구했다는 의미다. 박정희 군사정권에서는 이를 그대로 받아썼다. 동학농민전쟁은 농민이 주체세력이었지만 동학이라는 조직 또는 평등사상을 포용했다는 의미를 담고 있다. 동학농민혁명은 동학과 농민이 결합해서 혁명을 추구했다고 보는 것이다.

이와 달리 북한에서는 갑오농민전쟁으로 썼고 남쪽의 진보학계에서도 이를 그대로 수용했다. 곧 그 운동 주체는 생산대중인 농민이란 것, 동학은 종교적 외피에 불과하다는 의미였다. 종교의 존재를 배제하는 마르크스의 이론을 답습한 것이다.

먼저 이런 여러 용어를 두고, 역사학자 · 정치학자 · 사회학자 들을 모아 1990년 6월 토론회를 열었다. 각기 다른 주장을 펼치니 결론이 날 턱이 없었다. 다양한 학문 경향을 추구하는 풍토에서는 결론이 나지 않아도 탈 잡을 것이 못된다. 그래서 한국역사연구회의 회원인 소장 학자들은 '1894년 농민전쟁'으로 바꾸어 썼다. 나는 동학의 인간존중사상과 봉기 과정에서 나타난 동학 조직의 동원 등을 따져볼 때 동학이 단지 외피에 불과하다고 할 수만은 없어 일단 '동학농민전쟁'으로 쓰기로 했고, 이 용어를 백추위에 반영했다.

그러면서 '동학'을 주제로 다룬 시와 소설들을 살펴보았다. 아직 동학농민전쟁이 학문적으로 정리가 안 된 데다 사료 발굴이 미흡한 상태이기는 했지만 작품들은 당혹스러울 정도로 혼란을 빚고 있었다. 그래서 '역사소설의 반역사성'이라는 제목으로 평론을 썼다(《역사비평》 창간호 · 1987). 대상 작품은 최인욱의 『전봉준』, 이용선의 『동학』, 서기원의 『혁명』, 유현종의 『들불』, 박연희의 『여명기』 등이었다.

이들 소설들은 대체로 지배계층의 부정부패, 민중에 대한 압제에 초점을 두고 있었다. 하지만 통틀어 말하면, 봉건체제가 갖는 제도상의 모순을 분명하게 부각시키지 못했다. 왜 지배세력의 착취가 만연하게 되었는지, 왜 노비·백정의 불평등 관계가 성립되었는지, 왜 지주와 소작농민의 불균형 관계가 빚어졌는지를 설명해줄 구조적 모순을 이해하지 못하고 있었다. 더욱이 한결같이 동학이라는 종교에 초점을 맞추고 있으면서 '농민적 코스'를 소홀하게 다루고 있었다. 그런 탓으로 농민통치라 할 집강소 활동을 소홀하게 다루거나 거의 무시하고 있었다. 또 농민군들이 척양척왜(斥洋斥倭)를 내건 것과는 달리, 금광 개발권의 독점이나 사치품의 범람 등 외국 세력의 경제 침탈 양상을 아주 무시하거나 가볍게 다루었다.

『전봉준』에서는, 전봉준이 비복 2명을 거느리고 있었다거나 동학사상을 전파하기 위해 봉기했다는 따위로 얘기를 이어가고 있었다. 『동학』에서는, 최제우가 살아 있을 당시부터 최시형을 '신사(神師)'로 호칭했고, 집강소의 농민통치를 무정부 상태로 보면서 농민군을 "무식한 상것들—농민들뿐이었다"고 표현해놓았다. 『혁명』에서는, 전봉준의 부하들이 그의 사랑채에서 잠을 잤다든지, 그를 포악한 인물로 그리면서 그의 부하가 된 양반의 아들은 아주 덕스런 사람으로 그리고 있었다.

『들불』에서는, 최제우가 천도교를 만들었다거나, 전봉준을 선비 출신으로 부안접주라 하기도 하고, 김개남을 두고는 자기 성명도 쓰지 못하는 까막눈이라고 하고, 손화중을 두고는 땅밖에 팔 줄 모르는 순수한 농투성이라고 했다. 『여명기』에서는 전봉준의 아버지를 두고 구실아치로 효수(梟首)되었다고 하면서, 전봉준이 어릴 때 아버지의 죽음을 보고 복수를 하려고 봉기했다고 했다.

그밖에도 당시 홍주목(충남 홍성)에 감영이 있었다든지, 감사를 '나으리'

나 '도백'으로 표기한다든지, 전봉준에게 '영감마님'이라 부른다든지 용어의 시대성을 무시하는 표현들이 즐비하다.

이들 남쪽 소설보다 앞서 1980~1986년 북한에서 나온 구보 박태원의 『갑오농민전쟁』(도서출판 공동체·1988)에서는 줄거리 설정에 무리가 있긴 했으나 기본적인 시대 흐름이나 고증은 비교적 흠이 적었다.

영화와 뮤지컬에 그려진 동학농민전쟁의 모습

나는 소설만이 아니라 동학을 소재로 한 다른 장르의 작품들도 분석해봤다. 김용옥이 시나리오를 쓰고 임권택이 감독을 맡은 영화 〈개벽〉(1991년)을 보자. 이 영화는 동학의 2대 교주 해월 최시형(海月 崔時亨)의 일대기를 주제로 잡았다. 그러니 전봉준을 주인공으로 설정하지 않은 것이다. 하지만 1871년 3월 10일(1864년 동학 창시자 최제우가 처형당한 날)을 기해 최시형을 설득해 영해봉기를 주도한 이필제를 부정적인 인물로 그리고 있다. 봉기 당시 이필제가 민가에 불을 지르고 아이가 불타 죽는 장면을 넣었는데, 그때 관변 쪽 기록을 믿더라도 이필제는 민가에 불을 지른 사실이 없었다. 그 반대로 관아의 쌀을 풀어 백성에게 나누어주고 소를 살 때도 꼭 돈을 지불했다.

또 이 영화에서 전봉준은 무수한 희생자만을 내고 동학교단을 결딴내는 부정적 인물로 등장한다. 그리하여 농민전쟁이 실패로 돌아간 뒤 최시형이 "30년의 노력이 헛되었다"고 뇌까리게 만들었다. 그러니 새로운 미래 세상을 만든다는 '개벽'은 현실 속에서는 실종되었던 것이다. 또 김용옥이 줄거리를 만든 가극 〈천명〉도 비록 〈개벽〉보다는 차별성이 보이고, 농민전쟁도 일부 다루고는 있지만 동학에 초점을 맞추고 있다.

이와 달리 문호근이 연출한 뮤지컬 〈금강〉은 신동엽의 서사시 「금강」에서 소재를 빌려왔지만 거기에 매몰되지 않고 농민 저항을 민중운동의 줄기로 보고 전개해 주목을 받았다. 집강소 활동을 부각시키고 전봉준 등 농민 지도자들의 활약을 비중 있게 다뤄서, 동학이라는 종교에 매몰되지 않았다.

동학군을 재조명한 실질적 주역, 향토사학자들

나는 유신 시절부터 골방에서 글을 쓰다 막히면 혼자 가방을 들고 유적지를 답사하곤 했다. 초창기 동학 농민군 답사를 다니다 겪은 몇 가지 일화를 적어보자.

버스를 타고 진주에 내린 어느 날 지리산 천왕봉 아래에 자리 잡은 산청군 덕산을 찾아갔다. 덕산장터에 내려서는 과자와 막걸리를 사들고 노인들이 많이 모이는 사랑방으로 갔다. 나는 노인들에게 지리산 나무꾼인 유계춘이라는 이름을 들어보았느냐, 이곳에 숨어 지낸 이필제라는 사람에 대해 아느냐, 동학군들이 이곳에 모여서 진주로 달려간 얘기를 들어보았느냐, 한국전쟁 때 이곳에 빨치산 근거지가 있었느냐 따위의 질문을 해댔다. 유계춘은 진주민란(삼남농민봉기)의 주역이었고, 이필제는 이곳으로 흘러와서 민중봉기를 꾸미려 한 적이 있었으며, 농민전쟁 당시 이 일대 농민군들이 이곳에 집결해서 그 아래 단성 등지를 거쳐 진주로 진격했던 것이다.

동학군 자취 찾아 '나 홀로 답사' 하다 간첩으로 오인 받아

노인들은 떫은 표정을 지으면서 신통한 대답을 주지 않았다. 나는 별로 들을 것이 없겠다 싶은데다 날도 저물어서 그곳을 휑하게 나왔다. 그때는 마을에 여관도 없었다. 그런데 버스 타는 곳에 서 있자니 덕산지서의 순경이 와서는 나를 지서로 데리고 갔다. 그는 내 신분증을 뒤지고 가방도 열게 하면서, 이곳에 왜 왔느냐, 무얼 하는 사람이냐 따위의 질문을 해댔다. 나는 진주문화원장인 이 아무개에게 연락해보라고 말했고, 마침 연결이 돼 진주문화원장의 신분 보증을 받고서야 어렵사리 풀려날 수 있었다. 그 노인들이 수상한 사람이라고 나를 신고했던 것이다.

정읍 일대의 유적지를 돌아볼 때는 초기 개척자라 할 최현식 선생을 만나 재미있는 얘기를 들었다. 박정희는 쿠데타에 성공한 뒤 황토현 기념탑의 개막식을 서둘러 열었다. 그런데 전봉준의 딸이라는 한 여성을 박정희 옆에 앉혀놓았단다. 개막식을 끝낸 뒤 그 딸이라는 여인에 대해 알아보니 전봉준이 죽은 3~4년 뒤에 태어난 나이로 확인됐단다.

또 전주에서 들은 얘기로, 전두환이 황토현기념관의 공사 현장을 돌아보고 전주로 와서 기자회견을 하면서 "전봉준 할아버지가 이루지 못한 꿈을 내가 이루었다"고 떠벌렸다 한다. 전봉준과 전두환은 같은 천안 전씨이니 '할아버지'라는 표현이 꼭 틀렸다고 할 수는 없지만 과연 전봉준이 이루지 못한 꿈을 자신이 이루었을까?

'농민군 3대 지도자'로 꼽히는 김개남의 손자인 김환옥 옹을 정읍 산골마을인 지금실로 어렵게 찾아갔다. 김환옥 옹은 나를 보자마자 "뭐 하러 왔소? 아파트나 하나 사줄라요?"라고 퉁명스럽게 말하면서 방으로 들어오라는 말도 하지 않았다. 3·1절마다 학교 운동장 같은 곳에서 기념행사를 하면서 늘 불러내 단상에 앉혀놓고는 행사가 끝나면 점심 한 끼도 주지 않고 가라고 한다는 말도 했다. 그는 "뭣 하는 짓들이야!"를 되뇌었다. 그분의 살림이 너무나 초라한 것을 보고 다음부터 작은 선물을 사가거나 용돈을 놓아두고 온 덕분인지 나중에는 나와 아주 가까운 사이가 되었다.

이렇게 외롭게 돌아다닐 적에 서원의 재실이나 마을의 회관에서 잔 적도 여러 번 있었고 밥을 사먹을 곳이 없어서 굶은 적도 있었다. 또 버스 시간을 맞추지 못해 수십 리 길을 걷기도 했다.

'동학 농민군' 역사 살려낸 향토사학자들

사실 그때까지만 해도 김의환 교수(부산대)나 표영삼(천도교 선도사·2008년 작고) 선생은 답사를 중요하게 여기는 편이었지만, 다른 전공 교수들은 대부분 연구실에 박혀서 사료만 뒤지고 있었다. 책만 파고드는 '골방 샌님'들이라 해야 할지, 엄숙한 아카데미즘에 빠져서라고 해야 할지, 어찌 보면 답답한 지경이었다. 우리의 동학농민전쟁 답사길에는 현지의 향토사학자들, 곧 천안의 이원표(작고), 공주의 구상회(작고), 예산의 이상재(작고), 서천의 박수환, 정읍의 최현식, 고창의 이기화, 김제의 최순식(작고), 장흥의 강수의, 진주의 김범수(작고), 예천의 정양수 선생 등이 길잡이를 해주었다. 이분들은 지역 문화원장을 맡아보았거나 지역의 역사현장을 조사한 전문가들이었다.

예산 임성중학교 교장을 지낸 이상재 선생은 예산·홍성 지역 농민군 활동을 연구하면서 태안의 농민군 지도자였던 조석현·문장준의 관련 자료를 보관하고 있었는데, 홍성에 세워진 의총은 의병들의 무덤이 아니라 농민군의 무덤이라고 전거를 들어 설명하면서 분노를 감추지 못했다.

구상회 선생 역시 교육자였는데 공주에서는 예부터 '곰'이란 말을 많이 썼다는 전거를 들면서 전봉준이 충청감영을 점령하러 올라온 고개를 능치(能峙)라고 쓴 관변 기록은 웅치(熊峙·곰티)라고 해야 옳다고 일러주었다.

동학농민전쟁의 최초 봉기 장소인 전북 정읍시 이평면 두지리 말목장터. 말목정 옆에 서 있는 감나무 밑에서 1894년 1월 10일 전봉준이 배들 농민 수천 명에게 고부군수 조병갑의 수탈을 알리고 관아로 진격했다(왼쪽). 이 사실을 추적한 향토사학자 최현식 선생(오른쪽).

 그는 또 농민군들이 감영을 점령하기 위해 곰나루를 건너와서 하고개로 진격하다가 이곳을 지키던 관군에게 몰살되었다 한다. 이들 시체를 고개 아래 논에 묻었는데 이후 그 논의 임자가 해마다 원혼을 달래는 굿풀이를 하고 제사를 지냈다고 일러주었다. 구 선생은 젊을 적 신동엽 시인과 친구로 지내며 '동학'과 '금강'에 대해 많은 얘기를 나누기도 했다고 회상했다.
 최현식 선생은 정읍문화원장으로 재직하고 있을 때부터 정읍 일대의 농민군 유적을 찾아 헌신해왔다. 그는 말목장터 옆에 있는 감나무 밑에서 전봉준이 봉기를 선동하는 연설을 했다는 것, 그 아래 배들(이평)과 만석보 앞에서 농민군을 집결시켜 고부관아로 진격했다는 것 등 새로운 사실들을 밝혀냈다. 특히 전봉준이 조소마을에 살면서 연 서당이 고부봉기 당시 불태워졌는데, 그는 이 서당 복원을 추진해 결실을 맺기도 했다. 또 농민군이 최초로 감영군과 전투를 벌여 승리한 황토현 전적지를 찾아내 뒷날 이곳에 위령탑을 세우고 기념관을 건립하는 데 공헌했다.

1990년대 초 백추위의 답사길을 이끌어준 향토사학자들을 좀 더 소개해보자.

김제 원평의 새마을금고 이사장이기도 했던 최순식 선생은 모악향토문화연구회를 만들어 이 지역 구전설화와 자료를 수집해왔다. 그는 금산면 출신의 농민군 지도자인 김덕명과 김인배의 여러 유적지를 찾아내 소개했으며, 특히 전봉준의 외가가 김덕명의 집안인 언양 김씨여서 이 인연으로 전봉준이 고창 당촌마을을 떠나 십대의 나이에 이곳으로 이사를 왔다는 증언을 찾아냈다.

또 원평장터를 흐르는 원평천 모래벌에서 1893년 원평집회를 열었다는 사실도 밝혀냈다. 집회 때는 나무를 얽어 단(무대)을 만들고, 꽹과리를 울리고 판소리를 해서 장군들을 모으고 난 뒤 지도자가 나와 연설했다고 한다. 그럴 때면 모래벌 언저리에 술 팔고 밥 파는 전(廛)도 벌어졌다고 한다. 또 공주에서 패전한 농민군이 남쪽으로 내려오다가 대야마을 앞산에서 일본군과 전투를 벌였는데, 주민들이 그때 희생된 농민군의 무덤을 만들어주었다는 사실과 어릴 때 그 자신 앞산에서 탄피를 주운 적이 있다는 증언도 들려주었다.

농민군의 피가 '자작자작' 고여 있었다는 자작고개

고창문화원장으로 오래 재직한 이기화 선생은 당촌마을의 전봉준 생가

터와 그의 아버지 전창혁이 이 마을에서 서당을 연 자리를 일러주었다. 그는 당촌마을이 농민전쟁이 끝날 무렵 모조리 불에 탔다는 사실과 전봉준의 가계를 밝혀주는 자료인 『천안전씨 족보』를 발굴해 알려주기도 했다. 또 전봉준의 비서였던 정백현의 아들 정병묵과 손자 정남기(《연합통신》 해직기자 출신·언론재단 이사장)를 소개해주기도 했다. 또 이 일대 농민군 천인(賤人) 부대를 이끈 홍낙관이 서울 말씨를 썼다는 것과 그가 무당 아내를 두어서 천대를 받았다는 사실도 알려주었다.

장흥에서는 문화원장을 지낸 강수의 선생의 안내를 받았다. 일본군과 전투를 벌인 석대들과 당시 장흥부에서 농민군에 의해 죽음을 당한 벼슬아치들의 제향을 올리는 영회당 등을 소개해줬다. 이분은 사진 전문가여서 시기에 따라 유적지가 달라진 모습도 기록해 알려주었다.

예천 일대에서는 향토사연구회장인 정양수(대창고교 교감) 선생이 안내와 접대를 해주었다. 동학 당시 농민군을 공격하기 위해 조직한 집강소가 관아의 객관에 있었는데 그 건물을 그대로 현재 대창고교로 옮겨온 사실과 농민군들이 집강소 두령들을 끌고 가서 한천 모래바닥에 묻어버린 사실을 알려주었다. 이 지역 답사팀은 예천을 중심으로 상주·김천·선산 등지의 유적을 조사하고 답사해 많은 증언과 사료를 발굴한 내용으로 박사논문을 쓴 신영우 교수가 이끌었다.

홍천 풍암리에 사는 최주호 씨(작고)는 전문가가 아닌 희생자의 아들로서 생생한 얘기를 들려주었다. 그의 집에서 앞을 바라보면 자작고개가 보이고 그 너머에는 진등이라 부르는 작은 등성이가 있다. 자작고개는 농민군의 피가 고개를 '자작자작' 적실 정도로 고여 있었다 해서 마을 사람들이 붙인 이름이요, 진등은 농민군이 진을 친 등성이라는 내력이었다. 최주호 씨는 어릴 때 할아버지의 얘기를 들으면서 이 고개를 넘나들었다. 이곳에는 1971년 서석면 주민들이 성금을 모아 위령탑을 세웠는데 면민이 세운 유일한 위령탑이었다. 하지만 일부 향촌에서는 족보를 보이면서 양반 자랑을 늘어놓기도 하고, 돈을 내고 공명첩을 받은 것을 실제 벼슬살이를 한 것으로 알고 뽐내는 이들의 모습도 자주 보았다.

'전봉준 장군'을 '부자 양반'으로 왜곡한 까닭은?

1990년 초부터 1994년에 걸쳐 진행한 백추위의 현장답사를 통해 우리는 농민군의 형상이 투영된 여러 사실을 확인할 수 있었고 그 후대 민중의 의식도 읽어낼 수 있었다.

공주 우금치에 세워진 동학혁명군 위령탑에는 박정희의 글씨와 이선근의 글이 새겨져 있었는데, 훗날 누군가 '박정희 대통령의 뜻으로 세웠다'는 글씨를 돌로 찍어내서 거의 보이지 않을 정도였다. 또 정읍 황토현 전적지의 건립 과정을 설명하는 글에 '전두환 대통령의 뜻에 따라 건립했다'는 박영석 국사편찬위원장의 설명문에서 '전두환' 세 글자를 돌로 찍어놓았다. 이런 모습은 이곳을 찾는 사람들의 민주·민중의식을 보여주는 대목이라 생각했다.

또 장흥에서는 동학농민전쟁 100돌을 앞두고 장흥동학농민혁명기념탑을 세우고 비문은 고은 시인이 지었는데 반농민군 세력 후손들의 반발과 방해로 제막식조차 하지 못하고 있었다.

그런가 하면 장성 신호리의 황룡강 언저리에는, 1894년 5월 농민군이 관군을 크게 무찌르고 전주로 진격하는 계기가 된 황룡전투 때 관군 대장으로 전사한 '이학승 순의비'(1897년)가 세워져 있었다. 이후 100돌을 맞아

동학농민전쟁 유적지 답사 기행 중 전남 장성 오룡동 토말마을에서 1894년 황룡전투 당시 신무기인 '장태'를 만든 농민군 이춘영의 큰아들 이규익 옹으로부터 장태의 재료인 대나무와 관련한 증언을 듣고 있다.

1994년 12월 이상식 교수(전남대)의 주도로 광주전남동학농민혁명기념사업회에서 이곳에 동학 농민군 승전 기념탑을 세웠다. 이어 1997년에는 동학혁명 승전기념공원으로 조성됐고 '황룡 전적비'는 국가사적지 제406호로 지정되기도 했다. 곽재구의 시 〈조선의 눈동자〉가 새겨진 화살 모양의 웅장한 기념탑과 달리, '의병대장' 면암 최익현 선생이 비문을 썼다는 순의비는 들판 언덕 아래 수풀 속에 초라하게 서 있었다.

정읍 조소리에 복원한 전봉준 고택을 찾아갔을 때는 길목에서부터 우리를 어리둥절하게 만들었다. 도로 안내판에 '생가길'이라고만 씌어 있더니, 고택 안내판에는 '봉준은 양반으로……' 따위의 구절들이 보였다. 더군다나

초가삼간이어야 할 고택은 옆집 한 채까지 헐어 널찍하게 정원처럼 꾸며두었고, 담은 흔히 가난한 농가에서 보이는 싸리 울타리가 아니라 지주·부자들의 집에서 만들었던 두꺼운 흙담으로 둘러놓았다.

또 황토현 전적지 전시관에서는 전봉준 동상에 '전봉준 선생상'이라 씌어 있는 것을 보았다. 우리는 '장군'이 아니라 '선생'이라는 표현에 고개를 흔들었다. 민중은 그를 장군이라 불렀는데 굳이 선생이라고 고쳐야 하는가? 전봉준의 강렬한 '이미지'를 묽게 흐리려는 호칭일 것이다. 전시실 안의 전시물들은 더 가관이었다. 교수형을 당한 전봉준을 두고 칼로 머리를 잘라 막대기에 달아 조리를 돌린 사진을 걸어두고 있었다. 또 제민당(濟民堂)이라는 간판을 단 곳에는 유명 화가에게 사례를 듬뿍 주고 그렸다는 전봉준의 초상화가 걸려 있었다. 거기에 전봉준이 정자관을 쓰고 도포에 술을 길게 늘어뜨린 선비의 차림을 하고 있었다. 시대상에 맞지 않는 농기구들도 벌여놓고 있었다.

한편 우리 연구자들이 귀담아들어야 할 내용도 많았다. 하동의 고성산 아래에 있는 마을에서는 지금도 한 마을 수십 집에서 같은 날에 제사를 지내고 있었다. 또 이곳 약수사의 주지인 국포 스님은 일본군이 산에 불을 질러 농민군 수십 명이 약천암의 굴 속에서 죽었다고 말했으며 주민들은 산마루에 농민군 지휘소가 있었다고 전해주었다. 실제로 이곳을 찾아보니 약수암은 동굴처럼 생겼고, 산마루에는 탁자처럼 생긴 바위 옆에 의자처럼 생긴 돌이 댓 개쯤 놓여 있었다.

공주 경천의 노인정에서는 농민군들이 이 일대에 머물면서 감영을 공격할 때 쇠가죽으로 밥을 지어 먹었다는 얘기를 들려주었다. 말목을 네 개 세워 쇠가죽을 걸어놓고 쌀을 부은 뒤 솔가지로 쌀을 덮고 밑에서 불을 지피면 익은 밥이 된다고 했다.
  또 우금치 이웃마을 주민들은 우금치 옆의 높은 봉우리인 견준봉(犬蹲峯)을 두고 '개좆백이'라고들 불렀다. 한문으로는 '개 발꿈치 바위'라는 뜻인데 주민들은 산세가 험하다고 해서 '개좆'이라고 욕질을 한 탓으로 그런 이름이 붙여졌다고 한다. 아마 '개좆'을 뜻과 음이 비슷한 '견준'으로 바꾸어 표기한 것으로 보인다.

동학농민혁명 100돌 사업의 성과

백추위를 비롯한 한국 근현대사 연구자들은 '동학 100돌'을 앞두고 무엇보다 연구 수준을 한 단계 높이는 작업에 주력했다. 1990년부터 1994년에 걸쳐 5개년 계획으로 연구논문집을 내고자 준비를 서둘렀다. 독자들은 좀 지루하겠지만 이 과정을 요약해서 소개하고자 한다.

'동학농민혁명 100돌' 앞두고 남북 모두 뜨거운 연구 바람
마침 한국역사연구회의 안병욱 회장은 역사비평사의 장두환 사장으로부터 연구비 지원을 약속받았다. 장 사장은 5년에 걸쳐 해마다 2천만 원씩 지원하기로 했다. 애초 백추위에서도 연구논문집 간행을 계획했지만 경향이 같은 연구논문을 굳이 따로 낼 필요성이 없다는 데 의견을 모으고 연구 인력이 더 풍부한 한국역사연구회 주관으로 함께하기로 했다. 그래서 백추위에서는 배항섭 연구위원(고려대)이 대표로 참여했다.
이에 따라 해마다 주제를 정해 학술발표회도 열었다. 발표회는 한국역사연구회의 안병욱·이영호(인하대)·고석규(목포대) 등이 이끌었는데, 나는 주로 젊은 연구자들의 초벌 논문을 미리 읽고 사실 오류와 원문 해석의 오역을 검토하는, 이를테면 교열을 맡아 했다.

발표회 때는 교수와 학생들은 물론 언론과 시민들도 몰려 객석을 꽉꽉 메웠다. 토론도 진지했고 열기도 넘쳐났다. 필진 50여 명이 집필해 해마다 한 권씩, 역사비평사에서 논문집도 차질 없이 냈는데 그 제목에는 언제나 '1894년 농민전쟁'이라는 문구가 붙어 있었다. 우리가 많은 논의를 거친 끝에 동학이라는 종교적 외피를 배제하고 농민운동의 성격을 제시하려는 의도에서 용어를 합의한 결과였다. 북한에서 사용하는 간지 표기인 '갑오'를 배제해서 차별성을 보인 것이다.

한편 백추위의 연구위원들은 여러 학술발표회에 활발하게 참여했다. 여러 기념단체들이 벌인 발표회의 주제들이 미시적 분야를 포괄한 탓으로 아주 다양했고, 그 범위도 일정 지역의 전개만이 아니라 전국적으로 봉기한 내용을 포괄해서 담고 있었다. 또 지역적 특성을 부각시키는 주제를 내걸기도 했다. 이들 발표회에는 시민들이 많이 참석해 역사 대중화의 성과를 거두기도 했다.

이 무렵 북한에서도 100돌을 앞두고 『갑오농민전쟁 100돌 기념 논문집』을 과학백과사전종합출판사에서 낸 적이 있다. 그곳 역사연구소에서 활동하는 학자들이 주로 집필자로 참여했는데 원종규·박득중·허종호 등 12명이 집필을 맡았다. 북쪽 논문집에서는 '갑오농민전쟁'으로 표기를 했다. 그 역사적 배경과 동학의 발생을 앞에 서술하고 삼례·보은봉기부터 집강소 활동과 반일투쟁 그리고 그 역사적 교훈 등으로 나누어 담아냈다.

그런데 북쪽 논문집은 반봉건·반침략의 기저를 깔고 있었으나 연구 분야의 다양성이 부족하고 오류투성이인 오지영의 『동학사』를 많이 인용하는 등 사료의 미비로 인한 오류가 군데군데 보였다. 당시 백추위에서 수집·간행한 『동학농민전쟁사료총서』(전30권·1996년)가 북쪽에 전달되지 않아 참조할 수 없었던 데도 원인이 있을 것이다. 이 총서는 1997년에 들어서야 사운연구소의 이종학 소장과 강만길 교수의 배려로 북에 전달할 수 있었다.

한편 유 아무개 교수(고려대) 등 일부 학자들은 농민군의 폐정개혁을 보수개혁이라 보면서 변혁운동의 한계를 지적하는 등 '딴지'를 걸기도 했다. 일제의 사주를 받은 갑오개혁을 근대개혁이라고 주장하면서 농민군의 개혁을 깎아내리려는 의도를 보였다. 농민군들이 얼마나 치열하게 양반·상놈의 차별을 타파하려고 했는지, 또는 목숨을 던져 항일전선에 뛰어들었는지에 대한 사료 검토는 제대로 하지 않은 채 그 시대정신을 외면하고 있었다. 이들의 이런 인식이 뒷날 이승만을 국부로 떠받들며 재벌들에게 '국통'을 세워야 한다고 돈을 우려내는 식의 반역사적 활동으로 이어지는 배경이 아닐까 싶다.

이들 계보를 잇는 후대의 아류들 역시 전봉준 등 지도부가 군주를 받드는 의식을 가지고 있었다고 비판했으며 집강소를 통한 농민 변혁운동에 의미를 부여하지 않으려는 의식을 보여주었다. 이승만을 근대화의 선구자, 대한민국 건국의 영웅으로 받드는 이른바 '뉴라이트' 계열의 교수들은 이런 이론을 곧이곧대로 받아서, 농민군의 변혁운동을 더한층 평가절하하려는 태도를 보이고 있다. 이런 계열에서 막대한 연구비를 끌어가고 있는 모양새도 참 의아스럽다.

《한겨레신문》 등 여러 신문에서 농민전쟁 관련 글 실어

동학농민전쟁 100주년 기념사업 추진위원회에서는 학술 발표회와 연구 논문집 발간의 성과를 언론매체에 널리 알리는 데도 열심이었다. 연구위원들은 농민전쟁의 의의와 실상을 알리는 글을 신문·잡지에 연재하고 좌담

동학농민전쟁의 3대 주역인 전봉준(왼쪽부터)·손화중·김개남 장군의 초상. 동학농민전쟁 100돌을 앞두고 《한겨레신문》에 '발굴 동학농민전쟁 인물열전'을 연재하면서 이들 주역을 비롯한 30명의 동학 지도자들을 찾아내 소개했다.

회 등에도 나섰다.

먼저 나는 《한겨레신문》에 1993년 2월부터 30회에 걸쳐 농민전쟁 관련 인물 30명을 골라 단독 집필로 연재했다. 전봉준·김개남·손화중 등 3대 농민군 지도자는 물론이고 직간접으로 관련된 민초들을 발굴해 소개했다. 중심 무대였던 전라도를 비롯해 경상도·충청도·황해도·강원도까지 두루 살펴 전체 실상을 알리고자 했는데 지금도 생각나는 인물들이 여럿 있다.

민준호는 진주에 있던 경상우도 병사였는데 그 일대에서 일어난 농민군을 토벌하기는커녕 은근히 도와주었다. 농민군 영호대접주인 김인배를 맞이해 소를 잡아 잔치를 벌여준 반면 일본군에게는 협조를 하지 않는 식이었다. 그는 끝내 파직이 되었는데 그 뒷얘기는 알 길이 없었다.

해주에서 아기접주로 명성을 떨친 김창수(백범 김구)는 끝까지 지조를 굽히지 않고 투쟁해 임시정부의 수장이 되었다. 황해도 구월산 일대에서는 백낙희가 산포수로서 눈부신 전과를 거두었으며, 차기석은 오대산 일대에서 유격전을 벌이면서 끝까지 항거했다. 최맹순은 강원도 출신이었는데 예천에서 옹기장수를 하면서 농민군을 모으다 끝내 강릉교장에서 처형되었다.

차치구는 상놈 출신으로 흥덕 일대에서 활동하다가 잡혀 처형됐는데 그의 어린 아들 차경석이 몰래 주검을 수습해 묻었다. 훗날 보천교를 창시해 교조가 된 차경석은 아버지의 무덤을 일부러 초라하게 만들었는데, 그 현장을 확인할 수도 있었다.

그런가 하면 최달곤은 전봉준이 보낸 '염찰사'라며 탐학한 벼슬아치들 명단을 들고 고성 등 남해안 일대를 돌아다니며 수령들의 융숭한 대접을 받기도 했는데, 마지막 동래부사를 만나 비정을 성토하다가 일본 영사에 끌려가 문초를 받은 뒤 행적이 묘연하다. 이상옥(이용구로 개명)은 경상도 출신으로 경기도에 진출해 관청에 잡혀 있는 농민군을 풀어주는 등 활약하기도 했으나 나중엔 일진회를 조직하고 친일파로 변절했다.

광주의 《무등일보》는, 우리 답사기행팀의 경비까지 대주면서 전국에 걸친 답사글을 1년에 걸쳐 연재했으며 《전북일보》는 박맹수 교수를 중심으로 기행글을 1년 동안 연재해서 관심을 끌었다. 다른 언론사에서도 짧게나마 연재글을 실었으나 이른바 '거대신문'들은 철저히 외면했다. 월간 《예향》에서는 호남 일대의 농민군 전개 과정, 월간 《새농민》에서는 전국에 걸친 전개 과정을 현장답사를 통해 재구성하는 글을 실었다.

쇠가죽으로 밥 짓기 재현 등 안방 파고든 '농민전쟁'

방송매체에서도 많은 관심을 보였다. 〈전주 문화방송〉에서는 1991년 7월 동학 답사 다큐멘터리 〈가보세 가보세〉(피디 김병헌)를 나를 리포터로 내세위 제작해 방영했다. 〈한국방송〉〈문화방송〉〈교통방송〉〈기독교방송〉 등 주요 공중파 티브이와 라디오에서도 다큐 또는 강의 형식을 빌려 소개했다.

특히 〈한국방송〉에서는 100돌 특집으로 1994년 5월 〈동학농민전쟁 100년〉을 4부작으로 제작, 방영해 관심을 끌었다. 나형수 보도제작국장의 지원과 남성우·장해랑·이상우 피디, 김옥영 작가가 팀을 이뤄 진행했고, 나와 백추위 연구위원 우윤이 자문과 리포터로 도움을 주었다. 우리 두 사람은 '사발통문'의 작성을 주도한 송두호·송대화 부자로 분장을 하고 짤막하게 출연도 해서 작은 화젯거리가 됐다.

이때 다큐 제작 과정에서 농민군이 했던 대로 쇠가죽을 이용해 밥을 짓는 장면을 재현하는 데 성공하기도 했다. 전봉준이 공주에서 후퇴해 남쪽으로 쫓겨가면서 마지막으로 김제 원평에서 일본군과 전투를 벌였는데 그때 노획한 쇠가죽을 밥 짓는 도구로 썼다고 알려져 있었다.

우리는 공주전투의 격전지였던 경천 옆 골짜기에서 실험을 했다. 공주기념사업회에서 마련해온 쇠가죽을 네 개의 말뚝을 박아 펼친 다음 쌀 한 말에 물을 적당하게 붓고 밑에서 불을 지폈는데 30분쯤 지나자 쌀은 익지 않고 가죽이 약간 터져 물이 샜다. 그래서 우리는 실패한 것으로 지레짐작했는데 맨 위쪽 쌀만 익지 않았을 뿐 조금 헤쳐보니 밥이 잘 되어 있었다. 우리가 경험이 없어서 쌀 위에 솔가지도 덮지 않았고 처음부터 불을 너무 세게 지펴서 가죽이 탔던 것이다.

백추위 차원에서 모두 9차례 방송 프로에 나갔는데 이런 대중화 사업은 대단한 반향을 불러일으켰다. 농민전쟁의 실상이 안방을 파고들자 많은 시청자들은 '이럴 수가 있나'라는 반응을 보였다. 그동안 농민전쟁에 대해 잘 몰랐던 대중들에게, 농민전쟁이 역사의 저편에 묻혔던 사실이 아니라 우리와 밀접한 사건이며 이 시대의 문제를 고민하게 하는 현장임을 확인시키는 효과를 얻었다.

동학농민혁명 유족회 창립 '100년 만의 해원'

1994년 '동학농민혁명 100돌'을 앞두고 신문이나 방송을 통해 동학농민전쟁이 새롭게 알려지며 화두로 떠오르자 누구보다 유족과 관계자들의 반응이 가장 뜨거웠다. 그동안 숨겨오던 조상의 얘기를 털어놓으며 너도나도 당시 자료나 유물·유품을 꺼내놓았다. 태안에서는 농민군을 죽이는 데 쓰였던 작두, 장흥에서는 땅에 묻어두었던 조총, 화순에서는 농민군의 옥중편지를 공개하기도 했다. 겨우내 얼었던 냇물이 100년 만에 녹아 흐르기 시작한 셈이었다.

이어 여러 기념사업 단체가 전국에서 조직되었다. 전주에서는 오랜 준비를 거친 끝에 1992년 6월 창립대회를 열었다. 이듬해 '전주동학농민혁명백주년기념사업회'로 사단법인 등록을 했는데, 한승헌 이사장, 조성용 부이사장, 신순철·이종민·서지영 등이 이사를 맡았고 사무국장에는 문병학이 선임되었다. 이 단체는 전북을 대표하는 인사들이 참여해 전 도민적 기구로 발족했다.

이어 1993년 정읍동학농민혁명계승사업회가 꾸려졌다. 정읍은 고부봉기 또는 황토현전투의 발상지여서 이미 1967년부터 최현식 문화원장을 중심으로 기념사업회를 발족하고 해마다 황토현 전승기념일에 축제를 벌였고 만석보 유지비 등을 세우는 사업을 추진했다. 그 맥을 이어 김현·조광환 등이 순수한 민간단체로 발족한 것이다.

1994년 1월에는 고창 기념사업회가 탄생했다. 오랫동안 농민혁명 관련 유적, 곧 무장관아, 전봉준 생가 마을 등을 조사해온 이기화 고창문화원장의 노고가 컸다. 비슷한 시기에 광주·전남의 기념사업회도 발족했는데 전남대 이상식 교수가 모든 일을 추진하고 이끌었다. 뒤이어 같은 해 4월 상주기념사업회가 발족해 회장은 박찬선 상주문인협회장, 사무국장은 강효일 《한겨레신문》 상주지국장이 맡았다. 1994년 6월에는 공주에서 진영일 교수의 노력으로 우금티기념사업회가 발족했다. 공주는 동학혁명군위령탑이 있는 곳이다.

마지막으로 가장 의미 있는 단체를 소개할 차례다. 그동안 백추위의 연구위원들은 많은 유족들을 만나 증언을 듣고 자료를 수집했다. 그런데 유족들을 한데 모으는 일정한 조직체가 없었다. 그래서 1994년 1월 백추위에서는 역문연의 필동 사무실로 유족들을 초청해 처음으로 30여 명이 한자리에 모였다. 답사를 다니면서 우리가 발굴하거나 다른 기념사업회에 연락해서 찾아낸 이들이 함께한 첫 간담회였다.

그 첫 모임에서는 유족을 대표한 정남기와 백추위의 우윤 연구위원이 실무를 맡아 '동학농민혁명유족회' 발족의 의의와 사업계획을 짜기로 결정했다. 우리는 자연스럽게 만나 스스로 조직체의 필요성을 알고 자발적으로 참여하도록 유도하기로 했다. 역문연에서 연 발기인대회에서는 농민정신의 계승, 농민군의 명예회복, 증언록 제작 지원, 추모대회 동참 등을 유족회의 활동 목표로 내걸었다. 마침내 그해 3월 3일 동아클럽에서 동학농민혁명유족회 창립총회가 열렸다. 초대 유족회장에는 김영중(영호대접주 김인배의 후손)이 추대됐으며, 실무는 정남기·손주갑 등이 맡기로 했는데 민주투사인 김세진의 아버지인 김재훈, 김개남의 손자인 김환옥 등이 열성으로 참여했다. 100년 만의 첫 모임이었던 만큼 회원 69명을 포함해 각계 인사 300여 명이 참석해 성황을 이뤘다. 당시 김도현 문화체육부 차관, 국회의원인 조세형과 이부영, 오익제 천도교 교령, 이돈명 변호사, 이종수 충남대 교수, 작가 박완서, 시인 신경림, 그리고 연구자인 최현식·이기화·김범수, 장흥의 사진작가인 강수의 등도 함께했다. 그 의의와 농민군의 서훈 문제를 두고 조 의원이 주제 발표를 했고, 이돈명 등 몇몇 인사들이 축사와 격려사를 했다. 또 임종석·임수경 등 학생운동권 인사들도 참석했다.

실로 100년 만의 해원(解冤·한풀이)이었다. 유족회는 첫출발부터 화기가 넘쳤으며 화려했다. 그런데 작은 소동도 빠지지 않았다. 동아클럽 쪽에서 임종석·임수경 등의 참석 때문인지, 유족들이 시위라도 벌일까 염려해서인지, 장소를 빌려주지 않으려 해서 실랑이 끝에 겨우 계약을 할 수 있었다. 뒤풀이 자리에서도 일부 유족들이 두 사람의 참석을 못마땅하게 여겨서 시끄러웠다. 당시 김영삼 정권의 '쪼가리 민주화' 탓이기도 했을 것이다.

구구절절 사연 담긴 증언록 '다시 피는 녹두꽃'

1994년 3월 동학농민혁명 유족회가 결성되면서 여러 기념행사마다 많은 유족들이 참여해 분위기를 고조시켰다. 유족회는 첫 사업으로 그해 5월 농민군의 명예회복과 서훈 문제를 담은 '겨레에게 드리는 호소문'을 각계에 발송했다. 또 백추위에서 추진하는 유족 증언록 발간 작업을 위해 후원금 모금을 도와주었다. 그 결과 그해 12월 말에는 『다시 피는 녹두꽃』과 『전봉준과 그의 동지들』이라는 제목으로 구구절절한 사연을 담은 증언록이 햇빛을 볼 수 있었다. 이들의 단결력은 대단히 높았고 유대도 돈독했다. 회원의 애경사 때에는 너나 할 것 없이 몰려들어 위로했다. 유족회는 많은 활동을 벌인 끝에 오늘날에는 회원이 1만 명을 넘는 거대 단체로 발전했다.

1993년 12월 13일 전북 정읍 이평면 장대리 전봉준 옛집에서 열린 동학농민전쟁 백주년기념사업단체협의회의 '다시 쓰는 사발통문' 공포식에서 내가 통문을 직접 쓰고 있다. 뒤에 이기화·김정헌 두 분의 모습이 보인다.

    그밖에도 동학농민혁명 100돌 기념전시회 조직위원회(위원장 김정헌)를 비롯해 홍천·진주·장흥·태안·예산 등지에서 기념단체가 속속 발족해 지역 단위로 다양한 행사를 벌였다.

    기념단체가 전국에 걸쳐 11개를 헤아리자 100돌 행사를 앞두고 이들을 묶을 연합조직이 필요하게 됐다. 그래서 각 단체의 대표자들이 모여 논의한 끝에 1993년 12월 13일 '동학농민전쟁 백주년기념사업단체협의회'(이하 동단협)가 결성되었다. 앞서 백추위에서는 여러 기념단체들이 진행하는 사업의 조정과 협조를 위한 통일적인 협의체 구성의 필요성을 적은 발의문을 돌렸고 이에 각 단체들이 호응한 덕분이었다. 그 뒤 여러 차례 준비회의를 거친 끝에 전주의 동백장 여관에서 창립총회를 했다. 50여 명이 회의를 하고 뒤풀이를 하고 잠을 잘 수 있을 만큼 커다란 방이었다. 회의가 한창 열기를 더하자 목소리가 커져 여관방이 떠나갈 정도로 시끌시끌했다. 또 전주 동백사 강당의 기자회견장에는 실무자 80여 명이 참석했고 기자도 수십 명이 몰려 성황을 이뤘다.

동단협에는 9개 단체가 가입했고 공동대표로는 지역 대표성을 반영해 김범수(진주)·명노근(광주)·염무웅(민예총)·이이화(백추위)·한승헌(전주) 등이 추대되었다. 천도교 관련 단체는 종교 성격 때문에, 정읍의 기존 단체는 '관변'이어서 제외하기로 했다. 동단협에서는 먼저 100돌을 맞이하는 의의를 표명하고 '다시 쓰는 사발통문' 공포식을 열며 기념사업을 지원·협조하기로 결정했다. 그 주요 사업으로는 기념주간 선포, 국가가 공식 인정하는 농민군 서훈 수여, 주요 전적지의 국가 사적지 지정, 주요 지역 기념물 건립 등을 추진하기로 했다.

이 자리에서 발표된 창립선언문은 "우리가 의를 들어 여기에 이름은 결코 딴마음이 있어서가 아니라 창생을 도탄 속에서 건지고 국가를 반석 위에 두고자 한다고 했던, 한 세기 전 이 땅에 울려 퍼진 동학 농민군의 장엄한 창의문을 떠올리며 우리는 오늘, 왜곡된 역사를 바로잡고 자랑스러운 유산을 닦고 빛내는 일에 모두가 나설 것을 칠천만 겨레에게 호소한다"로 시작했다. 이어 "우리들은 우리의 정성이 온 겨레의 가슴으로 번져 새로운 사회를 열어나가는 건강한 힘으로 솟아날 것을 기대하며, 백 년 전 반봉건·반외세를 소리 높이 외쳤던 동학 농민군의 기백을 되살려 자유·평등이 실현되는 통일조국을 앞당겨 나갈 것을 다짐하며 다음과 같이 결의한다"로 마무리 지었다.

그 결의 내용으로는 '민족자주와 민주개혁을 지향하고, 농민군의 명예회복을 추진하며, 백주년 행사의 남북 등 민족 사업화, 그리고 고통 받는 농민들과 뜻을 같이한다'는 것을 내걸었다. 이 선언문은 여러 의견을 모아 나와 우윤이 작성했다. 거창하게 들릴지 모르지만 우리는 그런 결의로 일을 시작했던 것이다. 창립총회를 마친 일행 대부분은 이날 오후 정읍으로 옮겨가 이평면 장대리 전봉준 고택에서 '다시 쓰는 사발통문' 공포식을 하며 100돌을 맞이하는 자세를 새롭게 했다.

'고부봉기 역사맞이굿'으로 동학농민혁명 100돌 기념 첫 깃발

마침내 '동학농민혁명 100돌'을 맞은 1994년, '동단협'은 지역단체와 손잡고 크게 세 가지 사업을 추진했다.

우선 첫 번째로, '고부봉기 역사맞이굿'으로 서막을 올렸다. 100년 전 그때, 고부봉기일에 맞춰 2월 26일부터 이틀간 전북 정읍에서 첫 깃발을 올린 것이다.

한국민족예술인총연합(민예총 · 공동의장 염무웅 · 강연균) · 동학농민혁명기념사업회(공동대표 한승헌 등 3명) · 동학농민혁명계승사업회(대표 조광환)가 공동주관한 이 역사맞이굿에는 놀이패 한두레(서울), 극단 자갈치(부산), 극단 토박이(광주), 풍물패 살판, 고창 대산국교생 등 전국 각지의 문화패가 참여했다. 26일의 전야제 때는 정읍시내 일원에서 당시 동학 농민군의 조련 모습을 재현하는 길놀이와 가장행렬을 했는데 전국에서 수만 명이 몰려와서 지켜보았다.

개막열림굿을 비롯해 1948년 고창 명창대회에서 장원을 하며 이름을 얻은 공옥진의 창무극, 동학 관련 노래 모음 공연, 고부봉기를 재현한 마당극 공연 등도 펼쳐졌다. 전주 출신으로 당시 영화 〈서편제〉로 인기 절정이었던 배우 김명곤, 탤런트 유인촌 등 훗날 문화부장관을 지낸 유명인들도 특별출연해 눈길을 끌었다. 둘째 날 정읍군 이평면 말목장터와 전봉준 장군의 고택, 고부초교 등지에서는 지신밟기와 제례의식, 말목장터 재현굿, 고부관아 재현굿, 거리굿, 대동굿 등이 이어졌는데 역시 수많은 인파가 몰렸다.

두 번째 행사는, 호남 농민군이 전북 부안 백산에서 총집결해 전봉준을 총대장으로 추대한 날인 4월 29일과 30일에 진행한 100돌 기념대회였다. 김도현 당시 문화체육부 차관은 행사비 8,800만 원의 국비 지원을 주선해주었는데 이는 전례 없는 일이었다. 전주시청 앞에서 열린 대회에는 전북 도지사, 전주시장, 전북도 경찰국장 등 기관장들과 시민사회단체 대표들이 참석했는데 이 역시 처음 있는 일이었다. 시민들의 동참을 끌어내고자 거리행진도 했는데, 특히 탐관오리의 징치(懲治)를 주제로 한 연극 공연에 시민들이 몰려들었다. 또 안숙선·김연 등 남도 명창 국악인들의 판소리로 흥을 돋워 한바탕 잔치판처럼 들썩였고 김용택·안도현 시인의 활기찬 시 낭송에는 학생들이 유달리 관심을 보였다.

세 번째로는, 10월 29일과 30일에 충남 공주에서 '우금티 순국영령 추모예술제'를 진행했다. 공주는 작은 도시여서 참여 인원은 적었으나 행사는 다양하게 이루어졌다. 초겨울 이른 눈이 내려 쌓인 가운데에서도 유족회원들이 앞장서 행렬을 이끌었다.

이런 과정에서 몇 가지 소동도 벌어졌다. 전주 행사에는 많은 기관장들이 참석해서인지 실무자들이 단상의 자리마다 이름표를 붙여놓았다. 그런데 동단협 공동대표인 명노근 선생과 내가 자리를 찾아 앉으려 하니 이름표가 보이지 않았다. 기관장 비서들이 자기 '상전'을 앉히려고 떼버린 것이다. 명선생이 내 귀에 대고 우리는 뒷자리에 앉자고 말해서 나는 웃으면서 뒤로 밀려났다. '상전 모시기'가 얼마나 힘든 일인지 실감했다고나 할까.

또 공주의 기념식장에서는 현지 국회의원인 이 아무개와 문화체육부 차관 김도현이 나와 나란히 앉아 있었다. 유신 시절 민주인사를 고문했던 보안사 출신인 이 아무개 의원은 축사에서 "농민군은 민중혁명을 추구했는데 이 정신을 이어 오늘에도 민중혁명을 해야 한다"고 외쳤다. 나는 체면을 보아서 아무 말도 하지 않고 듣기만 했다. 생각하면 할수록 진풍경이었다.

이들 동학 관련 단체의 행사나 모임 때면 나와 백추위에서는 자문에 응하기도 하고 격려사나 축사나 기념강연을 해주기도 했다. 전국을 돌아다니며 이런저런 행사로 한창 분주하던 어느 날 마침 우리집에 와 계시던 장모님이 내게 넌지시 물었다. "자네, 요새 일감은 많이 들어오는가?" 나는 "염려하지 마십시오. 생활할 만큼은 들어옵니다"라고 대답했다.

실제로 나는 생활비와 아이들 학비를 내는 정도를 벌면 된다고 생각했다. 그래서 이 무렵 원고는 한 달에 원고지 100장 남짓만 썼다. 기념행사 때 강연 사례로 받은 쥐꼬리만 한 강연료는 거의 현장에서 회비를 내거나 밥과 술을 사는 데 쓰곤 했다. 그래도 전혀 아깝지 않은 시절이었다.

농민전쟁 사료집 발간으로 그간의 성과를 집대성하다

백추위에서는 1994년까지 여러 사업의 1단계를 마무리한 뒤 애초 우리가 목적한 성과를 거두었다고 자평했다. 2단계 목표는 동학 농민군의 명예를 회복하고 지속적인 연구와 기념사업을 벌일 수 있는 입법을 추진하는 것이었다. 이 시기에 백추위에서는 동학농민전쟁 사료집 발간이라는 중요한 성과물을 냈다.

우리 연구자들은 그동안 사료를 새로 발굴해서 집대성하는 작업을 서둘렀다. 100주년을 맞이해 몇몇 단체에서 새로운 사료를 발굴하기도 했지만, 개인으로는 이이화를 비롯해 신영우(영남 일대 자료)와 표영삼(충청도 일대 자료)이 수집한 사료의 분량이 많았다. 백추위에서는 표영삼·정창렬·신용하·조광·강창일·박맹수 등 전문 연구자들로 편집위원을 꾸리고 각자 소장한 사료를 모아들였다. 또 간사를 맡은 왕현종(연세대 교수)은 연세대 대학원생들을 동원해 연세대, 고려대 그리고 규장각 등에서 기록을 대조해 보존되어 있는 사료를 모았다. 왕 교수는 적은 사례비를 받으면서도 아주 열성으로 수집 작업을 벌였다.

특히 황현이 쓴 『오하기문(梧下記聞)』을 복원했다. 『오하기문』은 황현이 구례에 칩거하면서 농민전쟁의 전사라 할 시대배경을 기술한 책으로 농민전쟁의 과정을 본격적으로 기술했을 뿐만 아니라 끝에는 자신이 순국할 때까지 의병활동을 한 사실 등을 적었다. 이 책은 어찌 된 노릇인지 산질(散帙)이 되어 있었다. 들리는 말로는 수집가인 김 아무개가 구례 매천사에 보관되어 있는 원본의 중간 부분을 빼갔다고 한다. 또 『매천야록』에는 이와 관련된 얘기를 쓰면서 『동비기략(東匪紀略)』에 자세하게 적혀 있다는 주기(註記)가 보이기도 했다. 『동비기략』은 유실되었다.

나는 국사편찬위원회(이하 국편)에 근무한 어느 인사가 국편 자료실에서 황현이 쓴 동학 관련 기록을 보았다는 말을 들었다. 그리하여 박영석 국편 위원장의 배려로 정리가 되지 않는 자료실을 뒤진 끝에 『오하기문』의 농민전쟁 기사 내용이 담겨 있는 복사본을 찾아냈다. 당시로서는 소중한 발견이었다. 그 뒤에 정창렬 교수가 같은 경로로 이 복사본보다 몇 장 더 붙여진 『오하기문』을 국편에서 찾아 보내주어서 내용을 대조해보니 동일했다. 국편에서는 『동학란기록』(1974년 간행)을 펴내면서 이 사료를 수집해두었지만 정작 포함시키지 않았던 것이다. 이런 과정을 거쳐 완전 복원이 된 것이다.

한편 전주대에서는 황현의 모든 저작을 인수해 『매천전집』을 간행했는데 여기에 수록된 『오하기문』은 우리가 확보한 것과는 달리 농민전쟁의 후속 기록인 의병 부분만 수록되어 있다. 농민전쟁을 다룬 『오하기문』의 원본은 여전히 미궁에 빠진 것이다. 하지만 이 사료는 개인의 기록으로는 가장 풍부한 내용을 담고 있으면서 농민군과 민씨 정권에 대해 양비론의 관점을 지니고 있다.

이 사료집에는 농민군을 토벌한 관변 기록이 모두 수록됐으며 유림이나 농민군이 쓴 기록들도 수록되었고 화순의 농민군이 옥중에서 집에 보낸 편지도 수록되었다. 또 국편에 보관되어 있는 오지영이 쓴 『동학사』의 필사 원본도 포함시켰다. 또 강창일·고석규 교수 등이 일본에서 어렵게 모은 신문이나 잡지의 자료도 포함했다. 이렇게 수집하다 보니 동학 관련 자료를 포함해 30권 분량이 되었다.

이 사료집은 100주년 행사 과정에서 가장 가시적 성과를 거두었다는 평가를 받았고 연구자들의 기본 사료가 되었다. 그동안에는 국편에서 낸 『동학란기록』(상하)을 주로 이용했었다. 또 국편에서는 『일본공사관기록』을 번역해 간행하기도 했다. 이에 바탕을 두고 일본 측 기록을 종합하면 그 실상이 제대로 잡힌다고 보면 될 것이다.

간행 일이 진척되지 않다가 사운연구소 이종학 소장(작고, 독도박물관 설립자)의 배려로 1996년에 마침내 『동학농민전쟁사료총서』라는 제목으로 간행되었다. 이종학 소장이 모든 경비를 대주어 빛을 볼 수 있었다. 이 사료집의 간행으로 농민전쟁 연구는 한 발 진전되었으며 이종학·강만길의 배려로 북한 사회과학원에도 전달되었다. 또 이종학 소장은 이 총서 수십 질을 일본, 중국 등 외국의 관련 연구소에 기증하기도 했다.

이 대목에서 한 가지 밝혀둘 것은 그동안 우리 역사학계에서는 사료를 발굴하게 되면 거의 전가의 보도인 양 연구실에 숨겨놓고 다른 이에게 공개하지 않는다는 사실이다. 혼자 쉬쉬하고 읽으면서 이를테면 '마스터베이션'을 하고 있는 것이다. 지나친 독점욕이 학문적 성과가 널리 공유되는 것을 막고 있었다.

동학농민혁명기념재단의 출범

1994년 동학농민혁명 100돌의 여러 행사를 끝낸 뒤에도 유족회와 기념사업회 관계자들과 전공 연구자들은 그동안 '역적'이라 불려온 농민군의 누명을 벗기고 명예회복을 위한 입법 추진에 나섰다. 그 과정에서 전국에 걸쳐 수만 명의 지지 서명을 받기도 하고 국회 등 관계부처에 특별 입법을 촉구하기도 했다.

국회에서는 2001년 갑오동학농민혁명연구회를 발족시키고 회장에 김태식, 간사에 윤철상·권오을 의원을 선임했다. 연구회의 초청으로 함께 세미나도 열고 여러 의견도 들었다. 또 정남기·신영우·우윤·이이화 등이 청문회에 나가 그 역사적 의의를 발표하기도 했다. 당시 박관용 국회의장은 "백 년 전 이 사건 참여자의 명예를 회복시켜주려면 임진왜란 때 희생된 사람들도 명예를 회복시켜야 한다"는 참으로 무지한 발언을 서슴지 않아 논란거리가 되기도 했다.

110년 만에 동학 농민군 '역적 누명' 벗긴 특별법 통과

마침내 2004년 3월 '동학농민혁명 참여자 등의 명예회복에 관한 특별법'이 공포됐다. 윤철상 의원의 노고가 컸다. 이 특별법에는 보상 규정은 없었으나, 농민군의 역적 누명을 국가에서 공식적으로 벗기고 110년 만에 명예를 회복하게 된 것이다. 그리하여 심의위원회가 발족되고 국무총리를 위원장으로, 문화부·법무부 등 유관 부처의 장관과 유족 등 관계자들이 위원으로 위촉되었고 문화부 안에 사무국도 꾸려졌다. 또 심의위에는 유족등록분과에 이만열, 기념사업분과에 김정기, 명예회복분과에 이이화 등이 위원장을 맡았고 민간위원으로 정창렬·안병욱·이상희(변호사) 등이 참여했으며 실무진으로는 이 분야 전공자인 허수·이병규·홍동현 등이 들어가 업무를 추진했다. 공무원들에게만 맡기지 않은 게 다행이었다.

동시에 그해 11월에는 유족과 각계 인사를 중심으로 기금을 모아 동학농민혁명기념재단을 출범시켰다. 기념단체 관계자들은 물론 박근혜 한나라당 대표도 유족의 자격으로 작은 기금을 냈다. 재단 이사장에 이이화, 초대 상임이사에 정남기(훗날 언론재단 이사장)가 선임되었고 2대 상임이사는 김대곤(현 원광대 부총장)이 사무처장은 문병학(농민혁명활동가)이 맡았다.

재단 사무실은 당시 유홍준 문화재청장의 배려로 경복궁 안의 옛 국립박물관(고궁박물관) 안에 마련됐다. 농민군이 타도 대상으로 삼았던 궁궐에 그들을 위한 재단이 마련됐으니 큰 상징적 의미를 지닌 셈이다.

2006년 12월 동학농민혁명 112돌 전국기념대회는 '특별한 사건'으로 화제가 됐다. 조기숙 당시 청와대 홍보수석이 공주 유스호스텔에서 열린 '유족회의 밤'에 참석해 눈물을 흘리면서 조상의 죄를 사죄한 것이다. 한 보수언론에서 '조 수석이 고부군수 조병갑의 증손녀'라는 사실을 폭로하듯 다룬 직후였다. 그는 자신이 참회하는 길은 세 가지라고 말했다. 절에 가서 108배를 계속하는 것, 유족회와 재단에 기금을 내는 것, 공식 자리에서 사죄의 절을 하는 것이었다. 어찌 그가 자기 의지로 조병갑의 후손으로 태어났겠는

가. 그 용기에 찬사를 보내고 싶었다. 유족회 노인들은 한 분도 '딴죽'을 걸지 않고 그 절을 흔쾌하게 받아주었다.

동학군과 진압군 후손들의 '화해의 만남'

2007년 11월 동학농민혁명 113돌을 맞아, 재단에서는 경복궁 홍례문 앞 광장에서 동학군과 진압군의 후손을 한자리에 초청해 '화해의 만남'을 주선했다. 이들은 조상의 영령 앞에 해원·화해·상생을 굳게 다짐하면서 서로 평등을 누리고 인권을 존중하는 미래를 개척해나가자고 선언했다.

"우리의 조상들은, 민중이 압제에 짓눌려 존엄성이 말살되고 나라의 운명이 외세 앞에 흔들릴 때 감연히 목숨을 역사에 던졌다. 그 소용돌이 속에서 같은 민족인 동학농민군과 관군·민보군은 불행히도 일본의 간교한 술수로 서로 맞서 살육을 저지르며 원한을 만들어냈다. (……) 그동안 우리 후손들은 식민지 지배를 겪고 민족이 분단되는 비극의 시대를 살아왔다. 1세기가 지난 오늘날, 우리 후손들은 진정 서로 손을 맞잡고 해원과 화해를 이루고자 한다. 이는 상생의 길임과 함께 자유롭고 평화롭고 풍요로운 미래사회를 여는 길이 될 것이다."(「화해의 사발통문」, 이이화·신영우 작성)

동학농민혁명 당시 금산에서는 고부봉기와 거의 같은 시기에 봉기했는데, 금산 농민군을 제압한 세력은 유림들과 보부상들이었다. 금산기념사업회 이동복 회장은 이들의 후손을 설득해 화해·상생의 마당에 동참해달라고 부탁했다. 그리하여 박찬요 등 7명이 즐거운 마음으로 참석해 유족들과 어울렸다. 이분들은 열린 마음으로 인사말을 하면서 "예전 우리 조상들은 다 같이 나라를 위해 싸웠지만 우리는 새로운 시대를 만나 서로 화해하고 상생합시다"라고 말했다. 대단한 의미를 갖는 말은 아니었지만 모임을 주최한 우리로서는 참으로 감격적인 순간이었다. 행사를 마친 뒤에도 유족들과 후손들은 서로 악수를 하며 편하게 어울렸다.

여러 사업 중 한 가지 사례만 소개해보자. 집단으로 학살당한 농민군의 시체는 거둘 수가 없었다. 그리하여 후손들은 거의 농민군이 평소에 쓰던 생활도구를 단지에 담아 가묘를 썼다. 채홍우는 문경 석달마을 출신으로 예천 전투에 참여했다가 객사했다. 채홍우의 후손들은 밥사발에 그의 이름을 써서 묘지에 묻었다는 말이 전해졌다. 이 사발은 무안 농민군 지도자인 김응문·김효문 형제의 무덤에서도 발견되었기에 사실 조사가 필요했다. 2004년 3월 후손인 채홍빈 씨의 허락을 받아 충북대 박물관(관장 신영우)에서 발굴조사를 벌였다.

무덤 앞 땅 밑에서 발견된 것은 사발이 아니라 인형 형태의 굵은 소나무 가지였다. 이런 증언들이 대체로 사실과 부합됨을 확인했다. 새로 사발에 여러 사실을 기록한 문서를 넣어 묻고 아직 다 썩지 않은 나뭇가지는 여기서 수집한 위토와 함께 전주에 있는 동학혁명기념관에 보관해 사료로 활용케 했다. 김제 원평에 있는 농민군의 무덤이라 전해지는 공동묘지는 예산이 없어서 발굴하지 못했다.

정권 바뀌자 '기념재단' 이사장에 낙하산 투하

2004년 출범을 전후해 동학농민혁명재단에서는 문화관광부의 지원을 받아 여러 사업을 펼쳤다. 우선 유족 범위를 손자에서 현손으로 확대하는 개정법을 추진했다. 100년이 넘는 세월이 흐른 상태여서 실제 생존한 농민군의 손자는 수십 명에 지나지 않아 법의 실효성이 별로 없다는 지적에 따른 것이었다. 개정 작업에는 강창일·이광철 의원이 앞장을 서주었다. 그 결과 등록 사업을 통해 1만 3천여 명의 유족을 파악할 수 있었다. 특히 동학농민혁명 참여자 명예회복 심의위원회는 당시 이해찬 국무총리가 위원장을 주도하며 사업에 힘을 불어넣어주었다. 특별위원회 회의를 국무총리가 직접 주관한 것은 이례적인 일이었다.

후기 상임이사였던 신영우 교수와 이사였던 신순철 교수는 정말 헌신적이었다. 이리저리 사무실을 옮길 때나 행사를 벌일 때마다 개인 주머니를 털어 냈다. 또 재단 부이사장을 맡았던 신건(현 전주지역구 국회의원)의 주선으로 기금을 확보했고, 전국에서 유일하게 군수가 회장을 맡은 고창기념사업회(군수 이강수)에서 제정한 녹두대상을 재단에 수여해 상금을 기금에 보탰으며, 고창군에서 기념사업 관련 일을 재단에 맡겨 운영에 도움을 받았다. 김성훈(전 농림수산부장관)을 비롯 박재승(변호사)·장병화(기업인)·이상희(변호사)·박은주(김영사 발행인)·이순동(고전연구가)·전성준(전봉준의 양증손) 이사 등은 회비는 물론 필요할 때마다 경비를 내주었다.

재단과 관련해 한 가지 남겨둘 얘기가 있다. 특별법에 따라 동학재단은 특수법인으로 승계하도록 규정돼 있었다. 하지만 정부가 승인을 해주지 않으면 그만이었다. 실제로 다른 몇몇 과거사 위원회는 규정에도 불구하고 지금까지도 법인 승계를 하지 못한 사례가 있었다. 다행히 담당 부처인 문화관광부의 박광무 문화예술국장 등 담당 부서에서 특수법인 설립을 위한 준비를 서둘러주었다. 특별법의 규정에 따른 것이었으나 담당자들은 열성으로 일을 추진해주었다. 그 과정에서 우리는 심의위원회의 여러 사업을 승계하면서 연구소 설립도 강력하게 요구했으나 예산 절감을 구실로 실현을 보지 못해 아쉬움을 남겼다. 하지만 16억 원 정도의 예산으로 사업을 지속적으로 진행할 수 있었다. 특별법이 통과될 때와 마찬가지로 하나의 성과를

2010년 4월 동학농민혁명기념재단의 특수법인 인수를 앞두고 마지막 이사회를 연 뒤 기념사진을 찍었다. 이로써 내(앞줄 맨 가운데)는 이사장 자리를 넘겨주고 '동학농민혁명 100돌 기념사업'을 마무리했다.

얻은 셈이었다. 사실 이 수준에서나마 기념사업을 추진할 수 있었던 것으로 만족해야 했다.

그런데 우리를 실망시키는 일들이 벌어졌다. 새 재단 이사장으로 엉뚱하게도 한나라당 공천으로 국회의원 선거에서 낙선한 인사나 이 분야에 아무런 관심이나 이해가 없는 인사를 추천한 것이다. 기존 재단의 정관에는 기존 이사회에서 새 이사장을 추천하게 규정해놓았는데도 이를 무시하였고 우리가 합당하다고 여겨 추천한 인사를 거부하였다. 무슨 이권이 걸린 자리로 여기는 모양이었다. 그들이 칼자루를 쥐고 있었으니 우리는 어찌해볼 수 없었다. 제멋대로였다고 말할 수밖에 없었다. 하지만 최소한도의 품위를 지닌 인사를 새 이사장으로 추대하고 싶었다. 우리 재단 이미지를 짓밟는 일이 벌어지게 되면 법인 설립을 거부하자는 주장도 터져 나왔다.

관직 물망에 올랐으나 역사학자 이이화로 남는 길 택해

그러나 나는 일을 추진하는 책임자로서 그런 이유로 법인 설립을 포기할 수 없었다. 몇 십 년 동안 어떻게 걸어온 길인데……. 담당 부처인 문광부의 유인촌 장관은 마치 위상을 높여주기라도 하려는 듯이 "새 이사장은 총장 출신 정도의 명사여야 하지 않겠느냐"는 말을 했다. 사실 그런 사람은 이런 자리에 오지 않는다. 이권이라곤 아무것도 없는 곳이니 말이다.

정관 규정에 따라 기존 이사장이 새 이사장을 승계할 수 있는 근거가 있었지만 나는 그런 어설픈 자격 규정에 얽매이고 싶지 않았다. 사실 나는 이쯤에서 물러나서 저술에 몰두할 작정이었다. 여기에서 하나의 타협점을 찾았다. 문광부장관이 2배수로 추천해주면 기존 이사장이 이사회의 협의를 거쳐 한 사람을 선택하는 편법을 쓰기로 했다. 이렇게 하여 2010년 4월 정식으로 특수법인 '동학농민혁명기념재단'이 발족했다. 명예회복의 단계를 거쳐 선양사업을 전개할 토대가 마련된 것이다.

이 대목에서 마지막으로 해두고 싶은 말이 있다. 당시 함께 일한 이사진들은 '내가 쫓겨나는 꼴이 되었다'고들 말한다. 하지만 나는 이만한 성과로도 만족했다. 참여정부 들어 과거사 관련 위원회들이 출범하는 데 일정하게 참여도 하고 기여도 했다. 그럴 때 유관단체에서 나를 장관급인 위원장으로 청와대에 추천하기도 했고, 어느 때에는 청와대에서 이력서를 가져가기도 했으며 언론매체에 물망에 올랐다는 보도가 나기도 했다.

나는 솔직히 역사학자로서 의미 있는 일들이니 시켜준다면 받아들일 생각이 들기도 했다. 그래서 한번은 가족회의를 열어 의견을 물었다. 가족들은 세 가지쯤의 이유를 들어 반대했다. 위암 수술을 받은 뒤인데다, 평소에 하지 않던 출퇴근을 매일 하면서 일을 하다 보면 건강을 해칠 수 있고, 글쟁이가 글을 써야 생명력이 있는데 몇 년 동안 그런 일에 몰두하다 보면 저술을 포기해야 하니 바람직하지 않으며, 평생 야인으로 살아오면서 나름대로 대중에게 심어진 이미지가 있는데 '권력'을 갖게 되면 평판이 달라질 수 있다고 했다. 옳은 말이었다. '이이화'의 사주에는 관운의 팔자가 없었던 모양이다. 그래서인지 그런 자리에 한 번도 나가지 못했다.

8장

민족, 민중을 중심에 둔
첫 '한국사 이야기'

평생의 소원, 한국통사 집필

나는 5~6년 동안 백추위 일을 보느라 저술에 몰두할 수 없었다. 이 일을 일단 마무리 짓고 나면 "마지막으로 '한국통사'를 쓰고 죽는 게 소원이다"라는 말을 자주 했다. 마침 한길사 김언호 사장이 '한국통사'를 써보자고 제의해왔다.

'한국통사 집필 소원' 한길사와 계약하며 현실로
한길사는 1986년에 준비를 시작해 1994년에 한꺼번에 『한국사』 전 27권을 출간했는데 필자가 많다 보니 주제와 문장 등 일관성이 없는 한계가 있었다는 것이다. 이를 해결하는 길은 한 명의 필자가 처음부터 끝까지 집필하는 것인데, 마땅한 필자가 없다고도 했다. 말이야 옳았지만, 이를 맡을 만한 유능한 역사학자는 거의 교수직을 맡고 있어서 시간을 낼 수 없는 사정이었다. 나는 새로운 길을 찾았다고 생각했다. 이 기회에 그 일을 하지 못하게 되면 영영 다시 기회가 없을 거라는 판단도 들었다. 나는 한동안 그 계획을 짜보았다. 그래서 10년에 걸쳐 24권 분량으로 통사를 완성해보기로 했다. 사실 모험이었다.

한길사에서는 10년 동안 월 250만 원 정도를 선인세로 주기로 약속했다.

전북 장수 연화분교의 오래된 사택에서 집필할 때 한길사 김언호 사장과 함께 학교 건물 앞에서. 이곳에서 3년 동안 집필을 했다.

나는 늦게 둔 두 아이의 학비 등을 고려해 이 정도의 돈이면 겨우겨우 생활은 할 수 있겠다고 나름대로 요량을 했다. 독립투사가 아니니 어쨌거나 식구를 먹여 살려야 할 의무가 있었고, 내 아버지처럼 가사를 전혀 돌보지 않을 정도의 의지도 없었다. 물론 그렇게 합의를 보았지만 '켕기는' 마음을 지울 수 없었다.

1995년 봄인가, 당시 '꼬마 민주당' 리더의 한 사람이었던 이부영 의원이 연락을 해왔다. '동학농민혁명을 마무리했으니 항일 의병투쟁을 다시 조명해야 하지 않겠느냐'는 것이었다. 나는 힘이 달려 선뜻 나서려 하지는 않았지만 그 의도에는 동의해 나가기로 했다. 그래서 1차 의병 봉기 지역인 충주와 제천 일대를 답사했다. 동행자는 그곳 출신인 신경림 시인과 유인태 의원 등이었다. 답사 현장에서 참여자들은 당당하고 열기가 넘쳤다. 그런데 이 의원은 그 일을 더는 진전시키지 않았다. 1차 의병은 봉건 가치를 고수하려는 보수 지향이었다는 사실 때문에 내키지 않았던 것 같다. 하지만 이를 단초로 해서 후기 의병의 민족투쟁을 지속적으로 조명했어도 좋았을 것이다. 또 내가 이 일을 꾸리기를 바라는 듯했지만, 나는 이미 한국통사를 쓰려고 결심한 처지였다.

그해 초여름 나는 김백일·윤해동·한상구 세 후배를 데리고 백령도 답사에 나섰다. 이들에게서 몇 가지 조언을 듣고 싶었다. 내가 굳이 백령도로 가자고 한 뜻은 이곳을 한 번도 답사하지 못했기 때문이기도 했다. 정말 백령도 백사장은 아름다웠고 바닥이 신기할 정도로 고르고 청정했다. 경비행기가 내리고 자동차가 자유롭게 다닐 수 있는 천혜의 자연이었다. 나는 이곳에 와서 글을 쓰고 싶은 생각이 들었다.

우리 일행은 바닷가와 민박집에서 술을 마시며 많은 얘기를 나누었다. 그런데 윤해동은 엉뚱하게도 내 회갑기념논문집 계획서를 내밀었다. 나는 소리를 지르면서 내팽개쳤다. 그런 얘기를 하려고 모인 게 아니었기 때문이다. 솔직히 나는 교수들이 회갑기념논문집 내는 일을 늘 비웃어왔다. 나는 박원순 변호사가 같은 제의를 했을 때도 한마디로 무질러 진행시키지 못하게 했다. 당시만 해도 별 업적도 없는 교수들 중에 원고료도 주지 않고, 제자들이 돈을 거두어서 회갑기념논문집을 내는 사례가 있었는데, 그러니 제자들은 거의 마지못해 부실한 논문으로 '눈도장'만 찍는 경우가 많았던 것이다.

장수군 연화마을서 이웃과 어울리며 행복한 집필

백령도 백사장에서 김백일·윤해동·한상구 세 후배에게 '한국통사' 집필 계획을 털어놓고 의견들을 들어봤다. 그러자 10년씩이나 버텨낼 수 있겠느냐, 술도 좋아하고 사람들과 어울리기도 즐기는 내 기질로 보아 중도에 그만둘 것이란 말들도 했다. 반농담으로 한 말이었지만 아주 틀린 말은 아니었다. 하지만 나는 '두고 봐라, 내가 어릴 적부터 견뎌내는 데는 이골이 났으니 그 정도는 아무것도 아니야'라고 내심 각오를 다졌다. 그길로 집에 돌아오자마자 나는 아내의 동의를 받아냈다. 또 아들(응일)에게 컴퓨터 워드를 활용해 글 쓰는 법을 배웠다. 물론 워드를 배우는 것도 힘들었다. 하지만 워드로 원고를 써보았더니 비록 '독수리 타법'이나마 매우 능률이 올랐다. 이만하면 해볼 만하다는 자신이 붙었다.

그런데 막상 일을 시작하려니 장애물이 한두 가지가 아니었다. 무엇보다 글을 쓸 장소를 찾아야 했다. 집에서는 사실상 차분히 글을 쓸 수가 없었다. 하루 종일 집에서 지켜보니, 아내는 아이들과 부대끼느라 어쩔 수 없었겠지만, 잔소리를 끊임없이 했고, 내 일상에도 이런저런 간섭이 많았다. 또 방송사나 신문사의 연락도 많았고 강연·주례·행사 등에 나와달라는 부탁도 많았다. 애초 서울을 떠나 시골 구석 아치울에 자리를 잡은 동기도 이런 번다한 일을 줄이려는 의도였는데, 어느새 별 방어막이 못 되고 있었던 것이다. 그래서 아무래도 집을 떠나야 일이 될 것이란 생각이 들었다.

마침 한길사에서는 전북 장수군 천천면 연평리 연화마을의 폐교된 연화분교를 인수해 연수원처럼 이용하려는 계획을 세우고 있었다. 나 역시 한길역사기행 때 여러 번 그곳에서 강의를 하면서 교사들의 사택에 묵은 적이 있다. 1960년대 시멘트로 지은 작은 집이었지만 나는 방 한 칸을 차지했는데 지낼 만하다고 여겼다. 고학생 시절에는 이만 한 방도 없었지 않은가? 한여름인 7월 15일 아내가 차에 필요한 책을 싣고 나를 그곳까지 데려다주었다.

한쪽 방에 고대사 관련 책을 늘어놓고 컴퓨터를 올려놓을 앉은뱅이책상과 텔레비전을 들여놓고 보니, 나 혼자 누울 공간은 그럭저럭 넉넉한 편이었다. 밥은 건물을 관리하는 마을의 우기언 이장 댁에서 식비를 내고 부쳐 먹었다. 마루에는 가스레인지 하나를 준비해두었다. 아내에게 선풍기와 냉장고는 두지 말라고 일렀다.

이곳의 좋은 점부터 얘기해보자. 연화마을은 열두어 집이 사는 작은 산골 동네였다. 해발 500미터가 넘어서 남쪽에서 가장 추운 곳이기도 하고 눈이 많이 내리기로도 유명했다. 그 덕에 세파에 시달리지 않아 공기가 맑고 냇물도 깨끗했으며 인심도 훈훈했다. 나는 먼저 마을 사람들을 초대해서 마을회관에서 한턱을 내고 인사를 드렸다.

그날 이후 나는 글 쓰는 시간 말고는 일상의 대부분을 마을 사람들과 어울리며 지냈다. 일주일에 한 번씩 장계시장에 나가 목욕도 하고 먹을거리도 사왔다. 머리를 식히는 방법의 하나이기도 했다. 장을 볼 때면 이장 댁에서 함께 먹을 김이나 고등어, 오징어 따위를 사고, 옆집에 홀로 사는 어르신에게 드릴 고등어 한두 손을 따로 사서 챙기기도 했다. 또 추석이 되니 지인들이 주소를 알아내 우편으로 선물을 보내오기도 해서 동네 노인들 집에 골고루 나누어주었다.

아내 말로는 내가 집을 떠난 뒤 명절 선물이 아치울 집으로는 하나도 오지 않더라고 했다. 마을 사람들도 생일이다, 제사다, 회갑이다 하는 동네 잔칫날에는 나를 주민으로 여겨 반드시 초청해줬다. 나 역시 그런 자리에 즐

1995년 여름부터 한국통사 집필을 위해 2년 남짓 칩거하며 원고를 썼던 전북 장수군 천천면 연평리 폐교된 연화분교의 현재 전경. 왼쪽 작은 건물이 내가 묵었던 사택으로 지금은 개인 소유의 창고 등으로 쓰이고 있다. 사진 장수군청 제공

거운 마음으로 끼어 앉아 밥과 술을 얻어먹었다. 나는 고마운 마음으로 오징어나 맥주를 들고 함께 어울렸고 내 방 마루에는 이웃들이 가져다준 찐 옥수수·감자·고구마 같은 먹을거리가 늘 놓여 있었다. 딱 하나, 내 방 안에는 절대로 마을 사람들을 들이지 않는다는 원칙을 정했다. 물론 방에서 어쩌다 혼자 술을 마시기도 했지만 동네 사람들과는 함께 놀지 않음으로써 집필의 긴장감을 지키려는 의도였다.

가끔은 새벽에 혼자 꽁치 통조림 따위를 끓여 안주를 삼기도 했는데, 그럴 때면 냄새를 맡은 들고양이들이 재빨리 모여들어 아옹거리면서 보챘다. 하지만 이 녀석들은 내가 꽁치 한 점을 던져주고 머리라도 만져볼라치면 남의 인정도 몰라주고 잽싸게 달아나버리곤 했다. 고양이와 나눈 새벽 대화도 그 시절 잊히지 않는 나만의 추억거리의 한 자락인 셈이다.

밤이면 전기가 나가 하루 치 원고를 고스란히 날리기도
물론 불편한 점도 한두 가지가 아니었다. 깊은 산골 마을이어서 그런지 밤이면 전기가 곧잘 나갔다. 나는 하루 내내 쓴 원고를 작업 마지막에 저장하는 버릇이 있었는데 전기가 나가 컴퓨터가 꺼지면 '컴맹'인 나로서는 원고를 다시 복구할 수가 없었다. 그러니 하루 치 작업량을 고스란히 날려버려도 속수무책이었다. 또 어쩌다 책상 밑의 전원을 내 발로 건드려 컴퓨터가 꺼지기라도 하면 난감했다. 주로 새벽에 글을 쓰는 습관이 있어서 아이들에게 전화하기에도 마땅치 않았고, 그나마 전화로 조작 지시를 받는다 해도 알아듣질 못하니 별 도움이 되지 않았다. 나중엔 마침 언저리에 사는 한 애독자가 컴퓨터를 다룰 줄 안다고 해서 자주 불러와 도움을 받기도 했다.

한여름이면 내 방 바로 옆에 서 있던 미루나무에서 밤새 울어대는 매미 소리도 글쓰기 작업에 적잖은 방해가 되었다. 동네 골목마다 전등이 환하게 켜져 있어서 낮인 줄 착각하고 울어대는 것이다. 사람이 만든 환경 탓에 생태계가 변한 것이니 매미를 탓할 일도 아니었다. 한번은 참다 참다 돌을 들어 높은 미루나무 위쪽으로 던져도 봤지만 매미는 비웃기라도 하듯 아랑곳하지 않고 울어댔다. 또 방 바로 앞에 개미 떼가 굴을 파고는 끊임없이 마루와 방 안으로 몰려들어 내 다리를 물었는데, 빗자루로 쓸어내도 소용이 없었다. 왕파리와 왕모기도 등장해 모기장까지 뚫고 들어와서 물어댔다. 내게는 도시살이에서는 잘 몰랐던 새로운 방해꾼들이었다.

겨울이 닥치자 친구 황승우가 찾아와서 전기 패널을 깔아주었다. 덕분에 방바닥은 뜨뜻했으나 외풍이 너무 심해 이불을 뒤집어쓴 채로 컴퓨터 자판을 두들겨야 했다. 아랫목 장판은 새까맣게 탔지만 유리창에는 성에가 쫙 끼었다. 소문대로, 눈이 몇 십 센티미터씩 쌓여서 이장 댁으로 밥 먹으러 건너갈 수도 없는 날이 자주 있었다. 그러니 1주일에 한 번씩 하던 장계시장 나들이도 중지할 수밖에 없어, 감옥살이가 따로 없었다.

글감옥살이에 주변에서 '조건 없는 도움'을 주다
　나는 이때 다산 정약용 선생과 아버지(야산 이달)를 생각했다. 다산은 강진 등 남도 유배지의 산속 움막에서 20여 년을 견디면서『목민심서』등 많은 저술을 펴냈다. 아버지 역시 산속 절에서 불을 밝힐 기름도 없어 어두운 가운데 죽을 먹어가면서『주역』을 암송하고 제자들과 담소를 나누었다. 나는 돈을 받고 글을 쓰는데다 먹을거리도 넉넉한 형편이니 그분들의 고난에 비하면 고생이랄 게 뭐 있겠는가.
　농한기인 겨울에는 마을회관에서 술자리가 잦았다. 물론 주민들은 나를 빼놓지 않고 불렀고 종종 어울려 놀기도 했다. 하지만 그때도 나 나름의 불문율이 하나 있었는데 화투놀이에는 절대 끼지 않는 것이었다. 대신 나는 바둑과 장기를 사다 놓았다. 그래도 주민들은 화투판 벌이기를 더 즐겼다.
　그 시절 한 계절에 한 번 정도는 서울 나들이를 했고 가족들은 번갈아 내려와 나를 보살폈다. 하지만 아내와 딸은 하루나 이틀쯤 내 방에서 자고 나면 못 견디겠다는 듯이 올라가버리곤 했다.
　이 대목에서 잊을 수 없는 은인들을 소개해야겠다. 철마다 옷이며 술이며

'한국통사' 집필을 하도록 도와준 수많은 후원자 가운데 특히 건강관리를 챙겨준 내과의사 선왕주 원장(왼쪽)과 서지영 약사는 잊지 못할 은인이다.

밑반찬을 챙겨 보내준 친구나 독자들이 헤아릴 수 없지만 여기서는 두 사람만 소개해야겠다.

한 사람은 선왕주 내과 원장이다. 내게는 광주고등학교 후배로, 아치울로 옮기기 전 내가 살았던 서울 화곡동에서 개업하고 있었다. 내가 당뇨병에 시달릴 때부터 주치의처럼 돌보아주고 약을 처방해주었는데 돈 한 푼 받지 않았다. 이 무렵에도 약을 타다 복용했는데 지금까지 이어지고 있다. 그는 지난해 두 딸과 함께 고향 장흥에 문을 열 정남진도서관에 장서 4천여 권을 기증해 화제가 되기도 했다.

전주에서 약국을 개업하고 있는 서지영 약사는 동학농민혁명 기념사업회의 후원자로 인연을 맺었는데 가끔 나를 전주로 불러내 영양보충을 시켜주었다. 이 무렵 환갑이 된 나는 치아가 흔들리고 아파서 의치를 해넣어야 했는데 100만 원이 넘는 경비가 부담이 돼 주저하고 있었다. 우연히 그 사실을 알고 그는 모든 경비를 지원해주었다. 일찍이 《한겨레신문》 창간 주주이자 자문위원도 지낸 그는 금연운동 전도사이자 시인으로 이름난 서홍관(국립암센터 책임의사)의 맏형이다. 이런 분들의 조건 없는 도움이 없었다면 한국통사 집필은 불가능했을 것이다.

회갑잔치와 참여연대 여름연수로 동네잔치 벌여

장수 연화마을에서 칩거한 지 2년쯤 지나니 원고가 목표량을 거의 채우고 있었다. 안심이 되었다. 하지만 새로운 환경에 부딪혔다. 1996년 8월은 내 회갑이었다. 회갑잔치를 하지 않으려고 제자들을 피해 슬쩍 떠나시기까지 했던 아버지가 생각났다. 그 뜻을 따르고 싶었던 나는 애초 회갑기념논문집 제안을 거절했듯 회갑잔치도 하지 않을 작정이었다. 그래서 생일에 가족 말고는 아무도 오지 못하게 했다. 그런데 이런 내 얘기를 들은 서중석 교수가 외려 판을 더 크게 벌이고 말았다.

그는 하계연수를 구실로 역문연 식구들을 연화마을로 다 몰고 내려와 회갑잔치를 벌여주기로 했고, 아내 역시 준비를 서둘렀다. 아들 녀석은 대학에 입학해 '아르바이트' 해서 번 돈으로 내 평생 처음 한복까지 지어주었다. 그날 역문연 운영회의를 열어 내가 맡고 있던 소장 자리를 후배인 김정기 교수(서원대)에게 넘기기로 결정했다. 그야말로 시원하기도 하고 섭섭하기도 했다.

이 무렵 역문연에는 새 이사장으로 김영태 사장이, 새 이사로 임현진 교수(서울대)가 영입되어 여러모로 든든한 후원자가 되어주어 힘이 나기도 했다. 역문연은 여러모로 안정기에 접어들었다.

마침내 회갑잔칫날, 역문연 식구들과 어릴 적 고학생 동기인 이강철·황승우 등 친구 서너 명, 조카 두어 명 등 80여 명이 연화분교의 교실로 모여들었다. 어쩔 수 없이 벌인 자리였으나 산골 마을이 시끌벅적할 수밖에 없었다. 마을 사람 20여 명까지 합세해 좁은 교실에 꽉 들어찼고 매운탕 끓이

1996년 8월 연화마을 연화분교 교실에서 역문연 여름연수 겸 나의 회갑연이 벌어졌다. 역문연 식구와 동네 주민 속에 섞여 흥이 난 내가 어깨춤을 추고 있다.

는 가스불 기운까지 합해져 교실 안은 찜통처럼 더웠다. 하지만 모두들 덕담을 주고받으면서 즐거운 하루를 보냈다. 내 평생 처음으로 호사를 누렸다고 할까?

이듬해 여름 또 한 번 동네가 들썩이는 판이 벌어졌다. 내 회갑연 때 왔던 박원순 변호사가 이 마을 풍경에 취했던 모양이다. 참여연대의 여름연수를 이곳에서 하기로 해서 100여 명이 참여했다. 그들은 '기소 독점권을 누리는 검찰권의 제한'을 두고 열띤 토론을 벌였다. 저녁에는 운동장에 화톳불을 피워놓고 뒤풀이를 했는데, 이때 마을 사람들의 건강 상태도 점검해주는, 일종의 의료봉사도 했다. 참여연대에서 상비약 등을 듬뿍 준비하고 약사 두어 분이 참석해 주민들의 지병을 살피고 알맞게 약을 나누어주었다. 그리고 나서 경상도에서 싣고 온 멧돼지를 잡아 모두 어울려 술을 마시고 여흥을 벌였다. 물론 동네 사람들은 아주 고마워하고 즐거워했다. 마을이 생긴 이래 가장 많은 외지인이 찾아왔다고도 했다.

고대사와 고려사를 각 4권으로 출간하다

두 차례의 잔치 덕분에 나는 동네에서 졸지에 '소영웅' 대접을 받았다. 주민들은 '이 선생이 평소 우리와 어울려 지내는 게 거짓이 없었다'는 뜻으로 받아들인 듯했다.

그런데 정작 나는 피해를 입은 셈이 됐다. 내가 이곳에 자리 잡은 사실이 널리 알려지고 또 《문화일보》에 '이이화가 첩첩산골에 은거해 한국통사를 쓰고 있다'는 큼직한 특집보도까지 나갔다. 사실 그동안 신순철·서지영·신정일·문병학 등 인근 전주의 지인들과 역문연의 윤해동·이승렬 연구원, 유승원(가톨릭대)·장병인(충남대) 교수 부부 등이 가끔 찾아와 담소를 나눈 것은 집필에 많은 도움을 주었다.

'산골 글쓰기 4년' 뒤로하고 다시 아치울로

하지만 주변 지역으로 역사기행을 다니는 팀도 찾아오고 강연 요청에다 언론매체에서도 종종 연락이 와 부담스러웠다. 또 전주에서는 승용차로 한 시간 남짓 걸리니 저녁 먹고 바람 쐬듯 놀러 오는 사람들도 있었다. 이러다가는 집필 일정에 차질이 생길 수도 있겠다는 걱정이 들었다. 그래서 1997년 말 고대사(4권) 집필을 마친 뒤에 이 마을을 뜨기로 작정했다. 승용

김제 월명암에서 '한국통사'를 집필하던 시절 10년간 『한국사 이야기』의 편집을 맡은 강옥순 씨가 골방에서 자료를 꼼꼼하게 살피고 있다.

차에 책을 가득 싣고 2년 반 동안 정들었던 마을을 떠날 때 할머니들은 눈물을 글썽이면서 자주 놀러 오라고 당부하기도 했다.

그길로 옮겨간 두 번째 집필 공간은 김제 금산사 들머리의 월명암이었다. 금산사 바로 밑에 사는 최순식 선생에게 부탁해 토방 한 칸을 빌렸다. 이곳은 고시생을 상대로 하숙하는 곳이어서 밥 걱정은 덜 했다. 하지만 매미가 울어대는 소음은 연화마을과 다를 바가 없었다. 절 아래 저수지 주변에는 술집과 음식점이 널려 있어서 손님들이 찾아오면 편리한 점도 있었다. 그런데 여기서도 1년쯤 지나자 모악산 기행팀 등 많은 사람들이 찾아왔다.

이 토방에서 고려사 정리를 끝낸 뒤 나는 구리 아치울 집으로 들어가기로 결정했다. 그간 3년 넘도록 불편한 산골에서 지낼 수 있었던 것은 고대사와 고려사 집필에는 상대적으로 사료가 많지 않아 단출했기 때문이었다. 앞으로 써야 할 조선 시대 이후에는 검토해야 할 사료가 몇 배나 많았다. 마침 '외환위기'를 맞아 한길사에서도 재정압박을 견디다 못해 애초 주었던 생활비의 지원 규모를 줄였다. 아이 둘이 학교를 다니고 있으니 생활을 꾸리려면 다른 부수입원을 찾아야만 했다. 그뿐만 아니라 출판사 편집팀에 넘긴 원고를 강옥순 씨가 맡아서 사실 오류를 확인하고, 문장을 검토하는 것은 물론, 각종 사진 자료도 찾곤 했는데, 조선 시대 부분은 더 자주 상의를 해야 했다.

『한국사 이야기』 첫 결실, 고대사 4권 출간

'한국통사' 집필에 도전한 지 3년 만인 1998년 6월 『한국사 이야기』라는 이름으로 고대사 4권이 첫 결실을 맺었다. 이 대목에서 몇 가지 집필 방향을 밝혀두자면 이렇다.

첫째, 민족사·민중사·생활사를 중심으로 서술했다. 민족사와 민중사는 결코 상치되는 것이 아니라는 관점을 지니고 썼다. 우리 민족국가는 중국이나 북방민족에게 무수한 외침을 받으면서 전쟁을 벌였으나 방어적이고 침략적이 아니라는 것을 강조하려 했다. 따라서 근대 제국주의적 침략 과정에서 나타난 침략적 민족주의와 구분하려 한 것이다.

민중사는 '휴머니즘'의 관점에서 천민 또는 노비의 정서와 처지를 소박하게 추적해보려는 의도였지 계급투쟁적 시각으로 접근하려는 게 아니었다. 특히 유신체제 아래에서 민중 문제는 현실의 화두로 떠올랐다. 생활사는 현대 산업사회 들어 급격한 생활문화의 변화에 따라 그 중요성이 강조돼왔기에 이를 바르게 알리려는 생각이었다. 젊은이들은 우리의 전통생활에 대해 무지에 가까울 정도로 몰랐다.

둘째, 한반도가 지정학적 영향을 많이 받았다는 사관에서 우리 역사를 빙하기부터 시작했다. 다시 말해 땅의 역사를 풀어보려는 의도였다. 우리나라는 몇 천 년 동안 좋은 자연환경 속에 농경사회를 이루면서 평화롭게 살았는데 이를 파괴하는 무수한 침략을 받은 사실을 염두에 둔 것이다.

셋째, 단군을 신화나 실존 인물로 다루지 않고 부족국가의 단계를 이은 군장(君長)으로 다루었다. 적어도 『삼국유사』의 기록에 따라 풀이를 한다면 석기시대에는 대제국을 건설할 수 없다는 것이다. 쉽게 말해 돌로 싸우는 시대에 '킹덤(kingdom)'이 성립할 수 없다는 일반 역사이론을 따른 것이다. 일반적 역사발전단계에 따라 군장국가·성읍국가 단계를 거쳤다는 관점에서 서술한 것이다. 단지 우리 민족정서에서 단군은 국조이자 민족자존의 한 상징이라는 점을 간과하려 하지 않았을 뿐이다.

우리 역사에서 단군 문제는 매우 상반된 주장이 엇갈려왔다. 북한에서는 1993년, 종전과는 다르게 5천 년 전에 조성한 것으로 추정되는 평양시 강동군의 한 무덤에서 단군과 그 아내의 유골을 발견했다고 발표했다. 단군을 실존 역사 인물로 다루려는 의도였다.

북한에서는 단군릉을 조성한 뒤 1994년 대대적인 완공식을 벌이면서 남쪽의 전공학자와 관련 인물을 초청했는데, 그 대상은 김원룡·송건호·강정구·안병욱 그리고 나를 포함한 11명이었다. 정치적 의도가 깔려 있었다. 우리들은 여건이 맞지 않아 참석할 수 없었다. 나는 단군을 『삼국유사』 등의 기록을 통해 재해석하면서 신비적인 요소를 배제하려 했다.

넷째, 고구려·백제·신라를 같은 민족이 세운 동일한 민족공동체로 보고 혈연·언어·풍속이 같다는 논지를 폈다. 언어의 동일성은 서로 통역을 두지 않고 대화를 나누었다는 점, 모두 북방이나 한반도에서 나라를 열었으나 동이족 또는 예맥족의 후예라는 점을 들었고, 온돌이나 씨름 등 생활이나 풍속을 공유했다는 점을 제시했다. 그러니까 여러 이민족이 고대국가를 세운 것이 아니라는 점을 밝혔다.

다섯째, 삼국을 통일한 신라와 고구려를 계승한 발해를 우리 역사의 흐름으로 보아 남북국시대로 다루었다. 신라는 백제, 고구려를 통합했으나 대동강 이북으로 진출하지 못하고 도읍을 경주에 그대로 두고 있어서 전기의 신라와 구별해 후기신라로 명명하고, 발해는 건국한 뒤 일본 등과 교류하면서 끊임없이 '고구려의 후예'라고 강조했음을 근거로 내세웠다. 또 발해의 한 구성원이었던 말갈족은 북방에서 근거를 틀었으나 한민족과 같은 갈래였다는 전거를 들었다. 남북국시대의 설정은 실학 시대 유득공, 근래에 들어 이우성 교수의 이론을 원용했다.

나는 영감으로 역사를 서술하지는 않지만 역사적 상상력을 적절하게 구사해야 진실에 더 가깝게 접근할 수 있다고 생각했다. 이 책이 나오자 학계는 물론 언론에서도 많은 관심을 기울였다. 모든 신문과 텔레비전에서 책을 소개하기도 하고 서술 체계를 다루기도 했다. 아마 한 명의 집필자가 가장 분량이 많은 통사를 쓴다는 점도 관심을 끌었던 모양이다. 또 "쉽고 재미있고 의미 있는 역사책을 쓴다"고 내걸었는데 이 점도 대중적인 주목을 받았던 것 같다. 역사 대중화를 표방하면서 문장이 유려하고 중간제목도 '공자도 오고 싶어 했던 동이의 나라'와 같이 에세이 방식으로 처리해 특이하다고 본 것이다. 사실 강옥순과 같은 유능한 편집자가 아니었으면 이런 성과를 거두지 못했을 것이다. 그는 원문을 함부로 다루지 않고 의미를 충실하게 반영하면서 손질을 하고 보충하려 애썼으며 적절한 소제목을 달았다.

출간 기념 '단둥 기행', 그러나 고구려 흔적은 남김없이 사라지고……

『한국사 이야기』 첫 부분이 출간될 무렵인 1998년 중국 사회과학원에서

『한국사 이야기』 시리즈 첫 부분인 고대사 출간 직후(1998년 여름) 한길사가 주최한 '이이화와 함께 떠나는 고구려 발해 역사대탐험' 중 봉황산성 앞에서 기행 참가자들과 함께했다(가운데 검은 모자 쓰고 앉은 이가 나). 내 왼쪽에 앉은 사람이 광주의 인권변호사 홍남순 선생이다.

는 '동북공정' 전초작업을 벌이고 있었다. 즉 고구려 역사가 중국 소수민족 역사의 한 부분이라는 논증을 연달아 내놓고 있었다. 이 문제는 뒤에 더 자세하게 다룰 생각이다.

그래서 한길사에서는 첫 출간 기념의 의의를 살리려 고구려 유적지를 답사하는 기행을 계획했다. 그해 여름 일주일 정도의 일정으로 20명이 한길사 기획실장인 이승우의 인도로 고구려 기행을 떠났다. 첫출발은 여객선을 타고 황해를 거슬러 단둥으로 가는 여정을 잡았다. 《한겨레》의 이상수 기자와 《중앙일보》의 박정호 기자가 고맙게도 동행해서 취재를 했다.

선상 토론에서 나는 주제 발표를 통해, 일반인들이 주로 가는 지안(集安)

과 백두산 중심의 답사 대신에, 고구려가 수나라·당나라와 전쟁을 벌인 랴오닝성(遼寧省) 일대로 지역을 넓혀야 한다고 강조했다. 구양근 교수(성신여대)는 "중국 역사책에서 고구려와 전쟁을 벌여 패전한 사실을 숨기고 있는데 이는 대국이 아니라 소인이 하는 짓"이라고 질타했다.

단둥에 도착해 이곳 역사학자인 박문호 교수의 안내로 랴오양(遼陽)과 단둥 중간 지대에 있는 봉황산성을 답사했다. 이 성은 고구려의 오골산성으로 추정된다. 화려하고 장대한 이 성은 고구려 방어성으로 당 태종이 18명의 장수를 버리고 달아났다는 사장툰(舍將屯)이라는 곳도 있는데 고구려 성이라는 표지는 아무 데도 없었다. 박 교수는 랴오양에 사는 황 아무개 교수를 답사 안내자로 소개해주었다. 랴오양은 고구려 시기 요동성이 있던 곳인데, 돌로 된 성문 등 극히 일부를 제외하고는 아무런 흔적이 없을 정도로 파괴되어 있었다. 고구려가 이곳에서 수나라·당나라와 치열한 전투를 벌였고, 고구려가 멸망한 뒤 당나라가 안동도호부를 둔 곳이기도 했다. 이런 사실은 묵은 역사 기록에서만 보일 뿐 현장에서는 아무것도 알려주지 않는다.

랴오양 시에 해당하는 태자하 상류에도 고구려 방어성의 성곽이 있다. 태자하는 요하 다음으로 고구려 경계를 가르는 강이다. 이 산성은 요동성과 안시성의 중간에 있던 백암성으로 추정되기도 한다. 그런데도 산성에는 중국 본토와 요동 중간에 있던 연나라가 세웠다는 뜻인 '연주성 산성'이라고만 표시되어 있지, 고구려 산성이라는 알림 표시는 아무 데도 없었다. 이 일대의 고구려 흔적을 남김없이 지우고 있는 것이다. 우리 일행은 이런 모습을 보고 참담한 기분이 들었다. 이게 이른바 '동북공정'이 이루어지기 전까지의 모습이었다.

자세한 답사와 조사를 하지 못하고 대충 둘러본 탓으로 이상수·박정호

두 기자는 만족스럽지 않은 모습이었으나 참가자들은 많은 관심을 보였다. 특히 노구를 이끌고 참가한 홍남순 선생(광주 민주운동 지도자)은 젊은이들에게 이런저런 설명을 해주면서 즐거워했다.

1999년 1월, 고려 시대사 4권 출간

출간 후속 작업이 계속되어 1999년 1월에는 월명암에서 집필한 고려 시대사 4권이 출간되었다. 나는 나름대로 고려는 최초의 통일국가이면서, 최초의 중앙집권제 국가이고, 시험을 치러 인재를 뽑은(과거제) 관료제 사회일 뿐만 아니라, 불교와 유교를 비롯해 도교와 민속신앙을 아우르는 다양한 문화를 창출한 사회인데다가, 농업사회의 기반 위에서 상업을 중시했으며, 여성의 지위가 중국보다 높았다는 점 등을 강조했다. 다시 말해 후기신라는 대동강 이남만을 영토로 확보했으나 고려는 단계를 거쳐 압록강과 두만강 언저리를 확보해 영토로 개척한 사실, 평양을 제2의 도성(서경)으로 지정해 북방 진출 의지를 보인 영토의식을 강조했다. 또 고려는 신라와는 달리 지방관을 중앙에서 임명해 보내는 등 중앙집권제 국가체제를 확립한 특징을 들었다.

과거제는 중세 사회에서 중국과 우리나라만이 귀족계급을 견제하기 위한 인재 등용 장치로 활용했을 뿐만이 아니라, 신진세력이 등장하는 장치로서의 역할을 했다는 것이다. 중세 서구의 봉건영주 제도에서는 자격시험을 치른 적이 없으며 일본이나 베트남 등 동남아시아 국가에서도 이를 실시하지 않았다. 또 고려 사회는 신앙에서는 불교를 숭상했으나 정치 교화는 유교를 활용했다는 점을 밝혔다. 하지만 조선 시대와는 달리 어느 특정 종교나 사상이 교조성을 띠지 않았다. 한편 고려는 사농공상(士農工商)의 직업적 차별을 두지 않는 사회 분위기가 조성되었다. 특히 실크로드를 거쳐 아랍권의 상인들이 몰려들었고 동남아시아 국가들과도 교역을 해서 상업적 활동이 왕성했는데, 국내 시장도 이에 따라 활발하게 전개되었다는 점을 밝혔다. 그런가 하면 고려 사회의 여성은 자유의사에 따라 결혼을 할 수도 있었고 말을 타고 거리를 활보할 수도 있었다. 거기에다가 조건에 따라 이혼을 할 수도 있었고 재산도 남성 종속에서 벗어나 소유할 수 있었다.

그리고 후기에 무신정권이 이어지고 몽골의 침략을 받아 온 나라가 피폐해졌으나 한때 원나라의 지배를 받으면서도 활발한 교류를 터서 정치·문화의 지평을 넓혔다는 점을 부각시켰다. 고려가 중세 국가로 손색이 없는 통치체제를 갖추었다는 점을 제시했다. 고려 후기에 들어서는 문학·미술·청자 등 여러 분야에서 발전을 거듭해 삶을 윤택하게 했다는 점도 부각시켰다. 고려의 역사는 고난을 겪었으나 중세 국가의 체제를 정비했다는 관점으로 서술했다.

그리고 30년이 넘게 이어진 몽골의 침략으로 나라 전체가 유린되고 나서도 끝까지 항복하지 않은 무신정권을 타매(唾罵)했으며, 남은 세력인 삼별초의 항쟁을 권력 유지의 연장이라는 관점에서 다루었다. 박정희 정권의 어용학자였던 이선근은, 삼별초를 민족 주체세력으로 다루었는데 그 허구성을 드러내려 한 것이었다. 30여 년 동안 몽골군은 전국을 횡행하면서 사찰의 종과 농부들의 농기구까지 거두어 자신들의 무기로 만들고 경상도 내륙과 무안 앞바다까지 석권하면서 민중을 압제했다. 그런데도 무신정권이나 삼별초는 강화도나 제주도에서 자기들끼리 똬리를 튼 채 민중의 고통을 외면하고 있었는데 이를 두고 민족 주체를 말할 수 있겠느냐는 논지를 폈다.

한편 고려 말기 공민왕과 신돈이 손을 잡고 많은 개혁을 시도했으나 기득권 세력의 방해로 실패했음을 서술했다. 또 공민왕은 원나라에 기대는 일방적 외교노선을 추구하지 않고 신흥 명나라와 교류를 시도하면서 자주 외교를 펼친 사실을 부각시키기도 했다. 우리나라 양면외교의 한 전통을 세웠다는 의미를 지니고 있었다.

나는 아치울 반지하방에서 계속 집필에 몰두했는데 어떨 때는 심한 스트레스에 시달리기도 하고 두어 달씩 집필에 열중하고 나면 어깨와 팔과 손이 아팠다. 독수리 타법으로 글을 쓰다 보니 직업병이 생긴 것이다. 정형외과에서 한 달쯤 치료를 받아야 원상회복이 되었고 머리도 맑아졌다. 이럴 때는 집필을 중단한 채 사료 검토에 매달리기도 하고 강연이나 역사기행도 다니고 모임에도 참석했다. 나 나름대로 틈새를 적절하게 이용했다고 할까.

집필의 피로를 덜어준 문밖 나들이

김제 월명암에서 올라와 아치울 집에서 『한국사 이야기』 집필에 몰두하던 시절 팔 치료도 할 겸 머리도 식힐 겸 몇 차례 문밖 나들이를 했다.

1999년 겨울 일본 오키나와의 나하에서 열린 '동아시아 평화와 인권을 위한 국제회의'에 참가했다. 타이완, 일본, 한국의 시민활동가·연구자·문화예술인과 태평양전쟁 피해 당사자 400여 명이 모였다. 한국에서는 90여 명이 참가했다. 이 심포지엄에서는 미군의 군사기지, 제2차 세계대전 당시 민간인의 희생, 여성의 인권유린 등이 집중적으로 거론되었다. 이는 탈냉전의 연장선에서 동아시아의 미래상을 전망하려는 의도였다.

동아시아 운동과 연대해 '학살의 기억' 되짚다

우리 참가자들은 미군기지가 있는 바닷가에서 벌어진 주민들의 항의시위와 진혼제도 참관했고, 미군이 상륙할 때 희생된 군인과 주민들의 이름을 돌에 새겨놓은 추모공원을 돌아보면서 전쟁의 공포를 실감하기도 했다. 한국 출신 희생자들의 추모탑도 따로 세워져 있었다. 또 집단학살 장소인 동굴을 돌아볼 때는 가슴이 서늘했다. 특히 회의장에 큼지막한 걸개를 내걸어 놓고 일본의 천황제를 반대하는 서명을 받는 게 인상적이었다. 나는 그 걸개에 "천황은 민주주의의 적"이라는 문구를 한문으로 적어 넣었다. 우리나라에는 왕이 없는 게 얼마나 다행스런 일인가?

마지막 날, 나는 한국 대표 자격으로 인사말을 했다. 주어진 시간은 5분이었다. "나를 보시오. 하도 힘도 없고 작아서 어릴 때부터 얻어맞았지, 때릴 줄을 몰랐소. 그러니 태생적으로 평화를 추구했지요. 또 몸이 작아 적게 먹고 적게 싸니까 지금도 환경보호에 기여하고 있소." 내 말에 모처럼 온 청중이 웃어주었다. 이와 달리 타이완과 일본의 대표는 약속된 시간을 넘겨 20분 또는 30분씩 어려운 말을 늘어놓아 청중을 지루하게 만들었다.

그러면 이 모임을 소개할 필요가 있겠다. 한국에서는 1990년대에 들어 좁은 민족주의를 넘어서 동아시아 민중이 연대해 평화와 인권을 모색하자는 논의가 일어났다. 그 선봉은 서승 교수(리쓰메이칸대)였다. 서승은 재일 동포로 서울에 유학 왔다가 동생 서준식과 함께 유학생 간첩 혐의를 받아 19년을 감옥에서 보냈다. 그는 고문을 견디다 못해 기름 화로에 몸을 던져 전신화상을 입었다. 1990년 석방된 뒤 교토의 리쓰메이칸 대학의 교수가 되었고 인권운동가와 평화운동가로 활동했다. 그는 타이완의 정치범으로 36년 동안 투옥되었던 린수양을 만나 평화운동을 벌이기로 합의했다. 두 사람은 모두 국가테러리즘의 희생자였다.

그리하여 1997년 타이완의 2·28 사건 50돌을 맞아 타이페이에서 첫 심포지엄을 열었다. 2·28 사건은 타이완 국민당 정부의 배후조종으로 민주운동가가 대량 학살된 사건이다. 곧 백색테러였다. 이 행사에는 타이완·한국·일본·오키나와의 운동가와 연구자 300여 명이 함께했다. 이어 연차로 1998년 제주도에서 4·3 항쟁 50돌을 맞아 대회를 열었고, 동시에 강만길·서중석·강창일·하종문·정근식 등 교수들이 중심이 되어 한국위원회를

1999년 겨울 일본 오키나와의 나하에서 열린 '동아시아 평화와 인권을 위한 국제회의'에 참가한 한국 대표단이 나하박물관 앞에서 함께했다. 앞줄 왼쪽에서 일곱째부터 서중석·강만길 교수·내가 앉아 있다. 앞줄 오른쪽 검은 안경을 쓴 사람이 시인 류춘도 선생이다.

발족시켰다. 나는 그 무렵 전북 장수 등지에서 한국통사를 집필하느라 1·2회에는 참가하지 못했던 것이다.

2000년 5월에는 광주시와 구례 일대에서 광주민중항쟁 20돌에 맞춰 열렸다. 여기에서는 한국전쟁과 5·18 항쟁의 희생자들은 모두 전쟁과 국가폭력에 의해 '타살됐음'을 부각시켰다. 이들 민간인 희생자를 제노사이드(집단학살)의 시각에서 재조명하면서 그런 역사를 어떻게 기억하고 기념할 것인가에 대한 실천적 논의가 이루어졌다. 특히 한국전쟁 당시 민간인 학살 문제가 논의되면서 진상규명 기구를 발족시키자는 논의가 있었는데, 뒷날 결실을 보았다. 전야제를 맞이해 김대중 당시 대통령은 5·18 관계자를 초청해 만찬을 베풀면서 이 모임의 대표자들도 함께 초대했다. 한 나라 원수의 초대를 받은 첫 사례였다. 이 만찬회에서 나는 김 대통령과 악수를 했는데 두 번째 만남인 셈이었다.

이듬해 5월 심포지엄은 전주에서 동학농민혁명을 주제로 다뤘다. 이 모임은 내가 주선을 했고 한승헌 변호사가 여러모로 애를 써서 꾸렸는데, 일본 인사 200여 명이 참여해서 그 실상을 국제적으로 알리는 계기를 만들었다. 비공식으로 열린 이 국제학술대회는 교육부, 문화부 등 정부기구의 지원을 받아 분위기는 좀 달랐으나 신순철·이종민 등 기념사업회 인사들의 노력으로 성과는 컸다. 이어 2002년에는 교토에서 '냉전과 국가폭력과 일본', 여수에서 '학살 청산 화해'를 내걸고 열렸다. 나는 한국사 원고를 미리 보충해놓고 열성으로 이 모임에 참가했다.

서로 언어는 달랐지만 참가자들 모두 어울려 흉허물 없이 담소를 나누었다. 유학생 출신 통역들이 바빠 돌아다녔다. 다들 한가락 한다는 사람들이어서 뒤풀이 자리에서도 많은 말을 쏟아냈다. 그 소재는 아주 다양했는데 언론·사상의 자유를 만끽했다고 볼 수 있을 것이다. 다만 한국전쟁을 겪은 북한과 중화주의를 내걸고 동아시아에서 군림해온 중국 대표들이 빠져 아쉬움을 남겼다.

동아시아 평화와 인권을 위한 국제회의는 6년 동안 많은 성과를 거두고 막을 내렸다.

쓰시마에서 부산 자갈치시장까지

2001년 1월에는 2박3일의 일정으로 국회바른정치실천연구회의 멤버들과 쓰시마 기행을 다녀왔다. 신기남 회장을 비롯하여 이강래·이미경·천정배·송영길·이종걸·임종석·정동영·정동채 의원과 김형식 보좌관(신기남 의원실) 등이었다. 나는 '한일 관계 정립을 위한 한일역사탐방'이라 내건 기행에 초청 강사로 합류했다. 부산에서 쓰시마로 가는 배표를 구할 수 없어서 비행기를 타고 후쿠오카로 가서 1박을 하면서 주변 유적을 돌아보았다. 그리고 나서 후쿠오카에서 다시 쓰시마로 가는 비행기를 탔다.

관광을 목적으로 쓰시마에 온 게 아니었지만 틈을 내서 쓰시마 일대를 돌아보았다. 특히 덕혜옹주가 쓰시마 도주의 아들과 혼인한 사실을 상기하며 도주의 저택과 덕혜옹주 추모비를 둘러보았고, 최익현이 일본군에 잡혀와서 풍토병으로 병사(아사가 아님)한 곳에 세운 추모탑도 둘러보았으며 조선통신사의 흔적도 찾아보았다.

의원들은 저녁에 조선통신사 또는 한일 교류와 관련한 내 강의를 듣고 나서 토론회를 가졌다. 토론회의 주제는 어떻게 바른 정치를 펼 수 있나, 다음 대선에는 누구를 추대할 것인가 등이었다. 나는 의원들이 노무현을 밀어야 한다고 얘기하는 것을 듣고는 편하게 얘기하라는 뜻에서 자리를 비켜주었다. 그들은 아주 진지했다. 돌아오는 길에는 배편을 이용했다.

정작 본격적인 내 강의는 부산 자갈치시장 횟집에서 이루어졌다. 서울행 비행기 시간이 여유가 있어서 자갈치시장에서 저녁식사를 하며 시간을 보내게 되었던 것이다. 그 짬에 내 강의가 이어졌는데 의원들의 요청으로 '정조의 개혁'을 주제로 삼았다. 나는 정조가 보수 세력의 완강한 방해를 무릅쓰고 신분 차별, 노비 처우의 개선, 부정부패의 척결, 인권의 신장 등 많은 개혁을 이룬 사실을 늘어놓았다. 그들은 이 강의를 귀담아들으면서 대단히 감동한 인상을 지었다. 훗날 정동영 의원은 내가 쓴 『정조의 나라 만들기』 책자를 노무현 대통령에게 보내주어 개혁정책의 방향을 잡아주려 했다.

중국 옌안에 스민 독립투사의 흔적을 찾아

이해 여름에는 다시 중국 기행을 가게 되었다. 우리 일행은 쓰시마에 참여했던 이강래·이미경·정동채 의원이 빠진 대신에 추미애 의원이 합류해서 모두 8명이었다. 천정배 의원은 시안(西安)에서 합류했다. 우리는 6월 7일 오전 10시발 시안행 비행기에 올랐다.

아시아나 항공기는 탑승한 지 2시간 30분쯤 지나 시안공항에 우리를 내려주었다. 예전 신라의 승려와 청년들이 당나라로 유학길을 떠날 때, 배를 타고 황해를 건너 산둥반도에 상륙해 육로로 시안까지 오는 데 꼬박 6개월쯤 걸렸다는데, 불과 3시간이 못 되어 그 험한 타이항 산맥을 넘어 시안 외곽에 도착했으니 신기할 정도였다.

시안공항에 내리니 더운 기운이 가슴까지 닿으며 푹푹 쪘다. 36도를 오르내린다니 서울의 날씨와는 비교가 되지 않을 정도로 후텁지근했다. 시안공항에서 천정배 의원이 먼저 랴오닝성 일대를 돌아보고 우리 일행과 한 시간 차이를 두고 합류했다.

나는 일행을 이끌고 옌안(延安) 일대와 조선혁명군정학교 유적 답사에 나섰다. 나가평촌은 옌안 시내에서 교외로 10킬로미터쯤 벗어나 있었다. 생각보다 손쉽게 마을을 찾았다. 큰길에서 다리를 지나 조금 올라가니 언덕 아래에 마을이 자리 잡고 있었다.

이 마을에 사는 1937년생 왕계상(王啓祥) 노인을 만나 여러 이야기를 들을 수 있었다. 그의 말로는, 30여 명이 이곳에 들어와 군사훈련을 받았으며 가족은 데리고 오지 않았단다. 조선 사람들은 군복을 입기도 하고 민간 옷을 입기도 했으며 농사를 지으며 살았다. 조선 사람들이 이곳에 처음 토마토를 심었고 주민들이 이를 본받아 지금도 토마토 농사를 짓는단다. 조선 사람들은 개고기를 잘 먹는 등 생활 풍습이 달랐으나 사이좋게 지냈는데 군사비밀을 지키고자 주민들이 군정학교 안으로는 들어오지 못하게 했다.

왕 노인은 뒤편 언덕의 토굴을 가리키며 조선 사람들이 살던 곳이라 일러주었다. 지금까지 그대로 남아 있는 토굴은 두 개 정도였다. 한 토굴에는 중국인 가애화(53세) 씨가 살고 있었다. 토굴 안에 침대를 놓고 한쪽은 부엌으로 쓰고 있었는데 바깥은 찌는 더위인데도 토굴 안은 서늘했다. 또 하나의 토굴은 돼지우리로 쓰고 있었다. 군정학교는 뒤편 산마루에 있었으나 지금은 아무런 흔적도 없다고 해서 올라가보지 않았다. 주민들도 당시 학교 건물에는 가본 사람이 없다고 했다.

주민 장백당(71세) 씨는 이곳을 찾아왔던 국민대 조동걸 교수의 명함을 보여주며 해방 후 최초로 이 마을을 찾아온 조선 사람이었다고 말하기도 했다. 이 분야를 연구한 조동걸 교수와 서울시립대 염인호 교수, 국민대 장세윤 교수 등이 맨 먼저 이곳에 답사를 왔던 것이다. 그러니 우리 일행은 두 번째로 방문한 셈이다.

마을 입구에는 조선군정학교를 소개하는 비석이 서 있었다. 1996년 옌안지구문물관리위원회에서 세웠는데 비석에는 교장 김백연, 부교장 박일우, 라고 적혀 있었다. 김백연은 김두봉의 중국식 이름이었다. 나는 마을 사람들의 증언을 들으며 기록과 거의 일치한다는 생각이 들어 흐뭇했다. 더불어 새삼 이들이 최후까지 일제에 항전했는데도 우리 독립운동사에서 거의 공적을 인정받지 못하는 현실에 안타까움을 느꼈다. 그들은 사회주의자이기에 앞서 우리 민족의 해방을 위해 목숨을 바치며 싸우지 않았는가?

발길을 돌려 나오며 옌안에 스민 수많은 독립투사들의 흔적을 이 정도나마 확인한 것으로 만족할 수밖에 없었다. 일행들도 저마다 만감이 교차하는 모습이었다. 바른 정치는 올바른 역사인식에서 출발한다.

한데 진시황릉에서 황당한 일을 겪었다. 능 앞의 돌에 새긴 지도에 만리장성을 표시해놓았는데 압록강 남쪽을 넘어 동해 쪽으로 끝까지 뻗어 있었다. 분명히 만리장성은 동쪽으로는 발해만 안쪽인 산하이관(山海關)에서 끝나야 한다. 그런데도 고려의 천리장성까지 포함했는데 그렇게 그린 의도는 무엇일까? 판도를 넓히려는 의도가 아닐까? 아니면 무식의 소치일까? 이런 역사 왜곡은 바로잡아야 할 것이다.

충칭과 상하이의 임시정부 청사를 둘러보다

다음날 우리는 충칭(重慶)에 도착했다. 청두(成都), 우한(武漢)과 더불어 중국의 '3대 아궁이'라 불리는 충칭의 날씨는 견디기 어려울 정도로 더웠다. 우리는 임시정부의 마지막 기착지인 이곳의 청사를 돌아보려고 화로 속으로 찾아온 것이다. 임시정부 청사는 잘 꾸며져 있었다. 일제 침략군이 상하이와 난징을 공격하자 임시정부는 항저우(杭州)~전장(鎭江)~창사(長沙)~광둥(廣東)~류저우(柳洲)~치장(綦江)을 거쳐 1940년 충칭에 자리를 잡았고 해방이 될 때까지 이곳에서 정무를 보았다. 임시정부 청사는 언덕 아래 세 개의 건물로 이루어져 있었다. 지금 보존되어 있는 상하이 임시정부 건물보다 네댓 배 정도 더 넓었다. 당시 국민당 정부의 배려로 세를 얻어 들었다 한다.

한쪽 건물에는 사진과 유품 등이 전시되어 있다. 다른 기념관에 비해 기록물이 아주 풍부하다는 느낌을 받았다. 특히 해방을 맞이하고 고국으로 돌아오면서 건국의 결의를 다지는 행사를 벌인 뒤 한마디씩 소감을 적어놓은 큰 종이가 걸려 있는 것이 인상적이었다. 우리 일행은 1940년대 조국 독립을 위해 끝까지 투쟁한 임시정부와 조선독립동맹의 유적을 찾아본 셈이다. 두 계열이 비록 노선은 달리했으나 조국 해방을 위한 마음은 하나였지 않겠는가?

다음 상하이에 들러 윤봉길 의사의 유적과 임시정부 청사를 둘러보았다.

5박6일의 답사를 이렇게 마무리 지으며 나는 초청 강사로서 피로가 쌓였으나 뿌듯한 보람도 느꼈다. 여러 가지 의미에서 소득이 많은 여행이었다. 한 가지 말해둘 것은 이들은 순전히 자비로 경비를 댔지 다른 기업체나 유관 단체의 도움을 일절 받지 않았다. 현지를 돌아다니면서 주재 영사관에도 연락하지 않았다. 다만 상하이에 와서 총영사관에서 내는 간단한 저녁식사를 대접받은 정도였다. 깨끗하고 바른 정치는 이런 작은 일에서부터 시작될 것이다.

청와대에서 디제이 임기말 한계까지 '직설평가'

이쯤에서 고 김대중 대통령과 맺은 인연을 소개해야겠다. 이 얘기를 빼고 넘어가게 되면 조금 섭섭할 것 같다.

나는 2002년 김 대통령의 임기가 끝날 무렵 청와대로 초청을 받아 국민의 정부를 평가하는 강연을 했다. 당시 청와대 비서진이 거의 참석했다. 나는 이 자리에서 국민의 정부 업적을 두고 "최초로 절차 민주주의를 확립하고, 언론·사상의 자유를 신장하고, 남북 평화통일의 길을 열었다"고 평가했다. 또 나 개인으로는 역사 관련 글을 쓰면서 처음으로 "마음 놓고 자기 정화(검열)를 하지 않은 경험을 갖게 되었다"고도 말했다. 이는 일반론이었지만 많은 박수가 쏟아졌다.

그런 다음 조심스럽게 몇 가지 지적도 빼놓지 않았다. '첫째, 국제통화기금 구제금융 위기를 맞아 이를 해결하는 과정에서 신자유주의를 표방했는데, 나는 이 이론을 잘 모르지만, 전통적 인간관계가 무너지는 현상이 빚어졌다. 평생직장의 전통적 관념이 무너지고 약자가 내몰리는 풍조가 일어나고 있어 오히려 그 부작용이 염려된다. 무한경쟁은 약자의 사회적 지위를 더욱 약화시켜 서럽게 만든다. 둘째, 측근과 가족들이 분란을 일으켰다. 이들이 민주운동을 하면서 독재정권의 탄압을 받았지만 그 보상이 이권을 확보하는 길로 가서는 안 된다. 그 뜻은 아무리 아들들이 핍박을 받았지만 꼭 국회의원을 하거나 어떤 지위를 누리는 보상으로 가서는 안 된다는 것이다. 사회봉사활동을 한다든지, 각자 직업을 가지는 게 더욱 바람직하다는 뜻이다.'

내 나름으로 아무리 부드러운 표현을 썼다 한들 비판의 의미를 못 알아들었겠는가. 강연이 끝난 뒤 평소 알고 지내던 한 비서관이 다가오더니, "이 아무개 교수는 김 대통령이 최초로 민주주의의 꽃을 피웠다고 칭송했는데 선생은 비판적 평가도 하시는군요"라고 말했다. 말 잘하기로 평판이 자자한 이 아무개 교수는 문화부장관을 지낸 유명 인사이다. 나는 그저 웃었다. 당시 청와대에서는 나만이 아니라 몇몇 인사를 초청해 업적 평가를 했던 것이다. 평소 역사 인물의 약전을 쓸 때면 칭송만 늘어놓지 않고 일정 부분은 비판이나 한계를 지적했던 내 버릇이 그대로 나타난 것이다.

사실 앞에서도 몇 차례 얘기했듯이 나는 김 대통령이 대통령에 당선되기 전부터 인연이 있었다. 1993년 초 정계은퇴 선언을 하고 영국 유학을 갔다가 귀국한 그는 이듬해 1월 아시아태평양평화재단을 설립했는데, 이 재단에서 나를 이사로 선임했다. 내 한문 제자인 황주홍이 미국 유학을 다녀온 뒤 이 단체에서 실무책임을 보고 있었다. 여러 이사 중에 한 자리 끼워주었겠지만 나는 정치에 참여할 생각이 없었기에 이사회에도 참석하지 않았고 회비도 내지 않았다. 다만 아키노 전 필리핀 대통령이 이사회에 맞춰 초청 강연을 하러 한국에 왔을 때 딱 한 번 참석했다. 그 뒤 나는 한국통사를 쓰기 위해 전북 장수로 내려가느라 관심을 끊었고, 그 뒤 자연스럽게 이사에서 빠진 것 같다.

1998년 초반 김대중 대통령이 취임한 직후 청와대의 초청을 받은 적이 있다. 민주화운동을 하다가 고생한 인사 50~60명을 초청해 오찬을 베풀고 사례금도 주었다고 한다. 하지만 나는 스스로 민주인사가 아니라고 여기는 까닭에 그 자리에 가지 않았다. 훗날 그때 참석했던 강창일 교수는, 참석하지 않은 초청인사 명패 중에 '이이화'가 있더라며 "역시 이이화는 학자야"라고 말해주었다. 낯간지러운 얘기일 것이다.

2008년 총선을 앞두고 나는 박재승 변호사의 요청으로 민주당의 공천심사위원을 맡았다. 그때 언론에서는 연일 비리 연루자 공천 탈락설을 보도하고 있었다. 그런데 김 대통령의 비서인 최 아무개한테서 몇 차례 전화가 왔다. 그는 다른 말은 묻지 않고 김홍업의 공천이 어떻게 되느냐고 물었다. 김대통령의 간접 압력으로 느껴졌다. 결국 비리 연루자 10여 명이 공천에서 제외되었는데 김 대통령 측근이 여럿 포함되었다. 이는 내 개인의 의사가 아니라 공심위원 전체의 합의사항이었는데 민심을 민주당으로 쏠리게 하는 계기를 제공했다. 하지만 그들은 정치적으로 희생된 면이 없지 않았으니 개인으로는 좋지 않은 인연일 것이다.

내 고교 때 은사인 이종수(충남대 명예교수·사회학) 선생은 김대중 대통령을 두고 '포퓰리즘에 근거한 카리스마'라고 말했지만 나는 이에 썩 동의하지 않는다. 그는 여전히 우리 민주화 역사에서 손꼽을 수 있는 민주적 인물이었다고 나는 생각한다. 다만, "나 때문에 자식들이 고생을 많이 해 눈물이 난다"고 말할 때에는 개인으로서의 한계도 드러나 보인다.

2003년 금강산 해맞이 행사에 해설자로 참석해

2003년 말 한겨레문화센터의 요청으로 '2004 금강산 해맞이' 행사에 다녀왔다. 그 전에 유홍준 교수와 함께 금강산 관광을 주관하는 현대아산의 초청을 받아(현대백화점에서 주관했다) 금강산 기행을 다녀온 적이 있었으나, 그때는 그저 따라가기만 해서 조금 무미건조하게 보냈다. 이번 금강산 해맞이 행사에는 50명이 넘는 사람이 참여했다.

나는 역사기행 전문가의 '끼'를 보여주었다. 어쨌거나 북한이 관리하는 지역을 해설자로 갔으니 할 말이 많지 않겠는가. 온정리 들머리에서부터 얘기가 시작되었다. 오른쪽 높은 바위에 새겨진 '천출장군 김정일'을 두고 참가자들이 내게 무슨 뜻이냐고 물었다. 북쪽 안내원도 있는 만큼 말조심을 해야 했다. 이 '천출'은 천한 신분에서 태어났다는 뜻의 천출(賤出)이 아니라 하늘이 낸 인물이라는 뜻의 천출(天出)이라고 조용히 일러주었다.

이어 구룡폭포 쪽으로 올라가는 길의 바닥과 바위에도 글씨들이 무수히 새겨져 있었다. 유람객들이 새겨놓은 것도 있고, 북한 당국이 새겨놓은 것도 있었다. 유람객들의 글씨는 주로 바닥에 새겨졌으나, 북한 당국의 글씨는 길섶 바위와 높은 절벽을 가리지 않고 크게 새겨져 있었다. 특히 입구 쪽에서 조금 올라가면 바위에 새겨진 '지원 김형직(志遠 金亨稷)'이 한눈에 보였다. '지원'은 『논어』에 나오는 구절로 '뜻을 멀리 가져라'는 말이요, '김형직'은 김일성의 아버지다. 김형직이 만주 일대에서 민족운동을 할 때 좌우명으로 삼은 말이 바로 '지원'이었다. 이런 내력을 참가자들이 알 리가 없으

2003년 말 한겨레문화센터의 요청으로 '금강산 해맞이' 해설자로 답사단을 이끈 내가 금강산 들머리에 있는 금강문 앞의 양산대에서 바위에 새겨진 이름들에 대해 참가자들에게 설명하고 있다. 높은 벼슬아치들의 이름이 많이 새겨져 있다.

니 내 입이 바빠질 수밖에 없었다.

금강산에 들어선다는 금강문 앞 바위에는 많은 사람의 이름이 가로세로로 얽혀 새겨져 있었다. 금강문을 벗어나 계곡을 따라 구룡폭포 쪽으로 올라가는 길목에도 냇가의 바닥과 바위에 줄줄이 이름이나 시구절이 새겨져 있었다. 특히 옥류동과 연주담 언저리에 집중되어 있는데 이쪽으로 새로 길을 내면서 이 글씨들이 마구 짓밟히고 있었다. 귀중한 이름이니 밟지 않으려고 조심하는 사람은 없었다. 김일성이 이곳에 유람을 와서 쉬어 간 곳마다 돌비를 새겨놓았는데, 북한 감시원 두세 사람이 지키고 있었으니 기묘한 대조를 이루고 있었다. 그거나 이거나 실소케 하는 것은 다르지 않았다.

나는 군데군데 발길을 멈추고 이 이름들을 살펴보았다. 그랬더니 대부분

조선 후기 인물들이었다. 특히 강원도 관찰사니 춘천부 유수니 하는 따위 지방관의 이름도 눈에 띄었고, 안동 김씨, 여흥 민씨, 반남 박씨 같은 세도가나 양반들의 이름이 많이 보였다. 또 구룡폭포의 바닥에는 조선 후기에 권력을 휘두른 송시열이 썼다는 초서체 글귀도 보였다. 그런데 중요한 사실 하나를 발견했다. 권력자들의 이름 속에 실학자로 이름난 인사들이나 겸재 정선 등 화가, 문인, 학자 들의 이름은 보이지 않는 것이다. 이들은 이런 짓을 별로 즐기지 않았음을 짐작할 수 있었다. 그러면 그렇지!

금강산 훼손하기는 옛날 벼슬아치나 김일성 부자나 매한가지

그런데 그 시절 이런 석각(石刻)을 하려면 많은 사람이 동원되어야 했다. 이들 양반이나 벼슬아치들은 남여(藍輿·의자와 비슷하고 뚜껑이 없는 작은 가마)를 타고 술과 안주를 싣고 다른 가마에는 기생과 거문고 따위 악기를 태우고 올라온다고 한다. 여기에 벼루와 붓도 곁들였다. 그들은 술과 금강산 경치에 취해 붓을 들어 시구절과 자신의 이름을 적어 석수에게 새겨 넣으라고 했을 테니 그 정경이 보지 않아도 환하게 떠오른다. 그런가 하면 조선 후기 최북이라는 애꾸눈을 가진 화가는 금강산 경치에 취해 "천하의 절경에 죽는 게 얼마나 아름다우냐?"며 여기 구룡폭포의 물에 빠져 죽으려 했다는 일화가 전해진다. 너무 대조적인 이야기 아닌가. 최북의 얘기를 들은 참가자들은 감동을 한 듯이 보였다.

또 하나, 구룡폭포 들머리 절벽에는 김일성 친필의 칠언 한시가 붉은 글씨로 새겨져 있는데, 바로 자기 아들인 김정일을 찬양하는 시였다. 친절하게도 한시 아래에는 한글로 번역까지 해놓았다. 그 내용에는 '만고영웅'이라는 구절이 있었다. 자기 아들을 두고 한 표현이었다. 과연 김정일이 만고

영웅일까? 이건 하나의 코미디일 것이니, 벼슬아치들의 석각 이름보다 보는 이를 더 곤혹스럽게 만든다.

　예전 벼슬아치들과 양반들이 금강산을 버려놓았다면 오늘날에는 김일성 부자가 심하게 오염을 시켜놓은 셈이었다. 통일이 된 뒤 저 붉은 글씨들을 지워야 할지, 그것도 역사 기록이라고 남겨두어야 할지 난감한 숙제 거리가 될 것이다. 해금강 해맞이 장소 언저리에는 이런 석각들이 별로 보이지 않아 그나마 다행이었다.

10년의 결실, 22권의 한국통사 완간

이쯤에서 다시 책 이야기로 돌아가자. 독자들은 이렇게 분주하게 돌아다니면서 『한국사 이야기』는 언제 쓰느냐고 고개를 갸우뚱할 수도 있을 테니. 앞서도 한번 말했지만, 그런 중에도 『한국사 이야기』는 해마다 4권씩 차질 없이 출간되었다.

김제 월명암에서 올라온 뒤 나는 아치울 집 지하방에 들어앉아 집필에 몰두했다. 여름에는 시원하고 겨울에는 따뜻한 방이었지만 장마철이면 바닥이나 벽에서 물이 흥건하게 새어나와 애를 먹었다. 하지만 파리 떼, 모기떼는 완벽하게 차단했으니 나는 그것만으로도 만족했다. 다만, 딸의 성화에도 아랑곳하지 않고 연신 담배를 피워대서 방 안에 냄새를 물씬 풍겼다. 무엇보다 내 방 안에 전화를 두지 않아서 모든 연락은 아내가 대신 받아 전달해주었다. 유홍준 교수는 아내는 "집필실에 있어요"라고 말하는데 나는 "지하실에 있다"고 말하니 어느 말이 맞느냐고 진지한 농담을 했다.

'골방 집필실' 들여다본 박완서 선생의 "동병상련"
조선 시대 이후에는 사료가 너무 방대해서, 당장 집필에 필요한 사료만으로도 좁은 방이 가득 찼다. 하루 10여 시간씩 집필에 몰두하다 보면 때로는 심한 스트레스에 시달렸다. 또 1년에 두어 번 정도 '컴퓨터 어깨병'(브이디티증후군)이 도져 주기적으로 치료를 받아야 했다. 그럴 때면 외부 행사에 참여하기도 하고 강연이나 역사기행에 나서기도 했다.

그 시절 박완서 선생이 나를 두고 쓴 글을 보고 있노라면 그 시절이 떠올라 숙연해지기도 하고 왠지 낯간지럽기도 하다.

> (이이화) 선생의 집필실은 화사하게 꽃핀 정원 밑의 어두운 방이다. 나는 그 집필실 앞을 지날 때마다 면벽하고 수도하는 고승의 동굴 앞을 지나는 것처럼 마음이 숙연하고도 짠해지곤 했다. 동굴 같다는 건 내 느낌일 뿐, 그 안은 갖출 것 다 갖춘 보통의 서재다. 내가 그렇게 느끼는 건 아마도 가족으로부터도 스스로를 소외시켜야 글이 써진다는, 비록 분야는 다르다 해도 글쟁이 공통의 엄혹한 팔자에 대한 동병상련일 것이다. (『이이화와 함께 한국사를 횡단하라』 중에서 '실로 보배로운 이 시대의 기인')

정반합의 서술 체계로 조선 시대사 기술

조선 시대사를 기술하면서 나는 정반합(正反合)의 서술 체계를 시도했다. 무엇보다 조선이라는 국호를 두고 새 이론을 제시했다. 즉 단군이든 위만이든 조선이라는 국호를 상고시대에 처음 썼는데, 원조인 조선을 두고 '고조선'이라 표기하는 것은 순차의 기본에 맞지 않으므로 이성계가 세운 조선은 근세조선 또는 이씨조선으로 써야 한다는 논지를 폈다. 다만 이런 의미를 바탕에 두고 줄여서 '조선'이라 쓸 수 있다고 했다.

정리해보자면, 근세조선의 국가체제는 고려보다 더 탄탄한 중앙집권제를 지향했으며 양반관료국가로 군현제(郡縣制)를 확립해 지방제도를 중앙의 완벽한 통제 아래에 두었다. 통치세력은 왕을 중심으로 인덕을 강조한 유교 이념을 내세우면서 백성을 다스렸고, 왕실은 끊임없이 근검절약을 내걸었다. 또한 조선 초기 한글 창제, 과학기술의 발달 등 민족문화를 이룩했으나 지역 갈등과 신분 차별의 단초를 열었다는 점도 간과할 수 없다. 유교의 충효사상이 지배문화의 기저를 이루었으나 순결주의와 엄숙주의로 말미암아 열녀를 강요하는 등 여성의 인권을 유린했으며, 정치권력을 두고 전개된 당쟁의 폐단은 심각했으나 임꺽정·홍길동 등 저항세력의 움직임도 무시할 수 없었다.

이 책에서 나는 조선 중기에 일어난 임진왜란과 병자호란은 국가 사이의 전쟁이므로 각기 '조-일전쟁'과 '조-청전쟁'으로 불러야 국제교류사의 관점에서 합리적이라고 보았다. 다시 말해 임진왜란의 경우, 60년 만에 한 번씩 돌아오는 간지의 연대를 쓰고 일본 민족을 얕잡아보는 '왜(倭)가 일으킨 난리'라는 뜻을 담은 용어를 써서는 안 된다는 것이다. 마찬가지로 병자호란의 호란(胡亂)이라는 용어의 경우도 '북방 오랑캐가 일으킨 난리'라는 뜻이다. 교과서에 이런 용어를 쓰게 되면 설명이 길어지고 민족 차별의 역사관을 조장하게 된다. 다만 주체와 전쟁이라는 용어를 써서 그 실상을 알리면 된다.

그 사이에 대두한 척화파(斥和派)와 주화파(主和派)의 현실 대응을 두고 타협적인 주화파의 정당성을 부각하려 했다. 주자학으로 무장한 척화파는 중화주의에 매몰되어 민중의 고통을 외면했으며 실체가 없는 명분론에 따른 '존명배청(尊明排清)'으로 일관해서 국제질서에 적응하지 못한 한계를 보였노라고 지적했다. 중국 중심의 중화주의를 벗어나 다른 민족을 인정하면서 교류를 해야 한다는 인식이었다. 따라서 송시열 계통의 노론 세력이 주화파를 마치 매국노처럼 다루는 행태를 경계하려 한 것이다.

조선 후기는 역동적 사회를 이루어냈다고 보았다. 물이 고여서 썩은 게 아니라 줄기차게 흘러내렸다는 것이다. 실사구시(實事求是)에 바탕을 둔 실학의 추구는 현실을 개혁하려는 논리였으며, 노비 등 민중의 저항과 중인-서민문화의 대두는 정체된 사회가 아니라 내재적 발전의 모태가 되었다는 점을 염두에 두었다. 이런 시대 배경에서 영조-정조 시기 많은 개혁이 이루어졌고 조선 후기에 이루어진 사회 발전의 토대를 구축했던 것이다. 정조가 추구한 개혁과 인권은 마차의 두 바퀴와 같은 관계라고 봤다.

이런 관점에서 민중사·생활사 기술에 열중했다. 조선 후기 사회에서 전개된 통과의례와 놀이문화, 고유의 풍속 등 독자적인 문화의 창달을 부각하려 했다. 그래서 서민문학의 유행과 진경산수화와 풍속화 그리고 판소리와 가면극의 등장으로 비로소 유교의 엄숙주의 또는 지배문화의 근엄성을 탈피하고 민중에 토대를 둔 문화가 태동하는 계기가 되었다고 본 것이다. 이것은 실학과는 달리 중세와 근대의 중간 지대에서 배태된 민중정서가 제 나름으로 분출한 모습이었다.

해방 이후 현대사는 숙제로 남기고 『한국사 이야기』 22권으로 완간

조선 사회는 개항 이후 근대 시기를 맞이했다. 나는 비록 제국주의의 실체를 뒤늦게 알았으나, 여러 세력이 어우러져 심한 갈등 속에서도 활발한 개화의 역사가 전개됐다는 관점에서 이 시기를 서술했다. 이는 타율의 근대화가 아니라 내재적 발전의 동기를 사회 내부에서 유발했다는 점을 강조한 것이다. 한쪽에서는 전통 유림들이 유교문화를 고수하려 했고, 다른 한쪽에서는 서구 문물을 수용해 근대화를 이룩해야 한다고 주장했으며, 또 한쪽에서는 봉건질서를 타도하고 새 사회를 열려고 항쟁했다. 나는 이를 새로운 시대를 여는 동력으로 봤다.

　그리하여 시기는 늦었지만, 진보지식인들은 학교 설립이나 신문 발행 등을 통해 근대화를 추진했고, 하층민들은 스스로 자기 권익을 찾으려 나섰으며, 여성들도 쓰개를 벗어던지고 권리를 찾으려 했다. 그 결과 느리고 단계적이나마 지배세력은 이를 수용하지 않을 수 없었던 것이다. 이 과정에서 많은 한계를 지닌 대한제국의 탄생은 역설적으로 시대 상황에 부응한 것으로 보았다.

　우리나라가 식민지로 전락한 데는 자율적인 요인과 타율적인 요인이 뒤섞여 있었다고 보았다. 곧 역량을 키우지 못한 내부 요인과 제국주의 침략이라는 외부 요인이 결합되어 전개되었다고 판단한 것이다. 독립운동의 경우, 만주 일대에서 벌어진 여러 활동과 다른 해외의 독립운동 그리고 국내 사회주의 계열의 민족운동도 균형 있게 서술하려 했다. 그리하여 우파의 임시정부를 조명하면서도 좌파의 조선독립동맹의 활동도 동시에 다루었다.

　그리고 일제 식민지 지배는 '식민지 근대화'로도 혹은 과장된 '식민지 수탈'에도 치우치지 않으려 했다. 어떤 요인에서건 이 시기 우리 민족의 생활문화는, 주택이나 옷이나 음식에 있어서 급격하게 변화를 맞았다는 사실을 서술했다. 이 생활문화의 변화를 통해 양반과 상놈, 귀족과 서민이 외형으로는 구분할 수 없는 평등을 실현했던 것이다. 하나의 보기를 들면, 누구나 상투를 없애고 머리를 깎고 구두나 고무신을 신었으니 차림새로는 구별이 없어진 셈이다. 또 식민지 수탈은 1930년 후반 전시체제 아래서 이루어졌음을 본격적으로 조명했다. 조선의 젊은이들이 징용·징병·정신대라는 이름으로 전선에 끌려간 사실을 강조하려 했다. 이와 달리 민족독립운동은 다른 식민지 국가와 비교가 되지 않을 정도로 활발하게 전개된 사실을 강조하고

10년 장기 기획으로 집필에 도전한 지 3년 만인 1998년 6월 고대사 부분 4권이 『한국사 이야기』라는 제목으로 처음 출간됐다. 이후 2004년까지 전22권이 완간됐다.

사회주의 독립운동도 포함시켜 서술했다.

여기까지였다. 1945년 해방된 이후의 현대사는 숙제로 남겨두었다. 그동안 이 시기를 다룬 저술이 많이 나왔고 내 역량이 미치지 못한 점과 아직 풀어야 할 문제들이 가로놓여 있었기 때문이었다. 이렇게 해서 『한국사 이야기』 22권이 완성됐다.

역사 서술에서 관행처럼 쓰이는 오류들

마지막으로 밝혀둘 것이 있다. 원전의 해석이나 성명 표기에서 많은 오류가 관행처럼 쓰이고 있다는 것이다. 이런 오류는 엄연한 역사적 사실마저 엉뚱하게 해석하는 빌미가 되고 있다. 이해하기 쉬운 몇 가지만 보기를 들자면 이렇다.

『삼국유사』는 유일하게 단군설화가 수록된 책이다. 거기에 하느님이라 할 환인이, 인간세상에 내려가려는 아들 환웅의 열망을 보고 그 장소를 찾아보는 대목이다. 원문은 "하시삼위태백 가이홍익인간(下視三危太伯可以弘益人間)"이다. 그동안 이를 해석하면서 "아래로 삼위와 태백을 보니 인간을 널리 이익되게 할 수 있다"라고 했다. 다시 말해 삼위와 태백을 한 묶음으로 본 것이다. 이렇게 되면 그 장소가 분명하지 않게 된다. 이는 "아래로 삼위를 보니 태백이 인간을 이익되게 할 수 있다"라고 해석해야 사리에 맞다. 곧 세 개의 높은 산을 내려다보니 그중 태백산이 인간을 이익되게 하는 곳이라는 뜻이다. 삼위(三危)는 세 개의 높은 산, 그중에 태백산이 알맞다는 뜻으로 풀이하면 문리에 맞아떨어진다. 그런데 왜 이런 간단한 문리를 놓치고 거의 사리에 어긋나는 풀이를 하는 것인가?

또 하나, 신라의 원광법사가 화랑도에게 일러준 세속오계 중 하나에 살생유택(殺生有擇)이 들어 있다. 이를 두고 "죽이고 살리는 것에 선택이 있어야 한다"고 어색하게 풀이하고 있다. 그러니까 전쟁터에서 적을 죽이고 살릴 때 선택을 잘하라는 교훈이라는 것이다. 어림없는 소리. 원광은 승려여서 불교의 가르침을 '세속오계'에 담았는데 불교에는 살생계(殺生戒)가 있다. 곧 산목숨 죽이는 일을 금지하는 계율이다. 살생은 인간과 축생 따위의 목숨을 죽이는 것을 말한다. 10악(惡)의 하나로 꼽았다. 이런 간단한 불교의 가르침을 엉뚱하게도 살생 두 개념으로 풀이하고 있다. 죽이고 살리는 것을 가린다고 하면 살릴 것은 살리고 죽일 것은 죽인다는 것인데 본디의 뜻과 어법부터 모순이 생긴다.

다음으로 척화(斥和)는 조청전쟁이 일어난 뒤 조선 후기부터 사용되는 역사 용어이다. 척화파 김상헌, 주화파 최명길의 애기는 잘 알려져 있다. 전봉준은 공주전투에서 패배한 뒤 일본에 협조한 개화파와 하급 구실아치와 시민(상인)을 향해 고시문을 발표했는데 거기에는 "척화는 매일반이라"는 구절이 나온다. 이를 두고 동학농민봉기의 초기 연구자인 서울대 한우근 교수는 "척화(斥華)"라고 풀이했다. 곧 중국을 배척한다는 뜻을 담고 있다고 본 것이다. 그는 동학에서도 중국을 배척하면서 민족주의 의식을 보였다고 풀이한 적이 있는데 이와 맥이 통하는 논지였다. 하지만 이는 전봉준이 일본과 야합하는 개화파를 두고 우리 군사들과 구실아치와 장사하는 사람들이 힘을 합해 외국의 침략 세력을 배척해야 한다고 말한 것으로 척화(斥和)라고 보아야 순리에 맞다. 척화(斥和)라는 역사 용어를 무시하고 엉뚱한 해석을 내린 것이다.

끝으로 한 가지만 더 말하자면, 성과 이름의 음 표기에도 한자의 법칙에 어긋나는 것들이 드러난다. 예를 들면 후삼국을 세운 진훤(甄萱)을 '견훤'이라 표기하고 있다. 안정복(安鼎福)이 쓴 『동사강목(東史綱目)』에는 일부러 간주에 "음은 진이다"라고 달아놓았다. 한자 문화권에서는 성이나 이름을 여느 글자와 달리 구별해 표기하고 있다. 곧 시(施)가 성으로 쓰일 때는 '이'라 하였고 이름에는 새로 글자를 만들어 사용하는 관례도 있었다. 이씨조선 왕들의 이름은 거의 이런 관례를 따랐다. 그러니 '진훤'이라고 해야 옳지 않겠는가?

고려 무신정권 시기에 탁준경(拓俊京)이라는 인물이 있었다. 그의 성인 탁을 교과서 등 많은 경우, '척'이라 표기하고 있다. 중국에도 탁씨 성을 가진 이들이 많은데 이를 개척이란 의미에 따라 척이라 표기하고 있으니 원칙을 무시하는 모습이다. 또 신라 박혁거세의 능을 두고 사릉(蛇陵)이라 표기하고 있다. 사료에는 혁거세가 용이 못 되었다고 했으니 상징적 의미로 보아 뱀이 아니라 이무기로 보아야 합당할 것이다. 이무기의 한자 음은 '타'이다. 그러니 '타릉'이라고 해야 하지 않겠는가? 이 얘기는 책을 한 권 쓰고도 모자랄 판이니 이 정도로 접어두기로 하자.

10년 고생 『한국사 이야기』, '우리 시대 명저 50선'에 뽑혀

나는 한 시대의 원고를 마칠 때마다 그 시대를 전공한 젊은 연구자의 검토를 거쳤다. 고대사는 전덕재, 고려사는 최연식, 조선 시대사는 염정섭, 근대사는 우윤·윤해동, 식민지 시대사는 윤해동·장신·장용경·박완서를 동원했다. 특히 박 선생은 소설가로서 식민지 시기에 학교교육을 받으며 체험한 생활사 부분을 꼼꼼하게 검토해주었다. 이들 전공 연구자들에게 검토를 맡긴 것은 나의 주관적인 치우침을 다른 전공자의 참신한 지식과 균형감으로 바로잡기 위해서다. 특히 한길사의 강옥순 편집자는 『한국사 이야기』의 모든 원고를 총정리하는 작업을 도맡았다. 그와 나는 10여 년 세월을 동행한 셈이다.

『한국사 이야기』의 원고는 2004년 봄에 마무리되었고 이어 초여름에 완간을 보았다. 마침내 내 머리도 맑아지고 컴퓨터 병도 말끔히 나았다. 한길사에서는 그해 6월 3일 세종문화회관에서 처음으로 성대한 출판기념회를 마련해주었다. 기념회에는 원로인 이우성·성대경 교수와 한승헌 변호사, 고은 시인, 임헌영·박석무 등과 역문연 선후배 700여 명이 모였다. 어느 기자는 정치인 모임이 아닌데도 이렇게 모인 것은 드문 일이라고 말했다.

책이 나온 뒤 한동안은 여기저기 인터뷰에 응하느라 바쁜 나날을 보냈

『한국사이야기』 출간으로 역사 대중화에 기여한 점이 인정되어 2001년 단재상을 수상했다. 당시 수상식장에서 찍은 사진으로 왼쪽부터 임헌영 교수, 한승헌 변호사, 리영희 선생, 나, 아내 김영희, 딸 응소, 이만열 교수, 고은 시인, 김정기 총장이다.

다. 또 역사 대중화에 기여했다는 평가와 함께 단재학술상(2001년)과 청명학술상(2006년)도 받았다. 2005년 프랑크푸르트 국제도서전시회를 앞두고 100권의 책을 외국어로 번역해 소개할 때 『한국사 이야기』의 생활사 부분이 선정되기도 했다. 2007년 한국일보사 주관으로 전문가의 추천을 받아 선정한 '우리 시대의 명저 50선'에도 들었다. 선정위원들은 "재야 학자로 학문적 엄밀성과 함께 역사의 빈틈을 성실하게 메워준 이이화의 한국사"라고 평가해줬다.

이 '명저 50선'에는 김구의 『백범일지』를 비롯해 함석헌 · 이기백 · 김용섭·리영희·강만길 등의 저술이 포함되어 있었는데 여기에 끼었으니 영광스러운 일이었다. 이만하면 10년 고생의 보람은 충분히 맛본 것 아닌가.

대중화의 일환으로 『만화 한국사』 간행

『한국사 이야기』를 단계에 따라 간행할 때 어린이 책을 전문으로 발행하는 삼성출판사 김진용 사장의 제의를 받았다. 『한국사 이야기』의 내용이 흥미진진하니 어린이들이 재미있게 읽을 수 있는 만화로 엮어내자는 제의였다. 처음에는 책이 완간되지도 않았는데 중간에 만화로 엮는 게 마땅한가 싶어 주저했으나, 역사 대중화를 위한 좋은 방법이라고 여겨 응낙했다. 2000년대에 들어 우리나라의 학습만화는 성인만화와는 달리 일본보다 앞섰다고들 했다.

나도 어릴 적에 만화를 읽으면서 학습에 흥미를 느낀 적이 많았고 세계명작을 만화를 통해 읽으면서 그 장면들을 실감하곤 했다. 그리하여 구성은 김형호 작가, 작화는 원병조 작가가 맡아 만화로 엮는 작업이 진행되었다. 나는 어떤 책이든 감수를 맡거나 추천의 글을 쓸 때 건성으로 써주지 않았다. 내용을 꼼꼼하게 살펴보고 수정하기도 하고 문장도 고쳐주었다. 그래서 깐깐하다는 평판을 들었다. 결코 함부로 이름을 올리지 않았다. 이는 내가 글을 대하는 기본 양식이요 몸가짐이었다.

따라서 김형호의 '콘티'가 전달되면 원작의 내용과 대조해보기도 하고 줄거리가 바르게 잡혀 있는지 따져보기도 하고 문장이 쉽고 재미있게 짜여 있는지 따위를 살펴보았다. 다음 단계로 그림이 완성되면 사람의 모습만이 아니라 집, 옷, 무기 따위가 시대에 맞는지를 살펴보았다. 그 몇 가지 보기를 들어보면 다음과 같다.

『한국사 이야기』 22권이 출판되자 많은 언론매체에서 보도를 했고 인터뷰 요청도 많았다. 이를 '대장정' 이라고 표현했다.

    고추와 담배, 감자와 고구마는 조일전쟁 뒤 또는 조선 후기에 수입되거나 재배되었다. 그래서 조선 전기에 빨간 김치가 상에 차려졌다든지, 사람들이 담뱃대를 물고 있다든지, 밥상에 감자가 차려져 있다든지 하는 그림을 책에 실을 수는 없었다. 전북 장수의 논개 생가에는 석유를 쓰는 호롱을 전시해 놓고 있다. 호롱은 개항 이후 석유가 수입되면서 사용되기 시작했으니 조일전쟁 시기에 산 논개의 생가에 호롱을 전시한 것은 전혀 고증에 맞지 않는다. 호롱을 사용하기 이전에는 종자기 같은 용구에 식물성 기름을 붓고 심지를 사용했다.

    인물의 경우, 흥선대원군이나 전봉준은 키가 작고 얼굴은 당찬 모습이어야 하는데 키가 크거나 귀골로 그리는 것은 사실에 맞지 않는다. 이런 인물의 모습을 바르게 그려야 그 인물의 성격이 드러날 것이다. 옷의 경우는 더욱 다양하다. 고려 시대 서민의 옷 색깔은 황색을 철저하게 금했으며 조선 시대 후기에는 검정색 옷을 강요했다. 또 간편한 두루마기와 짧은 치마는 19세기와 20세기 초기에 널리 보급되었고 고무신은 일제 강점기에 유행되었다. 이처럼 시대에 맞는 의복을 철저하게 고증했던 것이다.

누가 임금이 되었는지, 어느 때에 사건이 일어났는지 따위는 줄거리의 흐름이지만 그 배경과 결과를 이해하기 쉽게 일러주어야 학습 효과가 난다고 보아 단순하게 이야기만 늘어놓지 못하게 했다. 또 기본 줄거리는 양반과 노비, 남성과 여성 등 신분과 양성을 주제로 삼을 때는 기본적으로 인간 존중과 평등에 기초를 두었고, 전쟁을 겪을 때는 그 피해를 사실적으로 그려 평화를 존중하는 의식을 갖도록 유도했다.

어린이와 청소년 독자들에게 '역사 할아버지'로 불려

이런 만화를 엮기는 일손도 많이 들고 복잡하기 그지없는 일이나 우리 팀은 손발이 잘 맞았다. 특히 두 작가는 나와 자주 만나 내 얘기를 잘 들어주었다. 그 결과 『만화 한국사 이야기』 7권을 2000년대 중반에 완성할 수 있었다. 이 만화가 나오자 많은 어린이와 청소년 독자들이 반겨주었다. 그리하여 "역사 할아버지 이이화"라는 별명이 붙었는데 나는 이 애칭을 들을 때면 늘 흐뭇하기 그지없었다.

삼성출판사에서는 여러 가지로 보급에 힘을 써주어 100만 부가 팔리는 성과를 거두었다. 이 책은 청소년을 대상으로 한 역사 대중화에도 기여했지만 인세로 내 생활비에 많은 보탬을 주어 가정경제에 기름이 돌았고 다른 과거사 관련 일을 보는 데도 큰 힘이 되었다.

2011년에 이를 토대로 시대 사정에 맞게 다시 전면 개정한 『만화 한국사』

9권이 완간되었다. 이 전면 개정판에서는 줄거리를 더욱 이해하기 쉽게 구성하기도 하고 그림에 철저한 고증을 기했으며 사건 전개를 더욱 흥미롭게 꾸미기도 했다. 하나의 사건이 일어났을 때 그 원인과 과정과 결말을 이해하기 쉽게 서술했다. 한편 만화로는 부족한 내용은 끝에 별도로 묶어 전체적 이해를 돕게 했다.

지금 일본은 독도와 근현대사를 왜곡하기도 하고 중국은 동북공정이라는 이름으로 고구려와 발해 등 우리나라 고대사를 자기네 역사라고 우기고 있어서 '역사 전쟁'이라고 말하기도 한다. 이에 일각에서는 국사를 필수과목으로 해야 한다는 논의가 세차게 일고 있다. 역사의 대중화 또는 청소년의 우리나라 역사 읽기는 시대의 요청이 될 것이다. 이들 저술이 이런 시대 상황에 도움을 주었다고 생각한다.

이 연장선에서 나는 청소년과 어린이를 대상으로 한 여러 역사 저작물을 펴냈다. 『찬란했던 700년 역사—고구려』 『해동성국 발해』 『녹두장군 전봉준』 『발효 이야기』 『명절 이야기』 등 10여 종을 펴냈다. 내가 강연에 나가면 이들 꼬마 독자들이 몰려와 의문이 나는 문제를 적어 와서 질문을 퍼붓기도 하고 사인을 요청하기도 한다. 이들은 그야말로 미래의 희망을 보여주는 세대인 것이다.

『인물 한국사』·『인물로 읽는 한국사』 등 역사 인물 재평가 작업도 결실

인물 이야기를 빼놓을 수 없을 것이다. 앞에서 월간 《역사산책》 등 여러 잡지에 많은 인물 관련 약전을 썼다고 말한 바 있다. 이를 묶어 『인물 한국사』(전5권)라는 제목으로 간행했는데 스테디셀러에 들어 독자의 관심을 가늠할 수 있었다.

그 뒤에도 꾸준히 인물 약전을 썼다. 다시 이를 묶어 김영사에서 260여 명의 인물 얘기를 담은 『인물로 읽는 한국사』(전10권)라는 제목으로 2009년 완간을 보았다. 이들 인물은 고대에서 현대까지 망라되어 있는데 어떤 것은 길고 어떤 것은 짧아 분량이 들쭉날쭉했다. 물론 그동안 평가되어온 세종·이황·정조·정약용·전봉준 등을 재평가하는 내용도 들어 있지만, 새로운 평가를 시도한 인물을 주로 많이 수록했다.

재평가해야 할 인물은 다음과 같다. 고려 말기 신돈은 공민왕을 도와 개혁과 자주외교를 줄기차게 추진했으나 기득권 세력의 방해에 막혀 좌절했으며, 조선 전기에 살았던 정여립은 잘못된 군주는 바꿀 수 있고 또한 모두가 더불어 살아야 한다는 '대동사상'을 펼쳤다가 역적으로 몰려 죽었으며 그 뒤 호남 지역의 차별이 이루어졌다는 사실을 밝혔다. 조선 후기의 인물 정인홍은 광해군을 도와 자주외교와 과감한 개혁을 주장하다가 역적으로 몰려 처형된 사실을 평가했다.

그런가 하면 새로 발굴한 인물도 있다. 조선 후기의 천민 피재길은 의원으로 종기를 수술로 다스리는 방법을 개발해 많은 인명을 살렸으며, 조선 말기의 이필제는 전국을 돌아다니며 줄기차게 변혁운동을 벌이다가 죽임을 당했고, 식민지 시기에 활동한 기독교인 김교신은 조선의 예수를 추구하면서 '성서 조선'을 표방한 민족운동을 벌였음을 밝혔다.

한편 적대 관계나 애증 관계를 보인 역사 인물을 따로 묶어 조명하기도 했다. 가령 고려 시기 시인으로 명성을 떨친 김부식과 정지상은 시 짓는 재주를 두고 시샘하다 개경파와 서경파로 갈라졌는데, 정지상이 끝내 죽음을 맞았고, 이황과 이이는 유학의 두 거두였으나 제자들이 영남학파와 기호학파 또는 동인과 서인으로 갈려져 당쟁을 격화시켰으며, 흥선대원군과 명성왕후는 시아버지와 며느리 사이로 원수가 되어 나라를 망치기도 했다.

현대 인물의 경우에는 시대 상황에 따라 종합 평가를 시도했다. 이승만·박정희·신익희·조병옥·장면·조봉암·김일성·김두봉·허헌·백남운 등은 해방 공간과 분단 과정에서 통합정권을 위해 쟁투를 벌이기도 하고, 독재정권을 지속하기도 하고, 민주투쟁을 벌이기도 한 사실을 객관적으로 평가했다. 우리는 그 시대 사정에 따라 인물을 평가하는 기준을 삼아야 할 것이다.

9장
고구려사 보전과 과거사 청산

고구려사 지키기와 동북공정

내가 1982년부터 26년간 살아온 구리 아치울 마을은 아차산 아래에 자리 잡고 있다. 아차산에 오르면 한강과 그 건너 백제의 도성이었던 풍납토성이 한눈에 보인다. 1990년대 들어 아차산 일대에서 고구려 보루성이 발견되었다. 이 일대를 답사한 김민수 선생이 산불이 난 자리에서 석축을 발견했고, 이에 구리시와 구리문화원에서 발굴을 서둘렀다. 1994년 지표조사를 통해 15개의 보루를 찾아냈고, 서울대 박물관팀(관장 임효재)에서 조사를 한 결과, 군영터·우물터 등 유구와 무기류·공구류·마구류·그릇류 등 유물 1천5백여 점이 발굴되었다. 거의 대부분 고구려 유물로 밝혀졌다. 어림잡아 1천5백 년 넘게 땅속에 묻혀 있다가 햇빛을 본 셈이다. 주말이나 공휴일마다 능선의 등산로를 따라 산을 한 바퀴 돌아 내려오는 수많은 등산객들이 무심히 밟고 지나는 바로 그 발밑에서 말이다.

아차산에서 발굴된 고구려 유물

특히 한강변에 있는 시루봉 보루는 전방 감시 초소로 추정되는데 그곳에서 식수 저장터가 발굴되었다. 그 터는 지하 5미터 정도의 깊이로 진흙을 벽과 바닥에 발라 물이 새지 않게 조성했다. 바로 아치울 마을 앞을 흐르는 냇물을 길어다가 저장한 것이다.

　고구려는 5세기에 들어 광개토대왕과 장수왕이 영토를 넓히면서 한강을 정복하고자 했다. 이곳은 농업 중심지였으니 아마도 농업 생산력을 높이려는 의지가 작용했을 것이다. 이 남진정책으로 고구려는 자연스레 한강을 다스리고 있는 백제와 맞부딪쳤고 동쪽으로는 신라와 전쟁을 벌여야 했다. 광개토대왕은 한강 입구인 관미성을 함락시키고 한강 북쪽을 손에 넣었다. 백제의 아신왕은 반격전을 펼쳤으나 실패를 거듭했다. 광개토대왕은 중원(충주)까지 영토를 넓혀놓고 죽었다. 뒤이어 475년 그의 아들 장수왕은 3만 군사를 이끌고 남쪽 정벌에 나섰는데, 한강을 넘어와 백제의 수도인 위례성(지금의 송파구 풍납토성으로 추정)을 공격했다. 이때 개로왕을 잡아와 아차산 아래에서 죽였다. 이때부터 아차산 일대는 고구려의 전진기지가 되었고 백제는 수도를 웅진으로 옮겼다.

　그런 뒤 한강을 두고 삼국이 공방전을 펼친 끝에 6세기 들어 결국 신라가 한강 지역을 차지했다. 이 무렵 평민 출신 장수 온달이 한강 일대의 고토 회복을 위해 군사를 이끌고 와서 아차산성에서 군사를 점검하고 있었다. 하지만 온달은 본격적인 전투를 벌이기도 전에 신라군이 쏜 화살에 맞아 죽고 말았다. 충북 단양에 온달산성이라는 전설을 지닌 산성이 있으나 기록으로 보아 사리에 어긋나는 부분이 많다.

　이 때문에 아차산에는 온달에 얽힌 설화가 많다. 대성암 밑에는 온달이 마셨다는 온달샘이 있고 평강공주가 화신했다는 바윗돌도 있다. 이런 전설은 민중이 만들어낸 것이다. 김민수 선생은 이런 설화를 묶어 책으로 내기도 했다.

2003년 5월 구리 남양주 시민모임이 주최한 '고구려 관련' 초청강연회에서 서길수 교수(서경대·왼쪽)와 함께 연사로 나섰다. 아치울 주민으로서 이웃들과 시작한 지역 역사 찾기 노력은 중국의 '동북공정'에 대한 대응으로 이어졌다.

동북공정에 대응해 '고구려역사문화재단'을 발족하다

1990년대 중반 들어 중국에서 고구려 역사를 왜곡하는, 이른바 동북공정 작업이 진행되고 있을 때 구리시의 인사들은 이 문제를 두고 의견을 자주 나누었다. 나도 역사학자로서 이곳에 살다 보니 이런 모임에 자연스레 초청을 받았다. 더욱이 아차산에서 발굴한 유물을 보관하거나 전시할 곳이 없어 서울대 박물관에 임시로 맡겨두고 있는 처지였다.

그래서 2004년 1월 서울 흥사단에서 고구려역사문화재단(가칭)을 발족시켰는데, 내가 공동대표로 추대됐다. 그해 11월에는 고구려역사문화보전회라는 사단법인으로 등록하면서 나를 이사장으로 올렸다. 이 모임의 발족에는 구리시장이었던 박영순, 지역 유지인 안영기·손태일·이영련(강원대 교수)·임이록(《경춘신문》 발행인)·안승남(현 도의원) 등 인사들의 노고가 컸다.

한편 이 무렵 정부에서도 사태의 심각성을 깨닫고 외교부 등 관계기관에서 중국에 항의하기도 하고, 국회에서는 윤호중 의원 등이 중심이 되어 대책기구를 발족시켰다. 정부는 고구려재단을 만들어 연구자들의 이론 정립을 도왔다. 하지만 중국 당국이 이를 수정하지도 않았고 동북공정 과정을 중단하지도 않아 아무런 성과가 없었다. 그러면 동북공정의 실체는 도대체 무엇인가?

서북공정·서남공정, 멈추지 않는 중국 '패권주의'

중국은 주변의 이민족을 묶어 '오랑캐'라 하였다. 오랑캐들은 끊임없이 중국을 침입했다. 그리하여 문화가 열등하다고 이들을 깔보는 차별관과 적대관이 성립했다. 이런 차별관은 차츰 중화사상과 중화주의의 이론으로 정리되었다. 중국은 통일왕조의 왕을 천자(天子)라 불렀다, 천명을 받아 만백성을 다스린다는 것이다. 따라서 오랑캐들도 천자의 왕화를 입어 중화문화에 흡수되어야 한다는 것이다. 우리나라는 중국에 이웃한 까닭에 중국 문화에서 가장 많은 영향을 받았다.

하지만 1949년 중화인민공화국 창설 초기 소수민족 정책은 중화주의에 토대를 두지 않았다. 소수민족을 보호하고 그들의 언어와 풍습과 문화를 인정하고 존중하는 방향으로 나아갔고, 이런 바탕에서 소수민족 자치구와 자치주를 설정해주는 정책을 폈다. 이들은 중국 국적을 가지고 있었으나 고유의 민족정서를 지닌 채 살 수 있었다. 일종의 무마나 회유라 볼 수 있었다.

그런데 1990년 들어 중국 사회과학원에서는 일부 학자를 동원해 고구려 역사에 대해 '일사양용(一史兩用)'의 이론을 제기하기 시작했다. 고구려 역사는 한국사일 수도 있고 중국사로 포함될 수도 있다는 교묘한 논리였다. 1990년대 중반부터는 고구려는 중국 소수민족의 역사로, 그 영토도 현재 중국 영토에 대부분 속해 있으므로 중국사에 포함된다는 해괴한 논리를 전개했다. 고구려의 왕조 성씨 '고'는 중국 고대에 뿌리를 두고 있으며 조공을 한 것은 복속국가임을 증명한다는 것이었고, 수나라·당나라와의 전쟁은 내부의 통일전쟁이라는 것이었다. 이것이 동북공정의 전초였다. 동북공정의 중간 발표에는 고조선을 연 단군과 그 영역이 모두 중국 상고사에 포함되며 요하문명권을 이룩한 민족은 모두 중국 민족이라는 논리도 개발했다.

이에 앞서 그들은 서북공정, 서남공정을 계획하여 현재도 진행하고 있다. 이들 공정은 중앙아시아 국가와 동남아시아 국가를 고구려와 같이 모두 중국사에 편입시키는 작업이다. 즉 타슈켄트, 키르기스, 티베트의 역사에 해당한다. 또 몽골족이 세운 원 왕조를 비롯해 내몽골의 역사도 중국사에 편입시키는 효과를 기할 수도 있다. 이는 바로 중화주의의 부활이다. 한 가지 다른 점은 중화사상은 민족차별관에서 출발했으나, 이 공정작업은 소수민족을 그 범위로 설정한 것이다.

중국의 저의가 의심스럽다. 우리는 현재 이 공정으로 말미암아 민족의 뿌리가 사라지고 역사는 형편없이 축소·왜곡되는 지경에 놓인 것이다.

동북공정을 바로잡지 못한다면 주변의 현대 민족국가들은 까마득한 고대국가 시기부터 이어져온 차별적인 중화사상 또는 중화주의에 매몰될 것이다. 이들 공정은 중국 패권주의와 맞물려 있는데 중국 패권주의의 부활은 주변 국가의 긴장을 불러일으킬 것이다. 동북공정은 한마디로 말해 소수민족 통일국가론에 따라 고조선·고구려·발해를 중국 소수민족의 정권으로 규정해 중국 역사로 편입시키는 작업이다. 그중에서도 고구려 문제에 초점을 맞추고 중국은 많은 논문을 양산해냈다.

중국은 공정이 계속되는 동안 남쪽 학자들의 접근을 막았고 공정과 관련한 자료 유출도 통제했으며 역사 유적의 비디오나 사진 촬영도 금지했다.

중국 국적을 지닌 조선족 학자들도 동북공정의 진행에 대해서는 몸조심하느라고 입을 다물었다. 심지어 현재도 안시성 등의 역사 유적에 허가 없이 들어간 학자나 사진작가들에게는 재입국 비자를 내주지 않고 있다. 하지만 2004년 한국 정부와 역사학자, 그리고 민간단체의 강력한 항의에 부닥쳐 중국은 논문 발표를 자제하기도 하고 부분적으로 개방을 허용하기도 했으나 근본적으로 문제가 해결된 것은 아니다.

2008년까지도 지안(集安) 일대에서는 고구려 유적이 세계문화유산으로 등재되었다는 사실을 알리는 표지판을 거의 찾아볼 수 없었다. 비록 정비와 개수를 한 뒤 유물들을 개방하고 있으나 여전히 비디오 촬영은 금지하고 있다. 현지 가이드들은 고구려와 관련된 설명은 애써 외면하고 있다. 또 만주에 있는 조선족 출신 학자들도 동북공정과 요하문명론에 대해 거의 논의를 하지 않고 입을 다물고 있다. 이를 보아도 중국 당국의 역사왜곡 의도를 짐작할 것이다.

남북 역사학자 금강산에 모여 "고구려사 지켜야" 한목소리

2004년 9월 11~12일 금강산에서 중국의 동북공정에 공동 대응하고자 남북 역사학자들이 모였다. 분단 이후 처음으로 남북 역사학자들이 공동 학술대회를 연 것이다. 남북역사학자협의회의 남쪽 위원장은 강만길, 북쪽 위원장은 허종호 선생이었는데, 남쪽에서는 100여 명, 북쪽에서는 40여 명이 참가했다.

이 행사는 중국의 고구려사 왜곡에 대응한 학술 발표와 고구려 유적의 세계문화유산 등재를 기념해 남북 공동 사진전을 준비하기 위해 열렸다. 장소는 온정각 휴게소 앞마당이었는데 가을인데도 금강산 일대에는 차가운 비

2004년 9월 금강산에서 열린 남북 공동 학술대회에 참가한 양쪽 역사학자들이 온정각 휴게소 앞마당에 전시된 고구려 고분벽화 사진을 살펴보고 있다. 나를 비롯한 참가자들은 비옷을 입은 채 진지하게 행사에 집중했다. 《한겨레》 자료사진

가 추적추적 내렸다. 그때는 남북관계가 긴밀해 남쪽의 통일부와 북쪽의 조선아시아태평양평화위원회의 지원 덕분에 행사가 원활하게 이루어졌다.

　남북 역사학자들은 한결같이 '고구려사는 우리 민족사이니 이를 지켜야 한다'는 발표를 했다. 남쪽에서는 서영수(단국대)·최광식(고려대) 교수 등이 발표를 맡았는데 중국의 고구려사 해석이 근거 없는 왜곡이라고 강하게 질타했으며, 동북공정에 대해 남북이 공동으로 연구하고 대응해야 한다고 주장했다. 북쪽의 남일룡 김일성대학 역사학부 강좌장도 '조공관계는 봉건 중세의 한갓 외교 의례에 불과하고, 중국이 황제국가란 명분으로 고구려의 통치를 왜소화하고 지방정권 또는 속국이라 하는 것은 객관성을 무시한 것이며, 수·당과의 전쟁을 국내전쟁으로 보는 것은 완전한 억지요 역사왜곡'이라며 중국의 논리를 반박했다.

　조선고고학회 손수호 위원장은, 고구려는 서기전 227년에 세워진 고조선

의 계승국으로서 1천 년을 유지했다는 '천년왕국설'을 주장했다. 『삼국사기』의 건국 연대를 연장해 언급한 것이다. 그는 고구려 고분벽화를 직접 발굴했다면서 벽화의 예술성도 높이 평가했다. 그런데 북쪽의 이론에는 사회주의식 도식화는 없었지만 주체에 입각한 민족우월주의의 경향이 짙게 나타났다. 또 그들은 '동북공정'이라는 용어와 당시 중국 사회과학원의 계획에 대해서는 애써 직접적인 언급을 피했다.

중국 눈치 보느라 '동북공정' 언급하지 않은 북한 아쉬워

남쪽의 강만길 위원장은 "고구려사를 두고 남과 북이 함께 토론했다는 사실이 큰 의미가 있다"고 평가했다. 하지만 내 의견은 조금 달랐다. "따로 놀던 남북 역사학계가 함께 토론했다는 점은 큰 성과다. 하지만 북쪽 발표자들이 북한 정권의 정책 및 중국과의 관계를 염두에 둔 듯 중국의 역사왜곡 의도가 무엇인지에 대해 아무런 언급을 하지 않고 '동북공정'이라는 단어조차 사용을 피한 것 등은 아쉬운 점이다. 앞으로 남북 역사학계가 고구려 문제에서 공동보조를 맞추는 데 적잖이 어려움이 따를 것 같다"(《한겨레》 2004년 9월 13일자). 나는 직접 행사를 주관하지 않은 까닭에 조금은 자유로운 위치에서 솔직한 견해를 밝혔던 것이다. 어쨌거나 비옷을 입고 행사를 치렀는데도 모두 진지했다.

아무튼 학술대회를 무사히 끝내고 남북 공동 발표문을 냈는데, 나는 조금 부드럽다고 여겼다. 한편 벽화 전시 때에는 새로운 자료들이 많이 공개되었다. 모두 북한에 있던 벽화를 전시했는데 북쪽의 손 위원장이 화려하고 능숙한 수사로 진행해 관심을 끌었다. 이들 벽화는 연장 행사로 진행되어 서울에서도 일반에 공개되었다.

저녁시간에는 10여 명씩 팀을 짜서 작은 모임을 가졌다. 내가 속한 팀은 민화협과 보위부 관계자들이 자리를 함께한 탓인지 동북공정에 대해서는 한마디도 언급하지 않고 술만 마셨다. 북쪽의 한 소설가는 사전에 어느 정도 정보를 나누었는지 나에 대해 잘 알고 있었다. 그는 박태원의 뒤를 이어 '갑오농민전쟁'에 대한 소설을 쓰고 싶다고 밝히면서 내 의견을 물었다. 나는 우리가 낸 사료집인 『동학농민전쟁사료총서』 30권을 강만길 교수와 이종학 소장(사운연구소)의 배려로 북쪽 사회과학원에 전달했으니 잘 검토해보라고 일러주었다. 그는 소설이 완성되면 내게 한번 검토를 부탁하고 싶다고 말했다.

다음날에는 해금강 등지의 답사를 끝내고 저녁시간에 우리끼리 모였다. 말조심할 일이 없으니 자유로웠다. 처음 금강산에 온 탓인지, 독한 북한산 인삼주를 연달아 들이켠 방기중 교수(연세대·2008년 작고)는 나에게 "이 좋은 경치 앞에서 남북 역사학자들이 모였으니 한시를 한 수 지어보시라"고 권고했다. 하지만 술이 약한 나는 이미 취해 있었으니 평소에 잘 지어보지 않던 한시가 금방 나올 리가 없었다.

고구려역사문화보전회 이사장으로 강연과 기금 모금에 힘써

2004년 고구려역사문화보전회가 발족한 뒤 우리 관계자들은 너나 할 것 없이 회원 모집에 힘을 기울였다. 나는 전국을 돌며 고구려를 주제로 강연을 다녔다. 그럴 때마다 회원 카드를 늘 가방에 넣고 다니면서 청중들에게 가입을 권유했다. 이 문제만은 정치적 의미가 없어서인지 호응이 매우 높았다. 회비는 월 1만 원 이상으로 정했다. 이사장으로서 내가 모집한 회원은 400여 명이었는데 전체의 3분의 1쯤 차지했다.

고구려 문제가 국민적 관심사로 떠오르자 재벌 쪽에서도 강연 요청이 들어왔다. 삼성 사장단의 조찬 강연에는 60여 명이 서울시청 앞 당시 삼성본관에 모였다. 이때 강연료가 300만 원이었는데 이는 그때까지 내가 받은 최고액이었다. 또 무역협회 조찬 강연에서는 200만 원을 받았는데 일종의 장려금이었던 셈이다.

한편 구리시에서는 일찍이 서길수 교수(서경대)의 도움을 받아 수택동 장자못 공원에 광개토대왕 동상을 세워놓았고, 시청 앞에는 고구려 북을 매달아놓았으며 뒤이어 아차산 밑 우미내 골짜기에 고구려 대장간 마을을 조성하기도 했다. 이어 2008년 서영수 교수(단국대) 등이 주관해 광개토대왕 동상 옆에 중국 지린성(吉林省) 지안현에 보존된 원형을 고증해 실물 크기로 복제한 '광개토태왕비'를 세웠다. 아차산 자락에서는 해마다 온달제를 거행하기도 했다. 고구려역사기념관과 테마공원을 조성해 실물 모형의 유적을 전시하는 계획도 있었다. 구리의 고구려~한강 건너 풍납토성의 백제 유적~남한산성~서울 광진구를 잇는 교육장 또는 관광지를 조성함으로써 고구려가 민족사적 의미를 지니고 있음을 부각시키고자 했다.

보전회에서는 2007년 행정자치부에 등록을 하고 기금을 조성했는데 박영순 시장과 손태일 부이사장이 중심이 되어 현금과 약정금을 포함해 25억 원을 모았다.

그 무렵 나는 아치울을 떠나 파주로 이사할 계획을 세운데다 대규모 모금이나 범국민운동을 벌일 능력도 모자란다고 여겨 2008년 5월 보전회의 이사장직을 내놓았다. 또 한 가지 이유는, 이명박 정부도 고구려 문제만은 당파성을 벗어나 제대로 대응을 하리라는 기대를 갖고, 정부 쪽에 영향력을 지닌 인사가 이사장을 맡는 게 바람직하다고 생각했다. 후임 이사장에는 구리에 있는 두레교회의 김진홍 목사를 추대했는데 모금에 큰 기여를 할 수 있다는 기대도 있었다. 하지만 그 뒤 보전회의 사업은 거의 진척을 보지 못했다. 그 이유는 세 가지로 요약할 수 있었다.

첫째는, 이명박 정부가 동북공정이나 고구려 문제에 거의 관심이 없다는 것이다. 기존의 동북아재단을 축소·유지하는 수준에 그쳤다.

둘째는, 보수정당의 몇몇 인사들이 고구려 사업은 박영순 시장과 특정 정당에서 벌이는 사업이라고 악선전을 하면서 방해를 놓은 것이다. 이는 구리의 많은 유지와 시민들의 높은 관심을 깎아내리려는 속셈에서 비롯된 것이었다. 평소 이사회나 회식을 할 때도 늘 허름한 대중음식점에서 모였는데 심지어 코흘리개 학생 돈을 모아가지고 흥청망청 써댄다는 험담도 나돌았다. 이사장으로서 나는 그 흔한 법인카드 한 번 써본 적이 없고 때때로 내 돈으로 음식값·술값을 냈다. 나만 그런 게 아니라 우리 구성원은 모두 이런 태도로 임했으며 임은식·김주영 등 실무자들은 최저생계비에도 미치지 못하는 적은 사례비를 받고 땀을 뻘뻘 흘리면서 뛰어다녔다.

셋째는, 서울 광진구청이 경쟁적으로 사업을 벌여 초점이 흐려졌다. 고구려의 보루가 두 지역에 나뉘어 있기 때문이었다. 그래서 문화부에서 공동으로 사업 계획을 추진하라는 요청도 있었고 구체적 사업 계획을 조정하기도 했다.

이런 과정에서 2009년 4월 지자체 선거를 앞두고 사달이 벌어졌다. 의정부에 있는 경기지방경찰청 광역수사대가 "첩보가 들어와 사실관계를 확인한다"는 구실로 보전회 이사와 고문 그리고 기금을 낸 인사를 거의 망라해 영장도 없이 불러다가 '참고인 진술'을 받는 조사를 벌인 것이다. 이들 수십 명은 연일 불려가 조사를 받았다. 수사팀은 우리집에도 찾아와 간접 위협을 하기도 하고, 출석을 요구하는 전화를 걸어댔으나 나는 끝내 출석하지 않았다. 고문이었던 노태우 교수(경기대)는 경찰에 불려갔을 때 "보전회 사람들은 역사와 국가를 위해 헌신했는데 이게 무슨 짓이냐"고 외려 훈계를 해주었다고 전해주었다.

여기에 부정이 있을 턱이 없었으니, 선거가 끝나자 수사는 흐지부지 종결되었다. 하지만 간접 피해는 엄청났다. 시민들 가운데는 우리 보전회가 부정이라도 있는 것처럼 여기는 이도 있었고, 기금을 내려던 인사들이 기피하는 현상도 벌어졌다. 그런데 보전회 관계자들은 사업을 마무리 짓고자 지금도 노력을 기울이고 있다.

남북학자들이 함께한 고려사 학술토론

2005년, 『한국사 이야기』의 집필을 마치고 동학농민혁명기념재단 이사장을 맡아볼 때 생각지도 않았던 제의가 들어왔다. 서원대 역사교육과에서 석좌교수를 맡아달라는 제의를 받은 것이다. 나는 70세가 된 늙은 나이여서 주저했으나 수락하고 말았다.

일흔 나이에 서원대 석좌교수로 초빙돼

서원대 총장을 지낸 김정기 교수는 총장 임기가 끝날 무렵, 당시 교무처장인 남지대 교수에게, "한국사 집필도 끝났으니 이이화 선생을 석좌교수로 초빙하자"고 당부를 했다. 이에 찬동한 남 교수는 역사교육과 교수들의 합의를 끌어내고 손문호 총장에게 요청을 해서 결정을 보았다고 한다. 나를 석좌교수로 초빙한 명분은 가장 분량이 많은 한국통사를 집필했고 또 명성이 있으니 학교를 알리는 데에도 도움이 될 것이어서라고 한다. 뒤에 들은 바로는 김 총장은, 이이화가 서원대를 홍보하는 걸어 다니는 간판이 될 것이라고 했단다. 농담 삼아 광고비로 따지면 몇 억짜리라고도 했다던가.

석좌교수의 자격 요건인 박사학위도 없고 교수 출신도 아닌 나를 초빙하기 위한 궁여지책이었을 것이다. 그렇게 해서 내가 서원대 석좌교수 1호로 출강하게 되었다. 전례가 없어서 1호라고 불렀다고 한다. 이는 나 개인에 국한된 문제가 아니었다. 학위도 없고 교수 출신도 아닌 늙은 학자들이 석좌교수로 진출할 수 있는 전례를 만든 셈이었다. 철저한 학력 위주의 대학사회에 큰 의미를 던졌다고도 했다.

한 달에 두 번 출강을 하고 한 번 출강할 때마다 두 시간 강의를 하는 것이니 그리 어려운 일은 아니었다. 게다가 월급 내역을 밝히기는 조심스럽지만 노력에 비해 상당한 수준이었으며 의료보험의 혜택도 주었다. 아내는 자유소득자의 의료보험료가 과도하다고 늘 불평을 했었는데 이 혜택도 만만치 않았다.

아치울에서 서원대로 가려면 동부터미널에서 시외버스를 타고 청주 터미널에서 내려 택시를 타야 하는데, 두어 시간 남짓 걸렸다. 역사 답사를 가는 기분으로 출강했다. 청강생은 역사교육과뿐만 아니라 다른 과 학생들도 청강을 해서 100여 명이 몰려들었다. 또 강의 내용도 일본 교과서의 역사왜곡이나 중국의 동북공정 등 때때로 제기되는 한국사 관련 시사문제를 다루기도 했고 한국사 전체의 흐름을 짚어주기도 했다. 역사 전공이 아닌 학생들을 염두에 두고 될 수 있으면 쉽고 재미있게 강의를 하려고 노력했다.

강의가 끝나면 성심여대 국사학과에 출강할 때처럼 학과장인 최상훈 교수를 중심으로 어김없이 5, 6명의 교수들이 모여 식사를 하곤 했다. 이들은 아주 의식이 강하고 진보적인 생각을 가지고 있어서 늘 시끄럽게 담론을 벌이는 재미가 있었다. 나는 이들이 화제로 삼는 복잡한 교내 문제에도 귀를 기울이면서 즐겁게 어울렸다. 김정기 교수는 "이 선생이 술자리에 빠지면 재미가 없다"고 부추겼다.

하지만 한 가지 마음에 내키지 않는 일을 했다. 시험을 볼 때 수강생이 많아서 논문형 주관식 문제를 내지 않고 객관식 문제를 냈다. 어쩌면 내가 편하려고 이 방식을 택했던 것 같다. 지금 생각해도 후회가 된다.

석좌교수로 2년을 보낸 뒤 총장에게서 다음 학기부터는 쉬라는 연락을 받고 나는 흔쾌히 동의했다. 훗날 들은 말로는 석좌교수의 혜택을 역사교육과에만 준다고 다른 학과에서 불만을 제기했다고 한다. 또 학교 내분이 잦았는데 역사교육과 교수들이 개혁의 선봉에 선 탓으로 다른 과 교수들의 견제를 받기도 했다 한다. 여기에 내 문제도 휘말린 꼴이 되었다. 각설하고 어려운 학교 재정을 함부로 써서는 안 될 것이다. 과연 석좌교수가 보수에 걸맞을 만큼 학교에 기여했는지 따져보아야 할 것이다. 하지만 나 개인으로서는 처음이요 마지막으로 '교수'라는 호칭을 얻었고, 그 전에도 나를 "이 교수"라고 부르는 사람들이 많았는데 더 이상 사칭이 아닌 혜택을 누렸다고나 할까?

개성에서 남북 역사학자 공동 학술토론회 가져

2005년 11월 18일 이른 아침 나는 학자와 실무자 등 44명의 남쪽 방문단 일원으로 민통선을 넘어 개성으로 향했다. 서울 세종문화회관을 출발한 버스는 자유로를 달린 지 한 시간 만에 도라산남북출입사무소에 이르렀고 우리는 간단한 짐 검사만 받고 통과했다. 금강산관광 지정버스인 대화관광버스는 군사분계선을 지나 10분 만에 북쪽 출입사무소에 도착했다.

개성에 도착하니 모두 조금은 긴장하면서도 한껏 기대에 부풀었다. 일반인 관광이 허용되기 전이니 역사적인 방문의 감회가 컸으리라. 하지만 삭막한 거리 풍경과 찬바람에 펄럭이는 아파트 창문의 비닐을 보고 마음이 아팠다.

2005년 11월 남북 역사학자들이 함께한 '개성지구 세계문화유산 등록을 위한 학술토론회와 유적답사'에 참가해 개성 선죽교를 둘러보았다. 분단 이후 처음으로 일반인 관광 개방에 앞선 방문이었다.

그날부터 3박4일 동안 남쪽의 남북역사학자협의회(위원장 강만길)와 북쪽의 민족화합협의회(부회장 박경철) 공동 주최로 '개성지구의 세계문화유산 등록을 위한 남북 공동 학술토론회와 유적답사'가 진행됐다. 남쪽 참여자들은 대부분 고려사 전공자였다. 북쪽에서는 사회과학원 역사학자와 고고학자들, 김경순 개성박물관장 등 20여 명이 참가했다.

우리는 개성공단 노동자들이 묵고 있는 가건물에 짐을 풀었다. 당시는 공단 조성 공사가 한창이어서 숙소도 제대로 마련되지 않았던 것이다. 또 북쪽에서 경영하는 자남산여관은 수용 인원이 한정되어 있어 본격적으로 남쪽 손님을 받지 못하는 형편이었다.

첫날 일행이 가장 먼저 돌아본 곳은 선죽교였다. 선죽교는 6~7미터 길이에 지나지 않는 돌다리이나 고려의 마지막 충신 정몽주가 피살된 곳이어서 너무나 유명한 곳이다. 안내를 맡은 '강사 동무'의 설명으로는, 다리 중간에 붉은 핏자국이 선명한 돌은 후대 사람들이 정몽주의 충절을 기리려 일부러 붉은 돌을 골라 갈아 끼웠다고 한다. "그러면 그렇지!" 웃음이 났다.

그날 오후 3시부터 자남산여관에서 학술토론회가 열렸다. 남쪽에서는 한국역사연구회의 박종진을 비롯해 서성호·김영미·황기원이, 북쪽에서는 문화보존지도국의 리기웅·김인철·리창언이 발표를 했다. 세계문화유산으로 등재하는 일을 서두르자는 의견이 있었고 만월대의 공동 발굴과 복원 방안도 논의되었다. 추운 날씨 탓에 실내는 썰렁하였고 모두들 근엄한 표정이었다. 분단 이후 처음으로 남북 학자가 모여 고려사 관련 토론을 하는 자리였으니 그럴 만했다.

하지만 발표 도중 중간중간 전등이 나가는 바람에 다시 불이 켜질 때까지 조용하게 기다려야 했다. 이런 분위기에 익숙지 않아 저마다 한마디씩 할 법도 했으나 모두들 침묵 속에서 그저 기다리기만 했다. 재미있는 풍경이 아니겠는가?

개성의 세계문화유산 등재를 위해 남북이 하나 된 자리

첫날 저녁식사는 현대아산의 숙소인 봉동관에서 했는데 분위기가 아늑했다. 그 위쪽 언덕배기에는 밤이면 공장 노동자들이 술을 마시는 간이주점이 있었다. 우리 일행이 유일하게 술을 사서 마실 수 있는 곳이었다.

다음날은 고려박물관을 보러 갔다. 박물관 건물은 옛 성균관 건물을 개조한 것이었다. 덕분에 대체로 잘 보존된 듯이 보였다. 고려 왕도였던 개성에는 많은 유물이 있었겠으나 일제 때 일본인들이 왕릉과 묘지를 도굴하거나 고려자기 등 유물을 가장 많이 수탈해간 곳이었고, 특히 한국전쟁을 거치면서 많이 유실되기도 했다.

나의 눈길을 끈 유물은 두 가지였다. 고려 때인 11~12세기에 사용한 것으로 추정되는 금속활자가 전시돼 있었는데 만월대 신무문에서 발굴했다고 한다. 금속활자로 찍은 『직지심경』은 지금 프랑스에 보관돼 있으나 그 활자의 실물은 발견되지 않은 상태였다. 따라서 새끼손가락만 한 크기의 그 금속활자가 고려 유물이 맞다면 세계 인쇄문화 발전사를 살피는 데 귀중한 실증 유물이 될 것이다.

북쪽에서는 우리에게 특별창고에 보관해놓은 왕건의 좌상(동상)을 볼 수 있게 배려했다. 단연 모든 관람자의 시선이 집중됐다. 좌상을 실측해보니 높이가 160센티미터 정도였다. 전공학자들은 실제 왕건의 키보다 조금 작게 만든 것으로 추정했다. 좌상의 양다리 사이에는 양물(성기)을 손가락만 한 크기로 빚어두었다. 이 좌상은 1992년 왕건릉을 발굴할 때 무덤 뒤 웅덩이에서 발굴했다 한다. 그러니 고려 국보인 셈이다. 좌상은 단 한 군데도 손상을 입지 않고 원형 그대로 잘 보존되어 있었다.

개성 남대문 문루에 옮겨놓은 연복사의 종은 높이 3.3미터의 거대하고 정교한 조각을 자랑했다. 경주의 봉덕사종과 함께 가장 예술적 가치가 있는 동종으로 평가된다. 하지만 한국전쟁 때 미군의 총격으로 무려 스물일곱 군데에 탄흔이 선명하게 남아 있었다.

개성 답사에서 가장 인상적인 곳은 고려 왕건릉이었다. 송악산의 지맥인 만수산 등성이에 자리한 왕건릉은 고려 태조 왕건과 신혜왕후 유씨를 함께 묻은 단봉 합장릉으로, 북한의 국보다.

북한은 1992년 왕건릉을 대대적으로 보수했다. 앞에 놓인 문인석과 무인석에는 발해의 왕자 대광현과 신라의 마지막 왕인 경순왕을 새로이 조성해두었다. 얼핏 원형을 변질시켰다는 느낌이 들었다. 그러나 이런 변형은 바로 고려가 신라를 병합하고 발해를 계승했다는 역사의식을 표현하는 상징

개성박물관에 소장된 왕건 조각상이다. 머리에는 왕관을 씌우고 좌대에는 부처상처럼 연꽃 모양을 그려놓았다. 부처상을 연상하게 하나 고려 조상으로는 보기 드물게 성기를 달아놓는 점이 특이하다. 북한 당국에서는 남쪽 역사학자들에게 이 조각상을 특별히 공개했다.

물이라고 볼 수도 있었다.

우리 일행은 특별배려로 왕건의 현실(주검을 안치한 곳)을 관람할 수 있었다. 묘실 안문의 장식 조각도 선명했고 현실의 동쪽 벽에는 매화와 대나무, 서쪽 벽에는 노송, 천장에는 북두칠성 등이 천 년이 지났는데도 매우 선명하게 보였다. 그 염료와 솜씨가 감탄스러웠다. 다만 북쪽 벽은 일제 때 도굴로 인해 파손되었다. 북쪽 관계자는 앞으로는 현실을 공개할 기회가 없을 것이라며 생색을 냈다.

개성 시내 정몽주 집터에 세운 숭양서원에는 정몽주가 나들이할 때 말을 타기 위해 쓰던 돌 두 개가 보존돼 있어 당시 관리들의 생활상을 짐작케 했다.

고려의 유명 사찰인 영통사는 개성 시내에서 북쪽으로 약 10킬로미터 떨어진 오관산 아래에 있었다. 영통사는 고려 초기에 창건되었으나 왕자인 대각국사 의천이 20여 년 머물면서 천태종을 창설한 사찰로 유명해졌다. 이 사찰은 16세기에 소실되었으나 근래에 남쪽의 천태종에서 지원해 복원됐다.

송악산 아래 고려의 궁궐터인 만월대의 터전도 주춧돌과 33계단이 그대로 남아 있어 그 규모를 짐작할 만했다. 궁궐의 주춧돌은 지표조사를 통해 원형 그대로 원위치에 발굴해놓았다. 만월대 궁궐의 복원은 남북이 공동으로 진행하기로 합의했다.

개성 교외에 있는 공민왕릉과 정릉(노국대장공주의 무덤)은 모든 전공학자들이 그 규모나 예술적 가치로 보아 한반도 최고의 것이라고 동의했다. 다시 말해 경주의 신라왕릉이나 건원릉(이성계릉), 영릉(세종릉), 그리고 중국 지안의 장군총보다 예술적으로는 월등하게 우수하다는 평가다. 과연 글이나 사진으로 보는 것과는 달리 직접 현장의 실물을 둘러보니 그 감동이 말할 수 없이 컸다.

정릉은 공민왕이 왕비에 대한 연모의 정을 누를 길 없어 7년에 걸쳐 스스로 조성하였다. 또 자신의 무덤도 사전에 스스로 만들어두었다 한다. 무덤 앞의 문관석과 무관석은 그 근엄한 표정과 씩씩한 기상으로 보아 우리나라 돌조각 가운데 최고의 작품으로 평가받을 만하다. 또 분묘 아래에 두른 병풍석 조각(12지신)은 공민왕이 직접 그린 그림을 바탕으로 새겼다는 기록이 전해지고 있다.

공민왕릉과 정릉은 가히 한반도 최고의 예술품

그런데 개성의 상징인 박연폭포와 황진이묘를 돌아보지 못해 아쉬웠다.

마침 도로 공사 중이어서 뒷날을 기약하는 수밖에 없었다.

마지막 송별연은 현대아산의 봉동관에서 베풀어졌다. 이곳에서 복무하는 대여섯 명의 이십대 '여성동무'는 아리땁고 예절도 바르고 친절했다. 게다가 화장도 세련되고 옷도 맵시 있게 입었으며 기타도 잘 치고 노래도 잘 부르고 춤도 잘 추었다. 평양에서 파견되었다 한다. 아가씨들은 우리 일행을 지명해 노래를 시키기도 했다. 그리하여 주석이고 노인이고, 늙은이고 젊은이고를 가리지 않고 무대에 나와 노래를 불렀다. 한바탕 판이 벌어졌고 주석단이 물러간 뒤에는 한층 자유분방하게 놀았다. 나는 물론 늙은 나이인데도 주책없이 끝까지 자리를 지켰다.

아무튼 송별연이 파할 즈음에 〈반갑습니다〉 또는 〈또 만납시다〉의 가락에 맞추어 합창을 하고 손을 잡고 20평쯤 되는 실내를 요리조리 빙빙 돌았다. 마지막 만찬 행사로는 대성공을 거둔 작품이었다고 할 수 있을 것이다. 짧은 일정은 이렇게 끝을 맺었으나 그 의미는 컸다. 남북의 관계자들 모두가 고려 왕도인 개성의 역사유물을 세계문화유산으로 등재하고 소중하게 가꾸어야 할 의무를 지는 계기가 되었다. 민통선을 통해 돌아오는 길 역시 매우 순탄했다.

돌아오는 길에 집행위원장을 맡아본 정태헌 교수(고려대)는 정신이 어리벙벙하고 쓰러질 정도로 마음이 복잡했다고 하소연했다. 북쪽 사람들과 행사를 상의하면서 말할 수 없을 정도로 어려움을 겪었던 것이다. 그는 술을 한 방울도 마시지 못하는 '얌전이'이니 더욱 스트레스를 받았던 모양이다. 이것이 통일운동이 아니겠는가?

과거사 청산의 중심, 민간인 학살 문제

21세기 들어 우리 사회가 여전히 해묵은 이데올로기 문제로 사회적 갈등을 빚고 있다고 지적하는 사람들이 있다. 과연 그럴까? 나는 동의하지 않는다. 또 근래 들어 과거사 청산 문제로 사회분열을 조장한다고 주장하는 사람들도 있다. 나는 여기에도 동의하지 않는다. 오히려 그 반대로 올바른 역사의식을 제고하고 민주 가치를 존중하며 인권사회로 가는 도정이라고 보기 때문이다.

이념 갈등과 과거사 청산의 중심에는 한국전쟁 전후의 '민간인 학살' 문제가 놓여 있다. 그 피해자들은 역대 독재정권 아래에서 '빨갱이'라는 딱지를 붙인 채 숨죽이며 살아왔으며 늘 정보기관의 감시를 받아야 했다. 또 군이나 경찰에 들어가 출세할 수도 없었으며 외국 유학이나 여행을 갈 때도 엄격한 심사를 받아야 했다. 인권유린이 아닐 수 없다. 이 문제의 해결에는 두 가지 전제, 곧 학살에 대한 진상규명과 유족들에게 적용되는 연좌법의 철폐가 이뤄져야 했다.

학살 악몽에 평생 시달린 류춘도·채의진 선생
민간인 학살 문제는 2000년 2월 제주인권학술회의에서 처음으로 거론됐

2000년 9월 '한국전쟁 전후 민간인학살 진상규명과 명예회복을 위한 범국민위원회' 공동대표를 맡으며 과거사 청산 운동에 참여했는데, 이때 채의진(오른쪽)과 류춘도 두 선생의 파란만장한 사연을 들었다. 《한겨레》 자료사진

다. 피해자 구제 운동을 펼치자는 제안이 나온 것이다. 이어 그해 5월 18일 전남 구례 일대에서 열린 동아시아평화인권국제회의에서 사회단체와 유족회 관계자들이 모여 본격적으로 논의를 했다. 이 자리에는 김동춘 교수(성공회대), 이영일 소장(여수지역사회연구소) 등 관계자 30여 명이 모였고, 나도 참석했다. 우리는 지리산이 바라보이는 그곳에서 새삼 한국전쟁의 아픈 유산을 되새겼다.

이 모임에서 만난 두 사람이 내게 강렬한 인상을 남겼다. 한 사람은 고 류춘도 선생이다. 류 선생은 일본 오키나와 학술회의에 이어 두 번째 상면이었다. 용모가 곱고 말씨도 조용한 그와 나는 제법 많은 대화를 나누었다. 그는 대학생이던 한국전쟁 때 인민군 군의관으로 참전했다가 후퇴하는 과정에서 남쪽 고향으로 돌아온 기묘한 경력을 지닌 할머니였다. 자신의 경험을 서사시로 엮은 책 『잊히지 않는 사람들』(사람생각 · 1999)을 펴내 화제를 모았다.

또 한 사람은 채의진 선생이다. 채 선생은 당시 생활한복에 빨간 베레모를 쓰고 머리를 허리 아래까지 내려올 정도로 길게 늘어뜨리고 있었다. 첫 인상이 어느 신흥종교 교도쯤으로 보였던 까닭에 나는 되도록 그를 멀리 하려 했다. 그런데 나중에 사연을 들어보니, 채 선생은 한국전쟁 직전인 1949년 12월 24일 문경 석달마을에서 국군이 24개 가옥을 모두 불태우고 어린이·부녀자·노인을 가리지 않고 마을 주민 127명에게 무차별 총격을 가해 86명이 즉사했을 때, 열세 살 어린 몸으로 형과 사촌동생의 주검 밑에 깔려 기적적으로 살아남은 기구한 운명의 주인공이었다. 그 뒤 어렵사리 학교를 마치고 영어 선생이 되긴 했으나 늘 악몽에 시달리며 살아야 했다. 그래서 1989년부터 혼자서 석달마을 민간인 학살 진상 규명을 위해 국회 등 관계기관을 줄기차게 찾아다녔다. "진상규명과 명예회복이 이루어질 때까지 머리를 깎지 않기로 결심했다"는 그의 사연은 너무나 구구절절했다.

두 분의 인생사를 들으며 나는 전쟁의 참상과 인권유린의 심각성을 실감하지 않을 수 없었다. 사실 따지고 보면 이와 비슷한 사연을 지닌 유족들이 지금도 우리 사회 구석구석에 널려 있지 않은가. 마침내 그해 9월 7일, 시민단체의 연합체인 '한국전쟁 전후 민간인학살 진상규명과 명예회복을 위한 범국민위원회'(이하 범국민위)와 각 지역의 유족회를 통합한 전국유족협의회가 기독교연합회관에서 출범했다. 이 자리에서 강정구·채의진 등이 상임공동대표로 추대되었고 나도 공동대표에 이름을 올렸다. 또 국회에서 김충조·김원웅 의원 등이 참석해 입법 활동을 돕기로 했다. 창립식을 마친 뒤 참가자들은 여의도에서 입법을 호소하는 상여시위를 벌여 시민의 관심을 환기시켰다. 이날 이후 나는 10여 년 동안 이들과 운명처럼 어울리게 되었다.

한국 현대사는 인권유린의 역사

돌이켜보면 우리 현대사는 인권유린의 역사이기도 했다. 광복 이후 이승만·박정희·전두환·노태우 정권으로 이어지는 40여 년 독재정권의 지배를 받았다. 정당성을 인정받지 못한 독재정권은 권력을 유지하고자 온갖 정치적 음모를 자행하고 힘없는 이들을 억압하는 작태를 수도 없이 되풀이했다.

그 원조 격인 이승만은 경찰·검찰·군인 계통의 친일파를 하수인으로 활용해 정치적 반대자를 암살하기도 하고 반대당 파괴 공작을 시도했으며 민주·통일 인사를 간첩으로 둔갑시켜 제거했다. 여운형·김구·조봉암……, 민중의 추앙과 지지를 받은 위인들일수록 이승만 독재정권의 대표적 제물이 되었다.

특히 군사 쿠데타로 집권한 박정희 정권은 온갖 정치적 파행과 폭압을 자행하면서 18년 장기 독재를 통해 국민을 현혹하는 갖가지 이념공작을 벌였다. '반공' '멸공'을 내세워 간첩사건을 조작하고, 저항하는 학생들을 강제 입대시켰으며, 무고한 시민을 불법 체포해 고문을 자행했다.《민족일보》사건, 통혁당 사건, 인혁당 사건, 민청학련 사건 등등 그 사례는 더 나열할 필요조차 없을 정도다. 불법 감금과 고문으로 희생된 무수한 의문사는 아직도 다 밝혀지지 않았다. 1980년 민주화의 봄을 뒤엎고 등장한 전두환과 노태우 역시 이승만·박정희의 수법을 고스란히 이어받은 독재자였다. 두 정권은 비록 약간의 차이는 있었으나, 근본적으로 우리 사회의 민주질서를 가로막고 인간의 권리를 무시한 점에서는 동류였다.

이른바 반공법과 국가보안법은 이들 독재정권에게 '전가의 보도'였다. 권력의 시녀가 된 사법부가 그 칼을 휘두를 때마다 식민지 시기 친일파 청산,

위안부와 근로정신대 강제 동원의 진실 규명 같은 민족적 과제들은 역사 속으로 묻혀야 했으며 암살사건·의문사 역시 뒤안길로 사라져버렸다. 4·19혁명을 계기로 잠시 반짝했던 과거사 청산 운동도 완전히 숨을 죽였다.

'인권유린 근현대사' 청산할 4대입법 추진

그렇지만 시민과 학생은 이에 굴하지 않고 독재권력에 반대하고 저항하는 민주화운동을 줄기차게 벌였다. 그 과정을 거쳐 탄생한 김영삼 정권은 비록 3당 합당에 의한 반쪽 정권교체이긴 했지만 '문민정부'를 표방했다. 이때부터 진보적 민주진영의 목소리가 조금씩 높아지기 시작했다.

아울러 왜곡된 과거사 문제도 제기되기 시작했다. 이어 김대중 정권의 '국민의 정부' 아래서는 과거사 문제가 더욱 탄력을 받아 본격적으로 터져 나왔다. 오랫동안 논란이 되었던 동학농민혁명, 친일반민족행위자, 의문사, 일제의 강제동원, 제주 4·3 학살, 5·18 민중항쟁 등의 진상규명과 희생자 명예회복에 대한 주장이 힘을 얻게 되었다.

그리하여 참여정부와 16대 국회 들어 친일파 청산을 비롯한 4대 개혁법안의 입법이 추진됐다. 이 가운데 2004년 2월 '일제강점하 친일반민족행위 진상규명에 관한 특별법'이 제정됐다. 거대 야당인 한나라당의 완강한 방해와 물 타기로 누더기 법이 된 까닭에 목적한 바를 이루기에는 한계가 있었으나 그나마도 상당한 역사적 의미가 있었다.

그러나 여전히 한국전쟁 당시 민간인 학살 피해, 정치적 암살사건, 간첩조작 사건 등에 대한 진상조사와 재심 청구 법안은 끝내 국회에서 통과되지 못했다. 관련 단체와 유족들의 줄기찬 요구를 거대 야당인 한나라당이 철저하게 외면한 결과였다. 한나라당은 국가보안법 폐지, 사립학교법 개정안,

한국전쟁 전후 민간인 학살자 진상규명과 명예회복을 위한 관련법의 통과를 한사코 방해했다.

이를 지켜보면서 범국민위와 유족회에서는 소관부처인 국방부의 소극적인 태도에 항의하기도 하고 국회에 입법 추진을 청원하기도 하고, 학술발표와 현지조사와 유족 증언과 학살 지역 위령제 등 다양한 여론 조성 운동을 꾸준히 벌였다. 때로는 여의도 국회 앞에서 농성을 하기도 했다.

2002년 10월에는 범국민위의 1차 임원 임기가 끝나서 상임공동대표로 이해동·김영훈·이이화를 선출했고, 사무처장으로는 임광빈 목사를 선임했다. 나는 『한국사 이야기』의 막바지 집필에 쫓기던 때여서 정중히 사양했으나, 개인적인 이유를 들어 끝까지 사양할 수는 없는 노릇이었다.

범국민위 공동대표로 농성과 입법 투쟁 전개

2002년에는 두 가지 의미 있는 성과가 있었다. 김희수·장완익 변호사 등이 입법의 뼈대를 만들고 범국민위의 활동가인 강창일·이춘열·이창수·장완익 등 운영위원들이 새천년민주당의 노무현 대통령 후보를 면담해 '한국전쟁 전후 민간인학살 진상규명을 위한 통합특별법'의 추진에 대한 기본 방침을 얻어냈다. 또 운동의 영역을 확대하기 위해 전국역사교사모임 등 26개 단체를 망라해 '민간인학살 진상규명 전국사회단체협의회'가 출범했다. 앞서 그해 1월에는 홍순권(동아대)·정근식(서울대)·허상수(성공회대) 등 전공학자들이 모여 제노사이드학회를 발족시켰고 범국민위에서는 박명림 교수(연세대) 등을 초청해 토론회를 열기도 했다.

그해 12월 대선에서 노무현 대통령이 당선되자 우리 관계자들은 희망이 보인다고 여겨 고무되었다. 그래서 찬성 쪽은 물론 방해·반대세력들에게

한국전쟁 전후 민간인학살 진상규명 범국민위원회와 전국유족협의회 회원 200여 명이 상복 차림으로 2004년 10월 15일 서울 염창동 한나라당사 앞에서 '과거청산법을 만드는 데 동참하라'고 촉구하는 집회를 열고 있다. 《한겨레》 자료사진

도 우리의 의지를 보여줄 겸 여론 환기 행사가 필요하다는 생각에서 조금 과격한 방법인 '농성'을 하기로 했다.

범국민위는 2003년 2월 27일 국가인권위원회의 '몸땀휴'를 점거하고 농성에 들어갔다. 나는 그때 상임공동대표로서 인사말을 통해 "어떻게 된 일인지 새도 쩍 소리 내야 알아주는 것같이 이 사회는 뭔가 물리적인 것을 동원해야 귀 기울여주는 것 같다"며 "이번엔 우리가 확실한 태도를 보여 유족들의 한 맺힌 마음을 국회의원들과 많은 시민들에게 보여줄 것"이라고 단호하게 말했다.

우리는 농성을 벌이면서 인권위에 진정서도 제출했다. 이해동 목사와 내가 상임대표 자격으로 인권위 김창국 위원장을 방문했다. 먼저 사과의 말을 올렸더니 김 위원장은 "우리도 열심히 도와주는데 왜 이곳에서 농성을 하느냐"고 나무랐다.

2단계로, 4월 1일부터 농성장을 국회 앞으로 옮겨 입법 투쟁에 나섰다. 6월 국회에서 입법을 해달라는 요구를 내걸었다. 그 과정에서 행정자치위 간사인 민주당 전갑길, 한나라당 이병석 의원을 면담하기도 하고 강금실 법무부장관과 김두관 행정자치부장관을 면담하기도 했다. 모두 전향적인 답변을 얻어냈다. 우리는 또 청와대 앞에서 농성을 하기도 하고 연달아 기자회견을 열어 성명서를 발표했으며 해원굿을 벌이기도 했다.

'민간인학살 통합특별법'이 끝내 부결되다

연로한 유족을 중심으로 농성에 참여한 사람들은 처음에는 여의도의 찬바람 속에서 농성 천막을 지켰고 초여름에는 낮 더위에 시달렸다. 농성자들은 맨바닥에서 라면으로 끼니를 때우면서 버텼다. 이 무렵부터 여자들이 등장했다. 강화도 유족인 서영선, 임실 유족인 박봉자, 여수 유족인 정혜선 등 할머니였다. 이분들은 이리저리 뛰어다니면서 유족들을 살피고 필요한 것들을 챙겨주며 격려해주었다. 나는 농성에는 참석하지 않고 집에서 2~3일마다 '출퇴근'을 하면서 음료수 따위 먹을거리를 챙겨들고 농성장을 기웃거리는 정도였다.

하지만 다수를 차지한 한나라당에서는 법안 심사를 다음 회기로 미루기로 결정했다. 114일간의 노숙 농성이 끝내 별다른 효과를 보지 못하고 만 것이다. 허무했다.

그해 10월에는 김희선·윤철상 의원 등이 강력하게 밀어붙여 '과거사진상규명특위'를 구성하기로 결의하고 '6·25 전쟁 휴전이전 민간인희생사건 진상규명 및 희생자 명예회복 등에 관한 법률안'(이하 통합특별법) 등 9개의 안건을 회부했다. 역시 부정적인 한나라당이 다수여서 지지부진하게 진행된 끝에 2004년 2월에야 겨우 법사위를 거쳐 국회 본회의에 상정됐다. 2001년 발의된 지 3년 만이었다. 그러나 한나라당 홍사덕 원내총무의 지시에 따른 상임운영위원회의 결정으로 다시 보류되고 말았다.

이라크 파병동의안과 한-미 자유무역협정(FTA) 등 굵직한 현안들에 밀려 민간인 희생자 유족들의 50년 한 맺힌 분노가 또 한 번 묻혀버린 순간이었다. 유가족 200여 명은 여의도 한나라당사 앞에 모여 규탄집회를 열고 "노근리, 거창사건 관련법은 다 통과됐는데 통합특별법만 통과되지 않았다"며 형평성 문제를 제기하기도 했다.

이어 통합특별법안은 3월 2일 어렵사리 본회의에 다시 상정되었으나 야당의 반대로 끝내 부결되고 말았다.

나는 채의진 선생과 범국민위 관계자 몇 명과 국회 로비에서 모니터로 표결 과정을 지켜보다가 소리를 지르면서 뛰쳐나올 수밖에 없었다. 그 길로 국회 앞 허름한 지하식당에서 폭음을 하면서 울분을 토해냈으나 대답 없는 메아리에 지나지 않았다.

유족회 할아버지, 할머니들의 눈물겨운 쌈짓돈

2000년 9월 범국민위는 출범 때부터 내내 심한 자금난에 시달렸다. 소액 후원금이나 회비만으로는 지탱할 수가 없었다. 그래서 두 가지 방안을 모색했다.

첫째로는, 기금 모금을 위한 서각전(書刻展)을 열기로 했다. 마침 서각가인 공동대표 채의진 선생이 기꺼이 작품을 내놓기로 했다. 그는 상주에 살면서 나무뿌리 등 자재를 산에서 손수 캐서 작품을 만들기로 유명했고 작품을 함부로 팔지 않는 고집을 지켜 제법 희소성이 있었다. 서각전을 위해 몇 달 동안 밤낮을 가리지 않고 작품을 만드는 그를 지켜보면서 나는 전시회 준비에 몰두했다. 마침 10년 계획으로 작업한 『한국사 이야기』의 집필을 끝낸 참이라 한층 신바람이 났던 것도 같다.

2004년 7월 22일부터 닷새 동안 서울 운니동의 운현궁 양관에서 '문제 채의진 서각전'이 열렸다. 신영복 교수의 한글 글씨를 서각해서 전시하기도 했다. 채 선생과 나는 하루도 빠지지 않고 전시장을 지키고 작품을 소개하는 틈틈이 여기저기 아는 인사들을 초대해서 작품을 팔았다. 내 친구인 박재승 변호사는 내 부탁에 따라 금사경(金寫經)인 『반야심경』을 고가로 구입해주기도 했다. 그런 덕분에 약 4천만 원의 기금을 마련할 수 있었다.

우리는 후원회원 모집에도 박차를 가했다. 집행부와 실무 관계자들은 회원 신청서를 들고 다니며 만나는 사람마다 가입을 권유하는 게 거의 일과였다. 매월 몇 천 원부터 몇 만 원까지 형편껏 자동이체로 회비를 내는 방식으로 부담을 줄였다.

그 무렵 고구려역사문화보전회 활동도 했던 나는 두 단체의 회원 신청서를 주머니에 따로따로 넣고 다니면서 상대의 관심도에 따라 골라 내밀었다. 내가 석좌교수로 출강하던 서원대에서는 역사교육과 교수들을 모조리 범국민위 후원회원으로 가입시켰는데, 특히 남지대 교수는 "직접 나서서 돕지 못해 늘 마음이 아팠는데 회원으로라도 돕겠다"면서 매월 3만 원씩 내주었다. 또 국회의원들도 여럿 동참해주었다. 이춘열 · 이영일 · 김동춘 · 한대수 등 운영위원들도 저마다 힘을 많이 썼다.

과거사 정리법 통과와 한계

　이런 노력 덕분에 범국민위의 활동 기금은 그럭저럭 숨이 조금 트였다. 그렇지만 여전히 모임이 있을 때마다 밥값, 술값은 개인 주머니를 털어야 했다. 평생 차별과 가난에서 벗어나지 못한 채 살아온 유족회의 할머니, 할아버지들이 꼬깃꼬깃 찔러둔 만 원짜리를 꺼내는 모습은 눈물겨운 노릇이 아닐 수 없었다. 그래서 아예 내가 먼저 낼 때가 많았다. 또 김영훈 상임공동대표는 제주도에서 서울까지 비행기를 타고 와 회의에 꼬박꼬박 참석했는데 늘 회비를 챙겨 내고 때때로 경비를 지원해주는 열성을 보였다. 유족 중에도 넉넉한 부자들이 없지는 않았을 터인데 어찌 된 일인지 그런 회원들은 모임에 거의 나타나지 않았다. 이 역시도 우리 사회의 한 단면일 것이다.
　열린우리당은 17대 국회에서 노무현 대통령 탄핵의 역풍을 타고 과반수 의석을 차지했다. 그러자 새로운 입법안의 청원이 쏟아져 나왔다. 특히 강창일 교수도 당선돼 여의도에 입성했는데 그는 제주4·3연구소 소장과 이사장, 범국민위 운영위원장 등으로 활동했으니 '우리 식구'나 마찬가지였다. 우리로서는 든든한 지원자를 확보한 셈이어서 모두들 새로운 기대로 고무되었다.
　노무현 대통령은 2004년 8·15 경축사를 통해 포괄적 과거사 청산을 제안했다. 그에 따라 4대 개혁법안이 활발하게 논의되었다. 곧 국가보안법 철폐, 사립학교법 개정, 한국전쟁 전후 민간인학살 진상규명과 명예회복법 제정, 군의문사법 제정 등이었다. 이 가운데 노 대통령의 제의에 따라 '진실과 화해를 위한 과거사정리기본법'이 2005년 5월 3일 마침내 통과되었다.

형 확정 사건 조사 막는 등 '누더기' 된 과거사법

2005년 5월 3일 통과된 '진실과 화해를 위한 과거사정리기본법'(이하 과거사법)은 그 취지를 이렇게 밝혀두고 있다. '1945년 8월 15일부터 권위주의적 통치에 이르기까지 반민주적 또는 반인권적 공권력의 행사 등으로 왜곡·은폐된 진실을 밝혀내고, 그 바탕 위에서 국민의 화해와 통합을 이룩하는 데 목적이 있다.'

그러나 여기서 한 가지 짚고 넘어갈 일이 있다. 이 과거사법은 한나라당의 완강한 물 타기로 인해 사실상 누더기법이 되고 말았다는 것이다.

이 법에 규정된 진실규명의 범위는 '8·15 이후부터 6·25 전쟁 전후의 시기에 불법적으로 이루어진 민간인 집단희생사건, 8·15 이후 권위주의 통치 하에서 헌정질서 파괴행위 등 위법 또는 현저히 부당한 공권력의 행사로 인해 발생한 사망·상해·실종사건과 기타 중대한 인권침해사건과 조작의혹사건, 역사적으로 중요한 사건으로서 위원회가 진실규명이 필요하다고 인정한 사건' 등이다. 그런데 구체적인 항목에서 '대한민국 정통성을 부정하는 세력에 의한 테러 조사, 기결 사건의 재심 불허, 피조사자의 제재 불허' 같은 독소조항이 곳곳에 도사리고 있었다. 이는 심각한 문제가 아닐 수 없었다.

우선 한국전쟁 전후 민간인 학살 사건을 살펴보자. 학살을 자행한 자는 경찰·군인·우익 청년·미군 들이었다. 민간인 피학살자는 어린이·노

'진실과 화해를 위한 과거사정리기본법'이 통과된 뒤 2005년 9월 범국민위와 전국유족협의회 회원들이 '1945~2005 과거청산 전진대회'를 열고 희생자 위령과 과거사법의 독소조항 개정을 촉구하는 거리행진을 하고 있다. 앞줄 왼쪽 둘째가 나.

인·여성이 상당수 포함돼 있었고 일부는 반정부 활동이나 좌익운동을 했던 재소자와 보도연맹원들이었다. 물론 당시 좌우 이데올로기가 첨예하게 대립한 상황에서 남로당 또는 사회주의 사상을 지닌 인사들도 포함된 것은 사실일 것이다. 하지만 순박한 무지렁이 농사꾼과 여성과 어린이 들은 오로지 '빨치산' 출몰 지역에 산다는 이유로 학살당한 피해자였던 것이요, 재소자들과 보도연맹원들은 경찰과 국군이 후퇴하면서 불법으로 집단학살을 해버린 것이었다. 빨치산 출몰 지역은 이 땅의 '킬링필드'였으니, 이데올로기나 정치 문제가 아니라 인권 문제였다.

특히 진상조사 대상으로 정한 사건의 범위에 '미묘한 함정'이 있었다. 이승만 정권이 진보당 조봉암을 사형시킨 정치적 사건, 박정희 정권이 《민족일보》 조용수와 통혁당·인혁당을 집단 사형시킨 간첩조작 사건, 한국전쟁 시기 민간인 학살 사건에 대한 진상규명이 포함된 것은 당연한 일이었다. 그런데 대한민국의 정통성을 부정하거나 적대시하는 세력에 의한 테러·인권유린과 폭력·학살·의문사도 대상에 포함됐다.

특히 한나라당은 유신 시절 자행된 정치적 음모사건을 은폐·희석시키고자 기결 사건의 재심을 막고, 조사 피의자에 대한 강제규정을 삭제하자는 따위의 '흥정'을 벌여 성공을 거두었다. 결정권을 쥔 조사위원들이 이 독소조항을 이용해 얼마든지 진실과 진상의 본질을 왜곡시킬 수 있게 된 것이다.

과거사법은 얼핏 보면 아주 복잡한 듯하다. 하지만 그 해답은 아주 단순하다. 역사적 진실을 규명하여 희생자의 명예를 회복시켜주고 오랜 세월 쌓인 원한과 갈등과 분열을 봉합하고 화해와 통합을 이룩해 미래 사회를 열어가야 한다는 것이다. 특히 국가폭력으로 자행된 '제노사이드'(집단학살) 처벌 문제는 제2차 세계대전 이후 세계적인 쟁점으로 떠올라 한 나라나 사회의 인권 수준을 가늠하는 잣대가 됐다. 한국전쟁 전후 국군·경찰·미군 등에 의해 100만여 명이 불법 학살된 사건은 세계적으로도 드문 민간인 희생 사례이지만, 반세기가 넘도록 '빨갱이'라는 누명을 벗기는 명예회복이 제대로 이루어지지 않은 것이다.

그런데도 기득권을 누려온 가해자 집단인 한나라당과 역대 독재정권에 빌붙어 이익을 챙겨온 극우·보수 언론들은 끊임없이 과거사 입법으로 사회를 분열시키고 예산의 낭비를 가져와 민생을 더욱 어렵게 한다고 선동하고 있었다.

그런 와중인 2005년 9월 7일 범국민위는 서울 종각 건너편에서 16년 동안 고집스럽게 머리를 길러온 문경유족회장 채의진 선생의 삭발식을 진행했다. 이어 종각에서 종로3가까지 거리행진을 하면서 과거청산 전진대회를 벌였다. 채 선생은 해원(解寃)을 하지 않으면 결코 머리를 깎지 않겠다는 의지를 다져왔는데 '과거사법 제정'으로 일단 한풀이의 시작은 가능해졌으니 이제 그만 머리를 깎으라는 주위의 권고를 받아들였다.

조부와 부친의 억울함을 풀고 인권운동가로 거듭난 김광호 씨

이 대목에서 범국민위에서 함께 활동한 전국유족협의회 회원들의 애절한 사연을 소개해야겠다.

김광호 씨 집안은 3대에 걸쳐 수난을 겪었다. 할아버지 김정태 선생은 경남 진영 출신으로 3·1 운동 때 옥고를 치른 민족운동가였는데 한국전쟁 무렵 보도연맹원이라는 혐의를 받고 처형당했다. 이때 258명의 피학살자의 주검은 진영창고에 묻혔다. 4·19 혁명 뒤 광호씨의 부친 김영욱은 이 혐의를 벗기려고 주검을 발굴해 화장을 하고 납골묘를 만들었다. 그 때문에 부친은 5·16 이후 이적행위를 했다는 죄목으로 체포됐고 납골묘는 부서져버렸다.

가장이 2년 7개월간의 옥고를 치르는 동안 살림은 거덜이 났고 가족들은 거지꼴이 되고 말았다. 부친은 출옥한 뒤 와세다 대학 중퇴의 학벌을 갖고도 취직을 할 수 없었고 물려받은 재산도 한 푼 건질 수 없었다. 부친은 늘 검속을 받았고 배추 장사 따위로 겨우 연명하느라 자식들을 학교에도 보내지 못했다. 그럼에도 부친은 끊임없이 할아버지의 '빨갱이 누명'을 벗기려고 애를 썼고 1986년 마침내 조부 김정태는 대통령훈장과 건국훈장을 받을 수 있었다.

이후에도 부친은 할아버지의 명예회복과 진상규명을 위해 활동을 계속했으며 다른 유족의 억울함을 풀어주려고 부경유족회 회장과 전국유족협의회 상임공동대표를 맡아 활동했다. 2004년 5·18재단에서 주최하는 국제인권 관련 행사에 증언자로 참석하러 광주에 갔던 부친은 숙소의 계단에서 실족해 투병하던 끝에 세상을 떠났다. 광호씨는 부친의 대를 이어 유족회 활동에 나섰고 결국 인권운동가가 됐다.

박봉자 씨의 아버지는 1948년 여순사건으로 호남 지역에 특별계엄령이 내렸을 때 경찰서에 끌려간 이후 지금까지 실종 상태다. 아버지가 임실경찰서에서 트럭에 실려 구례 쪽으로 끌려갔다는 풍문을 들었을 뿐이다. 한국전쟁 때 여맹원 활동을 했던 어머니마저 9·28 수복 뒤 시부모와 자식들을 시골로 피신시키고는 입산했다. 그 열 달쯤 뒤 안내원을 따라가서 잠시 함께 지낸 게 어머니의 마지막 모습이었다.

1951년 3월 18일 임실군 청우면 남산리 폐광굴 일대에서 군경합동 '공비' 토벌 작전이 전개됐을 때 임실군 운암면 일대에서 어머니가 갈기갈기 찢긴 채로 경찰들에게 끌려 다니다가 비참하게 죽음을 당했다는 소식을 들었다. 박씨는 1952년 어린 동생들과 할아버지·할머니를 다시 만나긴 했지만 남의 집에서 밥을 해주며 살아야 했다. 그러다 심부름하러 갔던 한 개인 병원에서 10년을 주경야독하며 간호사 일을 배웠다.

학살로 부모 잃고 고아로 자라 시인으로 등단하기도

서영선 씨의 아버지 서정구는 교장·장학사를 지낸 교육자였는데 9·28 수복 이후 행방불명이 됐다. 그의 어머니는 '빨갱이 가족'이라는 이유로 반공청년단체인 강화향토방위특공대에 끌려가 고문 끝에 학살당했다. 치안대 청년들에 의해 저질러진 할머니·어머니·남동생의 학살 장면을 목격하는 충격 속에서 어린 영선씨와 언니만 겨우 살아남았다. 고아나 다름없이 자라면서 겨우 고등학교를 마친 그는 각고의 노력 끝에 시인으로 등단했고 자녀들도 번듯하게 키웠다.

1993년부터 한국전쟁 민간인 학살 증언자로 나선 그는 강화도 학살 현장에서 해마다 위령제를 지내고 수많은 언론 인터뷰를 통해 학살의 진상을 세상에 알렸다. 그는 강화도·교동도 일대 민간인 학살의 실상과 진상규명·명예회복 특별법 제정을 위해서 싸워온 이야기들을 담아 책으로 내기도 했다. 책에는 온갖 협박으로 법 제정을 방해하는 세력들의 행동거지도 자세히 담아놓았다.

이계성 씨의 아버지 이현열 선생은 독립운동가로 광복 이후 치안대 활동을 하다 미군정기 경찰의 탄압을 받아 대전형무소에 무기수로 수감됐다가 학살당했다. 그 바람에 뿔뿔이 흩어져 살던 가족들은 한국전쟁 당시 인공 치하에서 어머니가 남원 여맹위원장으로 활동한 탓에 국군을 피해 지리산으로 다 함께 입산했다. 여동생이 동상에 걸려 장애인이 되는 고난을 겪으면서도 토벌을 피해 살아남은 이씨 가족은 피난민으로 위장하고 서울로 도망쳤다.

외가가 있는 강진과 남해 등지를 전전하며 중학교를 마친 그는 고학을 하고자 서울로 다시 올라왔으나 뜻을 이루지 못하고 청소부·운전기사를 거쳐 한국은행의 잡급직으로 들어가 차량관리를 맡아 정착했다. 1998년 정년퇴직을 할 때까지 자신의 신상에 대해 자식들에게도 입을 다물었던 그는 2002년 진상규명 보도를 보고 유족회와 범국민위 활동에 동참했다. 그는 명석한 이론가가 되었다.

끝으로 앞에서 잠깐 소개했지만 고난의 삶을 마감한 류춘도 선생의 마지막 사정을 말해야 할 것 같다. 류 선생은 인정이 많은 할머니였다. 그런 탓인지 인민군에 자원해 군의관이 되어 인민군 부상병을 치료해주었다. 그의 사정을 잘 알고 있는 남편과도 평생 동안 금슬이 좋았다. 그가 경영하던 산부인과 병원은 성공을 거두어 만년에 자식들에게 물려주고 나서 시집을 내기도 하고 '범국민위' 등 인권운동에 참여하면서 민간인 학살 지역인 문경 석달마을에 자비로 추모시비를 세워주기도 했다. 또 일본의 조총련에 장학금을 주기도 하고 범국민위와 역문연에 회비를 내기도 했다. 나는 그에게 기록으로 남을 만한 자서전 쓰기를 권고했고 그는 이를 받아들였다. 그의 부탁으로 강옥순 씨를 추천해 자서전 집필을 돕게도 했다.

'연좌제 사슬'에 평생을 옭매인 유가족들

그는 자서전 머리말에서 "전쟁이 인간의 존엄성을 어떻게 파괴하며 강자가 약자를 어디까지 철저하게 짓밟는가도 보았다. 나는 이와 같은 전쟁의 부조리에 분노했고 망가져 가는 영혼에 통곡했다. 지난 세월은 참으로 길었다. 그 기나긴 세월 속에서 눈 질끈 감고 보통사람이 되기에는 전쟁의 상처가 너무나 컸다. (……) 식민지 민족의 서러움도 분단의 아픔도 전쟁의 참사도 몸으로 감성으로 느껴보지 못한 이 땅의 젊은이들에게 반세기 넘게 내 속에서 응어리져 있던 것을 전하는 것이다"라고 썼다(『벙어리새』, 당대·2005).

나는 그 책 추천사에서 "한 줄 한 줄 읽어갈수록 류 선생의 고단한 삶에 연민의 정을 보내기보다 물씬 풍기는 휴머니티를 실감할 수 있었다. 하지만 무엇보다 류 선생은 진솔한 현대사의 증인이라는 느낌을 지을 수 없다. 바로 류 선생은 자기 체험을 역사의 기록으로 남긴 것이다. 특히 여성의 몸으로 의용군으로서 인민군 부상병을 돌보며 그들과 함께 생활한 그 경험을 담담하게 기록하였다는 것만으로도 충분히 의미를 가질 만하다"고 썼다. 나는 그를 격려했다.

그런데 이 과정에서 그는 수사 당국의 끊임없는 추적을 받았다. 조총련 장학금으로 50만 원을 냈는데 50만 달러를 희사했다거나 지금도 북한의 간첩활동을 한다는 따위의 말로 몇 달 동안 매일 캐물으면서 심문을 벌였다. 건강도 좋지 않은 팔십대 늙은이로서는 감내할 수 없었을 것이다. 그는 승용차 기사와 함께 밤늦게 아무도 몰래 아치울 내 집 골목에서 승용차의 불을 꺼놓고 두려움에 떨면서 내게 이 사실을 전해주었다. 나는 겨우 "기소를 하게 되면 세상에 공포해서 여론을 환기시키겠다"는 말로 위로를 했다.

그 뒤 그는 병이 깊어 1년이 넘게 병석에서 앓다가 눈을 감았다. 그런데 그의 자식들은 이 소식을 우리에게 전해주지 않고 접근을 차단시켰다. 그래서 나와 채의진·서승·서영선 등 친분이 있는 사람들은 장례식에도 참석하지 못했다. 게다가 아들의 친구인 이승렬에게도 장례 사실을 알리지 않은 것으로 보아 철저하게 가족장으로 치른 것 같았다. 이것도 아픔이 아니겠는가? 범국민위와 유족회에는 누구를 가릴 것도 없이 구구절절한 사연이 가슴에 맺혀 있었다. '연좌제 사슬'에 걸려 취직도 사회활동도 제대로 하지 못한 채 반세기를 숨죽여 살다 마침내 인권운동가로 변신한 이들이었다. 모두가 시대가 만든 희생자들이었다.

많은 의혹 사건을 남겨둔 채 진실화해위 활동 마쳐

2005년 12월 '진실·화해를 위한 과거사정리위원회'(이하 진실화해위)가 출범했다. 무려 5년에 걸친 입법 투쟁 끝에 그해 5월 3일 통과된 '진실과 화해를 위한 과거사정리기본법'(과거사법)에 근거한 특별 한시기구였다.

진실·화해를 위한 과거사정리위원회의 활동기한 4년이 끝난 2009년 11월 자문위원들이 마지막 회의를 마치고 함께했다.

진실화해위는 국가인권위원회처럼 독립적인 국가기관으로서 입법·사법·행정 3부 어디에도 속하지 않고 독자적으로 업무를 수행하는 기구로 규정됐다. 위원회 구성은 장관급인 위원장 1명과 차관급인 상임위원 3명 그리고 비상임위원 11명으로 구성됐다.

위원회는 과거 조사를 바탕으로 사면복권 건의 등 명예회복 조처를 하도록 했다. 특히 부당한 국가 공권력에 의한 피해자들이 시효와 상관없이 국가배상을 받을 수 있도록 했고, 피해자 보상에 대한 논의도 담당했다. 그러나 기대와는 달리 진실화해위는 협소한 기구가 되고 말았다. 물론 과거사법이 한나라당의 반대 속에 누더기법이 됐을 때 이미 예견된 일이었다.

1993년 문민정부가 들어선 이후의 군 의문사와 민주화운동, 앞서 진상규명이 진행 중인 제주 4·3 사건, 노근리 사건 등은 중복된다는 이유로 조사대상에서 아예 제외된 것은 그럴 수도 있겠다 싶다. 하지만 조사 시한을 너무 단기간으로 못 박아둔 것은 안타까운 노릇이었다.

진실화해위는 최초의 조사 개시 결정일로부터 4년간 활동하며 2년의 범위에 한해 연장할 수 있도록 했다. 이에 따라 진실화해위는 2010년 1월 22일 전원위원회에서 2개월 6일간을 연장해 그해 6월 30일 조사활동을 끝냈다. 이후 6개월 동안 종합보고서를 작성해 대통령과 국회에 보고한 진실화해위는 2010년 12월 31일로 활동을 마쳤다. 진상을 밝힌 사건보다 훨씬 더 많은 의혹 사건들을 남겨둔 채로 말이다.

그나마 초대 위원장으로 양심적인 송기인 신부가 취임하자 범국민위는 최소한의 기대를 갖고 협력하기로 했다. 해마다 합동위령제를 거행하는 등 여러 가지 추모행사를 벌여 여론을 환기했다. 나는 진실화해위의 자문위원을 맡아 6년 동안 참여했으나 어디까지나 자문에 지나지 않았다.

하지만 김동춘·이영일·장완익 등 범국민위의 일꾼들이 진실화해위나 반민족행위자재산조사위원회에서 활약했고 이창수·이춘열·허상수 등은 범국민위에 남아 뒷받침을 했다. 과거사위의 2기 위원장에는 안병욱 교수가 임명되어 주어진 여건에서 여러 사업을 마무리할 수 있었다. 안병욱 위원장은 누구보다 당사자들과 많은 대화를 나누면서 진실을 캐는 일을 도왔다.

진실화해위 활동 끝났지만 '과거청산' 계속해야

한 가지 덧붙일 얘기가 있다. 이 과거사 청산 작업의 일선에는 시민운동가·종교인·변호사 그리고 전공학자들이 적극 참여했다. 이들은 그야말로 이해 당사자가 아니면서도 역사적 사명감을 가지고 헌신적인 활동을 했다. 주요 과거사 문제들이 역사의 단계마다 전개된 사건이었던 만큼 이를 청산하는 작업에는 근현대사를 전공한 정치·사회·역사학자 그리고 인권 연구자들의 역할이 매우 중요했던 것이다.

앞에서도 여러 차례 지적했듯이, 과거사 청산 작업은 국민의 정부와 참여 정부를 거치며 나름대로 진전을 이루긴 했으나 미흡한 입법과 제한적인 활동, 이후 이명박 정부의 '뒤집기 시도'까지 더해지면서 여전히 미완성의 과업으로 남아 있다.

이제는 직접 관련 당사자들만이 아니라 시민 차원의 민간재단을 설립해 지속적인 청산 노력을 해야 한다고 생각한다. 진실 규명 작업과 함께 기념관·자료관 등을 건립해 시민적 인식을 일깨워야 한다. 불과 수년 사이, 단지 정권이 바뀌었다는 이유로 식민지 근대화론의 반민족적 행태와 진실을 덮으려는 가해 당사자들의 역사왜곡 시도가 버젓이 자행되고 있는 작금의 현실이 그 필요성을 증명하지 않는가.

흔히 역사는 옛날 일을 기술하는 것이 아니라 현실에 토대를 두고 지난 일을 읽어내고 정의하는 것을 사명으로 삼아야 한다고 말한다. 역사의식이 결여된 역사가는 한낱 기록자일 뿐이다. 민족적으로 청산해야 할 과거사가 산적해 있는 오늘날, 이 시대 역사가들은 역사 또는 사회의 부름에 소명을 갖고 나서야 할 것이다. 한갓 밥벌이 수단으로 지식을 이용한다면 훗날 호된 평가를 받을 것이다. 반대세력이 끊임없이 훼방을 놓고 중상모략을 일삼을지라도 꿋꿋하게 역사의 수레바퀴를 똑바로 굴려야 한다.

우리나라는 분명 인권 후진국이었으나 미흡하나마 왜곡된 과거사 청산을 위해 노력함으로써 인권을 보장하는 미래 사회의 길을 열어놓을 수 있었다. 지금 이 순간에도 정치적 폭압, 민족적 편견, 종교적 차이, 국가간의 이해에 따른 인권유린과 대량학살 행위가 세계 곳곳에서 자행되고 있다. 이제 우리의 경험을 인권을 지키는 국제적 연대를 이루는 데 활용할 때가 아닌가 싶다.

위암 수술 1주 뒤 청와대서 '과거청산 중요성' 역설

내가 노무현 전 대통령을 처음 만난 것은 1990년대 초 부산의 한 단체로부터 초청을 받아 강연을 갔을 때였다. 당시 인권변호사요 정치인이었던 그와 인사를 나누었지만 대화를 길게 하지는 않았다. 두 번째 조우는 10년 세월이 지난 2001년 11월 끝 무렵 서울아산병원에서 열린 민주 언론인 송건호 선생의 영결식장에서였다. 그때도 서로 가볍게 인사만 나누었을 뿐이다.

'노무현'이라는 존재를 이해할 수 있는 기회를 얻은 건 대통령에 당선된 뒤에 이뤄진 세 번째 만남에서였다. 2005년 7월 청와대에서 열린 '역사와 미래를 위한 범국민자문위원회' 위원 위촉장을 받는 자리였다. 위암 수술을 받고 1주일밖에 안 된 해쓱한 얼굴로 굳이 그 자리에 참석한 것은 과거사 해법에 대한 소견을 밝히기 위해서였다. 그 자리에는 강원룡(작고) 목사를 비롯해 서영훈·신인령·윤경로·임재경·조정래·안병욱·염무웅·서중석·심지연·안병우 등 18명의 위원이 참석했다. 친일진상규명위원장 강만길, 민주화운동기념사업회 이사장 함세웅 등 당연직 위원 5명을 포함하면 모두 23명이었다.

나는 그 자리에서 과거사 청산을 위한 자료수집과 연구 활동의 어려움을 말하면서 "한국전쟁 시기의 인권문제를 풀지 않으면 미래의 역사가 바르게 전개될 수 없다"고 말했다. 그러자 노 대통령은 "앞으로 관련 단체에 지원을 아끼지 않을 것이다. 필요하다면 자료수집과 연구 활동을 위해 국가가 지원하는 조직을 만드는 것도 신중히 검토해보겠다"고 시원하게 대답했다. 이어 그는 "지금 하나의 결단을 내리려고 기를 돋우고 있다"고 밝히면서 혼자 30분 넘게 이야기를 풀어나갔다. 나중에 알고 보니, 한나라당에 연립정부 구성을 제의한 것인데 박근혜 당시 대표가 이를 거절했고 여당 안에서도 불

2005년 7월 청와대에서 노무현 대통령(왼쪽)으로부터 '역사와 미래를 위한 범국민자문위원회' 위원 위촉장을 받고 있는 모습. 위암 수술을 받은 지 1주일쯤 뒤였으나 기꺼이 참석했다.

만의 목소리가 터져 나왔다.

아무튼 청와대 회합이 끝난 뒤 실무자 회의가 꾸려지고 몇 차례 보좌진들과 만났지만 가시적 성과는 나오지 않았다. 과거사 정리를 평가하고 국민여론을 결집시키는 방안 등을 모색하기로 의견을 모았으나 보좌진의 반응은 뜨뜻미지근했다. 실무회의를 이끌었던 안병욱 위원은 지금도 "몇몇 교수 출신 보좌진들이 자기네 정치적 입지를 강화하는 데 열중해 진정한 과거사 청산 사업을 외면했다"고 말한다. 그들만으로 힘에 부치는 일이었을 터이나 역사적 소명이 뒤로 미뤄지게 된 것은 안타까울 뿐이다.

9장 · 고구려사 보전과 과거사 청산 433

노무현 전 대통령의 개혁정치를 평가하다

노 전 대통령이 서거한 뒤 노무현재단이 꾸려지고 몇 사람을 초청해 그를 평가하는 강좌를 열었는데 나도 '노무현의 개혁정치'에 대해 한마디 했다.

'거슬러 올라가 보자. 노무현 후보가 2002년 12월 대통령에 당선되자 지역감정이 표로 드러났다는 해괴한 지적도 나왔지만 이는 전혀 타당치 않았다. 그는 비록 호남에 기반을 둔 평민당 후보였으나 영남 출신 인사였다. 노무현의 당선은 우리 사회가 안고 있는 완고한 지역감정의 벽을 허물 좋은 계기였다. 그러나 지금 사정은 어떠한가? 다시 원점으로 돌아가고 말았다. 노 대통령은 과거사 청산에 누구보다 관심을 기울였다. 친일 반민족 문제는 물론 4·3 항쟁과 한국전쟁 전후 부끄러운 과거사를 정면으로 안으려 애썼다. 그는 대통령으로는 처음으로 제주도 4·3 추모식장에서 이 사건에 대해 공식적으로 사과했다. 올바른 역사가 올바른 공동체, 정의로운 국가를 만든다는 신념으로 그렇게 한 것이다. 또 소외된 사람들의 복지 확대, 정치자금 등 정치부패의 척결, 온건한 자주외교정책 수립, 남북 화해와 협력에 진력했다. 비록 반대 세력의 방해와 자신의 의지 부족으로 결실을 맺지 못한 부분도 있었고 시행착오도 잦았으나 그 성과는 결코 적지 않을 것이다. 무엇보다 그는 권위를 깨고 국민에게 다가가려 노력했다. 이런 분위기는 서민적 언어 사용에서도 나타났다. 그런데 이런 모습이 권위주의 풍토에서는 품위를 손상한 것으로 또는 경박한 행동으로 비쳤던 것이다. 하지만 그가 이룩한 절차 민주주의는 일정한 성과를 거두었다고 말할 수 있겠다. 우리는 그를 오래 기억할 것이다.'

여담을 한마디 곁들인다면, 설이나 추석 명절 때 청와대에서 노 대통령 부부 이름으로 전통주나 특산물 같은 소박한 선물꾸러미를 보내줘 지인들과 나누곤 했는데 이명박 정부가 들어서자 뚝 끊겼다. 물론 무한정 인사를 챙기기에 한계가 있겠지만 씁쓸한 뒷맛은 지울 수가 없다.

10장

역사의 현장에서

통합민주당 공천 심사에 참여하다

2008년 설을 앞두고 오랜 친구인 박재승 변호사가 대통합민주신당(뒤에 통합민주당)의 18대 국회의원 후보 지역공천심사위원장을 맡았다며 "심사위원으로 참여해 함께 일을 하자"고 제의했다. 나는 처음엔 거절했다. 하지만 '공천심사의 전권을 위임받았으니 민주 발전을 위해 공정하고 바른 공천 작업에 힘을 보태야 한다'며 이런저런 이유를 들어 참여를 강요해 끝내 동의하고 말았다.

18대 총선 통합민주당 공천심사 참여해 '쇄신' 강행

당 내부 심사위원으로는 김충조·최인기·황태연·김부겸·이인영 등 5명이었다. 외부 심사위원은 모두 7명으로, 당규에 따라 모두 12명인 심사위원의 과반수를 넘겨 의결정족수를 확보한 셈이었다. 박 위원장과 나를 비롯해 시인이요 짚풀박물관 관장인 인병선, 독립투사의 아들이요 임종국기념사업회 회장인 장병화, 언론인이요 연합뉴스 사장을 지낸 김근, 정치학자요 성공회대 교수인 정해구, 의사이자 투자상담 전문가인 박경철 등이었다. 모두 개성이 강하고 특수한 분야에 일가견을 지닌 인물이었다.

우리는 우선 나름대로 큰 틀의 심사 규정을 마련하는 작업을 벌였다. 계파를 초월해 쇄신공천을 하되 무엇보다 비리 전력자를 배제하자는 데 의견을 모았다. 그 대상은 총선 또는 대선을 거치면서 당직자로 정치자금을 확보하는 과정에서 부정 비리가 적발되어 금고 이상의 형을 받은 인사였다. 이 기준은 박재승의 고심에서 나온 결단이었다.

외부 심사위원의 명단이 언론에 공개되고 배제 대상자의 추측 명단이 공개되자 당 안팎이 시끄러워지기 시작했다. '비리 케이스'에 해당하는 인사들은 스스로 해명할 기회를 달라고 요구했으며, 유력한 인사들이 자기 나름대로 의견을 내고 기준의 융통성을 발휘하라고 설득하기도 했다. 처음에는 여러 의견을 들어보려 했지만 너무 혼란스러운데다 우리의 의지가 훼손될 것 같아 아예 '휴대전화'를 꺼놓고 지냈다. 여러 사람을 만나는 것도 옳지 않다고 판단해서 나름 조심했다.

무엇보다 당과의 관계가 복잡했다. 비리 전력자 배제 기준을 두고 당 대표 또는 최고회의와 마찰을 빚었던 것이다. 압력이 계속 들어왔다. 하지만 박재승은 처음의 뜻을 굽힐 줄 몰랐다. 예외를 두면 그 본질이 흐려지고 오히려 혼란이 가중된다는 것이었다.

'공천 혁명' 이뤘다며 시민들 환호

심사 기준을 두고 논란을 벌이는 동안, 우선 손쉬운 면접심사부터 시작했다. 심사위원이 직접 개별 면접을 해 말솜씨와 인상, 포부 등 인물됨을 알아보려는 것이었다. 참으로 별별 종류의 인간형이 드러났다. 허장성세로 과장해 떠벌리는 사람, 간단한 대답으로 끝내는 사람, 땀을 뻘뻘 흘리면서 머뭇거리는 사람, 상식 수준의 질문마저 대답하지 못하고 쩔쩔매는 사람, 하나님 뜻으로 입후보했으니 하나님의 도움으로 당선될 것이라는 사람, 1년에 지역구 주민 주례를 400회 이상 서주고 회갑연에 1천 회 이상 참석했으니 당선은 틀림없다고 떠드는 사람 등등 다양했다. 면접 절차에는 예외가 없었으므로 마지막 날인 3일 오후, 박상천 대표를 상대로 면접을 했다. 어쨌든 당 대표를 비롯해 최고위원과 현역 의원들을 면접한 일은 우리 정당사상 전례가 없는 일이었다. 우리가 그 첫 관례를 만든 것이다.

배제 기준을 정하고 면접이 진행되던 와중에 한바탕 소란이 일었다. 한 일간지에 당에서 입수한 자료를 인용한 이른바 '호남 살생부' 기사가 터진 것이다. 호남 현역 의원 15명의 명단을 싣고 물갈이 대상으로 꼽았다. 이 보도가 나가자 당 안팎이 그야말로 아수라장이었다. 특정 지역구에서는 경쟁 후보가 이를 수천 장 복사해서 뿌리기도 했고 당사자나 그 가족들은 국회와 당사로 몰려와 항의하기도 했으며 지역구민이 떼 지어 몰려와 시위를 벌였다.

핵심 기준인 '금고 이상자' 배제 원칙은 여기저기에서 반대에 부닥쳐 자칫 유명무실해질 위기에 처했다. 당에서는 여전히 정상참작과 사안에 따른 선별을 주장했다. 당사자들은 위법이라기보다 정치탄압이었다고 말했다. 그러자 박재승은 마지막 '압박카드'를 꺼냈는데, 아침 정례 기자회견에서 "비리와 부정 등 구시대적 정치행태로 국민의 지탄을 받은 인사를 반드시 공천에서 배제하겠다"고 선언해버린 것이다. 이참에 아예 기정사실화하려는 의도로 보였다.

이를 다시 설명하자면, 일반 형사범은 물론 뇌물수수와 알선수재, 공금횡령과 파렴치범과 개인비리 등으로 금고 이상의 형이 확정된 인사를 탈락 대상으로 한 것이다. 그리하여 박재승은 위원장으로서 전체 합의의 모양새를 갖추고자 각 위원들의 이견을 물었으나 뚜렷하게 반대하는 위원이 없었다.

다음날 아침 기자회견 때 그는 '배재 기준'의 통과 의지를 강력하게 피력했다. 이 규정이 보도되자 시민들은 박수를 치면서 "공천 혁명을 이룩했다"고 환호했고, 덕분에 통합민주당의 인기가 상승기류를 탔다고도 했다.

공천사상 가장 엄격한 심사 기준

통합민주당 18대 총선을 앞두고 박재승 위원장이 뚝심으로 배제 기준을 밀어붙인 덕분에 공천심사위원회는 조금 손쉽게 다른 규정을 만들 수 있는 여유를 얻었다. 최인기 의원이 낸 현역의원 교체 기준을 보면, 상임위 출석률, 본회의 출석률, 의총 출석률, 법안 발의와 통과 수, 중앙 당직과 국회직 공헌도 등 5가지로 잡았다. 우리는 이 기준에서 D를 맞으면 탈락시키기로 했다. 이 기준도 우리나라 정당사상 또는 공천사상 첫 도입의 기록을 세운 것이다. 또 호남 출신 의원 탈락은 그 특수성을 고려해 30퍼센트, 다른 지역 출신 의원은 20퍼센트 이하로 정했다. 그런 뒤 실사에 들어갔다. 특히 호남에서는 낮은 점수를 받은 9명의 탈락이 확정되자 빗발치는 항의와 해명이 이어졌다.

마지막으로 개별 서류심사를 통해 위원들이 매긴 점수를 합산해 공천을 결정했다. 여기에도 새로운 규정을 마련했다. 하나는 음주운전으로 벌금형을 세 번 받으면 탈락시키는 '삼진 아웃' 벌점 규정이다. 사회질서와 법질서의 존중을 강조하려 한 것이다. 또 하나는 언행 등의 품위 규정을 뒀다. 여성이나 장애인을 비하하는 발언을 일삼는다든지, 국회에서 면책특권을 믿고 허장성세를 부리거나 막말을 한다든지, 지역감정을 부추기는 발언을 일삼는다든지 하면 벌점을 준 것이다. 그 근거 자료는 국회 기록과 위원들이 직접 조사한 언론 보도를 활용했다.

서류심사를 거치는 동안 몇 가지 특이사항을 발견했다. 무엇보다 재산 상태를 보면 평균 몇 천만 원에서 10억 원 정도를 보유하고 있었다. 상세히 들여다보면 거의 아파트 등 집 한 채가 전부였다. 부모·배우자·직계의 재산을 모두 기재하였으니 열악한 수준을 짐작할 수 있을 것이다. 가장 많은 자산가가 200억 원 정도였는데 겨우 서너 명에 지나지 않았다. 한나라당 신청자들과 비교하면 3분의 1 수준이었다고 했다. 민주화운동 경력을 지닌 신청자가 가장 열악했고 변호사들이 비교적 여유가 있었다.

1차 서류심사의 탈락자 가운데 대표적인 인물은 자산가인 국창근·이창승 등이었으며 당적을 자주 옮긴 이인제 등도 포함시켰다. 서류심사에서 압축된 후보들을 2차로 여론경선에 부쳐 걸러냈다. 이어 마지막 단계로 지역여론을 토대로 2명씩 경선에 부쳤다. 여성 후보에게는 본인 득표율의 15퍼센트를 가산점으로 주기로 했다. 최종 경선에 나선 2인에게는 결과에 승복한다는 서약서를 받았다.

그런데 지역경선을 해보니 지명도가 높은 현역의원이나 장관 등을 지낸 유명인사들이 대부분 승리했다. 지역주민들은 입에 익숙하게 올라 있는 인사들을 먼저 떠올린 것이다. 또 지방의원을 지내거나 자치단체장을 지낸 인사들이 지명도가 높아 자질이 제대로 검증되지 않은 상태에서도 높은 지지를 받기도 했다. 그리하여 소신 있는 정치 신인이 등장할 통로가 차단되는 결과를 빚었다. 국민적 여망인 '현역의원과 기성 정치인 물갈이'가 한계에 부딪쳤다.

우리는 사전운동에 해당하는 사례에도 어김없이 엄한 잣대를 들이댔다. 현역의원 지역구인 경기 안산 상록을 후보가 적발돼 탈락했으며, 불법 사례를 들어 서로 이의를 제기한 광주 서갑 등은 여론조사를 다시 하기도 했다.

10장·역사의 현장에서 443

하지만 시일이 너무 촉박해 자체 조사를 하지 못한 한계가 있었다. 그리하여 이의신청이 있어도 실사를 못한 지역도 많았다.

당내 저항과 박재승의 뚝심

우리 위원들은 서류심사 자료를 보면서 한숨을 내쉬지 않을 수 없었다. 영남 지역은 40여 곳에서 한 명도 신청자가 없었으며 충청·강원·경기도의 일부 지역에도 신청자가 없었다. 그 대신 호남 지역에는 한 지역구에 많게는 10명 이상이 몰려들었다. 국회의원 150여 명을 확보한 제1당의 모습이 이러했다. 왜 이 지경으로 위축되었는가?

어쨌든 단수 신청자 지역을 먼저 심사해 우선 61곳의 공천 명단을 2008년 3월 6일 확정해 최고회의에 올려 발표를 기다렸다. 그런데 최고회의에서는 "검토한 결과, 심사 결과 보고 자료가 미비하다"는 반대의견이 제기되어 발표를 미뤘다. 심상치 않은 기류였다. 현역의원 또는 단수 신청자는 빨리 공천이 이루어지지 않으면 현장의 선거운동에서 막대한 지장을 초래한다고 아우성이었다. 선거법상 3월 10일부터는 당원 집회교육을 할 수 없었기 때문이다.

그런데 박상천 대표는 "도로 열린우리당이 되고 있다"고 언급하면서 단수 지역이라도 현역 물갈이 차원에서 전략공천을 해야 한다는 논리를 내세웠다. 그러나 실제로는 한참 뒤에 이루어질 호남 공천과 동시에 발표해야 한다는 주장을 펴면서 제동을 걸었는데, 다분히 지분 챙기기에 해당하는 발언이었다. 공심위는 이에 아랑곳하지 않고 128곳의 공천을 완료했다.

여기에서 한 가지 밝혀둘 것은 당에서 추천한 심사위원들과의 관계이다. 이들은 처음에는 외부 심사위원들의 의견에 대해 당 기본 방향과 어긋난다

2008년 2월 서울 영등포 민주당 당사에서 열린 공천심위의 모습. 왼쪽 첫 번째 모자 쓴 사람이 나, 네 번째가 박재승 위원장. 40여 일 동안 날마다 열띤 토론을 벌였다. 《한겨레》 사진자료.

고 해서 다소 의견을 달리했다. 하지만 기준을 정하면서 국민적 인기를 감안했는지 후반기에는 뜻이 잘 맞았다. 이들은 당이나 국회에 가면 동료의원들이 인사를 하지 않고 외면하더라고 전해주었다. 주어진 역할을 충실히 수행했다고 평가할 수 있을 것이다.

또 남북화해에 앞장섰던 아무개 교수는 남북화해에 공로가 큰 박지원을 공천해야 한다고 주장했고, 민주화운동에 기여한 아무개 신부는 민주인사 위주로 공천해야 한다는 의사를 전달했으나, 우리는 정해진 방침에 따라 작업을 해나갔다.

개인적인 얘기를 하자면 당에서 얻어준 종로타운의 오피스텔에서 자면서 집에 들어가지 않다가 두어 번 집에 가서 잔 적이 있었다. 이때 더러 사람들이 찾아왔다. 내 후배인 홍 아무개 전 의원은 내 집에서 며칠 드러누워 시위를 벌이기도 했고, 제자뻘 되는 아무개 교수는 어느새 알고 찾아와 남편의 비례대표 공천을 부탁하기도 했다. 또 끊임없이 자기를 소개하는 책자들을 보내기도 했다. 그런데 돈 봉투만은 전달되지 않았다. 우리 외부 위원들은 박재승 위원장의 제의에 따라 "깨끗한 공천"을 서약했는데 이를 알았는지 돈으로 직접 흥정을 하는 일은 없었던 것이다.

사퇴의 배수진

18대 총선을 대비한 2008년 3월의 통합민주당 공천심사위원회(이하 공심위) 활동은 막바지로 갈수록 난항이었다. 3월 11일 당시 최고위원 김민석은 당 최고위원회에서 공천심사를 두고 "박재승 전횡 공천" "외인군단 연줄 공천"이라며 공개적으로 맹비난하고 나섰고, 공동대표인 박상천은 공심위의 의결정족수를 과반수에서 3분의 2로 개정하자고 제의했다. 그는 한발 더 나아가, 공천 확정자 합의를 거부하고 공심위 해체를 요구하기도 했다. 그날 공심위원 12명의 간담회에서 박재승은 더 견디기 어려워 사퇴를 고려한다고 말하면서 그 성명서를 나보고 작성하라고 당부했다. 그리하여 나는 '순진하게도' 모처럼 일찍 집으로 돌아와 밤늦게까지 성명서 초안을 작성했다.

한편 손학규는 당 대표인데도 지역구 신청서를 내지 않았으며, 대선 후보의 한 사람인 정동영도 자신의 지역구인 전주에 신청서를 내지 않았다. 두 사람은 공심위원들과 재야인사들로부터 서울 지역에 출마해서 바람을 일으켜야 한다는 압력을 받았다. 두 사람은 회동을 통해 손학규는 '종로구', 정동영은 '동작을'에 출마하기로 합의해 많은 박수를 받았다. 그래서 외부 심사위원들은 이들의 결정을 지지한다는 뜻으로 선별을 해서 유세장에 나가 찬

조연설을 통해 지지를 호소하기도 했다.

마지막 단계로 비례대표 심사가 남아 있었다. 당직자들과 국민들의 촉각이 모두 쏠려 있었다. 비례대표 심사는 당규에 공심위 위원장이 심사위원장을 겸하도록 정해졌지만 12명의 심사위원은 최고위원회의의 심의를 거쳐 당 공동대표가 임명하게 되어 있었다. 그러니 대표들의 영향력이 결정적으로 작용할 수 있는 구조였다.

그런데 그 심사를 코앞에 두고도 박재승 위원장에게 심사위원과 신청자 명단이 전달되지 않았다. 그러다 당에서 중개인인 박선숙을 통해 심사위원 명단을 전화로 받아 적으라는 통고를 보내왔다. 박 위원장은 충격을 받았다. 어렵사리 전달된 명단을 살펴보니 역시나 놀라지 않을 수 없었다. '당직자 몫'이라고 둘러댔지만 김민석·신계륜·김광삼 등 지역 공천 탈락자들이 들어 있었고 나머지 외부 위원들도 거의 정치적 신념이 부족한 인사들로 채워져 있었다.

비례대표 신청자 명단 역시 실망을 금할 수 없었다. 말이 직능대표이지, 상위 순번에 주가조작으로 내사를 받고 있는 인물, 당직자들도 모르는 인물이 포함되어 있었다. 참신한 정치 신인이나 재야 명망가, 시민사회단체나 문화예술계 인사는 거의 빠져 있었다. 통합민주당에서 공천 혁명이 일어난다는 말을 믿고 정치 신인을 포함해 250여 명이 300만 원 가까운 심사비를 내고 뒤늦게 몰려들었는데 이들은 상위 순번에서 대부분 빠져버렸다.

우리 민간위원들은 회의장에서 임시 간담회를 열고는 비례대표 명단에 항의하는 뜻에서 퇴진하기로 결의했다. 박경철은, 곧 이어 위원들이 사퇴할 수 있다는 뜻을 기자들에게 발표했다. 나는 그동안의 경과를 적어 국민에게 알리는 마지막 사퇴 성명서를 작성했다. 다행인지 불행인지 공표할 기회는 없었다. 어렵사리 사태를 수습해 판이 깨지는 일은 일어나지 않았던 것이다. 당시 내가 쓴 사퇴 성명서는 지금 읽어도 비감해 보인다.

〈통합민주당 18대 국회의원 공천심사위원회를 떠나면서〉

우리 심사위원 일동은 오늘 비감 어린 심정으로 이 성명서를 국민 여러분 앞에 띄웁니다.

우리는 그동안 통합민주당의 요청으로 공천심사위원회의 심사위원으로 참여하였습니다. 그리하여 당과 합의해 규정을 만들고 계파를 초월한 쇄신공천을 하기 위해 온 정열을 기울여왔습니다. 또 우리는 비리에 연루된 인사와 도덕적 하자가 있는 인사, 극단적 보수와 비민주적 인사를 배제해왔습니다. 그동안 비록 몇 가지 논란이 있었으나 민주시민의 절대적 지지를 받아왔습니다.

그런데 이게 무슨 작란입니까? 일부 당 관계자들은 틈만 있으면 딴죽을 걸고 해촉설을 퍼뜨리면서 온갖 방해와 음모로 갈등과 분열을 일삼아왔습니다. 마무리 단계에서 엉뚱하게도 비례대표를 일방적으로 일정 정파인물로 선정하였습니다. 게다가 우리의 절대 공천기준인 금고 이상의 형을 받은 인사는 공천에서 제외하기로 합의하였는데도 이들이 무소속으로 출마하는 지역에 통합민주당 공천을 내지 않으려는 공작을 꾸미고 있습니다.

우리의 의지를 훼손해 자기네들 당파적 욕망을 충족시키려는 의도입니다. 구태정치의 재판입니다.

이에 우리 외부 심사위원들은 국민 앞에 사죄를 드리고 현장에서 의연하게 물러나려 합니다. 정파의 이익을 위해 진실을 왜곡하려는 일부 당 관계자들과는 역사의 대열을 함께할 수 없다고 판단되었기 때문입니다. 우리는 사라지지만 죽지는 않습니다.

국민 여러분! 우리의 충정을 이해해주시고 민주적 가치를 위해 함께 힘을 모아주십시오. 그 동안 보내주신 성원에 뼛속 깊이 감사를 드립니다.

2008년 3월 25일 공천심사위원회 외부심사위원 일동

사실 비례대표 논란은 우리가 우려한 대로 두 대표가 밀실에서 나눠먹기로 순번을 결정한 것으로 추정된다. 박 위원장은 자신이 한 일은 딱 두 가지였다고 하소연했다. 정 아무개 당 원로의 '애송이' 아들과 전두환 비서관 출신인 송 아무개를 당선 예상 순번에서 벗어나게 뒤로 돌린 것이라고 말했다. 특히 두 번째 인물에 대해 손학규는 당료를 시켜 집요하게 당선권 안에 넣으려 시도했으나, 박재승이 두어 시간에 걸친 정체성 발언을 통해 기어코 순번을 예상 당선 밖으로 밀어냈다. 비례대표 명단이 발표되자 언론의 호된 비판을 받았고 시민의 항의도 거셌다.

구태 답습한 '비례대표' 명단에 시민 호된 비판

비례대표 논란은 새삼 우리를 깊이 반성케 하는 주제가 되었다. 구태정치를 벗어나지 못한 단적인 사례였던 것이다. 감히 말하건대 지역공천은 나눠먹기나 지분 챙기기 따위 구태정치 관행을 '정치 아마추어'인 외부 심사위원들이 의지로 막아낸 '개혁'이었다. 그러면 81석의 당선이란 성과는 누구

의 공이겠는가? 당이나 대표의 공이 아닐 것이다. 그런데도 당 인사들은 우리들의 인기를 질투해서인지, 월권을 했다고 생각한 탓인지, 자기네들 지시를 따르지 않아서인지 끊임없이 딴죽을 걸고 해촉을 논의했다. 공심위는 당으로부터 뭇매를 맞았으나 민주시민의 성원에 힘입어 그나마 살아남을 수 있었다.

다시 한 번 돌아보면 공천이 끝난 뒤 당에서 진행한 공천자 전진대회에도 공심위 위원장과 위원들은 초청을 받지 못했으며 당사에서 열린 공심위 해단식에는 당 관계자가 한 사람도 나오지 않았다. 그 뒤에도 당 대표를 비롯해 당 지도부로부터 "수고했다"는 겉치레 인사 한마디도 들은 적이 없다. 이는 예의의 문제가 아니라 비인간적인 처사였다.

촛불의 현장에서

2008년 6월 10일 우리 친구 몇 사람이 어울려 광화문 촛불문화제 구경에 나섰다. '구경'이란 표현을 쓴 것은 우리 일행, 즉 박재승 변호사·인병선 관장·김정기 총장 등이 그 촛불문화제의 주역이 아니요 방관자라는 뜻을 드러내려 한 것이다.

촛불문화제를 통해 새 희망을 보다

교통이 혼잡한 탓으로 차를 몇 번 갈아타고 우회해서 겨우 청진동 올갱이집(현재는 헐렸음)에 모였다. 5시 무렵부터 종로1가 쪽에서 피켓과 깃발 행렬이 계속 광화문 쪽으로 모여들고 있었다. 구호를 외치는 소리가 올갱이집에까지 들렸다. 우리 일행은 소주 몇 잔을 기울이고 어슬렁거리면서 세종로 거리와 광화문 앞으로 나왔다. 먼저 장애인 행렬이 눈에 들어왔다. 모두 의외로 차분한 분위기였다.

이순신 동상 앞에 이르자 컨테이너 박스가 눈에 들어왔다. 나는 이를 보는 순간 베를린 장벽이 연상되었고 소통을 차단하는 상징물로 여겨졌다. 분명 길게 늘어선 컨테이너 박스는 대화를 단절시키는 도구였다. 벽이거나 바닥이거나 컨테이너박스이거나를 가리지 않고 공간이 보이는 곳에는 스티커가 붙어 있었는데 쇠고기 재협상과 같은 온건한 구호도 보이지만 이명박 퇴진, 이명박 타도, 이명박 탄핵 등 과격한 구호도 보였다. 심지어 자본독재라는 신조어도 보였다. 이날의 구호는 쇠고기 문제보다도 정권과 대결하는 슬로건이 압도하고 있었다.

시간이 지날수록 인파가 연달아 밀려들어 비집고 다니기가 힘들 정도였다. 한쪽에서는 기자들의 카메라가 연신 터지고 "매국노"라는 외침이 들렸다. 쇠고기 파동의 주역인 정운천 농림수산식품부 장관이 시민들에게 발언을 하려다가 제지를 받고 쫓겨 가자 "매국노"라는 구호가 터져 나온 것이다. 다행히 그가 물러가자 폭행 등 불상사는 일어나지 않았다.

안치환과 양희은이 부르는 〈아침이슬〉 등의 노래가 들리고 발언이 이어지는 속에서 우리 일행은 인파를 비집고 조선일보사 쪽으로 나왔다. 나는 다양한 선전물을 챙기면서 한편으로는 여중생들의 어깨를 가볍게 쳐 격려를 보내기도 했다. 조선일보사 앞에서는 간간이 "조선일보 반성하라" 또는 "조선일보 폐간하라"라는 구호가 들렸다. 우리 일행은 서로 놓치지 않으려고 애쓰며 앞에 가는 사람을 따라 걷기에 바빴다.

시청 앞 등 외곽과 지하도 입구에는 행상들이 대열처럼 판을 벌이고 김밥·커피·생수 등을 팔았다. 프레스센터 건물 옥상에는 사진 찍는 기자와 시민들이 까맣게 보였다. 시청 앞에서는 뉴라이트 관계 인사들이 드문드문 모여 소리를 지르기도 하고 기도를 올리기도 했다. 우리 일행은 시청 앞 지하철 통로에서 민족문제연구소 박한용 실장과 그 가족, 서울대 한정숙 교수 등 친지 여럿을 만났다. 사실 우리 일행은 얼굴이 좀 팔린 탓인지 한 바퀴 도는 동안, 여러 사람들에게서 인사를 받았다.

잠시 인사를 나눈 뒤 지하철을 타고 운현궁 옆 '낭만'으로 발길을 돌렸다.

사실 늙은이들이 인파를 헤치면서 세 시간쯤 걸어 다니다 보니 피로감을 느껴 '낭만'으로 발길을 돌렸던 것이다. '낭만'에서는 화가인 여운, 평론가 구중서, 언론인 성유보, 그리고 이집 주인인 김용태 민예총 이사장과 어울렸다. 오히려 거리의 시민들보다 이곳 사람들이 더 들떠 있는 듯했다.

집회에 참가한 사람이 50만 명쯤 될 것이라는 데 의견이 일치했다. 우리는 이렇게 빨리 이명박 정부의 지지도가 추락하고 거부국면이 전개될 줄은 몰랐다고 입을 모았다. 더욱이 쇠고기 문제가 정권 타도의 계기가 되는 것 아니냐는 우려 반, 기대 반의 말들이 터져 나왔다.

내가 이 장면의 소묘(素描)를 장황하게 늘어놓은 이유는 따로 있다. 역사 현장은 순간에 지나가버린다. 뒷날의 기록은 사실감을 떨어뜨린다. 우리의 역사는 시위를 통해 발전하고 있다는 사실을 내가 직접 보고 들은 얘기를 통해 증명해보려는 직업의식이 발동한 것이다. 비록 부분적인 묘사이기는 하나 작은 견문기가 될 수 있을 것이다.

대통령 취임 100일 만에 타도 구호 나오기는 처음

사실 광화문의 대열 중심에는 내 아들 응일과 딸 응소가 있었다. 나는 그때 현장에서 아이들을 만나지 못했는데 딸은 집에 돌아왔으나 아들 녀석은 밤늦게 서대문 거리까지 진출했다가 강서경찰서에 연행되었다는 연락이 왔다. 대열의 한가운데에 있다가 잡혀간 것이다. 딸은 "오빠가 아마추어여서 잡혀갔다"고 웃었다. 아들은 2박3일을 경찰서 유치장에서 보낸 끝에 제 엄마가 가서 데려왔다. 그다음에는 촛불시위 현장에서 승용차에 걸개를 걸고 돌아다니다가 경찰 카메라에 찍혀서 면허정지 2년의 처분을 받았고, 민변에서 무효소송을 내 소송비용 2백만 원을 부담했으며 돈이 없는 친구 몫

내가 동학농민혁명기념재단 이사장직에서 물러나면서 공로자들에게 감사패를 전달하고 경과를 보고하는 모임을 가졌다. 그동안의 고생을 위로하기 위해 가족들도 참석했다.

50만 원을 보태주기도 했다. 모두 제 엄마의 주머니에서 나왔다. 2년 면허 정지는 차를 이용해 도둑질 따위 범죄행위를 저지른 경우에 내리는 처벌이라고 한다. 내가 직접적 피해를 입은 셈이다.

 이 촛불문화제에는 '아고라'라는 네티즌 모임 공간의 역할이 컸다고 한다. 이들을 우스갯소리로 배후세력이라고 지목하기도 한다. '아고라'의 자유게시판이나 자유토론장에서는 한 문제를 두고 수많은 사람들이 토론을 벌여 의견을 종합하고 행동의 지침을 삼기도 한다고 한다. 이는 개인지성이 아닌 집단지성의 한 표본이 되고 있다. 촛불문화제가 열린 이 일대의 거리를 아고라라고 명명하는 것도 민주광장의 의미를 살리는 한 방법이 아닐까? 아크로폴리스나 아고라는 시대와 장소는 다르지만 많은 사람들이 모여 토론을 벌이고 의견을 모은다는 뜻에서 보면 굳이 거부할 이유가 없을 것이다.

그동안 쇠고기 수입 반대 촛불문화제를 보고 있노라면 그 진행에 따라 몇 가지 변화를 읽게 된다. 초기 단계에서는 광우병에 관련된 구호가 적힌 피켓이 주로 등장했다. 그런데 며칠 사이에 "이명박 탄핵" 또는 "이명박 out"이 등장하더니 어느새 "이명박 하야" 또는 "이명박 독재타도"로 옮겨 갔다. 정권 퇴진으로까지 강도가 급상승한 것이다.

직접선거로 뽑은 노태우·김영삼·김대중·노무현 등 역대 정권의 시기별 지지 추이를 보면 그동안에는 대통령 취임 100일 만에 탄핵·타도·하야와 같은 구호가 등장하지 않았다. 이명박 정부가 그 첫 케이스인 셈이다. 나는 두려운 마음이 앞섰다. 역대 군사정권에 맞서 수많은 피를 흘리면서 확보한 절차민주주의가 무너져서는 안 된다는 생각 때문이었다.

그런데 현실은 그렇게 돌아가지 않았다. 촛불문화제가 시위로 이어지고 정권타도로 번지는 것은 광우병 쇠고기 문제만이 아니라는 사실을 시민들이 확실하게 인지하고 있었기 때문이다. 다시 말해 쇠고기 수입협상을 벌이면서 부시 미국 대통령에게 선물을 안기려 의도한 것, 협상 당사자들이 대통령의 지시를 받았는지 눈치를 살폈는지는 모를 일이지만, 검역주권을 팽개치고 허겁지겁 타결 지은 사실을 어린 여학생을 비롯해 모든 국민이 알고 분노하였기에 정권타도의 대열에 나섰다고 보아야 할 것이다.

시베리아 횡단열차에 몸을 싣다

　우사김규식연구회(회장 김재철)의 운영 책임을 맡은 장은기 선생이 20일 정도에 걸쳐 김규식 선생이 다닌 프랑스와 러시아 일대 유적지를 돌아보려 하는데 동행하는 것이 어떻겠느냐고 물어왔다. 나는 더운 여름철인데다가 장기간 여행이고 수술 후유증도 남아 있어서 조금 주저했으나 김규식 선생의 유적지를 돌아보는 기행이어서 두말없이 동의했다. 모든 경비를 우사연구회 김재철 회장이 부담한다니 이런 기회와 혜택이 언제 다시 오겠는가.

　마침내 2008년 6월 15일 오전 16명의 일행이 인천국제공항에 모였다. 내가 공항에서 처음 인사를 나눈 분은 송재웅 선생이었다. 송 선생은 김규식의 비서로 남북협상에 수행한 송남헌 선생의 자제여서 더욱 호감이 들었다. 일행 16명이 모두 모이고 보니 서중석 · 심지연 · 이신철 등 친분이 있는 인사들이 많았다.

김규식 선생 유적지를 돌아보는 기행에 동행

　먼저 파리에 도착해서 김규식이 1909년 파리강화회의에 참석할 때 세운 한국공보국 건물과 김규식이 숙소로 잡았던 센 강가의 주택을 찾아보았다. 마침 옛 주택을 헐고 새 건물을 짓고 있었다. 이어 페테르부르크에 이르러 민영환이 러시아 공사로 근무할 때 이용한 호텔 건물을 돌아보았고 레바 강 부두에 전시되어 있는 순양함 오로라 호를 살펴보았다. 이 순양함을 선전하는 엽서에는, 러일전쟁 때 인도양을 돌아 한반도에 파견되었던 군함이라는 소개 글이 있어서 나의 관심을 끌었다. 모스크바와 이르쿠츠크에서는 김규식·여운형 등이 참석한 약소민족대회 회의장과 숙소 등을 찾아보았다. 모두 퇴락한 건물이었다. 다만 우리 지사들이 벌인 고려공산당 창립대회 장소는 이르쿠츠크 국립대학 도서관이 되어 있었다.

우리는 이르쿠츠크에서 시베리아 횡단열차를 탔는데 밤낮으로 끝없는 들판을 달려 4일 만에 하바롭스크에 도착했다. 이 열차는 김규식·여운형 등이 탔던 코스를 달려온 것이다. 하바롭스크의 교외 아무르 강가에 있는 88여단 교도려 숙영지를 찾았다. 이곳의 현재 행정구역은 바츠코에 마을 15번지이다. 소련은 1941년부터 중국인, 한국인, 그리고 러시아 땅에 거주하는 한인들을 모아 이곳에서 군사훈련과 스파이 교육을 시켰다. 이때 김일성이 대위 계급으로 제1대대장을 맡고 있었다. 그의 아내 김정숙과도 함께 살았고 김정일이 이곳에서 태어났다(이신철 주장)는 얘기도 있다. 숙영지에는 여러 건물이 쓰러질 듯이 퇴락해 있었고 안내를 맡은 마을 노인은 한국인들에 대한 생생한 기억을 떠올렸다.

한국인은 450여 명쯤 되었는데 뒤편 언덕에는 한국인의 무덤으로 알려진 4개의 무덤이 있었다. 또 이들이 농사를 짓던 밭들도 보였다. 김일성은 1945년 소련군을 따라 귀국한 뒤 다시 이곳을 찾지 못하고 죽었다고 한다. 우리는 풀숲을 헤치고 당시에 놓은 것으로 보이는 낡아빠진 아스팔트길을 따라 헤매면서 인생무상을 새삼 느꼈다. 이곳은 경관이 좋은 곳이어서 현재 휴양소 등의 건물이 들어서 있었다.

발해 유적 하바롭스크와 조선인의 한숨이 서린 블라디보스토크

아무르 강 동남쪽은 발해의 영역이었고 19세기에 들어 한인 이주가 대거 이루어진 뒤에 연해주라 불리었다. 이 대목에서 간단하게 발해와 신한촌의 내력을 말해두어야 할 것 같다.

발해는 오늘날의 중국 동삼성 동북쪽과 시베리아의 하바롭스크 동남 일대를 영역으로 삼은 대제국이었다. 고구려보다 영역이 더 넓었다. 발해의 민족 구성은 퉁구스 계통으로 고구려의 후계자로 자처하면서 청나라를 세운 여진족의 조상인 말갈족이었다. 오늘날 말갈족의 후예인 나나이족이 특수 마을을 이루고 살고 있다. 하바롭스크 시내에 있는 민속박물관을 답사했는데 여기 전시물에는 칼이나 창을 들고 있는 장승, 새가 앉아 있는 솟대, 가르마를 탄 머리 모양, 삼족오(三足烏) 비슷한 문양, 초가와 흡사한 집 모양, 인형의 옷차림, 진흙으로 지은 초가, 아궁이를 설치한 부엌, 가재도구인 삼태기와 망태 등이 우리의 것과 너무나 닮았다. 이런 유물을 비교해보아도 동질성을 발견할 수 있었고 그 문화가 남쪽으로 흘러왔음을 확인할 수 있었다.

조선 사람들은 19세기 후반기와 식민지 시기에, 만주만이 아니라 연해주로도 이민을 갔다. 근대사에 나타나는 연해주는 복잡한 내력을 지니고 있었다. 러시아는 17세기부터 남진정책을 진행시켰다. 그 뒤 러시아는 다시 18세기부터 "우랄의 동쪽으로"라는 표어를 내걸고 본격적으로 동방 경략에 나섰다. 러시아 당국은 동쪽 땅을 점령할 때마다 새로운 행정기구를 두고 죄인들을 내몰아 정착지로 삼았다. 러시아는 이 땅을 점령하고 밀림과 습지에 도로를 놓고 동방 경략의 발판으로 삼았다.

러시아는 군대를 투입하여 새로운 도시 블라디보스토크를 건설하였는데 블라디보스토크는 '동방의 지배자' 또는 '동방의 보석'이라는 뜻이다. 그들은 이 도시를 근거지로 삼아 만주와 조선의 침략을 노렸다. 조선 사람들은 어느 때부터인지 노령(露領, 또는 俄領) 지역을 연해주, 블라디보스토크를 해삼위(海蔘威)라고 불렀다. 연해주와 해삼위는 이로 인해 조선 사람들의 희망과 한숨이 짙게 서린 곳이 되었다. 조선 이주민들은 계속 위쪽으로 진출하였다. 블라디보스토크에 1890년대에는 2만 5천여 명의 시민이 살았다. 조선 정착민 3천여 명은 항구에서 1.6킬로미터 떨어진 외곽에 주로 짐꾼 노동자로 일하며 살았다. 이곳이 신한촌(新韓村)이었다.

우리 일행은 6월 28일 오후에 내가 늘 답사하고 싶어 했던 블라디보스토크에 도착했다. 우리 일행을 안내하는 송타냐 교수가 믿음직스러웠다. 그녀는 오십대 여성으로 부모가 독립투사였으며 현재 동양대학 교수로 재직하고 있다. 오늘날의 블라디보스토크는 연해주의 주도(州都)로 인구는 70만 명쯤인데 우리 교민은 유학생을 포함해 5천 명쯤 된다고 한다. 또 우리의 기업가들도 이곳에 진출해 농토를 개척하기도 하고 회사를 경영하기도 하고 무역에 종사하기도 한다. 현대건설은 호텔을 지어 운영하기도 하지만 성공하는 경우보다 실패하는 경우가 많다고 한다.

아름다운 이 항구는 한눈으로 보아도 만과 만으로 둘러싸인 천연의 요새였다. 이 항구의 만을 현지음으로는 조오토이록이라 부르고 한자어로는 금각만(金角灣)이라 부른다. 다시 말해 '금과 같은 순록(馴鹿)의 뿔'이라는 뜻이다. 만의 깊이는 30미터 정도라 하니 큰 군함이 정박하는 데 장애가 없었을 것이다. 항구는 태양 아래에서 금빛으로 찬란하게 빛나고 있었다.

독립투사의 애환 배인 신한촌(新韓村)과 서울 거리

제정 러시아는 한반도의 동해를 거쳐 태평양으로 진출하는 부동항을 확보하기 위해 '동방을 정벌한다'는 뜻을 따서 '블라디보스토크'라 명명하면서 많은 물적·인적 자원을 투입해 148년 동안 꾸준하게 항만을 건설했다.

블라디보스토크 역사를 둘러보았다. 4층 건물의 역사는 옛 서울역사보다 작지 않았는데 웅장하고 견고하게 지었다는 느낌을 받았다. 1901년 지어진 건물 위에는 슬라브의 태양신을 설치했고 역사 지하에는 모스크바와 9,288킬로미터라고 표시되어 있다. 지금도 기차를 타고 7박8일을 지나야 모스크바에 도착한다고 한다. 블라디보스토크에서 조선의 회령을 잇는 철도는 1903년 착공해 8년 만에 완성을 보았으니 1911년 개통한 셈이다. 바로 일제가 조선을 병탄한 다음 해에 해당한다.

조선인의 연해주 이주의 역사를 보면 1910년대 급증한 것으로 드러난다. 홍범도는 1913년 이곳으로 이주했고 신한촌은 1911년부터 1914년 사이에 이루어졌다. 그러니 우리 이주민 또는 망명객들은 거의 대부분 도보로 들어왔다고 했으나 그 나머지는 배를 타고 오기보다 열차를 타고 온 것으로 보인다. 바로 이 역사를 이용했다고 볼 수 있다. 오늘날은 서울에서 비행기로 두 시간, 나진·선봉에서 배를 타고 오면 8~9시간 걸리니 세상이 달라져도 많이 달라졌다. 온갖 차별을 받으면서 상업을 위해 왕래한 이주민, 헐벗고 굶주린 망명객과 독립투사의 애환이 서려 있는 곳이라고 생각하니 돌아오는 발길이 떨어지지 않았다.

우리는 다음, 지금 하바독스가야 거리라 불리는 산비탈로 갔다. 바로 신한촌이 자리 잡고 있던 곳이다. 송 교수는 옛 모습은 거의 사라졌다고 말한다. 바로 이곳이 1919년 대한국민의회 중심으로 결성된 망명정부를 조직한 곳이요, 권업회 사무실과 한일학교가 있었던 곳이다. 기록에 따르면 당시에는 기와집과 초가집들이 어우러져 있었다는데 물론 그런 모습은 하나도 찾을 수 없었다.

거리 아래쪽에 '서울 스카야(거리)'라는 안내판이 붙은 거리가 조성되어 있었고 그 주변에는 한국 상품을 파는 작은 가게들이 보였다. 서울 거리라고 하여 특별한 조형물을 설치한 것도 아니었고 다만 옛 신한촌을 떠올리는 하나의 상징이 될 뿐이었다. 예전에는 이 지대를 외곽이라 표현했으나 오늘날에는 항구와 1.5킬로미터쯤 떨어진 시내 중심부에 속하는 것 같다.

서울 거리의 위쪽에 1999년 8월 15일 건립한 기념비가 서 있다. 돌로 된 조형물로 3·1 운동을 상징하는 세 개의 기둥을 세웠다. 해외한민족연구소가 건립했는데 이사장 손세일이 쓴 신한촌의 간단한 내력이 적혀 있었다. 비록 초라하기는 하지만 이것이나마 있어 신한촌의 존재를 확인시켜주고 있었다.

신한촌이 폐허가 된 내력은 간단하다. 1937년 스탈린이 이곳 한족을 모조리 중앙아시아로 강제 이주시키고 남아 있는 인사들도 발각이 되면 온갖 죄명을 씌워 추방시키거나 처형했던 것이다. 그런 뒤 옛 거리는 사라지고 아파트를 신축했다고 한다. 오늘날 군데군데 보이는 허름한 아파트만이 아련한 옛 사연을 전해주고 있다고 할까?

서울 거리 언덕 아래에 당시에 지은 주택 한 채가 남아 있었다. 우리 일행이 약간 흥미를 가지고 사진을 찍자 집 주인은 소리를 지르고 손을 흔들면서 사진을 찍지 말라고 했다. 왜 그럴까? 귀찮아서일까? 꼴 보기 싫어서일까? 오늘날 이곳은 바다가 가깝고 전망이 좋아 집값이 비싸다고 하니 그 집 주인은 집값을 더 올리고 싶었을까?

10장 · 역사의 현장에서 461

시베리아의 발해 유적과 독립기지를 가다

또 하나, 중요한 유적이 있었다. 서울 거리 아래에 한국 소년들이 다닌 소학교 건물이 보존되어 있었다. 1920년 일본군의 의해 벌어진 4월 참변 당시 학교 교실에 200여 명의 학생들을 가두고 불을 질러 모두 희생되었다고 한다. 이 건물은 그 당시 이종윤 등 독립지사들의 숙소로도 이용되었다 한다. 신한촌 아래 카이스카 거리에는 중국인들이 거주하는 개척리가 있다. 예전에는 어시장이 있어서 우리 교민들이 어물장사를 하던 곳이었으나 현재는 중국인이 경영하는 호텔 등이 들어서 있어서 차이나타운 구실을 한다고 한다.

나는 안타까움과 서러움이 뒤섞인 복잡한 심정으로 신한촌 거리에서 발길을 돌렸다. 이는 단순한 감상이 아닐 것이다. 국권을 잃은 약소민족의 비애는 우리 민족만의 경험은 아닐 것이다. 우리 일행은 안내자를 따라 동양학대학교 등 우리 독립운동이나 교민과 연관이 있는 몇몇 유적지 답사에 나섰다. 우리 일행은 이곳에서 하루를 보내면서 점심이나 저녁식사를 한인이 경영하는 한식으로 때웠는데 모스크바나 하바롭스크에서 먹던 한식보다 더 고향의 맛을 느낄 수 있었다.

블라디보스토크에서 남쪽 연추(크라스키노, 오늘날 느보키엡스크)로 내려올 때는 버스를 이용했다. 이 지역은 발해 동경성이 관할하던 지역이었다. 차창을 통해 러시아의 농촌 풍경을 구경할 수 있었다. 국경에 가까운 하산 등 일부 지역은 군사지역이어서 들어갈 수 없었다.

무엇보다 발해의 흔적이 곳곳에 남아 있는 지역이었다. 우리는 연추가 바라보이는 장고봉의 언덕에 올랐다. 크라스키노라는 이름은 이 지역을 개척한 러시아 장군 크라스키노도프의 이름에서 따왔다고 한다. 이곳에서

4킬로미터 떨어진 포세트항이 멀리 보였다. 그 역사적 내력을 좀 더 설명해 보자.

발해는 일본과 활발한 교류를 벌였다. 발해의 사절들은 어느 항구에서 일본으로 출발했을까? 한때 수도였던 동경 팔련성(지금의 길림성 훈춘 시)이 대일 관계의 중추 기능을 맡았다. 동해 바닷가에 염주(鹽州)가 있었다. 이곳에서는 이름 그대로 소금이 많이 생산되었다. 소금 생산지는 소금장수들이 모여든 탓으로 번잡하고 길이 열리기 마련이다. 이 염주의 소재지는 오늘날 바로 포세트만의 모구위(毛口威)였고 우리 이주민들은 발해 시대의 염주 발음을 따와 연추(煙秋)라 불렀으나 러시아식 이름으로 '크라스키노'로 불리게 되었던 것이다.

훈춘 사람들은 이곳을 "넓고 아득하며 땅이 비옥하다. 경영만 잘하면 소금을 많이 생산할 수 있고 좋은 땅을 개척할 수도 있다"고 했다. 소금 생산지로 입지 조건이 좋다는 말이다. 조선 사람들이 1864년 처음 이곳으로 이주를 시작해 소금 굽는 일에 종사했다 한다. 한편 이곳 만에는 땅 밑 4미터, 지상 2미터의 고구려 성벽이 남아 있었다. 또 좋은 말을 길러내 당나라에 팔았던 곳인 솔빈부의 성터도 남아 있다고 한다. 러시아 사람들은 고구려-발해의 유적을 보존할 생각은 없는 것 같다.

오늘날 연추는 그저 러시아 농촌으로 전락해 우리 이주민의 흔적을 거의 찾을 수 없다고 한다. 남아 있는 것은 돌로 만든 우물터나 주춧돌이 나뒹구는 집터 정도라는 것이다. 다만 무형의 유산들은 남아 있었다. 우리 이주민들은 황무지를 갈아 벼농사를 지었고 밭을 일구어 콩을 심었으며 갖가지 채소를 가꾸어 불모지 남쪽 연해주를 풍성한 낙원으로 만들었다.

연추 언저리에 있는 얀치해마을은 이주민의 집단 거주지였다. 얀치해는 상얀치해와 하얀치해로 나뉘었다. 그런데 1938년 이후 마을이 사라지고 말았다. 단지 절·교회·학교 등의 터만 남아 있다. 하지만 오늘날도 농민들은 이곳을 중심으로 벼농사와 논농사를 짓고 있다. 하얀치해의 길가에는 안중근이 1909년 단지동맹을 맺었던 것을 기려 2001년 광복회 등의 이름으로 기념비를 세웠는데 지금은 훼손되었다. 누가 여기 돌비에 망치질을 했을까? 증거는 없지만 일본 관광객에게 혐의가 간다.

하산의 세관을 넘을 때는 약간의 시간을 지체했을 뿐 소문과는 달리 그리 까다롭지 않았다. 짐 검사도 간단했다. 어쨌든 우리 일행은 김규식의 발자취를 따라 파리·상트페테르부르크·모스크바를 거치고 시베리아 철도를 횡단해 18일의 긴 여정을 마치고 소만국경을 넘었다. 새로운 경험이었다.

압록강 · 두만강 국경지대 탐방

국경지대를 탐사키로 한 우리 역사탐방단 일행은 2009년 9월 5일 단둥에서 압록강변을 거슬러 올라가는 코스를 잡아 지안(集安) 탐사에 나섰다. 내가 명예단장, 나병식 · 김주언이 공동단장을 맡아 20명이 참여한 탐방단을 이끌기로 했고 《경향신문》 북경특파원인 조운찬 기자는 단둥에서 합류키로 했다.

우리 역사탐방단이 인천항 국제여객터미널에서 중국 단둥으로 출발한 날은 우연하게도 일제가 간도를 청나라에 넘겨준 이른바 간도신협약을 맺은 지 100년이 되는 바로 그날이었다. 우리 일행은 배 위에서 압록강에서 백두산을 거쳐 두만강까지, 그러니까 국경 1,369킬로미터를 종주하자는 결의를 새삼 다졌다. 8박9일의 장정이라고 표현할 수도 있을 것이다. 아마도 민간인들이 단체로 국경지대를 탐사하기는 처음일 것이다. 나도 압록강을 거슬러 올라 국경을 답사하기는 처음이었다.

압록강을 거슬러 올라가다

도착지 단둥해관에서 다른 승객을 모두 내보내고 단체 비자를 가진 우리 일행 20명만 1시간 이상 조회를 하고 검색하면서 간도 관련 책과 '역사탐방단'이라 쓰인 자료집을 압수하기도 해서 우리는 자못 긴장할 수밖에 없었다. 입국을 제지하지 않을지 우려하기도 했다. 들뜬 기분에 재를 뿌리는 꼴이었다.

우리의 첫 탐방은 압록강 입구에 있는 황금평과 비단섬에서부터 시작되었다. 한창 개발이 이루어지고 있었다. 이어 호산산성 아래, 수풍댐 옆, 임강과 장백현 언저리(건너편 북한의 혜산진과 보천보), 백두산 남파의 압록강 협곡에 이르기까지 철조망이 새로 쳐져 있었다. 험한 못이 드문드문 박힌 철조망은 더없이 맑은 압록강 물과 기묘한 대조를 이루고 있었다. 게다가 천지의 남파와 서파에도 철조망을 쳐놓고 출입엄금 푯말을 세워놓았다. 알려지기로는 중국이 2007년부터 설치를 시작해 금년 봄에 마무리했다는데 탈북자를 막으려는 것인지, 앞으로 벌어질 국경분쟁을 사전에 막으려는 조치인지 알 길이 없었다.

압록강 중국 쪽 길가에는 복숭아단지와 밤나무단지가 연달아 조성되어 있었고 강물에는 가두리 양식장도 보였으며 강변호텔도 덩그렇게 서 있었다. 번창한 풍경이었다. 상류로 올라갈수록 옥수수밭이 이어졌고 강폭도 좁아지고 길도 지그재그로 뚫려 있었다. 더욱이 새로 도로를 건설하면서 산이고 강이고 바위를 가릴 것 없이 마구잡이로 뚫고 파헤쳐놓았다. 저녁 8시가 넘어서야 고구려 500여 년 도읍지였던 지안 시내로 들어가자 한마디로 표현해 휘황찬란했다. 상점에는 최신 유행 상품이 진열되어 있고 유흥업소의 네온사인은 밤거리를 밝혔다. 시내 곳곳에 도로를 확장하고 건물을 짓고 있는 모습이 보였다. 내가 10년 전에 답사할 때와 비교하면 '천지개벽'이라고 해야 맞을 것이다. 그 당시는 택시가 없어서 걸어 다니거나 자전거로 끄는 탈것을 이용해 돌아다녀야 했었다.

우리 탐방단은 북한식당에서 저녁을 먹고 나서 취원빈관에 숙소를 잡았는데, 이곳은 지안 시내의 중심부요 가장 넓은 거리인 승리로에 자리하고 있었다. 그리고 이 호텔 앞에는 고구려유지공원이 자리 잡고 있다. 이 호텔과 공원이 위치한 곳이 바로 국내성의 중심 궁궐이 있던 곳이다. 우리가 국내성의 중심부에서 우연히 하룻밤을 묵게 된 것에 나름대로 의미를 둘 수도 있겠지만 사방 몇 미터 정도의 성터만이 화려했던 국내성의 흔적을 보여주고 있을 뿐이었다. 현재 시 당국에서 남성로의 도로공사를 하다가 고구려 유적으로 보이는 거대한 석축물 더미를 발견하고 이를 보존하면서 발굴을 서둘고 있었다.

동북공정과 요하문명론의 숨겨진 의도

우리 일행이 돌아본 환도성 아래의 고분군, 장군총(장수왕릉으로 추정), 광개토대왕비와 왕릉 등은 예전보다 정비가 잘되어 있었고 모든 관광객에게 개방되었다. 다만 지안박물관은 내부 수리 중인데다, 고분 벽화는 전면적인 보수를 하고 있어서 당분간은 들어갈 수 없었다. 2007년 1차 5개년 동북공정을 마무리한 뒤 관광객 유치에 열을 올리고 있는 모습이 곳곳에서 감지되었다. 다시 설명하면 동북공정은 한 마디로 말해 소수민족통일국가론에 따라 고조선·고구려·발해를 중국 소수민족의 정권으로 규정해 중국 역사로 편입시키는 작업이었다.

앞서 6장에서 설명한 것처럼 공정이 계속되는 동안 남쪽 학자들은 이 지역에 접근할 수 없었고 공정에 관련된 자료 유출도 통제했으며 비디오나 사진촬영도 금지시켰다. 현재도 안시성 등 통제 유적에 허가 없이 잠입한 학자나 사진작가들은 비자를 내주지 않고 있다. 하지만 2004년 한국 정부와 역사학자와 민간단체의 강력한 항의에 부딪쳐 논문 발표를 자제하기도 하고 부분적으로 개방하기도 했으나 근본적인 문제가 해결된 것은 아니다.

문제의 심각성은 다른 데에도 있었다. 현재 중국 사회과학원 등 여러 유관 단체는 동북공정의 뒤를 이어 요하문명권 5개년(2006~2010) 작업을 벌이고 있다. 중국의 문명 발상지로 황하(黃河)·장강(長江)·회하(淮河) 그리고 요하(遼河)를 꼽고 그 지역의 문명을 중화문화의 원류로 보고 탐원(探源)하는 것이다. 요하문명론은 중국 고대 전설에 나타나는 제왕을 주요 구성체로 내세우고 있는데 중화문명은 여러 문명이 어우러져 중국 문명을 이룩했다는 결론을 얻으려 하고 있다.

고대 요하는 동이(東夷)에 속하는 지역이었고 하가점(夏家店) 하층문화는 연대로나 문화의 특성으로 보아 단군설화와 깊은 관련이 있다고 보고 있다. 우리는 단군이 백두산에서 하강했다는 건국 설화를 가지고 있다. 요하문명론이 북방계 문화이긴 하나 결국 중국 문명에 동화했고 이어 요동을 거쳐 한반도로 이어졌으므로, 단군 또한 중국 고대 황제의 갈래로 풀이할 수 있다는 해괴한 논리에 따라 우리의 백두산 이미지도 달라질 수 있다.

또한 요하문명론의 일환으로 기자(箕子)조선을 내세우고 있다. 기자는 은의 왕족인데 주 무왕이 조선의 왕으로 책봉해 평양에서 단군의 뒤를 이어 왕이 되었다는 전설 같은 기록이 있지만, 지금까지는 거의 부정되어오다가 최근 이를 정사로 다루는 작업을 벌이고 있다(황빈, 『기씨조선사화』 등). 또 한사군(漢四郡)의 영역을 조선의 황해도 지역까지 연결시키고 조선을 식민지 상태로 지배했다고 해석하기도 한다. 조선의 유학자들은 기자를 정통으로 보려는 사관을 갖기도 했는데 이를 정사로 규정하려는 중국의 의도가 깔려 있다.

이어 설인귀(薛仁貴)의 이미지 조작도 서둘고 있다. 당의 장수 설인귀는 고구려 정벌에 큰 공을 세웠다고 기술하면서 설인귀의 용맹성과 승리를 부각시키고 있다. 게다가 요동 일대에 떠도는 설인귀와 관련되는 민간 전설을 모아 문화현상이라고 의미를 부여하고 있다. 관련 책자를 이곳에서 팔고 있다.

동북공정의 후속인 요하문명론은 얼핏 보면 중국 문명의 복합성을 규명하는 것 같지만 단군·기자·위만 등 우리 고대 역사를 중국에 예속시키는 이론들이다. 통일이 이룩될 때 고구려 역사는 중국사이니 대동강을 넘어올 수 없다고 우길 수도 있고, 간도의 영유 문제는 이미 간도신협약(1909년 일본과 체결)에 따라 중국에 귀속된 것이라고 강변할 수도 있으며, 백두산은 한국 사람들에게도 '창바이 산(長白山)'으로 차츰 각인될 것이다.

9월 초순 현재, 지안 일대에는 고구려 유적이 세계문화유산으로 등재되었다는 사실을 알리는 안내 표지판을 찾아볼 수 없었다. 비록 정비와 개수를 한 뒤 유물들이 개방되고 있으나 여전히 비디오 촬영을 금지하고 있다. 우리를 안내한 가이드 노영금 양은 자신을 독립군 후손이라고 소개하면서도 남쪽에서 고구려를 인식하는 얘기에 대해서는 애써 외면하는 모습이다. 매우 조심하는 태도가 엿보였다. 또 만주에 있는 조선족 출신의 학자들도 애써 동북공정과 요하문명론에 대해 거의 논의를 하지도 않고 입을 다물고 있다. 이를 보아도 중국 당국의 역사왜곡 의도를 짐작할 만하다.

다만 예전처럼 자극적이고 도발적인 표현을 조심하는 모습이 감지될 뿐이다. 동북공정의 2단계로 접어들어 새로운 상징 조작의 방식에 따라 역사 왜곡을 은밀하고 조용하게 진행하고 있다고 보아야 할 것이다. 지안에서 발길을 돌리는 한 역사학도의 마음은 무겁고 답답하기만 했다.

20년 만에 다시 찾은 두만강 국경지대

다음으로 우리는 장백현을 찾아 그곳에서 하룻밤을 묵었다. 이곳은 랴오닝성의 유일한 조선족자치현인데 조선족 검사인 김상철과 은행원인 한정숙 부부의 따뜻한 안내를 받았다. 아침에는 북한 땅인 혜산진을 바라보았는데 김일성부대가 이곳을 습격한 기념탑이 거대한 모습으로 서 있었다. 강폭이 좁아 사람들이 건너다닐 수 있었는데 밀수품으로 보이는 물건을 담은 보따리를 건네주는 모습도 보였다.

백두산의 남파는 압록강 발원지를 거슬러 올라간다. 이 코스는 북한 땅인데 중국 당국에서 50년 동안 임차해서 등반코스를 만들었다. 밀림으로 뒤덮인 압록강 상류는 국경을 긋는 시발점이어서 나를 긴장하게 만들었다. 또 서파에서 천지로 올라가는 코스에는 새로 수많은 돌계단을 설치했는데 등반길의 오른쪽은 또 북한 땅을 빌려서 이용하고 있다. 서파 코스는 무순비행장이 가까워 중국 관광객들이 몰려들고 있다. 중국 당국에서는 이곳의 촬영을 금지하고 있었다. 촬영을 맡은 내 아들 응일은 최병윤(그린산업대표)과 짜고 검사를 교묘하게 피해 촬영기를 들고 갈 수 있었다. 그래서 경비원의 눈치를 살피면서 맑은 천지와 그 아래 천연의 장백협곡을 샅샅이 찍을 수 있었다. 남파와 서파의 정상에서 짙푸른 천지를 바라볼 수 있었다. 우리는 소주를 뿌리면서 감격에 겨워했다.

다음날은 독립군과 김일성의 밀영이 있었던 내두산 마을에서 묵었는데 이곳은 천지에서 흘러내리는 물이 쑹화 강으로 흘러드는 상류여서 국경선 문제와 결부되어 있는 곳이다. 다음날 우리는 북파, 즉 장백폭포가 있는 쪽에서 천지에 올랐으나 여름철인데도 갑자기 눈과 바람이 거세게 몰아쳐서 한 치 앞을 볼 수 없었다. 하지만 남파와 서파에서 천지를 바라본 뒤라서 이런 기후도 좋은 경험이 되었다고들 말했다.

다음에는 용정 일대를 돌아보고 두만강으로 발길을 돌렸다. 간도의 용정을 가로질러 흐르는 해란강은 투먼에서 두만강으로 합류한다. 6장에서도 언급했지만 투먼은 북한의 온성군 남양을 통하는 육교가 있고 다리 양쪽에 15곳 중의 하나인 출입국관리소가 있는 곳이다. 두만강 지역에서 가장 많은 사람과 물자가 왕래하는 이곳을 두만강 언저리를 탐방하는 출발지점으로 삼았다. 투먼 시에 속하는 일광산 정상에서 두만강을 내려다보고 북한 땅을 바라보았다.

온성군에 속하는 북한 땅은 여전히 오지에 속해 마을조차 보이지 않았지만 일광산 정상은 전에 왔을 때와 마찬가지로 시민 관광지가 조성되어 있었다. 토사는 연달아 쌓이는 것 같고 강물은 흙탕이었지만 철조망은 보이지 않았다. 여기 국경지대의 철조망은 두만강 상류 일부 지역에만 설치했다고 한다. 앞으로 세울 계획인지 확인할 수 없었다. 또 국경도시인 투먼과 훈춘은 처음 왔을 때와는 달리 번화한 도시로 바뀌어지고 있으나 강변은 양쪽 모두 초라한 마을이 흩어져 있었고 아스팔트 도로도 단순하게 뻗어 있었다. 두만강 상류로 올라가는 작은 도시인 경신에는 북한과 통하는 출입국관리소가 있으나 예전에 본 것과 같이 여전히 초라했다.

경신을 지나 중국의 변경인 방천(防川, 훈춘 시에 속함)으로 다가가자 새로운 철조망이 펼쳐져 있었다. 바로 중국과 러시아의 국경을 표시하는 표식이었다. 이 철조망은 일직선이 아니라 요철로 늘어서 있는데 20여 년 전에 왔을 때도 보았으니 근래에 설치한 게 아니다. 조선족 안내인은 바로 철조망 앞에 세워진 경계를 표시하는 토계비(土界碑)까지 가기로 허락을 받았다고 자랑스레 말했으나 초소의 경비병은 우리 일행이 남쪽 사람이라는 걸 알고 거부해서 뜻을 이루지 못했다.

세종 때의 전진기지였던 녹둔도, 먼 발치에서도 볼 수 없어

전망대로 올라갔다. 전망대 언저리에는 1860년 러시아에 영토를 내준 역사적 사실, 토계비를 중심으로 국경에 대한 설명 등을 적은 돌비들이 늘어서 있다. 중국인의 경각심을 불러일으키려는 의지가 엿보였다. 그래서인지 우리 일행의 비디오 촬영을 금지하는 감시 군인의 눈초리와 손짓이 매서웠다.

전망대 위에서 중국 국경이 끝나는 지점인 토계비와 하산의 러시아 해관과 두만강 하구를 바라보았다. 하산역은 앞에서도 말했다시피 북한의 청진·나진의 철도를 시베리아의 부동항인 블라디보스토크와 시베리아 개척의 기지인 하바롭스크를 거쳐 모스크바까지 잇는 시베리아 철도의 출발 지점이다. 남쪽에서 부설한 동해철도의 연장선에 놓여 있다.

러시아 해관 건물 건너편에 두만강 철교(현재 조러우의교라 부름)가 가로놓여 있었다. 두만강 철교 바깥에 아스라이 단애(斷崖)와 동해가 보였는데 바로 그곳이 녹둔도(鹿屯島)가 위치한 지점이다(앞의 '6장 한국사의 흔적을 찾아서—미개척지 중국 답사' 참조).

18세기부터 상류의 토사가 쌓여 하구 안의 대안과 연결되었는데, 1860년 청은 북경조약을 맺으면서 녹둔도마저 러시아에 넘겨주었다. 국제법상 주민 비율로 따지면 녹둔도는 당연히 조선에 귀속되어야 했다.

현재 러시아에서는 하산 언저리 32제곱킬로미터를 군사지역으로 설정하고 출입을 통제하면서 제방을 쌓고 있다 한다. 특별 허가를 받지 않으면 들어갈 수 없다고 했다. 우리의 진로는 여기에서 가로막혔다.

우리는 연길에서 새로 뚫린 북쪽의 고속도로를 거쳐 장춘을 들렀다가 마지막 심양에 도착했다. 선양에서 우리나라를 침략한 청태종이 묻힌 북릉과 볼모로 잡혀간 소현세자와 김상헌 최명길의 유적을 찾아보고 조선족 거리인 서탑거리에서 마지막 잠을 자면서 장정을 끝냈다. 이 조사와 기행을 언론인 김주언이 정리하고 집필하여 『백두산을 오르며 만나는 우리역사』(리북출판사 · 2010)라는 제목으로 책을 펴냈다.

친일 문제와 국치 100년

마지막으로 민족의 과제인 친일파 청산 활동에 참여한 기억을 되짚어보고자 한다.

1991년 임종국 선생의 유지를 받들어 발족한 민족문제연구소는 역사문제연구소에 이어 나와 인연이 깊다. 특히 1995년 반민족문제연구소에서 이름을 바꾼 뒤 많은 사람들이 두 연구소를 헷갈려 했는데 어쩌면 상당 부분 인맥이 겹치는 탓도 있을 것이다. 민족문제연구소 소장인 임헌영 선생은 역문연 부소장으로 나와 함께 고락을 같이한 사이이기도 하고 많은 일을 서로 의논하며 의지해왔다.

민족문제연구소와의 인연

2000년대 들어서는 민족문제연구소의 실무자들과도 나이를 떠나 의견을 주고받으며 허물없이 지내고 있다. 조세열 사무총장, 박한용 연구실장, 김민철 책임연구원 등과 만나면 시간 가는 줄 모르고 세상일을 논하고 술잔을 기울이곤 한다. 그럴 때면 이들은 종종 "젊은이들에게도 말할 짬을 달라"고 볼멘소리를 한다. 술이 몇 잔 들어가면 나도 모르게 말이 길어지는 버릇 탓에 "선생님은 혼자서만 말씀하신다"고 타박을 하며 "저희들도 얘기할 틈 좀

주십시오라는 말을 추임새로 여기시는 모양"이라고 애정 어린 투정을 부리기도 한다.

나는 민족문제연구소의 초창기부터 지도위원 등으로 참여했는데 특별한 의미를 갖는 단체다. 1980년대 많은 학술단체들이 실천적 연구를 '목적'으로 내세웠지만 민족문제연구소만큼 이를 성공적으로 정착시킨 사례는 없었다. 11평 남짓 되는, 세탁소 2층 사무실에서 상근자 4명이 시작해서 이제는 월 회비를 내는 회원만 6천여 명에 상근자도 수십 명이니, 민간 연구소로서는 보기 드문 규모로 성장한 셈이다. 민족문제연구소가 이렇게 발전한 데에는 무엇보다 친일문제에 대한 시민들의 관심이 크게 작용했다.

1991년 개소할 때만 해도 연구소가 계속 유지될 수 있을지 염려하는 이들이 많았다. 나 역시 그런 사람 중의 하나였다. '친일'은 이승만 독재정권에서 역대 군사정권에 이르기까지 '금기의 영역'이었기 때문이다. 사회 기득권 세력의 주류가 혈연·학연 등으로 똘똘 뭉친 친일파들인 마당에 그들의 아킬레스건을 건드린다는 것은 달걀로 바위를 치는 격이었다.

'기득권의 아킬레스건' 건드리는 『친일인명사전』 편찬위 참여

그러나 연구소의 끈질긴 노력은 철옹성 같은 친일파의 아성에 균열을 만들어내고 있었다. 『친일파 99인』, 『청산하지 못한 역사』 등 대중 서적이 발간되면서 언론과 사회의 관심도 커져갔다. 1999년 8월 '친일인명사전 편찬을 지지하는 전국 대학교수 1만 인 선언'은 지식인 사회가 친일 청산을 전폭적으로 지지하고 있음을 확인시켜주었다. 교수 사회가 본래 보수적이고 자신들의 일에도 크게 나서지 않는 경향이 있었는데 놀라운 일이 아닐 수 없었다.

2004년 1월 19일 오후 서울 안국동 느티나무카페에서 민족문제연구소와 《오마이뉴스》가 『친일인명사전』 발간을 위한 누리꾼 모금액이 목표치인 5억 원을 넘은 것을 기념해 기자회견을 열고 있다. 《한겨레》 자료사진

또 하나, 2004년 1월 『친일인명사전』 편찬을 위한 국민모금운동은 민중들의 역사의식과 주체의식을 상징적으로 보여준 사건이었다. 모금을 시작한 지 열하루 만에 목표액 5억 원이 모이고 그 뒤에도 계속 성금이 답지했다. 나는 장엄한 역사드라마를 보듯 이를 지켜보았다. 역사는 역시 지배층이 아니라 민중이 만들어가는 것임을 현실에서 다시 한 번 절실히 깨달았다.

나는 2002년 구성된 친일인명사전 편찬위원회에서 지도위원을 맡아 감수에 참여했다. 지도위원회는 누구나 알 수 있는 저명 교수와 학자, 시민사회 원로들로 이루어졌는데, 집필한 원고를 최종적으로 검토하고 의견을 내고 방향을 잡아주는 구실을 맡았다. 나는 이 회의에서 두 가지 정도를 강조했다. 하나는 철저하게 자료를 수집하고 분석해서 오류가 없어야 한다는 점이었다. 이건 상식적인 얘기 같지만, 이 상식의 바탕 위에서 서술해야 합리성과 객관성을 지니게 된다는 것이다. 다음은 출세형과 생계형 친일을 분명하게 구분해야 한다는 점을 들었다. 다시 말해 먹고살기 위해 간접적으로 친일행위를 한 사정을 이해해야 한다는 것이다.

이 주장은 나만이 아니라 편찬을 맡은 구성원들이 모두 공감한 것이었고 그래서 이를 위한 장치를 설정했다. 우리는 결코 폭로를 위한 것도 아니요, 복수를 하자는 것도 아님을 충분히 이해하고 있었다. 편찬위원장을 맡은 윤경로 교수(한성대)는 2009년 11월 『친일인명사전』 발간사에서 "사전에 수록된 개개인에게 역사의 책임을 묻고 비난의 화살을 돌리려는 것이 아니라 과거 사실에 대한 정리와 역사화를 통해 우리 사회의 가치 기준을 바로세우고, 나아가 후대에 타산지석과 반면교사로 삼을 수 있는 역사의 교훈을 남기기 위한 데 있다는 점을 거듭 말씀드립니다"라고 썼다.

갖가지 방해와 난관을 거쳐 마침내 발간된 『친일인명사전』

2001년 민족문제연구소에서는 통일시대민족문화재단을 발족하고 그 산하에 친일인명사전 편찬위원회를 설치했다. 2004년 초 국민모금운동이 번진 덕분에 극적으로 기금을 마련한 『친일인명사전』 편찬 작업은 출발할 때부터 말할 나위도 없이 말들이 많았다.

극소수지만 어떤 분들은 '주요 친일 인물 몇 백 명만 싣자'라든지, '마지못해 친일한 인사를 제외하자'라든지 하는 상식 밖의 주장을 펴서 나를 놀라게 했다. 이는 다분히 억울한 사람을 가려내자는 게 아니라 아무개 언론사의 창업주 같은 세력가들을 제외해야 한다는 것을 염두에 둔 발언으로 보였다.

　또 공청회나 명단 발표가 있을 때는 친일파 후손이나 퍼런 군복을 입은 사람들이 몰려와 방해를 놓기도 했는데, '사실 규명이 잘못되었다'고 떠드는 수준은 그래도 순진하게 보였지만, '빨갱이들이 모여 민족분열을 일삼는다'고 호통을 칠 때는 어이없기도 하고 한심스럽기도 했다. 또 당시 천도교의 아무개 교령은 청와대 모임에 참석해 민족종교인 천도교 인사가 열 몇 명 수록되었다고 떠들기도 하고, 천도교 인사의 친일행각을 공식적으로 사죄한 천도교 지도자 박남수 씨를 교단에서 제명하기도 했다.

　막바지 출간 과정에서도 우여곡절이 적지 않았다. 2009년 출간 보고회 행사장이 외부세력의 압력으로 폐쇄되는가 하면 박정희를 지지하는 노인들이 떼로 몰려와 연구소에 달걀을 던져대는 소극도 벌어졌다. 만주 관동군의 장교였던 박정희가 수록된 데 불만을 품은 것이다. 박정희 지지 세력은 '일제에 일사봉공(一死奉公)하겠다'는 만주군관학교 지원 당시 박정희의 혈서가 공개되자 크게 충격을 받은 것 같았다. 이 혈서 공개는 그의 아들 박지만의 『친일인명사전』배포금지 가처분 소송에서 비롯되었다. 사전 편찬은 특정인을 목표로 진행된 것이 아니기 때문에 소송은 긁어 부스럼이라 말할 수 있었다. 객관적 사실만을 기재한 사전에 대해 상식 밖의 주장으로 발간과 배포 금지를 요구하니 연구소가 부득이 대응하게 된 것이다. 현재까지 화가 장우성, 검사 엄상섭, 언론인 장지연, 박정희와 그의 동서 홍순일 등의 후손들이 제기한 소송에서 사법부는 일관되게 『친일인명사전』의 객관성과 정당성을 인정하는 판결을 내려주었다.

　이렇게 『친일인명사전』은 갖가지 방해를 받으면서 여러 가지 난관에 부딪쳐 몇 차례나 연기된 끝에 2009년 8월 끝내 발간됐다. 이어 그해 11월

민족문제연구소와 친일인명사전 편찬위원회가 2005년 8월 29일 세종문화회관에서 「친일인명사전」 수록 예정자 1차 명단 3,090명을 발표하고 있다. 내(오른쪽 둘째 모자 쓴 이)는 '감수'를 맡아 2009년 8월 발간이 완료될 때까지 참여했다. 《한겨레》 자료사진

8일 백범 묘역에서 발간 국민보고대회도 열렸다.

나는 감수라는 형식을 빌려 초고를 꼼꼼히 검토했다. 내 전공 분야에 속하는 인물 중심으로 살폈고 제도 용어나 한자의 오류를 찾는 수준이었다. 그 방대한 내용을 내가 다 알 수는 없었기 때문이다. 내용을 살피면서 실로 대단한 작업을 해낸 연구소와 편찬위원회에 찬탄을 금할 수 없었다. 이 사전은 연구소 출범 18년, 편찬위원회 구성 8년 만에 이루어진 쾌거였다.

임헌영 민족문제연구소장은 이 사전의 서문에서, 참회와 화해의 첫걸음이 되길 바란다고 전제하고 "이 사전에 등재된 이들의 유족이나 연고자들에게 깊은 유감을 표시하면서 위로의 말씀을 드린다. 관련자들의 고뇌와 번민을 고려하면 착잡하기 이를 데 없다. 그러나 역사 앞에서 우리 모두 겸허하

고 냉철해져야만 한다"고 밝혔는데 오만하지 않아서 설득력이 있다. 아무튼 이 사전은 수백 명의 필진이 참여한 해방 이후 최대·최고의 전적으로 평가받을 만하다.

이제 사전이 나온 지 1년이 훌쩍 넘었다. 한데 이명박 정부는 이를 마무리 짓는 일에 태만하고 있다. 하나의 예를 들어보자. 2010년 보훈처 서훈취소심사위원회에서 친일행적이 뚜렷한 장지연 등 19인의 서훈 취소를 만장일치로 통과시켰다. 이 취소안은 국무회의의 의결을 거치는 절차를 밟아야 하는데 국무총리실에서는 이 절차를 미루고 있다. 다분히 적당히 깔아뭉개려는 의도로 보이고 또 김성수나 박정희 등의 서훈 취소 요구로 진행될까봐 눈치를 살피는 꼴이라는 의심을 받을 수밖에 없을 것이다.

새해 들어 헌법재판소에서는 친일반민족행위자재산정리법이 합헌이라는 결정을 내렸고 여론에 못 이겨서인지 국무회의에서 뒤늦게 19인의 서훈취소 결정을 내렸다.

한편 아쉬운 것은 사전이 출간되었는데도 이런 성과에 대해 본격적인 학계의 평가가 나오지 않는다는 점이다. 그 흔한 학술 관련 상도 받지 못했고 공공도서관에서도 구입하지 않거나 미루며 눈치를 살피고 있다. 그러니 친일문제는 아직도 건드릴 수 없는 성역이라 할 만하다.

그러나 시민들의 성원에 힘입어 조용한 베스트셀러가 되고 있다. '1질 3권' 30만 원의 고가인데도 많은 사람들이 구매를 해서 역사자료관 건립 기금에 큰 보탬이 되고 있으며 필자들에게도 용기를 불어넣어주고 있다. 그런데 『친일인명사전』은 시작에 불과하다고 본다. 연구소가 계획하고 있는 『친일문제연구총서』는 최소한 앞으로 10년의 시간이 더 필요하다고 한다. 또 식민지 시기의 민중생활사자료관 건립도 추진하고 있다. 아직도 할 일이 참으로 많다.

친일청산을 다룬 저술에 수여하는 임종국상 4회째 이어져

2005년 3월 민족문제연구소 산하에서 발족한 임종국기념사업회는 '임종국상'을 제정했다. 이 일을 떠맡은 이는 장병화 회장이었다. 그는 독립투사의 아들로 어릴 때 수많은 고생을 하면서 자랐다. 학교도 제대로 다니지 못했고 집도 없이 떠돌다가 가락전자회사를 일으킨 입지전적 인물이다. 그는 누구보다도 열렬한 민족문제연구소의 후원자가 되었다. 장 회장은, 친일청산, 역사정의 실현, 민족사 정립을 내걸고 임종국상을 제정하고 상금과 모든 부대 경비를 후원하기로 약속했다.

심사위원으로는 김삼웅·이만열·이이화·조정래·주섭일·함세웅 등이 맡았다. 이만한 인사들로 구성된 심사위원이라면 객관성은 인정할 수 있을 것이다. 대상은 학술과 사회운동 부문으로 나누었는데 1차 심사에서 3배수씩 올라오면 최종 대상자를 선정하는 방식으로 수상자를 결정했다. 1차나 2차 심사에서 공정성과 객관성을 유지하려 신중을 기했다. 학술상은 단순할지 모르지만 친일청산을 다룬 저술을 골랐고, 사회운동 부문은 기자가 쓴 기사나 방송에서 방영한 다큐멘터리 등 대상 범위가 넓었다.

2010년 수상자를 보면, 학술 부문 수상작은 문준영 교수(부산대)의 『법원과 검찰의 탄생』이었는데, 한국 사법의 관료적 폐해와 비민주성의 근원이 일제 식민지 시기에 태동했다는 점을 밝히고 오늘날의 사법 개혁과 법조 민주화 문제를 제기했다.

사회운동 부문 수상자로는 일본인 야노 히데키가 선정됐다. 그는 학생 시절부터 전후청산운동을 벌여왔으며 이어 한국인 희생자의 위령사업과 보상

운동을 줄기차게 전개해왔다. 그리고 한-일 공동으로 강제병합 100년을 돌아보는 여러 행사를 주관하는 일본 쪽 사무국장을 맡아서 '야스쿠니신사 캠페인'을 벌이면서 열성으로 일을 이끌어왔다. 현재 그는 공무원 신분이면서 시간을 쪼개 일을 추진하고 있다. 그가 도쿄에 있는 한국기독교청년회관에서 기자회견을 주선하고 승용차도 없이 땀을 뻘뻘 흘리면서 자신의 직장으로 돌아가는 모습을 보고 나는 가슴이 찡했다.

우리 심사위원들은 그를 주저 없이 수상 대상자로 내세웠다. 임종국상은 현재 4회를 치렀는데 장병화 회장은 경영의 여러 난관과 압박에도 아랑곳하지 않고 이를 변함없이 추진하고 있다. 장 회장은 기업의 사회 환원이란 뜻에서 후계 회장을 공모하기도 했는데 민주사회 또는 민족사 정립에 하나의 모범이 될 것이다.

친일 후손 재산환수 취소 소송에 대법원은 '맞장구'

또 하나 친일문제의 실천적 해결을 맡은 기구도 있었다. 2006년 친일반민족행위자 재산조사위원회가 발족되어 친일파들의 재산을 환수하는 작업을 벌였는데, 해방 뒤 반민족행위특별조사위원회(반민특위)가 이승만 정권의 강압으로 해산된 지 57년 만의 일이었다. 김창국 위원장을 비롯해 이준식 상임위원, 조세열·하원호·이윤갑·이지원 위원, 장완익 사무국장이 이 기구에 참여했다.

그리하여 송병준·민영휘·이완용·이해승 등 친일파 재산을 조사하고 이를 환수하는 결정을 내렸다. 4년의 조사 끝에 친일의 대가로 취득한 1천억 원(공시지가 기준) 정도를 국가에 귀속시켰다. 김 위원장은, 모든 과거사 관련 단체 가운데 우리 위원회만이 국가재정에 도움을 주었다고 농담 삼아 말했다.

 내가 속한 자문위원회의 역할은 단순했지만 마지막 회의 때 중요한 제의를 했다. 자문위원들은 이 특별법의 규정에 따라, 재산을 환수한 뒤 그 재산으로 재단을 설립해 독립지사의 선양사업과 유자녀 장학금에 쓰게 해달라고 정부와 보훈처에 건의하는 형식을 빌려 연기명으로 냈다. 나는 '모처럼 독립운동가 후손들이 대접 한번 받겠네'라고 여겨 흐뭇했다. 이 마무리 사업은 법무부로 이관되었다. 그런데 1년이 가까워오는데도 정부는 미적거리고만 있다. 친일파 청산 의지가 없다고 보는 게 맞을 것이다.

 적반하장으로, 친일파 후손들은 너도나도 환수 취소 소송을 내고 있다(현재 84건). 그중 가장 재산 규모가 큰 이해승 관련 사건은 대법원에서 후손에게 패했다. 대법원은 '이해승이 작위를 어쩔 수 없이 받았다'는 후손들의 주장에 손을 들어주었다. 민족문제연구소에서는, 이해승이 일본 왕에게서 작위를 받고 선산에서 작위 봉고식까지 올린 사실을 밝혔다. 그런데도 대법원은 전공자 증언도 제대로 듣지 않았고 조사위원회의 많은 법률가들이 오랜 기간 조사한 결과도 인정하지 않는 상식 이하의 짓을 하고 있는 것이다. 이대로라면 앞으로 '줄초상'이 날 판이다. '도루묵이 되고 있다'는 말이 들리는가? 대법관들이여, 제발 공부 좀 하시라!

 근래에는 친일파 재산에 대한 법원 판결이 연달아 나와 그 재산 환수의 정당성을 인정하고 있는데 참으로 다행스런 일이다.

'강제병합 100년' 한·일 함께 과거청산 추진위 발족

 1910년 8월은 우리 민족사에서 가장 비극적이고 치욕적인 달이다. 그 100돌을 맞이하면서 우리는 다시 기억을 살리고 현재의 고리를 풀고 미래를 열어가는 계기로 삼기로 했다. 과거는 기억해야 한다. 기억을 상실하면 고난의 민족사가 존재할 수 없으며 미래의 비전을 제시할 수도 없을 것이다.

그동안 국내에서는 피해자나 관련 시민단체와 학술단체들이 한-일 과거사 청산을 위해 많은 노력을 기울였으며, 적지 않은 성과를 거두었다. 그러나 여전히 일본 정부는 식민지 지배에 대한 공식 책임을 외면하고 있을 뿐 아니라 식민지 과거사와 침략전쟁을 미화함으로써 과거사 갈등이 더욱더 심해지고 있는 현실이다. 한국의 한-일 과거사 청산 관련 활동 또한 개별·분산적으로 진행됨으로써, 복잡하게 얽힌 문제를 전체적으로 아울러 해결할 수 있는 단계로 발전하지 못한 것도 사실이었다. 강제동원이나 위안부 문제나 1923년 간토(關東)대지진 조선인 학살 문제 등등 개별 사안이 손가락, 즉 각론에 해당된다면, 이러한 문제의 근본은 손목, 즉 식민지 문제에서 비롯되었다는 것을 명확히 할 필요가 있다.

실제 과거사 청산을 위해 활동해온 한국의 시민단체들은 일본의 반성과 사죄가 없는 것과 한국인의 태평양전쟁 피해가 모두 식민지라는 조건에서 비롯되었으며 서로 긴밀하게 연관되어 있다는 사실을 확인하게 되었다. 이와 함께 강제병합 100년이 되는 2010년을 앞두고 각 단체 또는 사안별로 진행되고 있는 한-일 과거사 현안을 함께 점검하고 공동실천을 통해 문제를 해결하기 위해서는 공동사업기구를 조직해야 한다는 공감대가 널리 형성되었다.

그 결과 2009년 4월 25일 한-일 과거사 청산을 위해 활동하고 있는 국내 대표적인 시민단체와 관련 피해자 단체 그리고 민족운동 단체 및 학술연구 단체 등 46개 단체가 모여 '진실과 미래, 국치 100년 사업 공동추진위원회'(이하 국치백추위)를 발족했다. 내가 대표를 맡았다. 백추위는 창립선언문에서 "식민지 과거의 실상을 해명하고 원칙 있는 청산을 통해" "2010년을 국치 100년의 부끄러운 역사만을 되새김하는 자리가 아니라, 민족 억압과 차별 그리고 침략전쟁이 없는 평화로운 동아시아 세계를 후손들에게 물려주기 위한 원년"으로 삼기 위해 다양한 사업을 전개하겠다고 밝혔다.

향림교회에서 열린 이 창립대회에는 단체 대표와 시민 등 200여 명이 참석해 성황이라고 볼 수 없지만 관심은 확인할 수 있었다. 국내에서 한-일 과거사 관련 단체는 물론 다양한 시민운동단체와 학계가 공동으로 이런 기구를 만든 것은 처음 있는 일이었다. 기조강연을 맡은 이만열 교수는 나라가 망한 과정과 식민지 시기와 해방 뒤의 여러 문제를 짚어 방향을 제시해 주었다.

일본 시민단체에 과거사 청산 위한 한일 공동행동기구 제안

국치백추위는 2010년 3월부터 두 나라의 시민활동가들이 함께 과거사를 현안별로 그 실상과 문제점 그리고 해결방안을 짚어보는 특집기획을 공동주관사인 《경향신문》에 연재했다. 또 8월 첫째 주와 둘째 주 토요일에는 서울의 주요 국치 현장(남산, 정동, 서대문형무소 일대)을 돌아보는 '국치 100년 역사현장 답사'를 했다. 약 11일간의 여정으로 40여 명의 시민들이 일본 열도에 남아 있는 한국인의 식민지 피해상과 그 아물지 않은 역사의 현장을 둘러보는 '일본 역사기행'을 했다. 특히 8월 12일부터 9월 30일까지 서대문형무소역사관에서 '강제병합 100년 특별기획전시회-거대한 감옥, 식민지에 살다'를 열어 일제 식민지배의 실상과 상흔을 생생한 유물을 통해 직접 체험할 수 있도록 했다. 관람 인원은 14만 명이 넘었다.

한편 국치백추위는 올바른 과거사 청산은 식민지 범죄의 진실규명과 명예회복을 위해 각종 배·보상 문제가 조속히 해결되는 것이어야 하므로 두 나라 정부와 의회 그리고 한·일·재일 시민단체 간의 긴밀한 공조가 어느 때보다 필요하다고 판단하고, 과거사 청산을 위한 한-일 공동행동기구를 결성할 것을 일본 시민단체에 제안했다.

일본의 시민단체들도 그 필요성을 절실하게 느끼고 이에 호응해 2010년 1월 31일 도쿄 와세다봉사원 스콧홀에서 250여 명의 일본 시민단체·재일동포 관계자들이 모여 '과거사 청산과 평화의 미래를 위한 1·31 집회'를 열고, 한-일 과거사의 근본 해결을 위해 일본 시민단체의 모든 역량을 결집하는 한편, 한국의 시민단체와 연대해 공동행동을 전개할 것을 결의하고, 그 기구로 '강제병합 100년 공동행동 일본실행위원회'를 공식 발족했다(현재 일본의 36개 단체 참가). 나는 한국 쪽 대표로 이 대회에 참석해 인사말을 통해 반성과 평화와 미래의 우호를 강조했다.

도쿄에서 열린 한·일 시민 공동선언 일본대회 개인 부담으로 참가해

도쿄에서 열린 '과거사 청산과 평화의 미래를 위한 1·31 집회'는 '강제병합 100년 공동행동 일본실행위원회' 결성을 결의함으로써 한일 과거사 청산에 있어 역사적인 한 획을 긋는 뜻 깊은 자리였다.

하지만 국치백추위에서는 도쿄까지 다녀올 경비가 모자라서 애를 먹었다. 운영자금에서 비행기표를 지원할 수 있는 한도에 맞춰 일부 운영위원만 참가를 하되, 현지 체재비는 개개인이 부담을 했다. 일행은 숙박비를 아끼려 도쿄 변두리의 게스트하우스에서 집단투숙을 하고, 나와 이석태(변호사)·윤미향(한국정신대문제대책협의회 대표) 등은 그나마 '늙은이 대접'을 받아 신주쿠의 허름한 모텔에서 묵었다. 60여 개 가까운 단체가 모여 국치 100

2010년 8월 12일 서울 서대문형무소 역사관에서 '강제병합 100년 한일시민대회' 기자회견이 열리고 있다. 이어 8월 15일 한일 시민 공동선언을 발표함으로써 내가 공동위원장을 맡아 추진해온 국치 100년 사업의 대미가 마무리됐다. 《한겨레》 자료사진

년 행사를 할 때도 일본 방문 경비가 없어서 쩔쩔맸는데, 후원재단 같은 곳에서 한 푼의 지원도 없었으니 딱한 일이었다. 두 나라 시민단체들을 단일한 공동행동기구로 조직해 한일시민대회를 준비할 때도 마찬가지였다.

일본과 발을 맞추어 국치백추위에서도 2010년 3월 26일 '강제병합 100년 공동행동 한국실행위원회'를 결성했다. 두 나라 실행위원회는 그해 8월 22일부터 29일까지를 '강제병합 100년 한일시민대회' 기간으로 선포하고 다양한 사업을 전개했다.

우선 8월 22일 도쿄 도시마공회당에서 한일 시민 공동선언 일본대회 개막식이 열렸다. 공회당에는 어느 때보다 많은 1천 명 이상의 일본 시민들이

참여해 진지하게 행사를 지켜보았다. 바깥 거리는 소란스러웠다. 일본의 극우인사들이 '전위행동대' 따위 표지를 단 차량 10여 대를 몰고 와 일본 국가와 '조센진 바카야로' 같은 구호를 확성기를 통해 외치며 빙빙 돌고 있었지만 일본 참여자들은 한 점 동요 없이 행사장을 지켰다. 더욱이 민주민중가요인 〈타는 목마름으로〉(김지하 시)를 일본 가수가 부를 때는 눈물을 글썽이는 모습도 보였다.

그날 밤 행사가 끝난 뒤 도시마공회당 언저리에 있는 허름한 식당에서 뒤풀이를 했다. 좁은 자리에 늙은이 젊은이 가릴 것 없이 100여 명이 빼곡하게 앉아 대화를 나누기도 하고 노래를 부르기도 하고 춤을 추기도 했다. 나는 너무 기분이 좋아서 주책없이 박자에 맞지 않는 노래를 일부러 부르기도 하고 춤사위도 엉터리인 어깨춤을 추었다. 그 자리의 모습만 보면 풀리지 않을 꼬투리가 없을 것 같았다.

사할린 강제동원 노동자 문제 해결을 위한 자리 열려

나는 또한 광복절에 즈음하여 사할린 강제동원 노동자 문제에 집중해온 배덕호의 주선으로 오충일·조재국 목사와 함께 사할린을 방문해 답사도 하고 노동자 유족들의 사정도 살펴보았다. 사할린에는 현재 우리 동포 3만여 명이 거주하고 있다. 먼저 부의코브촌에 있는 탄광을 답사했다. 이 탄광은 1930년대 후반기에 채탄을 시작했는데 1,700여 명 노동자 가운데 조선인 노동자는 400여 명이 끌려왔다고 한다. 노임의 70퍼센트를 일본으로 보냈고 유치소를 만들어 징역과 같은 가혹행위를 했다 한다.

또 유즈노사할린스크 시에 있는 조선인 묘지를 답사했다. 수를 헤아려보지 못했지만 몇 천 기의 무덤이 있다고 한다. 묘비에는 인물 사진과 함께 러시아어와 한글로 이름을 써놓았다. 그리던 고국에 돌아오지 못한 주검들이었다. 이어 홈스크 언저리에 있는 조선인 학살지를 찾아보았다. 일본군은 본국으로 후퇴하기에 앞서 1945년 8월 20일 조선인 마을을 습격해 어린이가 포함된 27명을 학살했다. 여기 언덕에 1996년 해외동포추념사업회에서 조그마한 추모비를 세워두었다.

마지막으로 홋카이도와 직선 항로로 연결된 코르사코프의 망향의 언덕을 찾아보았다. 1945년 가을 일본인들이 이곳에서 배를 타고 귀환하자 조선 동포 4만여 명은 이곳에 몰려와 고국으로 돌아가려고 했다. 그런데 일본 배는 이들을 내팽개치고 돌아가버렸다. 이들은 고국 귀환을 기다리면서 얼어 죽고 굶어 죽고 정신병에 걸려 떠돌았다 한다. 한강포럼에서 세운 비에는 "굶어 죽고 얼어 죽고 미쳐 죽었다. 이들이 언덕을 메우건만 배는 오지 않아 할 일 없어 빈손 들고 민들레 꽃씨마냥 흩날려 (……) 그 후손들은 오늘까지 이 땅에서 삶을 가지고 있다"는 글이 쓰여 있다. 가슴 아픈 일이었다.

광복절을 맞이하는 시기, 사할린 강제노동자 문제를 풀려고 대표를 맡은 박선영 의원 등 국회의원들 10여 명이 참가해 사할린국립대학교 강당에 동포 500여 명을 모아놓고 2세 동포의 귀국 문제를 논의하는 자리가 마련되었다. 동포들은 진지하게 이들의 말에 귀를 기울였다. 현재 당사자 부부만 귀국을 허용하고 있어서 새로 이산가족이 생겨나 불평과 논란이 되고 있다. 이는 꼭 풀어야 할 문제일 것이다.

그런데 박진 의원이 내빈을 자세하게 소개하면서 우리 세 사람, 즉 오충일·조재국 두 목사와 나만을 빼놓았다. 일본 민간인 참가자들도 소개하면서 우리만 빼놓은 까닭을 알 수 없었다. 또 그들은 재외동포재단에서 국비를 받아 호텔에서 자고 먹었고 우리 네 사람은 자비로 동포 민박집에서 자고 먹었는데 대표로 행사를 이끈 박선영 의원조차 숙소나 경비에 대해서 한 번도 묻지 않았고 행사 때마다 '왕따'를 시켰다. 아무리 재야라는 '딱지'가 붙었더라도 심하게 결례를 한 것이다.

양국 시민은 한목소리, 양국 정부는 미온적 대응 일관

각설하고 8월 27~28일에는 서울 성균관대에서 국제학술대회를 공동주최하고, 국치일인 29일에는 한일 시민 공동선언 한국대회 겸 한일시민대회 폐막식을 거행했다. 특히 우리는 도쿄와 서울을 오가며 열린 두 번의 대회에서 두 나라 시민단체들이 공동으로 작성한 '식민주의 청산과 평화실현을 위한 한일 시민 공동선언'을 발표했다. 형식적인 선언이 아니라 실제로 과거사 현안을 해결하기 위해 노력해온 두 나라 시민단체들이 중심이 되어 작성했다는 점에서, 그리고 선언 말미에 한일 시민 공동행동계획을 명기해 이후의 실천을 담보하려는 의지를 담았다는 점에서 그 의미가 크다고 하겠다. 또 일본 혼성합창단 '악마의 포식', 한겨레 평화의 나무 합창단과 사이타마 우타고에 합창단의 합동공연, 그리고 한일 교류의 밤을 함께하며 이해와 친목을 다졌다.

그런데 한국대회 때는 폭우가 쏟아지는 궂은 날씨 탓이기도 했지만 청중이 600여 명에 지나지 않았다. 이 자리에는 일본인들도 130여 명 참가했는데 부끄러웠다. 또 한국 쪽에서 창구를 단일화하지 않고 여기저기에서 따로따로 행사를 벌여 분산된 모습을 보였다. 현재 국사를 다루는 국가기구의 책임자로 있는 이 아무개는 글로나 학술발표회에서, 나라를 망친 책임을 가장 먼저 져야 할 고종과 명성왕후를 두고 '구국의 화신'이라는 논리를 펴서 어리둥절하게 만들기도 했다. 그는 국가정통론을 주장하면서 고종과 명성왕후를 떠받들고 있는데 이율배반의 역사의식일 것이다.

아무튼 이런 과정을 거쳐 국치 100년 행사는 마무리되었다. 상임공동대표였던 박남수 · 박원철 · 이강실 · 이석태 · 이장희 · 이해학 등이 개인 주머니를 털어 경비를 댄 힘도 소중했거니와, 땀을 뻘뻘 흘리며 모든 행사를 조직하고 진행한 박한용 · 김민철 · 양미강 · 이신철 등과 실무를 도운 조세열 · 방학중 · 이용진의 수고를 빼놓을 수 없겠다. 주로 조직을 맡았던 박한용은 일본에 10여 차례 다니면서 열성적으로 일을 추진했다. 또 내가 '민족의 누나'라 부르는 이성순(정신대연구소 소장) 선생과 강주혜(정신대) · 김점구(독도수호대) · 김종수(간토대지진사업회) · 배덕호(지구촌동포연대) · 윤원일(안중근기념사업회) 등의 노고도 컸다.

거듭 말하거니와 이 행사는 결코 원한이나 복수 같은 갈등을 내세운 것이 아니라, 평화와 인권과 우의를 주제로 삼았다는 데에 주목할 필요가 있을 것이다. 그렇지만 여전히 일본 정부는 진정한 사과를 꺼리고 한국 정부 역시 미온적인 대응만 되풀이하고 있으니 안타까운 일이다.

| 에필로그 |

남기고 싶은 가족 이야기

　끝으로 우리 가족 얘기를 간단히 해볼까 한다. 팔불출이라고 손가락질을 받을 것 같아 주저해서 적당히 얼버무렸는데 여러 지인들이 예전과는 의식이 달라졌다면서 간단하게나마 가정의 분위기를 써보라는 부탁을 하기도 했다.

　선거철에 투표장에 나갈 때 지지하는 후보가 식구마다 달랐다. 나는 민주인사 가운데 당선될 만한 후보를 찍자고 설득하는데 식구들은 진보정당 후보를 찍기도 하고 그런 정당에 후원회비를 보내기도 한다. 가장인 내 의사에 동의를 해주지 않고 각자의 소신대로 결정하는 것이다. 나는 애써 토론을 벌이기보다 그저 넘어가는 수밖에 없었다.

　나의 아내 김영희는 내 비서 역할을 충실하게 해주고 있다. 온갖 세금 정산과 신문사와 잡지사에 원고 전달하기(원고지에 쓰던 시절)는 물론 발표 글의 스크랩도 하고 집 관리까지 내 대신 도맡아 해주고 있다. 나와 아이들에게 잔소리를 많이 해서 부담스러울 때도 있고 말다툼을 벌일 때도 있지만, 미술 등 다양한 분야에 대한 지식도 많고 감각이 뛰어나서 나와 아이들 글쓰기에 도움을 주기도 한다.

　아들 응일은 어릴 때부터 과학에 관심이 많았고 조립식 장난감을 즐겨 다루었다. 한편 중학교 2학년 때 교내 백일장에서 장원을 했는데 그 시의 주제가 논란거리가 되었다. 제목은 〈길-철마는 달리고 싶다〉였다. 그 한 대목을 보면 "녹슨 몸을 일으켜 죽의 장막 뚫고, 개성까지 평양까지 신의주까지, 철도 따라 굽이굽이 달리고 싶어"였다. 어찌 보면 참여시의 분위기를 풍기는 것도 같다.

고등학교 시절에는 성수대교가 무너졌을 때 교내 백일장에서 〈한강〉이라는 제목으로 시를 써서 장원을 했다. 그 시에서, 아버지는 맥주를 마시고 어머니는 '퐁퐁'을 쓰면서 한강물을 더럽히고 어느 가출소녀는 한강의 언덕에서 자살할까 말까 울고 있으며 여학생들이 다리가 무너져 비명횡사했다는 내용을 깔았다. 한강이란 주제를 두고 서정으로 풀어낸 게 아니라 서사적 수법을 동원한 것이다. 황지우는 이 시를 보고 칭찬을 아끼지 않았다.

대학에서는 자연과학도인데도 영화 동아리에서 시간을 보냈다. 과학영재로 병역특례를 받아 산업체에서 근무할 수 있었지만 현역 카투사로 군대에 다녀와서는 아내의 권유에 따라 변리사 시험 준비를 했고 1년 만에 1차 시험에 합격했다. 그러다가 2차 시험 2개월을 앞두고 영화를 만들겠다면서 가출을 했다. 아내는 내가 쫓아냈다고 말했다. 그러고는 신림동 일대를 떠돌다가 생활고에 시달렸는지 한국거래소 입사시험에 합격해 1년을 근무하고 그만두었다. 최근에 〈불청객〉이란 영화를 세상에 내놓으며 영화감독으로 데뷔했다.

딸 응소는 초등학교 때부터 소설 읽기를 즐겨하면서 소설 습작을 했다. 중학교 때는 도서부에서 활동하기도 했다. 습작 소설을 읽고 작가 박완서 선생도 겉치레 아닌 칭찬을 했고 화가 김점선 선생은 앞으로 유명 작가가 될 것이라고 큰 소리로 예단했다. 중학교 3학년 때는 가출을 해서 제주도에서 떠돌면서 보름을 지내고 돌아왔다. 아내가 영어 실력이 있다고 외고에 보내려 하자 일반 학교에 진학하겠다고 우기면서 가출을 해 기어코 뜻대로 일반 인문고에 입학했다. 중학교 때는 '또 하나의 문화'에 참여하면서 이름 앞에 아버지 어머니의 성을 함께 적은 "이김"이라는 명찰을 달고 다녀 교사들의 지적을 받기도 했다.

대학에 들어가서는 독일어과를 다니면서 부모와 이렇다 상의도 없이 연달아 휴학을 했고 '학벌 없는 사회'에서 활동하기도 하고 데모에 열중하기도 했다. 대학에서 생활도서관 활동을 하기도 하고 심리학이나 철학 강좌를 열성으로 쫓아다니면서 김상봉·홍세화 같은 명사들의 강의 듣기를 좋아했다. 가정 정서 탓인지 사회의식 탓인지 한때 방황하기도 했다. 이 아이는 끝내 정신분석학에 몰입해 독일 유학을 준비하고 있다. 두 아이 모두 아버지의 정치 성향을 두고 "보수 좌파"쯤 된다고 나름대로 평가한다. 나는 그저 웃어넘기는 수밖에 없다.

친지들은 이 아이들이 가출을 하거나 전공과 다른 일을 하는 게 꼭 제 아비를 닮았다고들 말한다. 그럴 만도 하다. 또 외곬수로 개성이 너무 강한 것 같기도 하다. 한데 동네 어른들에게 인사를 잘하고 길가에 휴지를 버리지 않는다든지, 교통질서를 잘 지킨다든지, 이해와 출세를 밝히지 않는다든지, 자유로운 사고를 지니고 있다든지 하는 모습을 보고 '나쁜 애들'은 아니라는 생각이 들기도 한다. 또 하나, 이 애들은 어릴 때도 여느 애들과는 달리 인기 연예인을 따라다니거나 야구나 축구 등 스포츠 경기에 열광하거나 텔레비전 코미디 프로에 빠지는 일이 없었다. 이런 모습은 조금 귀족적이고 고답적 의식을 지니고 있다고 할 수 있을 것이다.

내 셋째 형인 간화형은 아버지를 따라 『주역』을 열성으로 배웠는데 많은 이들의 기대를 저버리고 젊은 나이에 작고했다. 내 동생 태화는 나처럼 청소년 시절을 어렵게 보내면서 광주일고를 다녔으나 대학을 마치지 못했다. 형이 이끌어주지 못한 탓이다. 그런 가운데에서도 공무원 노릇도 하고 사업도 하다가 늦어서 한문강사 1급 자격증을 따서 지금은 어린이 한자 교육에 열중하고 있다.

내 조카 응국은 경제학과를 나와 은행원 노릇을 하다가 『주역』과 동양 고전 공부에 빠져, 대산 김석진 선생에게서 수학하고 동방문화진흥회 대전지부와 홍역학연구소를 이끌면서 활동하고 있다. 원광대 등 여러 곳에 출강하기도 한다. 또 다른 조카인 응문도 법대를 다니다가 어머니 김함장과 대산 김석진 선생에게서 『주역』을 배우고 나서 동방문화진흥회의 회장을 맡고 대구에 대연학당을 열어 왕성하게 활동하고 있다. 봉사자 또는 구도자의 길을 걷는다고 말할 수 있을 것이다. 또 내 형수인 김함장 선생은 시아버지와 남편 간화형에게서 『주역』을 배운 뒤 제자들을 길렀고 조카며느리 오금지는 약사 출신인데도 대구 대연학당에서 한문 가르치는 일에 전념하고 있다.

이들은 세상 물정에 너무 어두운 것 같기도 하고 학문 사상에서 조금 보수적 경향을 지니고 있는 것 같기도 하고 물질적인 생활을 지나치게 소홀하게 여기는 것 같기도 하다. 이 얘기를 굳이 하는 뜻은 한문 또는 『주역』이 우리 집안의 가학(家學)처럼 이어지고 있다는 것을 말하려는 것이다. 모두들 배운 대로 이기적인 사심이 없어서 자랑스럽게 여기고 있다. 부디 모두들 조금이라도 더불어 사는 사회에 기여하는 이들이 되기를 바랄 뿐이다.

| 연보 |

1936 대구 비산동에서 아버지 야산 이달 선생과 어머니 박순금 사이에서 팔삭둥이로 태어남(호적상으로는 1937년 생. 원적지는 김천시 구성면 상원리).

1942 아버지와 함께 전북 이리 묵동으로 이사함. 이 무렵부터 아버지에게 천자문을 익혔고, 이곳에서 해방을 맞이함. 종기, 학질 등 병치레로 허약한 아이였음.

1945 10월 어머니는 이리에 머물고, 아버지의 제자들과 함께 충남 논산 수락리와 대둔산 석정암으로 이주함. 아버지는 이곳에서 본격적으로 『주역』 강의를 시작하여 주역을 마친 108명의 제자를 둠. 옻오름, 야뇨증, 말더듬 등으로 시달림.

1948 초봄 충남 서산군 남면 달산리(현재는 태안군)로 이주함. 만리포 해수욕장에서 조개잡기, 낙지잡기 등을 하며 신나게 놀았음.

1949 초봄 안면도 개락금 지역으로 다시 이주. 아버지는 광천에서 제자를 시켜 솥공장을 경영했는데, 광천으로 치료를 받으러 가서 아버지를 만남. 아버지에게서 용돈을 받아 첫 한글로 된 책을 사서 읽음. 안면도에서 살 때 한국전쟁 일어남.

1951 한국전쟁 발발 직후 이리 어머니집에 머물다가, 아버지가 삼일학원을 열고 있는 충남 부여군 은산면 가곡리 옥가실로 이주함. 학교에 다니고 싶어 가출을 결심, 결행해 성주군 용암면 죽전동 하무기 외가로 감. 이어 고령군 성산면 무계동 새터 이모집으로 감.

1952 가출 후 성주, 고령, 대구 등지를 1년쯤 떠돌다 부산 영도에 있는 서울애린원(고아원)에 들어감. 중학교 입시문제집 『지능고사』를 통째로 외움.

1953 꿈에 그리던 학교 입학(한영중학교)을 이뤘으나, 원장 아들의 횡포에 맞서 고아원에서 도망 나와 여수보육원에 들어감. 한 학년 월반하여 종고중학교 2학년에 편입함. 처음에는 잘 지냈으나 나중에는 차별 대우에 항의하여 나옴. 서울에서 떠돌다가 다시 부산 서울애린원에 들어감. 부산 영도의 무선학교에 입학.

1954 무선학교가 다니기 싫어 서울로 와서 떠돌다가 목포를 거쳐 광주로 감. 광주에서 사귄 친구들 집에서 기거, TG학원에 다니면서 입시 준비.

1955 광주고등학교 입학, 생애 유일한 졸업장을 이곳에서 받음. 은단 장사와 여관 종업원 일을 하며 고학 생활을 함.

1956 학생 소식지인 《광고 타임스》에 투고하여 첫 시가 게재되는 등 문학적 재능을 인정받았고, 교우지 편집 일을 맡아보았음.

1957 교내 학예부장, 청소년적십자단 부단장을 맡는 등 활발한 교내활동. 평생의 은사인 유공희, 송규호, 이종수 선생을 만남.

1958 서라벌예술대학 문예창작과에 장학생으로 합격. 여름방학을 앞두고 아버지의 임종을 지킴. 학교를 그만둔 뒤 서울대 배지를 달고 전국을 돌며 대학입시 문제집을 팖.

1959 어머니가 마련해준 광주의 집에서 사법고시를 준비했으나 이듬해 4·19가 나자 그만둠. 방황의 세월을 보냄.

1960 광주에서 4·19 시위에 참여하고 그해 7월 민의원 선거에서 광주고 학비를 면제케 해준 은인 김용환 선생의 선거 홍보를 도움. 서울에 올라와 친구 하숙집을 전전하며 취업 준비.

1961 5·16 쿠데타 이후 병역기피자 신세가 됨. 만화가게를 차렸으나 실패, 이후 1962년까지 보험 외무사원, 아이스께끼, 가루치약, 군밤 장사 등을 하며 지내면서 낙백의 세월을 보냄. 이 무렵 문학의 꿈을 접고 한국사에 관심을 쏟음.

1963 남대문 시장, 명동 등지에서 술집 웨이터 생활을 거쳐 가정교사 일을 1년 정도 함.

1964 새롭게 창간된 《불교시보》에 기자로 입사, 3년간 일함. 이 시기 고승들을 만나고 도서관에서 한국사 관련 책들을 읽으며 르포를 씀. 처음으로 한국사를 제대로 공

부하겠다고 결심.

1966 대전 홍륜학원에서 국어와 한문을 가르치고 심광사에서 불교학생회 학생들을 지도하다, 어머니가 위중하다는 소식을 듣고 대전 생활을 접음.

1967 어머니의 임종을 지킴. 신체검사를 통해 무종으로 정식 병역 면제를 받음. 가을 동아일보사 출판부에 임시직으로 취직하여 《동아연감》 편집 작업을 함.

1968 《신동아》의 별책부록 『한국 고전 백선』 작업을 하며, 천관우, 박종홍, 임창순, 이숭녕 등 당대 손꼽히는 학자들과 만남. 『한국 고전 백선』 작업 후 민족문화추진회에 들어가기 전인 1974년까지 서울대 규장각에서 해제 작업을 함. 해제작업은 박사과정으로 여기고 열심히 수행했음.

1969 동아일보사 조사부에서 《동아일보》 창간호부터 기사 색인 작업을 함. 식민지 시기의 역사에 대한 정보와 지식을 습득할 수 있었음. 기한부 임시직으로 출발하여 1974년 갑자기 해고되기 전까지 계약직 촉탁으로 근무했던 아웃사이더였지만, 6년 남짓한 동아일보사 시절은 기초를 다지는 꽤 번듯한 '학사과정'이라 여겼음.

1973 《신동아》에 『신규식평전』을 발표, 국사 관련 글을 발표하기 시작함. 《창작과비평》에 군사정권에 대한 나름의 저항의식을 표출한 글 「허균과 개혁사상」을 발표함.

1974 민족문화추진회의 국역자 양성기관인 국역연수원 시험에 합격함. 민족문화추진회에서 근무하면서 한문 원전을 읽으며 본격적인 한국사 연구에 몰입함.

1975 《창작과비평》에 유신정권에 대한 저항을 깔고 있는 「북벌론의 사상사적 검토」를 발표, 천관우 선생, 이우성 교수 등으로부터 좋은 논문이라는 격려를 받음.

1976 《뿌리깊은나무》에 한국사 관련 글 연재, 《월간중앙》에 「한국의 파벌」을 1년간 연재함. 이해 겨울 후배 윤구병의 소개로, 김영희와 결혼함.

1977 순수 학술지인 《한국사연구》에 논문 「척사위정론의 비판적 검토」를 발표하면서 본격적으로 학계에 데뷔함. 민추를 그만두고 이후 1981년까지 다시 서울대 규장각에서 해제 작업과 편집을 하게 됨. 아들 응일이 태어남.

1979 화곡동 집으로 이화여대와 연세대 대학원생 20명이 한문을 배우러 오면서 '한문

서당'이 시작됨. 이후 십수년에 걸쳐 연세대, 한양대, 서울대 대학원생들, 소설가 박완서, 시인 유안진, 화가 김점선 등이 함께 참여했고, 답사 기행으로 이어지기도 했음.

1980 5월 서울의 봄 당시 학생들과 함께 시위에 참여함. 광주 시민군 진압 후 6월경 광주에 내려갔으나 지인들은 모두 도피 중이거나 보안사에 끌려간 상태였음. 첫 책이라 할 수 있는 『허균의 생각』(뿌리깊은나무)이 출간됨.

1981 한국정신문화연구원에 전문위원으로 들어가 『민족문화대백과사전』 편찬 일을 하게 되었으나 전두환 정권 아래에서 양심의 가책 등의 이유 때문에 1년 남짓 후 그만둠.

1982 이해 가을 구리 아치울(아천동)에 집을 짓고 이사함. 가을학기부터 성심여대 국사학과에서 '한국사상사' 과목을 맡아 강의를 시작함. 이후 10여 년 동안 대학에서 학생들을 가르치면서, 학생들은 물론 소장학자들과의 교류를 넓히게 됨.

1985 이해 시작하여 50여 회 진행된 한길역사기행에 가장 많이 참여한 강연자가 되었고, 한길역사강좌에도 '민중운동사' 등을 주제로 강의를 함.

1986 생애에서 특별한 의미를 지니는 두 사건이 일어난 해임. 하나는 역사문제연구소가 처음 문을 열면서 초대 운영위원으로 참여한 것이고, 또 하나는 딸 웅소가 '쉰둥이'로 태어난 것임. 역사문제연구소를 통해 '19세기 민중운동사' 모임을 꾸려서 1년간 활동함. 이어 부소장, 소장을 맡아 보았음.

1987 6월 항쟁 시위에 참여함. 9월에는 무크지 형식으로 《역사비평》 창간호를 내는 데 동참하여, 「역사소설의 반역사성」이란 논문을 실음. 10월에는 민중사 연구 2기라 할 수 있는 '한국 근대 민중생활사' 세미나 팀을 꾸림. 이 모임들이 뒤에 역문연의 역사기행과 동학농민전쟁기념사업 모임으로 연결됨.

1988 《한겨레신문》 창간 발기인으로 참여함. 학술단체협의회가 발족하여 상임 공동대표가 됨.

1989 역사문제연구소의 숙원이던 사옥이 마련됨. 이 무렵부터 본격적으로 역문연이 주

관한 역사기행과 역사강좌가 시작됨. 동학농민혁명 100돌을 준비하기 위한 '동학농민전쟁백주년기념사업추진위원회'(이하 백추위)를 발족하여 위원장을 맡음.

1990 백추위 주관으로 이해 초부터 1994년까지 동학농민군의 실체를 파악하기 위한 현장답사를 실시함. 8월에는 한국사의 흔적을 찾아나선 첫 중국 답사 기행을 다녀옴. 고등학교 동창인 이문옥 감사관의 양심선언이 있었음. 1992년 총선 당시 광주에서 출마한 이 감사관의 선거운동에 열심히 참여함.

1991 박완서, 송우혜 선생과 함께 두 번째 중국 답사를 다녀옴. 우리 역사에서 지워진 홍범도 장군의 행적과 조선의용군의 흔적을 돌아봄. 이어 『중국역사기행―조선족의 삶을 찾아서』를 간행함.

1993 백추위 주관으로 '청일전쟁 답사'를 주제로 한 세 번째 중국 기행을 다녀옴. 《한겨레신문》에 동학농민전쟁의 주요 인물에 대한 이야기를 담은 '발굴 동학농민전쟁 인물열전'을 연재함. 12월 '동학농민전쟁 백주년 기념사업단체 협의회'가 결성되어 공동대표가 됨.

1994 동학농민전쟁 백주년을 맞이하여 '고부봉기 역사맞이굿'을 시작으로 여러 행사를 벌임. 동학농민혁명 유족회의 결성을 주선함.

1995 한길사 김언호 사장의 제안으로 평생의 소원이던 '한국통사' 집필을 계약함. 그해 7월 집필을 위해 전북 장수 연평리 연화마을에 내려감. 역사문제연구소 소장직을 사퇴하고 고문 또는 운영위원으로 동참함.

1996 백추위 주도로 수집, 간행한 총 30권의 『동학농민전쟁사료총서』가 출간됨.

1997 『한국사 이야기』 중 고대사 4권 분량을 탈고한 뒤 전북 김제 금산면 월명암으로 집필 공간을 옮김.

1998 『한국사 이야기』 첫 시리즈 고대사 4권이 출간됨. 출간 후 '이이화와 함께 떠나는 고구려 발해 역사대탐험'이라는 답사 기행을 다녀옴. 구리 아치울 집으로 다시 집필 공간을 옮김.

1999 『한국사 이야기』 두 번째 시리즈 고려사 4권이 출간됨. 일본 오키나와에서 열린

'동아시아 평화와 인권을 위한 국제회의'에 참가함.

2001 단재학술상을 수상함.

2002 '한국전쟁 전후 민간인학살 진상규명과 명예회복을 위한 범국민위원회'의 상임공동대표가 됨. 친일인명사전 편찬위원회 지도위원으로 감수 작업에 참여함.

2004 봄에 『한국사 이야기』 마지막 원고를 탈고하여 여름에 총 22권으로 완간함. 2005년 프랑크푸르트 도서전을 위한 한국의 대표적인 책 100선에 선정되었고, 2007년에는 《한국일보》에서 선정한 우리 시대 명저 50선에 선정됨. 1월 중국의 동북공정에 맞선 '고구려역사문화재단'(가칭)을 발족하여 공동대표가 되었고, 9월에는 금강산에서 열린 남북 역사학자 공동 학술대회에 참여함. 11월에는 '고구려역사문화보존회'와 동학농민혁명기념재단이 설립되어 각각 이사장으로 추대됨.

2005 위암이 발견되어 수술. 서원대학교 역사교육과의 석좌교수가 됨(2년 출강). 『만화 한국사 이야기』 7권을 출간함(뒤에 2011년 9권으로 개정 증보함). 임종국기념사업회에서 제정한 '임종국상'과 단재상 심사위원으로 활동. '진실·화해를 위한 과거사정리위원회'와 '친일반민족행위자재산조사위원회'가 출범하여 자문위원으로 활동함. 11월에 개성에서 열린 남북 역사학자 학술 토론회에 참여함.

2006 청명학술상을 수상함.

2008 대통합민주신당(현 민주당)의 18대 국회의원 후보 지역공천심사위원으로 활동함.

2009 '진실과 미래, 국치 100년 사업 공동추진위원회'가 발족하여 공동대표를 맡음. 『인물로 읽는 한국사』(전10권)를 출간함.

2010 '강제병합 100년 공동행동 한국실행위원회'를 결성하고 상임공동대표를 맡음. '강제병합 100년 한일시민대회' 사업을 전개함. 민족문제연구소 부설기구인 '일제강점기 역사박물관' 건립추진위원장을 맡음. 《한겨레》에 회고록 '길을 찾아서 — 민중사 헤쳐온 야인' 연재를 시작하여 이후 6개월 동안 121회에 걸쳐 집필함.

| 저서 |

논문

· 「許筠과 改革思想」,《創作과批評》제8권 제3호, 창작과비평사, 1973.
· 「北伐論의 思想史的 檢討」,《創作과批評》제10권 제4호, 창작과비평사, 1975.
· 「斥邪衛正論의 批判的 檢討—華西 李恒老의 所論을 中心으로」,《韓國史研究》18, 한국사연구회, 1977.
· 「奎章閣小考—奎章閣志를 중심으로 본 槪觀 1」,《奎章閣》3, 서울대학교 도서관, 1979.
· 「南冥集의 異本 檢討—內容의 增删문제와 關聯하여」,《奎章閣》8, 서울대학교 도서관, 1984.
· 「19세기 전기의 民亂研究」,《韓國學報》제35집, 일지사, 1984.
· 「19세기 民亂의 組織性과 連繫性에 관한 한 연구 —九月山세력과 智異山세력을 중심으로」,《嶠南史學》창간호, 영남대학교 국사학회, 1985.
· 「朝鮮朝 黨論의 展開過程과 그 系譜」,《韓國史學》8, 한국정신문화연구원, 1986.
· 「역사소설의 반역사성—동학농민전쟁관계 소설을 중심으로」,《역사비평》제1집, 역사문제연구소, 1987.
· 「19세기 사회사상사 연구현황과 문제점」,《한국근현대연구 입문》, 역사비평사, 1988.
· 「鄭仁弘의 政治思想과 現實認識」,《慶南文化研究》제11호, 慶尙大學校 慶南文연구회, 1988.

- 「인간과 신의 차이―최시형의 역사적 재평가」, 《역사비평》 제2집, 역사문제연구소, 1988.
- 「'쌀'과 제국주의」, 《역사비평》 1989 여름호, 역사문제연구소, 1989.
- 「吳知泳 『東學史』의 內容檢討―주로 1894년 東學農民戰爭과 關聯하여」, 《민족문화》 12, 민족문화추진회, 1989.
- 「토지소유 둘러싼 갈등의 한국사」, 《월간중앙》, 1989.
- 「東學農民戰爭에 나타난 儒林의 對應」, 《벽사이우성교수정년퇴직기념논총 민족사의 전개와 그 문화》 하, 1990.
- 「韓末 儒生層의 現實認識과 義兵鬪爭―崔益鉉의 思想과 政治活動을 중심으로」, 《국사관논총》 15, 국사편찬위원회, 1990.
- 「전봉준과 동학농민전쟁 1~4」, 《역사비평》 7, 8, 9, 10호, 역사문제연구소, 1990.
- 「黃玹의 『梧下記聞』에 대한 內容檢討―1894년 동학농민전쟁의 기술을 중심으로」, 《서지학보》 4, 한국서지학회, 1991.
- 「鄭仁弘의 政治思想과 現實認識(수정 논고)」, 《南冥學研究論叢 제2집, 南冥學研究院, 1992.
- 「이완용의 곡예―친미·친로에서 친일로」, 《역사비평》 17집, 역사문제연구소, 1992.
- 「東學農民戰爭 展開過程에 나타난 몇 段階」, 《한국사학논총》 하, 1992.
- 「임창순―4·25 교수데모에 앞장선 한학·금석문의 대가」, 《역사비평》 18호, 역사문제연구소, 1992.
- 「李承薰 關係文獻의 檢討―蔓川遺稿를 중심으로」, 《교회사연구》 8, 한국교회사연구소, 1992.
- 「폐정개혁과 갑오개혁의 연관성 규명」, 《동학농민혁명과사회변동》, 동학농민혁명기념사업회, 1993.
- 「東學農民戰爭의 歷史的 意義」, 《百濟文化 第二十三輯》, 공주대학교 백제문화연구소, 1994.

- 「동학농민전쟁과정에서 나타난 장성전투의 의미」,《湖南文化研究》제23호, 全南大學校 湖南文化研究所, 1995.
- 「고려시대의 개경」,《역사비평》통권 54호, 역사문제연구소, 2001.
- 「1894년 농민전쟁 지도부 연구—전봉준·김개남·손화중을 중심으로」,《1894년농민전쟁연구》5, 한국역사연구회, 2003.
- 「동학농민혁명과 충북, 그리고 그 정신」,《忠北學》5, 충청북도 忠北學研究所, 2003.
- 「이이화—민중 속에서 민중의 역사가로(배항섭과의 대담)」,《역사비평》통권 68호, 역사문제연구소, 2004.
- 「과거사 청산과 이 시대인의 사명」,《역사와 경계》67, 부산경남사학회, 2008.

저서

- 『허균의 생각—그 개혁과 저항의 이론』, 뿌리깊은나무, 1980(개정판 여강출판사·1991).
- 『韓國의 派閥』, 語文閣, 1983(개정판 솔과학 · 2004).
- 『歷史와 民衆 ; 우리나라 歷史의 새 摸索』, 語文閣, 1984.
- 『韓國近代人物의 解明』, 學珉社, 1985.
- 『한길역사기행 1』(공저), 한길사, 1986.
- 『한국 민중의 삶과 저항의 역사』, 한길사, 1986.
- 『한문강좌』, 한길사, 1988.
- 『역사인물이야기』, 역사비평사, 1989.
- 『우리 겨레의 전통생활』, 여강출판사, 1991.
- 『동학농민전쟁연구자료집(1)』(공저), 여강출판사, 1991.
- 『이이화의 중국역사기행』, 웅진닷컴, 1993.
- 『인물로 보는 친일파 역사』(공저), 역사문제연구소, 1993.
- 『이야기 인물한국사 1—사상과 학문의 주역들』, 한길사, 1993.
- 『이야기 인물한국사 2—민족문화를 일으킨 선각자들』, 한길사, 1993.

- 『이야기 인물한국사 3 — 제왕의 길 치국의 도』, 한길사, 1993.
- 『이야기 인물한국사 4 — 시대와 맞선 풍운아들』, 한길사, 1993.
- 『이야기 인물한국사 5 — 역사상의 라이벌과 동반자』, 한길사, 1993.
- 『東學農民革命과 社會變動』(공저) 동학농민전쟁기념사업회편, 한울, 1993.
- 『朝鮮後期의 政治思想과 社會變動』, 한길사, 1994.
- 『17~18세기 민중의 저항, 한국사 9 — 중세사회의 해체』, 한길사 한국사편집위원회, 1994.
- 『발굴동학농민전쟁 인물열전』, 한겨레신문사, 1994.
- 『韓國史의 주체적 人物들』, 여강출판사, 1994.
- 『1894년 농민전쟁 연구 5(농민전쟁의 역사적 성격)』(공저), 역사비평사, 1997.
- 『우리들의 한문교실』(공저), 한길사, 1997.
- 『허균 — 위대한 한국인 02』, 한길사, 1997.
- 『한국사 이야기 01 — 우리 민족은 어떻게 형성되었나』, 한길사, 1998.
- 『한국사 이야기 02 — 고구려 백제 신라와 가야를 찾아서』, 한길사, 1998.
- 『한국사 이야기 03 — 삼국의 세력다툼과 중국과의 전쟁』, 한길사, 1998.
- 『한국사 이야기 04 — 남국 신라와 북국 발해』, 한길사, 1998.
- 『한국사 이야기 05 — 최초의 민족통일국가 고려』, 한길사, 1999.
- 『한국사 이야기 06 — 무신의 칼 청자의 예술혼』, 한길사, 1999.
- 『한국사 이야기 07 — 몽골의 침략과 30년 항쟁』, 한길사, 1999.
- 『한국사 이야기 08 — 개혁의 실패와 역성혁명』, 한길사, 1999.
- 『한국사 이야기 09 — 조선의 건국』, 한길사, 2000.
- 『한국사 이야기 10 — 왕의 길 신하의 길』, 한길사, 2000.
- 『한국사 이야기 11 — 조선과 일본의 7년전쟁』, 한길사, 2000.
- 『한국사 이야기 12 — 국가 재건과 청의 침입』, 한길사, 2000.
- 『한국사 이야기 13 — 당쟁과 정변의 소용돌이』, 한길사, 2001.

- 『한국사 이야기 14 — 놀이와 풍속의 사회사』, 한길사, 2001.
- 『한국사 이야기 15 — 문화군주 정조의 나라 만들기』, 한길사, 2001.
- 『한국사 이야기 16 — 문벌정치가 나라를 흔든다』, 한길사, 2003.
- 『한국사 이야기 17 — 조선의 문을 두드리는 세계 열강』, 한길사, 2003.
- 『한국사 이야기 18 — 민중의 함성 동학농민전쟁』, 한길사, 2003.
- 『한국사 이야기 19 — 오백년 왕국의 종말』, 한길사, 2003.
- 『한국사 이야기 20 — 우리 힘으로 나라를 찾겠다』, 한길사, 2004.
- 『한국사 이야기 21 — 해방 그날이 오면』, 한길사, 2004.
- 『한국사 이야기 22 — 빼앗긴 들에 부는 근대화 바람』, 한길사, 2004.
- 『이이화와 함께 한국사를 횡단하다』, 한길사 편집부, 한길사, 2004.
- 『이이화의 역사풍속기행』, 역사비평사, 1999.
- 『이이화의 못다한 한국사 이야기』, 푸른역사, 2000.
- 『人物 朝鮮の歷史』, 明石書店, 2000.
- 『역사 속의 한국불교』, 역사비평사, 2002.
- 『역사는 스스로 말하지 않는다』, 산처럼, 2004.
- 『대접주 김인배 동학농민혁명의 선두에 서다』(공저), 푸른역사, 2004.
- 『한국사, 나는 이렇게 본다 — 역사도서관 교양 01』, 길, 2005.
- 『8·15의 기억 — 해방공간의 풍경, 40인의 역사체험』(공저), 한길사, 2005.
- 『이대로 주저앉을 수는 없다 : 호남 서남부 농민군, 최후의 항쟁』(공저), 혜안, 2006.
- 『녹두장군 전봉준』, 중심, 2006.
- 『역사』, 열림원, 2007.
- 『21세기 첫 십년의 한국 : 우리시대 희망을 찾는 7인의 발언록』(공저), 철수와영희, 2008.
- 『대한민국 청소년에게 : 2.0세대를 위한 기성세대의 진실한 고백』(공저), 바이북스, 2008.

- 『인물로 읽는 한국사 01 — 왕의 나라 신하의 나라』, 김영사, 2008.
- 『인물로 읽는 한국사 02 — 한국사의 아웃사이더』, 김영사, 2008.
- 『인물로 읽는 한국사 03 — 조선인은 조선의 시를 쓰라』, 김영사, 2008.
- 『인물로 읽는 한국사 04 — 세상을 위한 학문을 하라』, 김영사, 2008.
- 『인물로 읽는 한국사 05 — 진리는 다르지 않다』, 김영사, 2008.
- 『인물로 읽는 한국사 06 — 파랑새는 산을 넘고』, 김영사, 2008.
- 『인물로 읽는 한국사 07 — 바람 앞에 절명시를 쓰노라』, 김영사, 2008.
- 『인물로 읽는 한국사 08 — 빼앗긴 들에도 봄은 오리니』, 김영사, 2008.
- 『인물로 읽는 한국사 09 — 그대는 적인가 동지인가 : 한국사의 명장면을 연출한 영원한 라이벌과 동반자』, 김영사, 2009.
- 『인물로 읽는 한국사 10 — 끝나지 않은 역사 앞에서』, 김영사, 2009.
- 『이이화의 한문공부 : 고전을 만나러 가는 첫걸음』, 역사비평사, 2009.
- 『백두산을 오르며 만나는 우리역사』(공저), 리북, 2010.
- 『역사를 쓰다 — 이이화 자서전』, 한겨레출판, 2011.

저서(청소년도서)

- 『겨레의 역사를 빛낸 사람들』(전7권), 한길사, 2002〔개정판 소년한길(전5권), 2008〕.
- 『이이화 선생님이 들려주는 만화 한국사 이야기 1 : 선사시대』, 삼성출판사, 2001.
- 『이이화 선생님이 들려주는 만화 한국사 이야기 2 : 삼국시대』, 삼성출판사, 2001.
- 『이이화 선생님이 들려주는 만화 한국사 이야기 3 : 남북국 시대』, 삼성출판사, 2001.
- 『이이화 선생님이 들려주는 만화 한국사 이야기 4 : 고려 시대』, 삼성출판사, 2002.
- 『이이화 선생님이 들려주는 만화 한국사 이야기 5 : 조선시대전기』, 삼성출판사, 2002.
- 『이이화 선생님이 들려주는 만화 한국사 이야기 6 : 조선시대후기』, 삼성출판사, 2002.
- 『이이화 선생님이 들려주는 만화 한국사 이야기 7 : 근대와 일제시대』, 삼성출판사, 2004〔완전 개정판 2011(전9권)〕.

- 『이이화 선생님의 만화 고구려 바로알기 1 』, 해피북스, 2005.
- 『이이화 선생님의 만화 고구려 바로알기 2 』, 해피북스, 2007.
- 『이이화 선생님과 함께 배우는 만화 인물 한국사 1 : 외세에 맞서 나라를 지킨 역사 속 인물들』, 또래마루, 2006.
- 『이이화 선생님과 함께 배우는 만화 인물 한국사 2 : 제왕의 길 치국의 도를 지킨 역사 속 인물들』, 또래마루, 2006.
- 『이이화 선생님과 함께 배우는 만화 인물 한국사 3 : 고구려 영웅들과 우리 문화를 빛낸 역사 속 인물들』, 또래마루, 2006.
- 『이이화 선생님과 함께 배우는 만화 인물 한국사 : 동학농민혁명지도자 편』, 또래마루, 2006.
- 『찬란했던 700년의 역사 고구려 — 주춧돌 01』, 사파리, 2006.
- 『해동성국 발해 — 주춧돌 02』, 사파리, 2007.
- 『이이화 선생님이 들려주는 이야기 한국사 1』, 파란하늘, 2008.
- 『이이화 선생님이 들려주는 이야기 한국사 2』, 파란하늘, 2008.
- 『이이화 선생님이 새로 쓴 초등 급수 한자의 달인』, 계림, 2009.
- 『이이화 역사 할아버지가 들려주는 도깨비 이야기 — 파랑새 풍속 여행 01』, 파랑새어린이, 2010.
- 『이이화 역사 할아버지가 들려주는 뒷간 이야기 — 파랑새 풍속 여행 02』, 파랑새어린이, 2010.
- 『이이화 역사 할아버지가 들려주는 발효 이야기 — 파랑새 풍속 여행 03』, 파랑새어린이, 2010.
- 『이이화 역사 할아버지가 들려주는 명절 이야기 — 파랑새 풍속 여행 04』, 파랑새어린이, 2011.

* 신문 칼럼과 대중잡지와 사보에 발표한 글은 제외했음 — 편집자

상훈 경력

· 2001년 단재학술상

· 2006년 청명학술상

· 2008년 허균허난설헌학술대상

· 2008년 한국간행물윤리위원회 출판특별상

· 2011년 고창농민혁명기념사업회 녹두대상

*연보 · 저서— 한겨레출판 편집부 박상준 작성

| 인명 찾아보기 |

ㄱ

간홍균 · 112
강금실 · 417
강만길 · 134, 183, 193, 194,
　206, 210, 222, 307, 320,
　356, 380, 394, 396, 397,
　404, 432
강만호 · 76
강세원 · 37
강수의 · 297, 300, 313
강역남 · 106
강연균 · 316
강옥순 · 347, 349, 378, 427
강요배 · 226, 228
강우창 · 42
강원룡 · 432
강위 · 197
강정구 · 222, 348, 412
강주혜 · 491

강진갑 · 173
강창일 · 214, 215, 319,
　320, 325, 356, 365, 415,
　420
강태열 · 90, 125
강홍기 · 78, 83
강홍립 · 185
강화 선생 · 37, 62
강효일 · 312
개로왕 · 390
경순왕 · 406
고병익 · 151, 158
고석규 · 305, 320
고순정 · 223, 286
고은 · 177, 180, 183, 301,
　378
고현석 · 94
고희범 · 214
공민왕 · 353, 354, 384, 408

공옥진 · 316
곽재구 · 302
광개토대왕 · 390, 398
광해군 · 183, 185, 384
구상회 · 297
구양근 · 351
구중서 · 453
국창근 · 443
국포 스님 · 303
권오을 · 322
권오헌 · 205
권태억 · 151, 152
기두석 · 78
김개남 · 292, 296, 308, 312
김겸석 · 70
김경대 · 226
김경순 · 404
김경자 · 198, 199
김관석 · 230

김광삼 · 447
김광식 · 193, 194, 210, 214
김광호 · 424
김교신 · 384
김구(김창수) · 308, 379, 413
김구용 · 89
김귀옥 · 201, 203
김규식 · 456, 457, 464
김근 · 439
김길 · 85
김길상 · 100, 101
김낙중 · 183, 201
김남균 · 96
김남식 · 193, 194, 214, 222, 223
김남중 · 102
김내성 · 57
김대곤 · 323
김대중 · 127, 153, 154, 155, 230, 231, 243, 357, 363, 365, 414, 455
김대환 · 158
김덕명 · 299
김도현 · 313, 317, 318
김도형 · 139
김동건 · 221
김동길 · 219, 220

김동리 · 73, 89
김동명 · 102
김동석 · 74
김동욱 · 117
김동원 · 157
김동주 · 130, 158
김동춘 · 201, 411, 419, 430
김두관 · 417
김두봉(김백연) · 262, 361, 385
김만경 · 70
김명곤 · 317
김명수 · 182
김명인 · 205, 206
김명헌 · 260, 262, 265, 272
김미혜 · 142
김민석 · 446, 447
김민수 · 389, 390
김민철 · 474, 491
김방경 · 186
김백일 · 223, 335, 336
김범수 · 297, 313, 315
김병권 · 18
김병욱 · 94
김병철 · 48, 49
김부겸 · 439
김부식 · 384

김삼웅 · 481
김상균 · 99
김상만 · 116, 124, 125
김상봉 · 494
김상철 · 470
김상헌 · 238, 377, 473
김석진 · 43, 495
김석학 · 94, 96, 157
김성동 · 144, 191, 192, 226
김성보 · 212
김성수 · 480
김성천 · 107
김성환 · 130
김성훈 · 326
김세진 · 312
김시업 · 194, 222
김시현 · 41
김양균 · 96
김양래 · 125
김양식 · 285
김언호 · 176, 177, 179, 180, 181, 333
김연 · 317
김영 · 239
김영미 · 405
김영삼 · 230, 231, 313, 414, 455

김영욱 · 424
김영일 · 124
김영중 · 312
김영태 · 342
김영훈 · 415, 420
김영희 · 142, 492
김옥영 · 310
김용덕 · 288
김용섭 · 134, 156, 215,
　　288, 379
김용옥 · 293
김용태 · 453
김용택 · 317
김용환 · 79, 96
김용환(친구) · 115
김우종 · 128
김운태 · 151
김원룡 · 348
김원봉 · 252, 262
김원웅 · 412
김윤경 · 212
김윤직 · 61, 64
김응문 · 325
김의환 · 288, 297
김익상 · 252
김인배 · 299, 308, 312
김인철 · 405

김일성 · 35, 55, 244, 249,
　　253, 269, 279, 280, 366~
　　369, 285, 457, 470
김재걸 · 67, 68, 70
김재철 · 456
김재훈 · 312
김점구 · 491
김점선 · 162, 163, 174,
　　198, 226, 493
김정기 · 140, 215, 280,
　　323, 342, 401, 402, 451
김정배 · 121
김정숙 · 457
김정인 · 201, 203
김정일 · 366, 368, 457
김정태 · 424
김정헌 · 226, 228, 314
김정호 · 256
김종섭 · 81
김종수 · 491
김종익 · 197, 224
김좌진 · 256~258
김주언 · 465, 473
김주영 · 89, 399
김주휘 · 90
김준연 · 88
김준형 · 224

김중배 · 125
김지하 · 127, 488
김진균 · 181, 183, 193,
　　194, 206, 210, 222, 223
김진배 · 123, 125
김진용 · 380
김진홍 · 399
김창국 · 417, 482
김창숙 · 148
김창후 · 214
김철 · 145, 166, 174, 180,
　　194, 209
김춘선 · 279
김충조 · 412, 439
김태식 · 322
김학철 · 243, 253, 263
김함장 · 43, 114, 495
김항근 · 79
김현 · 311
김현승 · 83
김형식 · 359
김형윤 · 142, 144, 154, 166
김형직 · 366
김형호 · 380
김홍식 · 21
김홍업 · 365
김환옥 · 296, 312

김효문 · 325
김희선 · 417
김희수 · 415

ㄴ
나병식 · 145, 160, 205, 206, 465
나종일 · 77
나철 · 30, 256
나형수 · 102, 114, 310
남기철 · 250
남성우 · 310
남일룡 · 395
남지대 · 401, 419
노무현 · 230, 231, 359, 415, 420, 432, 434, 455
노태우 · 207, 208, 220, 225, 230, 413,455
노태우(교수) · 400
논개 · 381

ㄷ
다나카 기이치 · 252
단군 · 120, 121, 159, 348, 371, 376, 393, 468, 469
대각국사 의천 · 408
대광현 · 406

덕혜옹주 · 359
도진순 · 205

ㄹ
루쉰 · 250
류춘도 · 410, 411, 426
리기웅 · 405
리영희 · 177, 183, 201, 222, 223, 380
리욱(이학성) · 244
리창언 · 405
린수양 · 356

ㅁ
마오쩌둥 · 262, 270, 273
맹호연 · 42
명노근 · 315, 317
무정 · 262, 270
문병학 · 311, 323, 345
문세광 · 127
문순태 · 94, 96
문익환 · 209, 258
문정창 · 120
문준영 · 481
문호근 · 294
민병수 · 117
민비(명성황후) · 286

민영환 · 457
민영휘 · 182, 482
민준호 · 308

ㅂ
박경리 · 104
박경철 · 439, 447
박경철(북한인물) · 404
박경환 · 114
박계주 · 57
박관용 · 322
박근혜 · 323, 432
박기석 · 68, 70
박기정 · 61
박남수 · 478, 491
박남식 · 149
박동섭 · 19, 20, 56
박득중 · 306
박맹수 · 309, 319
박명림 · 214, 415
박목월 · 89
박문호 · 279, 351
박병곤 · 94, 106
박병호 · 148, 158, 160, 226
박봉간 · 96
박봉우 · 90, 125
박봉자 · 417, 425

박상용 · 78, 84
박상천 · 102, 441, 444, 446
박상훈 · 103
박석무 · 94, 183, 222, 286,
　378
박선숙 · 447
박선영 · 489, 490
박성룡 · 90, 125
박수환 · 297
박순금 · 56
박순임 · 69
박순호 · 181, 182
박신영 · 174
박연희 · 291
박영석 · 301, 319
박영순 · 391, 398, 399
박오규 · 102
박옥래 · 67
박완서 · 161, 165, 166,
　173, 174, 242, 253, 258,
　261, 313, 370, 371, 378,
　493
박용일 · 201
박원순 · 191, 193, 194,
　201, 206, 210, 212, 221,
　225, 227, 335, 343
박원철 · 491

박은숙 · 174
박은식 · 64, 251
박은주 · 326
박응서 · 202
박이래 · 67, 102
박일우 · 361
박재동 · 226
박재승 · 102, 231, 326,
　365, 419, 439~442, 444,
　446, 447, 449
박정호 · 350, 351
박정희 · 115, 120, 126,
　127, 132, 153, 157, 158,
　231, 290, 296, 301, 385,
　413, 478, 480
박종기 · 151, 152, 168
박종란 · 114
박종만 · 122
박종진 · 405
박종철 · 206
박종홍 · 117
박종화 · 122, 213
박준성 · 151, 285
박지만 · 478
박지원 · 237, 445
박진 · 489
박찬선 · 312

박찬요 · 324
박찬익 · 273
박창욱 · 342, 279
박철 · 107
박충석 · 140
박태선 · 70
박태순 · 183
박태술 · 85, 88, 91, 92, 100
박태원 · 213, 293, 397
박한래 · 69, 88
박한용 · 224, 452, 474, 491
박혁거세 · 378
박현서 · 173, 222
박현채 · 177, 178, 180, 183
박형래 · 88
박혜란 · 279
박호성 · 183, 201, 218,
　219, 222
박화성 · 89
반병률 · 193, 201
방기중 · 210, 224, 397
방인근 · 57
방인철 · 141, 155
방정환 · 166, 186
방학중 · 401
배덕호 · 488, 491
배은심 · 209

배진순 · 80, 99
배항섭 · 195, 285, 305
백기완 · 209
백낙청 · 183
백남운 · 385
변영로 · 219
부정애 · 130, 147

ㅅ

서관모 · 218, 219
서기원 · 291
서길수 · 398
서민호 · 88
서상일 · 41
서성호 · 405
서승 · 356, 428
서양갑 · 202
서영선 · 417, 425, 428
서영수 · 395, 398
서영훈 · 43, 432
서영희 · 195
서요석 · 90
서정구 · 425
서정주 · 89
서준식 · 356
서중석 · 161, 169, 187, 191, 192~194, 201, 210,
212, 215, 226, 279, 342, 356, 432, 456
서지영 · 311, 341, 345
서현주 · 198
서홍관 · 341
서휘 · 267, 269
선왕주 · 286, 341
설인귀 · 469
설호정 · 144, 166, 209
성낙훈 · 130
성대경 · 182, 222, 378
성범중 · 151, 152, 195
성유보 · 453
세종 · 158, 255, 384, 472
소현세자 · 238, 473
손문호 · 401
손세일 · 118, 461
손수호 · 325
손주갑 · 312
손태일 · 391, 398
손학규 · 446, 449
손화중 · 292, 308
송건호 · 177, 183, 193, 201, 218, 222, 223, 348, 432
송규호 · 81, 86, 96, 97
송기숙 · 157, 177, 178
송기인 · 430
송남헌 · 456
송대화 · 310
송두호 · 310
송몽규 · 253, 258
송병기 · 160
송병준 · 482
송시열 · 368, 372
송영길 · 359
송우혜 · 200, 253, 258, 261
송윤의 · 93
송재소 · 222
송재웅 · 456
송티나 · 459
신건 · 326
신경림 · 128, 221, 313, 335
신계륜 · 447
신규식 · 126, 273
신기남 · 358, 359
신돈 · 353, 384
신돌석 · 177, 183, 185, 186, 197
신동근 · 201
신동엽 · 213, 294, 298
신복룡 · 288
신석호 · 276
신선희 · 101

신순범 · 68, 69
신순철 · 311, 326, 345, 358
신승운 · 130
신영복 · 226, 228, 419
신영식 · 162
신영우 · 285, 300, 319,
　　322, 324~326
신용하 · 140, 158, 172,
　　288, 319
신원영 · 105, 114
신익희 · 385
신인령 · 432
신정일 · 345
신주백 · 279
신진근 · 102
신채호 · 126, 185
신학철 · 226, 227
신혜왕후 유씨 · 406
신호열 · 130
신홍식 · 140
심경호 · 151
심지연 · 194, 222, 432, 456
쑨원 · 273

ㅇ

아신왕 · 390
안경호 · 258

안대옥 · 245
안도현 · 317
안병우 · 432
안병욱 · 151, 152, 154,
　　161, 167, 168, 170, 194,
　　222, 305, 323, 348, 430,
　　432, 433
안병주 · 153
안병직 · 194
안병희 · 149, 150
안숙선 · 317
안승남 · 391
안영기 · 391
안정복 · 377
안치환 · 452
안호상 · 120, 121
야노 히데키 · 481
야산 선생 (야산, 이달) · 17
　　~19, 27, 28, 30, 31, 38,
　　42, 43, 46, 47, 57~59,
　　340, 379
양미강 · 491
양병일 · 86
양영진 · 251
양주동 · 118
양희은 · 452
어윤경 · 223

엄상섭 · 478
엄주천 · 30
여운 · 226~228, 453
여운형 · 39, 42, 413, 457
염무웅 · 132, 315, 316, 432
염상섭 · 56
염인호 · 262, 361
염정섭 · 378
예젠잉 · 273
오금지 · 495
오병선 · 86, 102
오상순 · 89, 111
오성륜 · 252
오영석 · 173
오익제 · 313
오종렬 · 231
오지영 · 306, 320
오충일 · 488, 489
온달 · 390
왕건 · 406, 407
왕계상 · 360
왕현종 · 285, 319
우윤 · 173, 175, 193, 195,
　　197, 198, 280, 285, 310,
　　312, 316, 322, 378
원경 스님 · 191, 192, 200,
　　201, 202, 221, 222, 226

원광법사 · 376
원병조 · 380
원종규 · 306
원혜영 · 210, 212, 222, 227
유계춘 · 295
유공희 · 84, 85
유동호 · 262, 263
유득공 · 349
유민자 · 164
유승국 · 134, 140
유승원 · 168, 169, 345
유시태 · 41
유안진 · 161
유영철 · 201
유인촌 · 317, 328
유인태 · 335
유인학 · 94
유인호 · 193, 222, 223
유자후 · 49
유재정 · 61
유초하 · 183, 222
유현종 · 213, 291
유홍준 · 169, 197, 226, 323, 366, 370
육영수 · 127
윤경로 · 432, 477
윤구병 · 140, 142, 144,
 160, 180
윤대원 · 205
윤덕한 · 176, 182
윤덕희 · 219
윤동주 · 253, 258
윤미향 · 486
윤보선 · 204
윤봉길 · 55, 250, 363
윤여준 · 278
윤영전 · 184
윤원일 · 491
윤철상 · 322, 417
윤치영 · 182
윤해동 · 193, 198, 201, 226, 335, 336, 345, 378
윤호중 · 391
은정덕 · 251
은정희 · 130
이가원 · 118
이간화 · 38, 58, 494, 495
이갑수 · 116
이강래 · 358, 360
이강수 · 326
이강실 · 491
이강철 · 76, 342
이계성 · 426
이계황 · 147

이광수 · 56, 74
이광연 · 223, 286
이광열 · 34
이광철 · 325
이광훈 · 144
이국향 · 107
이규익 · 302
이규직 · 116
이균영 · 173, 193, 198, 201, 210, 218
이근배 · 89, 153
이기백 · 379
이기화 · 224, 297, 299, 312, 313
이길범 · 125
이남희 · 200
이달원 · 39
이대근 · 193, 194
이대의 · 113
이돈명 · 313
이동복 · 324
이두호 · 91
이두환 · 123
이만열 · 193, 194, 222, 323, 481, 485
이명규 · 113, 115
이명박 · 398, 399, 431,

인명 찾아보기 517

435, 452, 453, 455, 480
이문옥 · 228~231
이미경 · 358, 360
이미실 · 174
이민우 · 204
이범석 · 258
이병규 · 323
이병도 · 112, 117, 171, 181
　　　~183, 288
이병린 · 119
이병묵 · 182
이병석 · 417
이병주(국회의원) · 115
이병주(소설가) · 213
이복순 · 253
이봉창 · 55
이부영 · 125, 313, 314
이상경 · 195
이상수 · 350, 351
이상식 · 78, 157, 302, 312
이상옥(이용구) · 309
이상우 · 310
이상은 · 146, 148, 211
이상재 · 297
이상춘 · 30, 31, 56
이상희 · 323, 326
이석규 · 173

이석주 · 17
이석태 · 486, 491
이석형 · 181
이선근 · 186, 301, 353
이성무 · 121
이성부 · 86, 100
이성웅 · 75
이수성 · 156
이수인 · 193
이순근 · 168
이순동 · 235, 237, 260,
　　　275, 326
이순신 · 255, 451
이숭녕 · 117, 144
이승렬 · 198, 345, 428
이승만 · 35, 41, 84, 93~
　　　95, 307, 385, 413, 422,
　　　475, 482
이승만(이승룡 · 친구) · 94,
　　　96
이승용 · 285
이승우 · 350
이승희 · 173
이시호 · 100
이신철 · 456, 457, 491
이애주 · 209
이양헌 · 100

이영련 · 391
이영일 · 411, 419, 430
이영찬 · 70
이영호 · 194, 305
이완 · 58
이완용 · 181, 182, 482
이용선 · 291
이용진 · 491
이용희 · 131
이우성 · 122, 133, 215,
　　　222, 226, 349, 378
이운구 · 182
이원표 · 297
이유환 · 176
이윤갑 · 482
이은성 · 179
이응국 · 31, 495
이응문 · 114
이응소 · 164, 191, 200,
　　　217, 453, 493
이응일 · 144, 152, 164,
　　　201, 217, 336, 453, 470,
　　　492
이이 · 384
이익 · 175
이인영 · 439
이인제 · 443

이장수 · 124
이장희 · 491
이재경 · 44, 45
이재범 · 161
이재철 · 123
이재호 · 76
이전문 · 130
이정섭 · 130, 158
이정오 · 181
이종걸 · 227, 359
이종민 · 311, 358
이종범 · 196
이종석(통일부장관) · 116,
　117, 118, 146
이종석(동아일보) · 194
이종수 · 86, 103, 313, 365
이종암 · 252
이종욱 · 125, 176
이종윤 · 462
이종태 · 103
이종학 · 307, 320, 321, 397
이준식 · 482
이중하 · 248
이지원 · 224, 482
이지형 · 226
이진화 · 45
이창수 · 415, 430

이창승 · 443
이철 · 127, 177, 180
이철(회사원) · 198
이철수 · 226
이청원 · 128
이춘열 · 415, 419, 430
이춘영 · 302
이충희 · 34, 92
이태화 · 44, 65, 70, 494
이택휘 · 130
이필제 · 185, 197, 293,
　295, 384
이학승 · 301
이한열 · 206, 207, 209
이항로 · 134, 139
이해동 · 415, 416
이해승 · 482, 483
이해찬 · 153, 325
이해학 · 491
이현구 · 105, 114
이현열 · 426
이호웅 · 191
이호철 · 128
이화숙 · 259
이황 · 384
이회영 · 227
이효재 · 183, 193, 222

이훈 · 94, 96, 97, 157
이홍재 · 197
이희승 · 117
이희주 · 173, 174, 198,
　203, 204
인병선 · 285, 439, 451
인유 · 44
임광빈 · 415
임권택 · 293
임대식 · 201, 203, 212
임수경 · 313
임옥상 · 226, 228
임원춘 · 243, 253, 279
임은식 · 399
임응숙 · 218
임이록 · 391
임재경 · 220, 432
임종국 · 474
임종달 · 114
임종석 · 313, 359
임진택 · 200
임창순(청명) · 118, 130,
　195, 226
임채정 · 125
임헌영 · 128, 129, 183,
　191, 193, 194, 200, 205,
　208, 378, 474, 479

임현진 · 342
임형택 · 194, 215, 222
임효원 · 244

ㅈ

장기표 · 204
장두석 · 285
장두환 · 212, 222, 227, 305
장면 · 85~87, 385
장백당 · 361
장백일 · 128
장병인 · 345
장병화 · 326, 439, 481, 482
장세윤 · 361
장수왕 · 390
장신 · 378
장영희 · 278, 280, 285
장완익 · 415, 430, 482
장용경 · 378
장우성 · 478
장윤환 · 218
장이덕 · 113
장일순 · 226
장제스 · 273
장준하 · 127
장준한 · 80
장지락(김산) · 273

장지연 · 478, 480
장지필 · 31, 185
장쭤린 · 257
장한식 · 195, 197
장해랑 · 310
장홍종 · 81, 82
저우언라이 · 249, 269
전갑길 · 417
전덕재 · 378
전두환 · 21, 122, 154, 157,
  159, 164, 166, 177, 191,
  195, 204, 206, 207, 220,
  225, 296, 301, 413, 449
전만길 · 94
전병조 · 21
전봉준 · 185, 227, 287,
  289, 290, 291, 292, 293,
  294, 296~303, 307~
  310, 312, 313, 316, 317,
  326, 377, 381, 383, 384
전상국 · 100
전석담 · 128
전성배 · 22
전성준 · 326
전정환 · 238, 239
전창혁 · 300
정개청 · 186

정경흥 · 89
정광호 · 130
정규철 · 226
정근식 · 356, 415
정남기 · 300, 312, 322, 323
정동영 · 153, 359, 446
정동익 · 125, 218
정동채 · 359, 360
정동한 · 19, 379
정명철 · 173
정몽주 · 404, 407
정백현 · 300
정병묵 · 300
정석종 · 193, 201, 202
정선(겸재) · 368
정설송 · 270
정약용 · 175, 340, 384
정양수 · 297, 300
정양완 · 130
정여립 · 185, 186, 225, 384
정영일 · 125
정용식 · 99, 102, 286
정운천 · 452
정율성 · 269~271
정을병 · 128
정인홍 · 185, 186, 384
정재권 · 223, 281

정재정 · 223	조성숙 · 218	진광화 · 263
정조 · 359, 373, 384	조성용 · 311	진덕규 · 134, 140, 173
정지상 · 384	조성희 · 251	진수미자 · 101
정찬홍 · 96	조세열 · 474, 482, 491	진영일 · 312
정창렬 · 121, 134, 206, 288, 319, 323	조세형 · 313	진철승 · 196, 197
	조아라 · 230	진홍자 · 101
정철 · 213	조연현 · 89, 112	진훤(견훤) · 377
정태헌 · 409	조영래 · 206	
정태현 · 130	조용수 · 423	ㅊ
정해구 · 439	조운찬 · 465	차경석 · 309
정현백 · 218	조재국 · 488, 489	차기석 · 309
정현웅 · 94	조정래 · 183, 221, 432, 481	차미희 · 195
정혜선 · 417	조준하 · 130	차주환 · 117
정홍렬 · 116	조한혜정 · 175, 184, 195, 199	차치구 · 309
정희상 · 182		채의진 · 228, 410~412, 418, 419, 423, 428
조경란 · 198	조현옥 · 173	
조광 · 130, 131, 134, 194, 319	조현우 · 212	채홍빈 · 325
	좌권 · 264	채홍우 · 325
조광환 · 311, 316	주 무왕 · 468	천관우 · 119, 120, 129, 133
조규용 · 226	주강현 · 196, 197	천승걸 · 89
조기숙 · 323	주더 · 270	천승세 · 89, 144
조남기 · 237	주덕해 · 249	천승준 · 89
조동걸 · 193, 194, 210, 221, 222, 361	주섭일 · 481	천정배 · 358, 360
	지남영 · 96	천희상 · 191, 194, 200
조민 · 195, 197, 198, 224	지석영 · 166	철종 · 288, 289
조병옥 · 85~87, 93, 385	지선 스님 · 230	최경환 · 243
조봉암 · 166, 385, 413, 422	지정관 · 113	최광식 · 395

인명 찾아보기 521

최규하 · 155
최근덕 · 158
최달곤 · 309
최대종 · 57, 58
최맹순 · 309
최명길 · 238, 377, 473
최명희 · 279
최미정 · 151, 152
최범서 · 117
최병수 · 226
최병윤 · 470
최북 · 368
최상훈 · 402
최서준 · 243
최석채 · 119, 120
최순식 · 197, 224, 279, 281, 297, 299, 346
최시형 · 197, 292, 293
최연식 · 378
최영식 · 116
최익현 · 302, 359
최인기 · 439, 442
최인욱 · 291
최장집 · 208
최재현 · 171
최정국 · 243
최제우 · 286, 288, 289, 292, 293
최종화 · 111
최주호 · 300
최창규 · 132, 133, 134
최창익 · 262
최학래 · 218
최현식 · 296~298, 311, 313
추미애 · 360

ㅌ

탁준경(척준경) · 377

ㅍ

편강렬 · 55
평강공주 · 390
표명렬 · 231
표영삼 · 297, 319
피재길 · 384

ㅎ

하복철 · 88
하원호 · 482
하인두 · 162
하종문 · 356
한국선 · 237, 260
한규무 · 174, 175
한대수 · 419
한상구 · 198, 201, 210, 212, 335, 336
한승헌 · 155, 174, 175, 206, 277, 285, 311, 315, 316, 358, 378
한영우 · 132
한용운 · 166
한우근 · 288, 377
한정숙 · 177, 183, 452
한창기 · 91, 140
한홍구 · 194
함석헌 · 379
함세웅 · 432, 481
허경란 · 198
허균 · 126, 128, 129, 142, 151, 162, 171, 184, 193, 202, 213
허상수 · 415, 430
허수 · 323
허재봉 · 198
허종호 · 306, 394
허헌 · 385
현재훈 · 90
현정암 · 39
홍경래 · 195
홍기문 · 275, 276

홍기삼 · 89, 112, 114, 116
홍기훈 · 173, 199, 286
홍낙관 · 300
홍남순 · 171, 199, 203, 204, 352
홍명희 · 213
홍동현 · 323
홍범도 · 255~258, 460
홍범초 · 197
홍사덕 · 418
홍성담 · 226
홍세화 · 494
홍순관 · 102
홍순권 · 222, 415
홍순일 · 478
홍순창 · 132, 133
홍윤기 · 160
홍이섭 · 117
홍정선 · 194
황광우 · 405
황병우 · 97, 153
황빈 · 468
황석영 · 214
황성수 · 50
황승우 · 76, 96~98, 152, 153, 167, 204, 285, 340, 342

황원권 · 173
황주홍 · 173, 364
황지우 · 97, 152, 153, 280, 493
황태연 · 439
황현 · 197, 319, 320
후야오방 · 260
후지나가 다케시 · 198
흥선대원군 · 288, 289, 381, 384

역사를 쓰다
© 이이화 2011

초판 1쇄 발행 2011년 7월 18일
초판 3쇄 발행 2012년 4월 26일

지은이 이이화
펴낸이 이기섭
편집인 김수영
기획편집 임윤희 김윤정 정회엽 이지은
마케팅 조재성 성기준 정윤성 한성진 정영은
관리 김미란 장혜정

펴낸곳 한겨레출판(주) www.hanibook.co.kr
주소 서울시 마포구 공덕동 116-25 한겨레신문사 4층
전화 02-6383-1602~3
팩스 02-6383-1610
대표메일 book@hanibook.co.kr

ISBN 978-89-8431-482-5 03810

· 값은 뒤표지에 있습니다.
· 파본은 구입하신 서점에서 바꾸어 드립니다.
· 이 책의 일부 또는 전부를 재사용하려면 반드시 저작권자와 한겨레출판(주) 양측의 동의를 얻어야 합니다.